U0776148

中國歷代墓誌全集

北魏卷 二

本卷主編：余扶危　郭茂育

洛陽市文物考古研究院

總編：史家珍　余扶危　郭茂育

中州古籍出版社
·鄭州·

目　録

中國歷代墓誌全集

北魏卷二

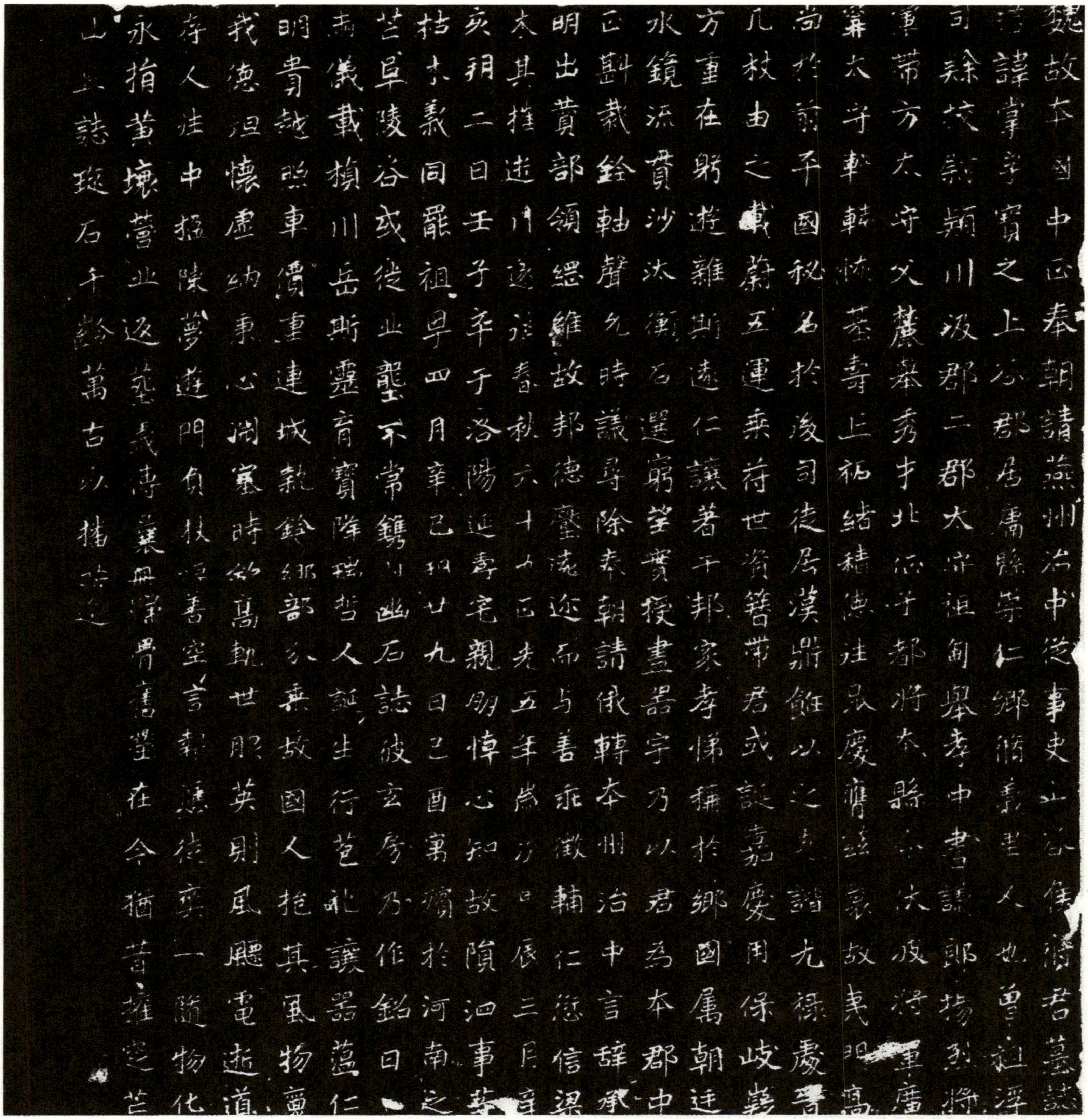

〇〇一 魏故本國中正奉朝請燕州治中從事史上谷侯府君【掌】墓誌

正光五年（524）三月二日卒，同年四月二十九日葬。

誌文21行，滿行23字，楷書。誌石高54.5釐米，寬53釐米，河南洛陽出土。

【释文】

君諱掌，字寶之，上谷郡居庸縣崇仁鄉脩義里人也。曾祖浮，司隸校尉、潁川汲郡二郡太守；祖甸，舉孝，中書議郎、揚烈将軍、帶方太守。父麓，舉秀才，北征子都将、本縣令、伏波将軍、廣寧太守。軒轅恢基，壽丘祏緒，積德往昆，慶膺兹裔，故夷門高尚於前，平國秘名於後。司徒居漢鼎飪，以之克諧；光禄處晉几杖，由之載蔚。五運乘符，世資簪帶。君式誕嘉慶，用保岐嶷，方重在躬，遊雜斯遠。仁讓著于邦家，孝悌稱於鄉國。屬朝廷水鏡流貫，沙汰衡石，選窮望實，授盡器宇。乃以君為本郡中正，斟裁銓軸，聲允時議。尋除奉朝請，俄轉本州治中。言辭承明，出贊部領，經維故邦，德壓遠迹。而与善乖徵，輔仁愆信，梁木其摧，逝川遂往。春秋六十九，正光五年歲次甲辰三月辛亥朔二日壬子，卒于洛陽延壽宅。親朋悼心，知故隕泗，事等枯木，義同罷祖。粤四月辛巳朔廿九日己酉，寓殯於河南之芒阜。陵谷或徙，丘壟不常，鐫此幽石，誌彼玄房。乃作銘曰：

兩儀載楨，川岳斯靈。育寶降瑞，哲人誕生。行苞礼讓，器蘊仁明。貴越照車，價重連城。執銓鄉部，分乘故國。人挹其風，物稟我德。坦懷虛纳，秉心淵塞。時欽高軌，世服英則。風飄電逝，道存人往。中楹陳夢，遊門負杖。福善空言，報應徒爽。一随物化，永捐黃壤。瞀丘返葬，義傳曩册。歸骨舊塋，在今猶昔。權窆芒山，且誌琁石。千齡萬古，以播芳迹。

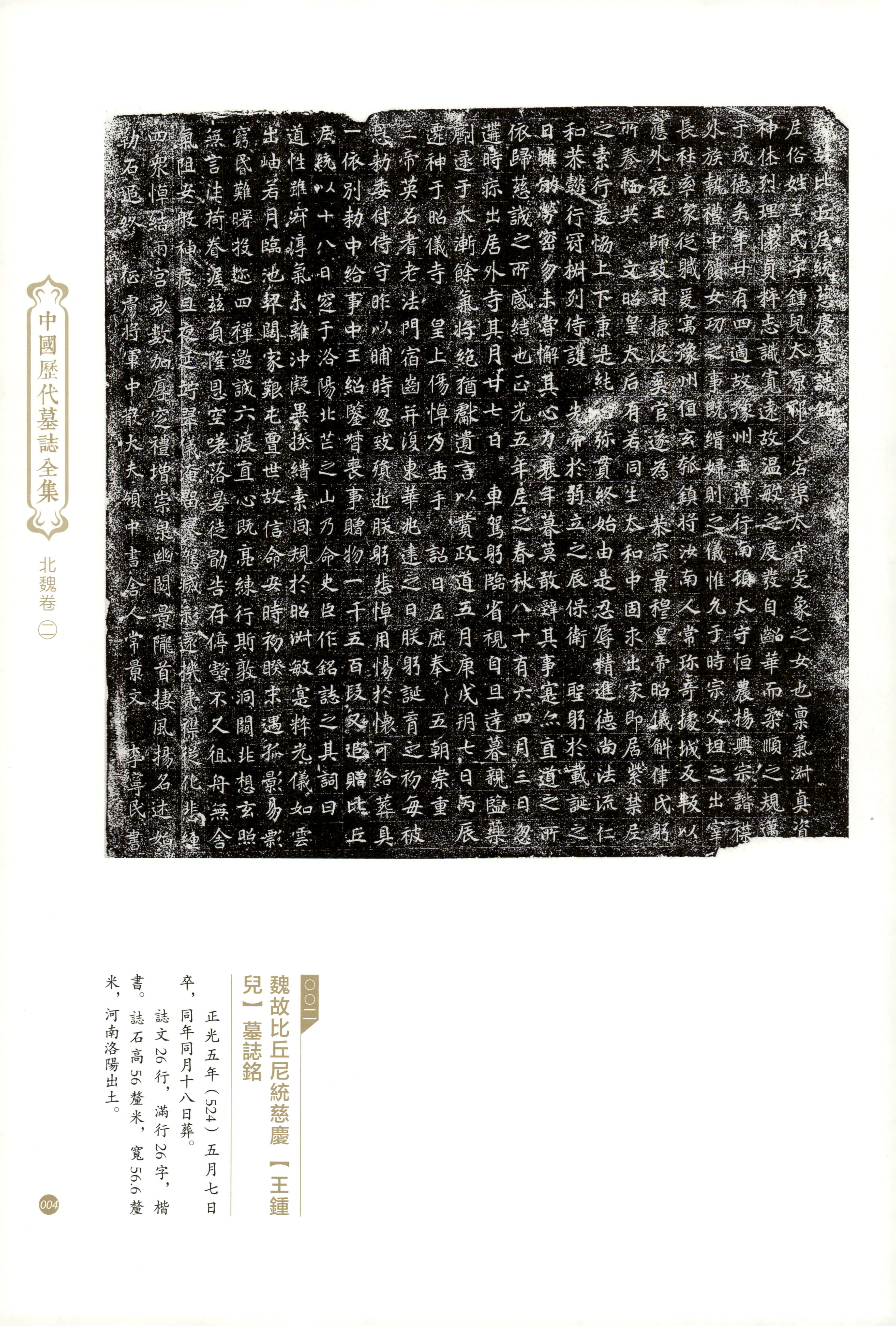

〇〇二 魏故比丘尼統慈慶【王鍾兒】墓誌銘

正光五年（524）五月七日卒，同年同月十八日葬。

誌文 26 行，滿行 26 字，楷書。誌石高 56 釐米，寬 56.6 釐米，河南洛陽出土。

【释文】

尼俗姓王氏，字鍾兒，太原祁人。宕渠太守虔象之女也。禀氣淑真，資神休烈，理懷貞粹，志識寬遠。故温敏之度，發自齠華；而柔順之規，邁于成德矣。年廿有四，適故豫州主簿、行南頓太守恒農楊興宗。諧襟外族，執禮中饋，女功之事既緝，婦則之儀惟允。于時，宗父坦之出宰長社，率家從職，爰寓豫州。值玄瓠鎮將、汝南人常珍奇據城反叛，以應外寇，王師致討，掠没奚官，遂為恭宗景穆皇帝昭儀斛律氏躬所養恤，共文昭皇太后有若同生。太和中，固求出家，即居紫禁。尼之素行，爰協上下，秉是純心，弥貫終始。由是忍辱精進，德尚法流，仁和恭懿，行冠椒列。侍護先帝於弱立之辰，保衛聖躬於載誕之日。雖劬勞密勿，未嘗懈其心；力衰年暮，莫敢辭其事。寔亦直道之所依歸，慈誠之所感結也。正光五年，尼之春秋八十有六，四月三日忽遘時疹，出居外寺。其月廿七日車駕躬臨省視，自旦達暮，親監藥劑。逮于大漸，餘氣將絶，猶獻遺言以贊政道。五月庚戌朔七日丙辰遷神于昭儀寺。皇上傷悼，乃垂手詔曰：尼歷奉五朝，崇重三帝，英名耆老，法門宿齒。并復東華兆建之日，朕躬誕育之初，每被恩敕，委付侍守。昨以哺時，忽致殞逝，朕躬悲悼，用惕於懷，可給葬具，一依別敕。中給事中王紹鑒督喪事，贈物一千五百段，又追贈比丘尼統。以十八日窆于洛陽北芒之山。乃命史臣作銘誌之。其詞曰：

道性雖寂，淳氣未離，沖凝異揆，續素同規。於昭淑敏，寔粹光儀，如雲出岫，若月臨池。契闊家艱，屯亶世故，信命安時，初睽末遇。孤影易影，窮昏難曙，投迹四禪，邀誠六渡。直心既亮，練行斯敦，洞闞非想，玄照無言。往荷眷渥，兹負隆恩，空嗟落晷，徒勖告存。停鑾不久，徂舟無舍，氣阻安般，神疲旦夜。延竚翠儀，淹留鑾駕，滅彩還機，夷襟從化。悲纏四衆，悼結兩宮，哀數加厚，窆禮增崇。泉幽閟景，隴首棲風，揚名述始，勒石追終。

征虜将軍、中散大夫、領中書舍人常景文，李寧民書。

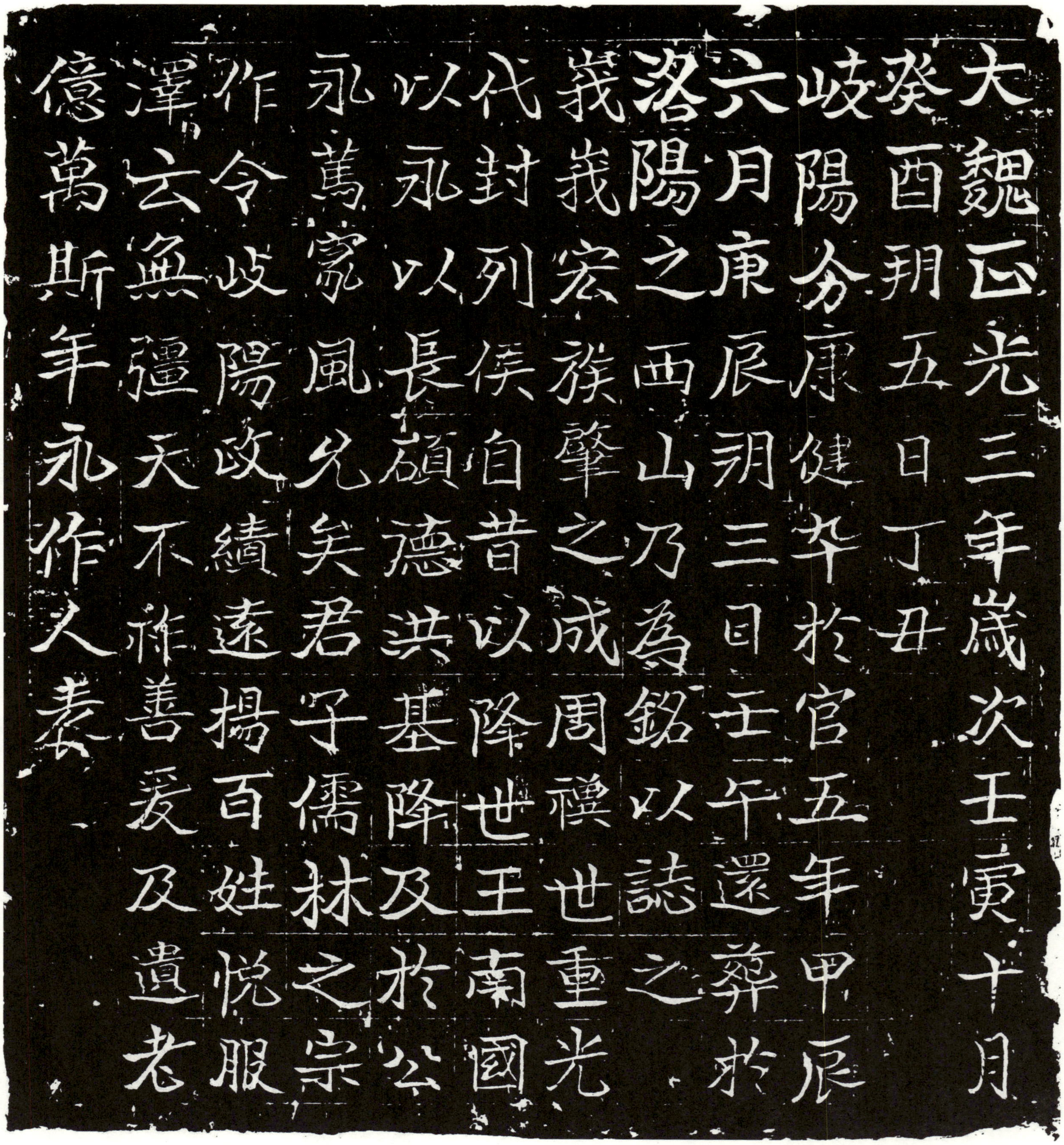

大魏正光三年歲次壬寅十月
癸酉朔五日丁丑
岐陽分康健卒於官五年甲辰
六月庚辰朔三日壬午還葬於
洛陽之西山乃為銘以誌之
峩峩宏族肇之成周禩世重光
代封列侯自昔以降世王南國
以永以長碩德洪基降及於公
永篤寬風允矣君子儒林之宗
作令岐陽政績遠揚百姓悅服
澤云無疆天不祚善爰及遺老
億萬斯年永作人表

〇〇三 康健墓誌

正光三年（525）十月五日卒，正光五年（524）六月三日葬。

誌文12行，滿行12字，楷書。石長40釐米，寬38釐米。河南洛陽出土。

【释文】

大魏正光三年歲次壬寅十月癸酉朔五日丁丑，岐陽令康健卒於官，五年甲辰六月庚辰朔三日壬午，還葬於洛陽之西山。乃為銘以誌之：

峨峨宏族，肇之成周；襍世重光，代封列侯。自昔以降，世王南國；以永以長，碩德洪基。降及於公，永篤家風；允矣君子，儒林之宗。作令岐陽，政績遠揚；百姓悦服，澤云無疆。天不祚善，爰及遺老；億萬斯年，永作人表。

〇〇四 大魏故博陵安平令譚君【棻】墓誌銘

正光四年（523）十月九日卒，正光五年（524）六月五日葬。

誌文18行，滿行18字，楷書。誌石長49釐米，寬51釐米，河南洛陽出土。

【释文】

君諱棻，字仲芳，肥如靈泉鄉正平里人。□祖□瑱，祖龜年，父庚，俱不求聞達，高尚其□。□□之操，与范漳而同潔；堅貞之節，等□筠而争流。□傳伐□，□範弗更，至君而尤□□焉。君少孤□貧，事母以孝稱。追□□之真，□□不改；尋子路之孝踪，負米承□。……以親老而不就。年踰□□，□因克□，□□□□□，視若罔聞。正光四年，授安平令，甫下車即勤民問疾苦，捐□吝十餘事，群□感悦，境内帖服。其後，六條俱聞，俗調民訓，讓畔恂途，堪為民望。不意于十月第九日□□□□，享年五十有六，哀哉！粤明年□□□□□□五日甲申承其喪，窆于洛陽，□□□□□也。爰為之銘曰：

□□□□，□□是寶，樂天知命，迥出人表。作□□□□，□□□□然。調俗訓民，六條俱聞。昊天不永，□□□□。摧我棟梁，蘭芬告謝。玉質冰□，□□□□。□□玄石，千□□□□。

貟外散騎侍郎姓韓諱玫字法琛南陽赭陽人也魏故尚書令
安定桓王之曾孫涇州刺史莊武安侯之中子君稟靈氣非玄
沖資妙㳺於化理風貴英奇秀質雲聳清白自居外物不能纓
其志沈毅獨絶權貴無所繞其心孝敬發於天慈友于流於九
族尊仁安義介莭孤立故宗黨欽其廉鄉閭服其撫世為士冡
年十八為州主薄京司神甸四海輻湊碎滑多端高賊白雜埋
情藏巧事難精核如君望顏鏡理視色知心雖于張善察仲由
妙判未之先之京邑肅清君有力焉然不交權門故晚而出身
承相高陽王雍器其能故命為己國郎中令非其所好遂以疾
辭王逼之急不得已已强起從命果如其憲享年不永以正光
五年歲在甲辰四月廿七日丁未春秋卌有一年於洛陽之永
建里第七月廿四日卜窆於芒山之上迺作銘曰
乾以降德河嶽載精誕資神遠夙徵含靈静随淵澄動与風驚
水鏡其心四知何清孜孜匪解惟德惟馨
雅氣外融英滑内朗千峰爭秀白刃雲上逸氣道邁淡濬獨往
神不豫物物不開想何忽空中玉碎無象
昔聞与善今廣殲良方竉鸞驥齊軌鵷鶵題鵠先鳴輕蘭歌芳
必慶無徵如何昊倉松門一閟徐烈再光
高祖茍常山太守
曾祖元興散騎常侍殿中尚書侍中尚書左僕射領太子少師
尚書令使持節征東大將軍都督徐兗二州諸軍事徐兗二州
刺史安定王謚曰桓
祖延壽揚烈將軍陸渾男
父難陁持節建節將軍涇州刺史

〇〇五 韓玫墓誌

正光五年（524）四月二十七日卒，同年七月二十四日葬。

誌文24行，滿行24字，楷書。誌石高54.5釐米，寬54.5釐米，河南洛陽出土。

【释文】

員外散騎侍郎姓韓，諱玫，字法珍，南陽赭陽人也。魏故尚書令、安定桓王之曾孫，涇州刺史、莊武安侯之中子。君稟靈氣非玄，沖資妙［□］，極於化理，風冑英奇，秀質雲聳。清白自居，外物不能纓其志；沉毅獨绝，權賄無所繞其心。孝敬發於天慈，友于流於九族，尊仁安義，介節孤立，故宗黨欽其廉，鄉閭服其操。世為士家，年十八，為州主簿。京司神甸，四海輻湊，碎渭多端，商販白雜，埋情藏巧，事難精核。如君望颜鏡理，視色知心，雖于張善察仲由妙判，未足先之，京邑肅清，君有力焉。然不交權門，故勉而出身。丞相高陽王雅器其能，故命為己國郎中令，非其所好，遂以疾辞。王逼之急，不得已（己）强起從命。果如其慮，享年不永，以正光五年歲在甲辰四月廿七日丁未，春秋卌有一，卒於洛陽之永建里。粤七月廿四日，卜窆於芒山之上。迺作銘曰：

乾坤降德，河壑裁精。誕資神遠，夙叡含靈。静隨淵澄，動与風驚。水鏡其心，四知何清。孜孜匪解，唯德唯馨。雅氣外融，英骨内朗。千峰争秀，白刃雲上。逸氣逍迢，淡澹獨往。神不豫物，物不關想。何忽空中，玉碎無象。昔聞与善，今痛殲良。方轡鵾褭，齊軌鸕鸘。題鳩先鳴，輕蘭歇芳。必慶無徵，如何昊倉。松門一閟，休烈再光。

高祖苟，常山太守。曾祖元興，散騎常侍、殿中尚書、侍中、尚書左僕射，領太子少師、尚書令，使持節、征東大将軍、都督徐兖二州諸軍事、徐兖二州刺史、安定王，謚曰桓。祖延壽，揚烈将軍、陸渾男。父難陀，持節、建節将軍、涇州刺史。

〇〇六 大魏正光五年歲次甲辰七月己酉朔廿五日癸酉故蘭倉令孫府君【遼】浮圖之銘記

正光五年（524）七月二十五日入塔。

誌文30行，滿行16字，楷書。誌石高33釐米，寬61釐米，河南洛陽出土。

【释文】

君姓孫，名遼，定州人也。綿緒太原，分流樂安，爵土有因，遂居鉅鹿焉。君稟業沖明，惠性天聰，少懷净行，長而彌潔。悟三有之無常，體四趣之沈溺，洞達若空，超鑒十相。是以童丱之年，信心三寶，厥齡十八，禁酒斷肉，脩齋持戒，心無染縛，善能開化，方便導物。聞其善者，欣若己身，見其惡者，引出火宅。又不以支節之痛，示其無我之念，遂燒兩指，盡身供養。至於經行業道之處，必捨離親愛，敦崇在内，託心禪定，永樂道場。至延昌年中，屬皇上宣帝褒簡舊臣，即拜前縣，辭不獲免，俯仰從任。善於治方，敷揚恩澤，化均魯恭，德侔西門。名振關左，限過將代，百姓愛仰，率土戀慕，若失慈父。還京數年，仍懃道業。將登顯位，以彰庸績。春秋六十七，前件年日，寢疾三朝，卒於京師，權殯此處。有子顯就、靈鳳、子沖等，追述亡考精誠之功，敬造浮啚一軀，置於墓所。願令事與須彌等壽，理與日月齊明。永流懿跡，式傳不朽，迺作銘曰：

二儀無像，四天傳則，靈刹開神，梵堂放或。伊我君公，秉心淵默，深睹正真，妙達通塞。淹迴聖跡，寢息神光，裁辯權實，離析舊章。十塵外遣，五陰内忘，拯斯沈溺，作彼舟航。出宿一壥，遄臨百里，秋蝗遠飛，春翬近止。清净未儔，簡率誰擬，方覲彌陀，遽淪濛汜。咨余小子，末命將淪，構玆寶塔，綴此遺塵。崇功去劫，樹善來因，舟壑雖改，永播天人。

魏故積弩将軍中黄門趙君之墓誌銘
君諱昞字𢒰生金城郡金城縣西鄉歸清里人漢伭西大将
軍大司馬營平侯充國即其十二世祖也涼墩煌太守之孫
魏酒泉司馬之子洪流洒於河漢高峯崇於極天固已昭列
於青史不復詳之於玄石君膺靈誕生剋岐早慧黄中之稱
著自齠年曰鵠之聲顯於綺日故能委身闈掖左右常躬
摸明結譽弼諧流咏至於出納綸誥敷奏二宮問樹弗應數
馬方對信所謂明戀之哲人淑慎之君子者也方當騰翮高
衛自致青雲朝露易從若休已及正光五年四月十八日
春秋五十有一遘疾卒於洛陽之脩人里粤以八月乙卯朔
四日壬午卜窆於亶甫之西𡶜悲松檟之已晦哀隸葬之将
深敬鐫芳於墓道庶有聞於德音其詞曰
積善之門餘慶不已鍾美在爲君人生矣汪々万頃昂々千
里令問孔昭德音亹々道茂當時德隆一世神情獨遠英心
孤遊逸藻煙浮雕文綺麗若玉如金方蘭比桂清塵既遠音
徽可慕肅慎流聲受恭結譽方致青雲騰彼天路如何不淑
於此褰翥輔仁不實与善信虛蘭埋蕙墜掛掩泉除青松梢
闇白草方蕪鐫芳幽石式誌玄廬
曽祖諱謨涼殿中侍御史領宿衛　曽祖親武威賈氏父
諱　賔西郡太守　祖諱斌涼墩煌太守　祖親恒農楊
氏父諱　穆西平郡功曹　父諱成　晊世酒泉子都司馬
親墩煌索氏父諱祚墩煌錄事參軍　妣諱　德酒泉守
長史　妣親太原郭氏父諱　興祿福縣令　姊適隴西李
養々為隴西太守
魏正光五年歲次甲辰八月乙卯朔四日壬午建

〇〇七 魏故積弩将軍中黄門趙君【昞】之墓誌銘

正光五年（524）四月十八日卒，同年八月四日葬。

誌文 24 行，滿行 23 字，楷書。誌石高 49 釐米，寬 49.5 釐米，河南洛陽出土。

【释文】

君諱昞，字虎生，金城郡金城縣西鄉歸清里人。漢征西大将軍、大司馬、營平侯充國，即其十二祖也；涼敦煌太守之孫，魏酒泉司馬之子。洪流滔於河漢，高峯崇於極天。固已昭列於青史，不復之於玄石。君膺靈誕生，刻岐早慧，黄中之稱，著自齠年；白鵠之聲，顯於綺日。故能委身闈掖，左右帝躬，摸明結譽，弼諧流咏。至於出納綸誥，敷奏二宫，問樹弗應，數馬方對，信所謂明慜之哲人，淑慎之君子者也。方當騰翮高衢，自致青雲，朝露易從，若休已及，吕正光五年四月十八日，春秋五十有一，構疾卒於洛陽之修人里，粤吕八月己卯朔四日壬午，卜窆於亶甫之西堽。悲松檟之已晦，哀棘莽之将深，敬鐫芳於墓道，庶有聞於德音。其詞曰：

積善之門，餘慶不已。鍾美在焉，若人生矣。汪汪万頃，昂昂千里。令問孔昭，德音亹亹。道茂當時，德隆一世。神情獨遠，英心孤逝。逸藻煙浮，雕文綺麗。若玉若金，方蘭比桂。清塵既遠，音徽可慕。肅慎流聲，受恭結譽。方致青雲，騰彼天路。如何不淑，於此褰翥。輔仁不實，与善信虚。蘭埋壟墜，桂掩泉滁。青松稍闇，白草方蕪。鐫芳幽石，式誌玄廬。

曾祖諱護，涼殿中侍御史，領宿衛；曾祖親武威賈氏，父諱質，西郡太守。祖諱斌，涼敦煌太守；祖親恒農楊氏，父諱穆，西平郡功曹。父諱成，聖世酒泉子都司馬；親敦煌索氏，父諱祚，敦煌録事參軍。叔諱德，酒泉守長史；叔親太原郭氏，父諱輿，禄福縣令。姊適隴西李養，養為隴西太守。魏正光五年歲次甲辰八月己卯朔四日壬午建。

〇〇八 魏故使持節散騎常侍安南將军䮃官尚書冀州刺史元公【子直】墓誌銘

正光五年（524）四月十二日卒，同年八月六日葬。

誌文 27 行，滿行 31，楷書。誌石高 78 釐米，寬 77.6 釐米，河南洛陽出土。

【释文】

亡祖顯祖獻文皇帝，亡父假黄鉞、侍中、太師、領司徒、䣊督中外諸軍事、彭城武宣王。公諱子直，字方言，河南洛陽䣊鄉光里人也。高峯本於極天，長源邁於帶地。至於經綸輔贊之業，文武將相之姿，送往事居之勳，与存与亡之績，故已播在民謡，詳之衆口，鐘鼓日宣，丹青且蔚。若其孝友温恭之操，拔得乎心；月旦飛馳之聲，求之於己。爰始從宦，除散騎郎。出入九重，去來三等，既而璧門載佇，鳳沼曠官，寤寐所求，非公焉寄。仍轉中書侍郎，復以貂冕清閨，切問俟才，往謝紫遲，來事青瑣。遷通直常侍，喉脣任重，匪易其人。公以譽美帝宗，聲高近侍，執戟之選，与能斯在。復轉黄門侍郎。先王練石斷鼇，功格區宇，雖身隨物化，而事与名存。朝庭永言盛烈，義深追遠，取則旄茅，大啓真定，開國縣公，食邑一千戶。公以榮非己致，賞實先勳，瞻彼遺薪，崩心泫目。尋加冠軍將軍，仍居門下。梁山重阻，黑水遐長，實号峨眉，是稱石穴。陵履三峽，控帶二江，刁斗夜驚，權烽晝起，西夏之任，兹焉特委。乃除持節、督梁州諸軍事、本將军、梁州刺史，於是播兹簡惠，飾是戎昭，政平訟理，歲阜民和，吠犬希聲，階庭虛寂。及解任還䣊，歸軒東首，吏民泣慕，老幼相嗟。公縱容博愛，雅好人流，接席分庭，談賞無倦。會太妃遘疾，大漸弥留，藥食先嘗，行不正履。既而脱然靡驗，並走無徵，禮踰絶漿，慕深泣血。永懷風樹之不靜，長悲欲報之匪從。雖氣序貿遷，扶而未起，朝露奄臻，嚴霜溘萃。正光五年四月十二日，薨於第。有識嗟傷，不知悽感。有詔追贈使持節、散騎常侍、安南將军、䣊官尚書、冀州刺史，謚曰穆公。日月不居，窀穸奄至。以其年八月己卯朔六日甲申，窆於長陵之東北。其詞曰：

赫赫皇魏，天保攸定，藹藹帝緒，本枝兼盛。有美夫君，寔挹之令，盤石斯昌，孰云匪競。周文負斧，八子開封，太師當國，亦有丕庸。司勳追賞，錫宇攸同，俾侯如魯，為光為龍。綵綸告勑，執戟云疲，唯梁請牧，連率是縻。化行江漢，仁聲載馳，華陽俗易，黑水風移。福極參差，惑壽惑夭，自古雖死，在君何早。生塗未半，百齡猶眇，大夜方昏，泉門詎曉。

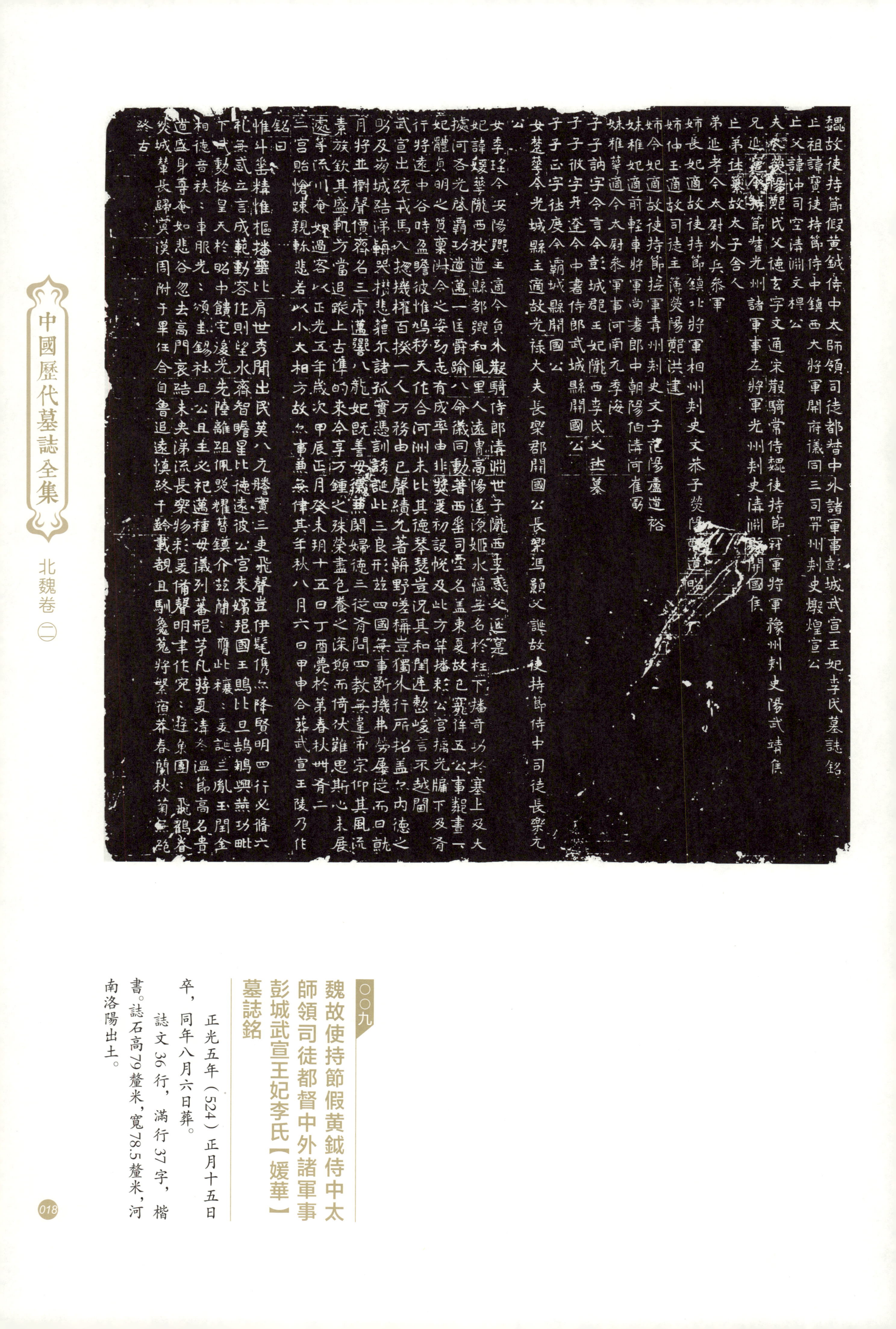

〇〇九 魏故使持節假黃鉞侍中太師領司徒都督中外諸軍事彭城武宣王妃李氏【媛華】墓誌銘

正光五年（524）正月十五日卒，同年八月六日葬。

誌文36行，滿行37字，楷書。誌石高79釐米，寬78.5釐米，河南洛陽出土。

【释文】

亡祖諱寶，使持節、侍中、鎮西大将军、開府儀同三司、并州刺史、敦煌宣公。亡父諱沖，司空、清淵文穆公；夫人滎陽鄭氏，父德玄，字文通，宋散騎常侍、魏使持節、冠軍将军、豫州刺史、陽武靖侯。兄延寔，今持節督光州諸軍事、左将军、光州刺史、清淵縣開國侯。亡弟休纂，故太子舍人。弟延考，今太尉外兵參軍。姊長妃，適故使持節、鎮北将军、相州刺史、文恭子滎陽鄭道昭。姊仲玉，適故司徒主簿滎陽鄭洪建。姊令妃，適故使持節撫軍、青州刺史、文子范陽盧道裕。妹稚妃，適前輕車将军、尚書郎中、朝陽伯清河崔勖。妹稚華，適今太尉參軍事河南元季海。子子納，字令言，今彭城琶王；妃隴西李氏，父休纂。子子攸，字彦達，今中書侍郎、武城縣開國公。子子正，字休度，今霸城縣開國公。女楚華，今光城縣主，適故光禄大夫、長樂郡開國公長樂馮顥；父誕，故使持節、侍中、司徒、長樂元公。女季瑤，今安陽鄉主，適今員外散騎侍郎、清淵世子隴西李彧，父延寔。妃諱媛華，隴西狄道縣都鄉和風里人。遠冑高陽，遥源姫水，蘊無名於柱下，播奇功於塞上。及大據河洛，光啓霸功，道邁一匡，爵踰八命。儀同勳著西垂，司空名蓋東夏。故已寵侔五公，事麭畫一。妃體貞明之質，禀淑令之姿，幼志有成，率由非獎。爰初設帨，及此方笄，播彩公宫，摛光牖下。及有行將遠，中谷時盈，瞻彼惟鳩，移天作合。河洲未比其德，琴瑟豈況其和。閨庭整峻，言不越閫。武宣出統戎馬，入揔機權，百揆一人，万務由己，聲績允著，朝野嗟稱。豈獨外行所招，蓋亦内德之助。及崩，城結涕，朝哭攢悲，藐尓諸孤，實憑訓誘。誕此三良，形兹四國，無事斷機，弗勞屢徙。而日就月將，並標聲價，齊名三虎，邁響八龍。妃既善母儀，兼閑婦德，三從有問，四教無違。帝宗仰其風流，素族欽其盛軌。方當追蹤上古，準的來今，享万鍾之殊榮，盡色養之深願。而倚伏難思，斯心未展，遽等流川，奄如過客。以正光五年歲次甲辰正月癸未朔十五日丁酉，薨於第，春秋四卌有二。二宫貽愴，踈親軫悲，若以小大相方，故亦事兼無律。其年秋八月六日甲申，合葬武宣王陵。乃作銘曰：

惟斗垂精，惟樞播靈，比肩世秀，間出民英。八元騰實，三吏飛聲，豈伊髦儁，亦降賢明。四行必脩，六禮無忒，立言成範，動容作則。望水齊智，瞻星比德，遠彼公宫，來嬪邦國。王賜比旦，鵲鵴興燕，功毗下武，勳格皇天。於昭中饋，宅後光先，陸離組佩，照耀簪鏄。介兹簡簡，膺此穰穰，爰誕三胤，玉閏金相。德音秩秩，車服光光，頒圭錫社，且公且王。必祀邁種，母儀列蕃，朏茅凡蔣，夏清冬温。節高名貴，道盛身尊，奄如悲谷，忽去高門。哀結未央，涕流長樂，物彩爰備，聲明聿作。宛宛遊魚，團團飛鶴，眷然城輦，長歸冥漠。周附于畢，任合自魯，追遠慎終，千齡載覩。且馴毚莵，將繁宿莽，春蘭秋菊，無絶終古。

傳母宮大監杜法真者黃如人也忠孝發
自弱齡廉平起於髫齔年有五十奉身紫
極何知遇於先朝被顧問於今上性姓寬
閑世有行焉歷任雖清非其願也遂隱跡
下邦養身洛陽天手不淋梁木摧頹春秋
六十有六殞於洛陽兒息涕戀攀車結慕
朝野銜衣西顧長悲以大魏正光五年十
月三日空於首陽之陰乃作銘曰
芒芒造化悠悠自然影隨形變爵逐聲遷
再清流美惟聖惟賢嶽霜夏墜芝蘭早玄
騏驎弗乘徒枉世鞭白楊代爵青松負烟
魂兮永逝名舉風旋

杜傳母銘

〇一〇 杜法真墓誌

正光五年（524）十月三日葬。誌文12行，滿行16字，楷書。誌石高55釐米，寬55釐米，河南洛陽出土。

【释文】

傅母宫大監杜法真者，黄如人也。忠孝發自弱齡，廉平起於齠齔。年有五十，奉身紫掖，何知遇於先朝，被顧問於今上。性姓寬閑，世有行焉。歷任雖清，非其願也。遂隱疏下邦，養身洛陽。天乎不淑，粱木摧傾。春秋六十有六，殞於洛陽。兒息涕戀，攀車結慕，朝野銜衣，西顧長悲。以大魏正光五年十月三日，窆於首陽之陰。乃作銘曰：

芒芒造化，攸攸自然。影隨形變，嚮逐聲遷。再清流美，惟聖惟賢。嚴霜夏墜，芝蘭早玄。騏麟弗乘，徒枉世鞭。白楊代嚮，青松負煙。魂兮永逝，名舉風旋。

杜傅母銘。

〇一一 魏故輔國将軍博陵太守呂公【通】之墓誌銘

正光五年（524）四月一日卒，同年十一月三日葬。

誌文25行，滿行28字，楷書。誌石高56釐米，寬57.1釐米，河南洛陽出土。

【释文】

君諱通，字慈達，東平壽張清鄉吉里人也，蓋神農之苗裔。太公既以鷹揚樹績，大風蔚於東海；吕叔亦以徽音踵烈，高聲邁於南夏。衣冠之盛，歷秦漢而為極；蟬冕之隆，逕晉魏以為甚。等七葉而傳輝，齊五宗以继曜，葳蕤以之退暢，聽遊於是自遠。曾祖父牛涼，侍中、驃騎将军、沙州刺史、西海侯，英情秀逸，機悟如神，在世許其高大，月旦科以千里，故能製錦青蕃，栖蟬絳闕，擅當官之舉，跨不世之名。祖父臺，少以栖遲納賞高尚自居，槃桓川潛晦為心〔泽〕，雖鳴鷹亟委，逸想弥隆，玉帛屢徵，不以屑懷，鄉部稱以退蹈，州里言其遠逝。雖子淵不群，君山獨往，方之於此，嘗何足喻。然君志絶籠罩，聲逸煙霞，器為時求，才勘世舉。涼寧府君亦一時之英，自以才望既隆，民物攸歸，幸君屈辱，用禆共冶，召為郡功曹。君秉節不移，執操弥固，非其情也，遂不應命。父安，鎮遠将军、天水太守，器識淵華，才韻清遠，妙解物情，善於治政，撫莅未幾，風化大行。接壤懷仁，鄰鄉願□，雖浮虎清江，未足云異，止蝗緑野，方之何奇。信所謂愷悌君子，民之父母。君稟氣天地，承靈川岳，踵并世之風，繼累葉之軌，貞情峻邈，逸想沖深，黄中顯於岐日，通理彰於丱歲。故能出龍闈以衣朱，入虎門而委珮，去来九重之中，往還二宫之裏。淑慎虔恭之節，每鬱沃於帝心；清貞肅穆之操，亦留漣於聖旨。方當藉兹寵會，用階尺木，擊水中流，憑風九万，而川流一往，逝景不追。以正光五年四月辛巳朔一日辛巳，春秋六十有四，遘疾卒於洛陽之承華里舍。天子哀悼，縉绅悲惜，賵吊之礼，有國常准。乃下詔追贈輔國将军、博陵太守，考德立行，謚曰静，礼也。粤以十一月丁未朔三日己酉，還殯於河陽城北嶺之下。小子仁懼世代之遷貿，恐峻谷之易處，詢碩彦以鐫誌，庶流芳於泉户。廼作銘誌，其詞曰：

惟天降祉，惟地纳靈；篤生若人，命世為英。虔恭結譽，淑慎流聲；栖遲百氏，優遊六经。方摶九万，擊水上征；如何不淑，早世淪傾。哀雲曉墜，悲風夜驚；一歸蒿里，長秘泉庭。圓長方久，路回川平；蕭蕭壟樹，蔚蔚松青。敬敷徽猷，式照玄銘。

正光五年歲次甲辰十一月丁未朔三日己酉誌。夫人天水尹氏，父育，沙州刺史。

〇一一 元璨墓誌

正光五年（524）四月廿九日卒，同年十一月三日葬。

誌文22行，滿行26字，楷書。誌石高70.5釐米，寬70.5釐米，河南洛陽出土。

【释文】

君諱璨，字孟暉，河南洛陽都鄉敷義里人也。恭宗景穆皇帝之曾孫，陽平幽王之孫，征北大将军、營梁徐雍定五州刺史、廣陵康公衍之元子。積聖為源，資皇啓緒，祖王分乾茂德，先公操智成仁。君體局聡逸，器貌清奇，幼挺出群，懷不羈之譽；岐嶷金聲，收獨異之響。雖廿生早秀，終童少穎，方之於君，無能嘉尚。麟幃妙選，振古攸難，渠開銓才，魏誥弥重。君以帝胄美名，夙招令問，特被優詔，擢秘書佐郎。時尋有敕，專綜東觀，墳經大序，部表載章，所進遺漏，緝增史續。俄遷司徒主簿，翼彼教槐，績彰毗沓。以母憂去職。君孝性深至，操俞曾閔，豈直惙滄七辰，迴鏕勝母如已哉。荆郢蠻邦，化導匪易，自非朝英宗彦，莫膺茲授，除君荆州長史，招来遐服。君器等瑚璉，出處多藝，首讚幕府，流品斯允，旨行州事。既專裁襖蕃，化被南裔，志同灌芃，節慕羊陸，恩若春風，愛均冬景，蒲鞭葦杖，再光江沔。徵拜太中大夫，仍轉輔國将军、太常少卿。皇家富有四海，績邁虞唐，唯哲伊才，故充斯授。君登棘飛聲，卓然峻遠，金石順諧，管弦調暢。方冀承扆陟岱，陪兖柴天，昊靈不弔，春秋卌有三，正光五年四月廿九日，薨於第。朝野嗟酸，衣冠痛惜。贈使持節、左将军、齊州刺史，謚曰文公。其年十一月丁未朔三日己酉，葬於金谷之原。乃作銘曰：

資靈託緒，積聖開源。於赫皇魏，道邁堯軒。託生天子，實唯王孫。幼播令問，德逸聲存。少挺珪璋，岐嶷聡峻。連翩兩龍，依稀八儁。秀等終甘，謹同馬慎。唯哲唯仁，寔為後進。登朝延譽，裁邦載緝。灌芃重美，蒲鞭更習。德被荊郊，化刑江邑。掛牀留犢，風高獨立。攸攸大夜，冥冥下泉。幽庭無曉，華燈詎燃。一隨地永，空列幃筵。陵谷儻改，芳徽是鐫。

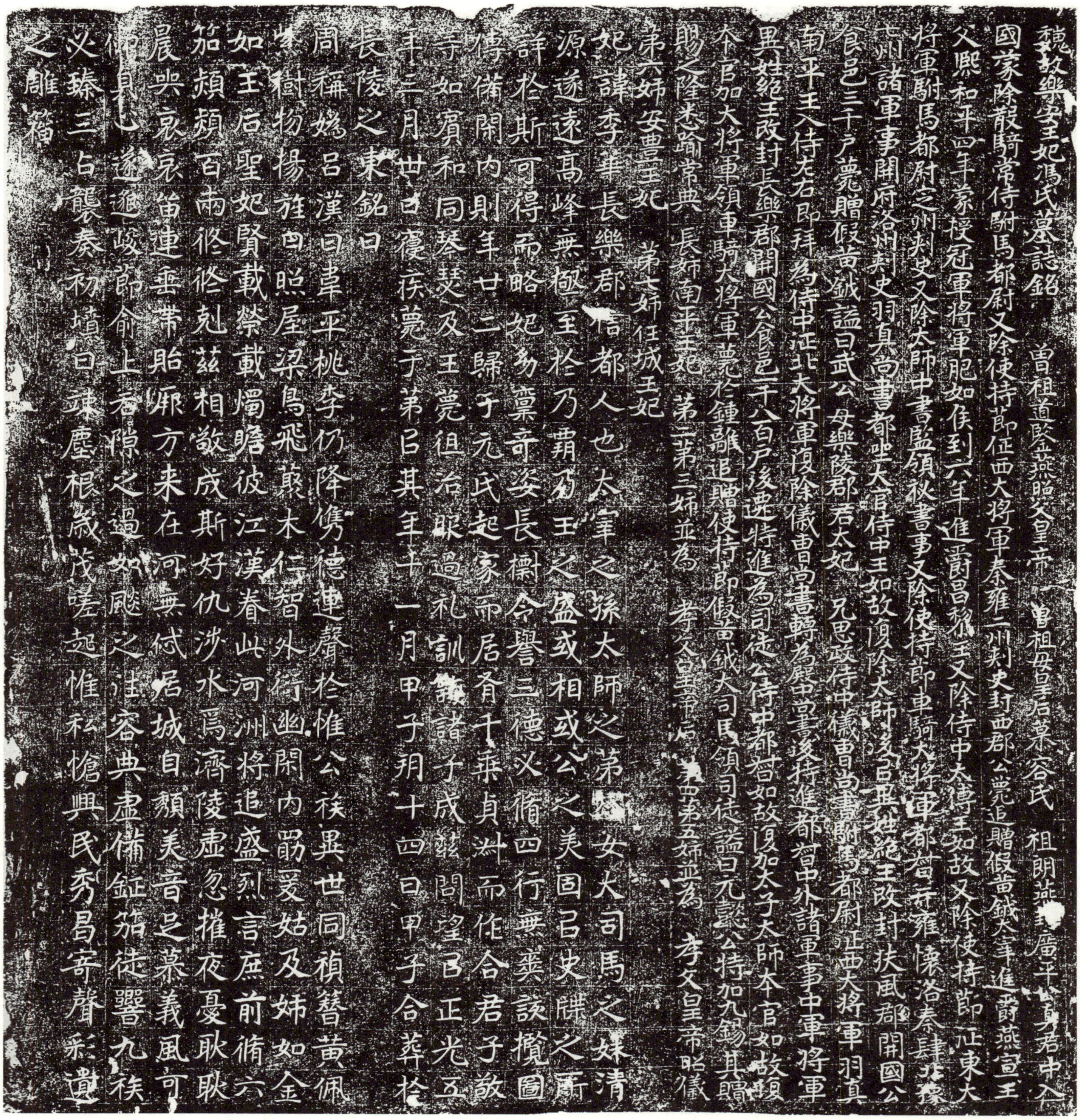

〇一三 魏故樂安王妃馮氏【季華】墓誌銘

正光五年（524）三月三十日卒，同年十一月十四日葬。誌文26行，行字數不定，楷書。誌石高70.3釐米，寬68.8釐米，河南洛陽出土。

【释文】

曾祖道鑒，燕昭文皇帝；曾祖母皇后慕容氏。祖朗，燕封廣平公。真君中入國，蒙除散騎常侍、駙馬都尉，又除使持節、征西大将军、秦雍二州刺史，封西郡公；薨，追贈假黄鉞、太宰，進爵燕宣王。父熙，和平四年蒙授冠軍将军、肥如侯；到六年，進爵昌黎王，又除侍中、太傅，王如故；又除使持節、征東大将军、駙馬都尉、定州刺史。又除太師、中書監、領秘書事。又除使持節、車騎大将军、都督并雍懷洛秦肆北豫七州諸軍事、開府、洛州刺史、羽真、尚書都坐大官、侍中，王如故。復除太師。後㠯異姓絶王，改封扶風郡開國公，食邑三千戶，薨贈假黄鉞，謚曰武公。母樂陵郡君、太妃。兄思政，侍中、儀曹尚書、駙馬都尉、征西大将军、羽真、南平王。入侍左右，即拜為侍中、征北大将军；復除儀曹尚書，轉為殿中尚書，後特進、都督中外諸軍事、中軍将军。異姓絶王，改封長樂郡開國公，食邑一千八百户。後還特進，為司徒公，侍中、都督如故。復加太子太師，本官如故。復本官、加大将军、領車騎大将军。薨於鍾離，追贈使持節、假黄鉞、大司馬、領司徒，謚曰元懿公，特加九錫，其賵賜之隆，悉踰常典。長姊南平王妃。第二、第三姊並為孝文皇帝后。第四、第五姊並為孝文皇帝昭儀，第六姊安豐王妃，第七姊任城王妃。妃諱季華，長樂郡信都人也。太宰之孫，太師之第八女，大司馬之妹。清源遂遠，高峰無極。至於乃霸乃王之盛，或相或公之美，固㠯史牒之所詳，於斯可得而略。妃幼稟奇姿，長標令譽，三德必脩，四行無爽。該攬圖傳，備閑內則。年廿二，歸于元氏。起家而居有千乘，貞淑而作合君子，敬等如賓，和同琴瑟。及王薨徂，治服過禮。訓誨諸子，成茲問望。㠯正光五年三月卅日，寢疾薨于第。㠯其年十一月甲子朔十四日甲子合葬於長陵之東。銘曰：

周稱嬀吕，漢曰韋平。桃李仍降，儁德連聲。於惟公族，異世同禎。簪黄佩紫，樹物揚旌。日照屋梁，烏飛藂木。仁智外衍，幽閑內勖。爰姑及姊，如金如玉。后聖妃賢，載榮載燭。瞻彼江漢，眷此河洲。将追盛烈，言庶前脩。六笳頻頻，百兩攸攸。剋茲相敬，成斯好仇。涉水焉濟，陵虛忽摧。夜憂耿耿，晨哭哀哀。留連垂滯，貽厥方来。在河無忒，居城自頹。美音足慕，義風可仰。貞心遂邈，峻節俞上。若隙之過，如飈之往。容典虛備，鉦笳徒響。九族必臻，三占襲奏。初墳日竦，塵根歲茂。嗟起惟私，愴興民秀。曷寄聲彩，遺之雕籀。

魏故持節輔國將軍平州刺史元使君墓誌銘
君諱崇業字子建洛陽人也景穆皇帝之曾孫大
將軍陽平幽王之孫車騎大將軍儀同三司尚書左
僕射宗師之長子君三光降而為靈六氣結而成烈
秀若高桐峻似孤岳藻韻清遠談論機發士流挹其
万頃帝宗歎其千里弱冠譽高拜秘書郎中隷續麟
閣鑿投墳藝洋洋之美與素載清舉上第辟司徒録
事參軍君器懷凝峻神衿挺照摛藻台庭瀟落群外
領袖之望於焉為首優賢之舉拜寧朔將軍員外散
騎常侍君風量秀懋英拔異流糸侍軒陛儀形獨儁
加以文彩豐艷草麗雕華凝辭逸韻昭灼篇牘逝將
變礼教於端闈宣風化於槐路而輔仁之慶虛文草
露之危先集春秋卅八正光五年三月廿七日卒於
第詔贈持節輔國將軍平州刺史礼也其年冬十
一月十四日葬於長陵之東北乃作銘曰
丹陵發輝華渚開耀君侯誕載神儀挺照英量高偉
風骨凝峭端思出玄談入妙沖衿秀懋器宇櫛儁鼻
朝振響藻韻清峻冰情外朗謙光內潤汪汪淵湛亭
亭岳鎮近燧無賒遠期已侵霜庭飛素松門罕綠思
鳥啁噍哀猿躑躅唯茲景行德音如玉

023

〇一四 魏故持節輔國將军平州刺史元使君【崇業】墓誌銘

正光五年（524）三月二十七日卒，同年十一月十四日葬。

誌文20行，滿行20字，楷書。誌石高52釐米，寬52釐米，河南洛陽出土。

【释文】

君諱崇業，字子建，洛陽人也。景穆皇帝之曾孫，大将军、陽平幽王之孫，車騎大将军、儀同三司、尚書左僕射宗師之長子。君三光降而為靈，六氣結而成烈，秀若高桐，峻似孤岳，藻韻清遥，談論機發，士流挹其万頃，帝宗歎其千里。弱冠譽高，拜秘書郎中。秉牘麟閣，讎校墳藝，洋洋之美，典素載清。舉上第，辟司徒録事參軍。君器懷凝峻，神衿挺照，横藻臺庭，灑落群外，領袖之望，於焉為首。優賢之舉，拜寧朔将军、員外散騎常侍。君風量秀整，英拔異流，參侍軒陛，儀形獨儁。加以文彩豐艶，草麗雕華，凝辭逸韻，昭灼篇牘。逝将燮礼教於端闈，宣風化於槐路，而輔仁之慶虚文，草露之危先集。春秋卌八，正光五年三月廿七日，卒於第。詔贈持節輔國将军、平州刺史，礼也。其年冬十一月十四日葬於長陵之東北。乃作銘曰：

丹陵發輝，華渚開耀，君侯誕載，神儀挺照。英量高偉，風骨凝峭，端思出［□］，玄談入妙。沖衿秀整，器宇標儁，昇朝振響，藻韻清峻。冰情外朗，謙光内潤，汪汪淵湛，亭亭岳鎮。近隧無睎，遠期已促，霜庭飛素，松門罕绿。思鳥啁噍，哀禽躑躅，唯兹景行，德音如玉。

魏故輕車將軍元府君墓誌
君諱寧字阿安河南洛陽人也其先唐堯之苗裔[illegible]
高之胤昔孝章帝之後君故使持節驃騎將軍雍州
刺史氷都大官賀返鎮都督武陽侯渴洛侯當拜叔
平遠將軍散騎常侍殿中尚書將軍將軍始平公佯
居頃之孫故岐州刺史之子君託懷綎羅年好卷
孝弟之稱朝野明聞自補騎官之任釋褐殿中將
軍稍加位号還授輕車將軍暇寀龍門捉纓鳳闕豈
悟神祇濫羅斯罰春秋六十有壹以正光五年薨於
京師 皇朝失色槐棘驚頹衢男綴歌於巷首隣婦
奄相於春邁至其年十一月十五日歲次甲辰遷兆
於大陵東北冀罰之陽咸見為之泣涕挽歌之所哽
咽嗚呼哀哉乃作銘曰
於之遠基世綱珠璋武罰其帝哉制三槐陽沙練玉
裔閭明輝冠蓋相承千載不頹瑤輪華聲之其雷
寧君量略志萬星雲排霜挺秀獨蛻孤群育心經戶
愠德王績少詩皇宮長莅邁君行言折獄單韓而介
名斑史籍竹帛垂勳嗚呼哀哉纖此良人如可贖兮
人百其身
正光五年十一月十五日歲次甲辰丁未朔

〇一五 魏故輕車将军元府君【寧】墓誌

正光五年（524）卒，同年十一月十五日葬。

誌文 20 行，滿行 20 字，楷書。誌石高 41.3 釐米，寬 52.8 釐米，河南洛陽出土。

【释文】

君諱寧，字阿安，河南洛陽人也。其先唐堯之苗裔，漢高之胤胄，孝章帝之後。君故使持節、驃騎将军、雍州刺史、外都大官、賀延鎮都督、武陽侯渴洛侯曾孫，故平遠将军、散騎常侍、殿中尚書、冠軍将军、始平公侯尼須之孫，故岐州刺史之子。君託歲懷經，羅年好衮，孝悌之稱，朝野明聞。旨補騎官之任，釋褐殿中将军。稍加位號，還授輕車将军。暇寐龍門，振纓鳳闕。豈悟神祇，濫羅斯罰。春秋六十有壹，以正光五年薨於京師。皇朝失色，槐佐驚顏，衢男綴歌於巷首，鄰婦奄相於春邊。至其年十一月十五日歲次甲辰，還兆於大陵東北冀罰之陽。咸見為之泣涕，挽歌之所哽咽，嗚呼哀哉！乃作銘曰：

攸攸遠基，世綱珠瑋。或罰其帝，或制三槐。陽沙練玉，處闇明輝。冠盖相承，千載不頽。瑶輪華轂，嗷嗷其雷。寧君量略，志萬星雲。排霜挺秀，獨蜕孤群。育心經戶，愠德王墳。少侍皇宫，長莅邊君。片言折獄，單辭兩分。名斑史籍，竹帛垂勳。嗚呼哀哉，殲此良人。如可贖兮，人百其身。正光五年十一月十五日歲次甲辰丁未朔。

魏故中給事中謁者關西七州臺使郭顯墓誌銘
父蕘命東兖州別駕　毋趙郡李氏　顯妻濟州平原
柏氏　息金龍息女洪妃適斂蕘洛　次息女景妃適楊
康生龍妻劉氏龍息文憘次息見憘　君字季顯并州
太原郡晉陽縣人也以魏正光四年歲在六月庚辰朔
廿三日壬寅寢疾卒于河南洛陽都鄉孝安里春秋五
十三越正光五年十一月丁未朔廿六日壬申葬于北
芒山之西崗迺刊石表銘式傳不朽其辭曰
世祿伊茫緜族斯寵欝矣華宗亦丁其慶高峯遠出長
瀾眇鏡爲龍爲光莫之與競台階崚嶷槐路悠凝維祖
維父克踐克昇相門有相公實載賡如綷既沒絛亦嗣
興爰自弱年樹此風槩鯁氣不羣雄才出輩目心必盡
率由敬愛匪留聲名自然靡悔厥始登庸言舊其翼事
君無隱當朝正色夙夜在公委迴退食婸茲一人馨此
心力寶珮鏘豐貂璫藹既被華虫亦碼旟旆韡之長鞶
悠悠高蓋六條已絹萬里云眾来管喉脣絲綸伊禝迺
作中候熊羆是肅出則鷹揚入爲心腹誠著日殫勳同
博陸建彼元功賚茲上賞玄玉白茅分星畫壤執玉有
暉酎金無爽利在鳴謙宏非從往百揆已登三事斯凝
四牡騤騤六轡耳耳方馳逸翰沖天不已霞路未央雲
車遽返清道還山徐軒去國寒浦迴迴霜源眇默石磴
長蕪泉扃永塞岸谷將遷於焉觀德

〇一六　魏故中給事中謁者關西十州臺使郭顯墓誌銘

正光四年（523）六月二十三日卒，正光五年（524）十一月二十六日葬。

誌文22行，滿行21字，楷書。誌石高47.8釐米，寬49.7釐米，河南洛陽出土。

【释文】

父萇命，東兖州别駕；母趙郡李氏。顯妻濟州平原柏氏，息金龍，息女洪妃，適殷萇洛。次息女景妃，適楊康生。龍妻劉氏，龍息文憘，次息見憘。君字季顯，并州太原郡晉陽縣人也。以魏正光四年歲在六月庚辰朔廿三日壬寅寢疾，卒于河南洛陽都鄉受安里，春秋五十三。越正光五年十一月丁未朔廿六日壬申，葬于北芒山之西崗。迺刊石表銘，式傳不朽。其辭曰：

世禄伊范，卿族斯寧，鬱矣華宗，亦丁其慶。高峰遠出，長瀾眇鏡，為龍為光，莫之與競。台階峻極，槐路悠凝，唯祖唯父，克踐克昇。相門有相，公實載膺，如綘既没，條亦嗣興。爰自弱年，樹此風概，鯁氣不群，雄才出輩。因心必盡，率由敬愛，匪勖聲名，自然靡悔。厥始登庸，言奮其翼，事君無隱，當朝正色。夙夜在公，逶迤退食，媚兹一人，磬此心力。寳珮鏘[鏘]，豐貂藹藹，既被華虫，亦矯方旗旆。轔轔長轂，悠悠高盖，六條已緝，萬里云最。来管喉唇，絲綸伊穆，迺作中候，熊羆是肅。出則鷹揚，入為心腹，誠著日磾，勳同博陸。建彼元功，膺兹上賞，玄土白茅，分星畫壤。執玉有暉，酎金無爽，利在鳴謙，吝非攸往。百揆已登，三事斯凝，四牡騤騤，六轡耳耳。方馳逸翰，沖天不已，霞路未央，雲車遽止。清道還山，徐軒去國，寒浦壇迴，霜源眇默。石磴長蕪，泉扃永塞，岸谷将遷，於焉觀德。

〇一七 魏故驢驤将军平陽檀府君【賓】之墓誌銘

正光五年（524）八月八日卒，同年十一月二十七日葬。誌文27行，滿行27字，楷書。誌石高53.8釐米，寬54釐米，河南洛陽出土。

【释文】

君諱賓，字子穎，兖州高平平陽縣都鄉箱陵里人也。氏族高華，望盖海胄，冠帶相尋，有國之檦袖，金槃玉秀，著自前策。曾祖嶷，吕風高獨遠，晉中書待郎、瑯瑘太守。祖道沖，以辭華儁麗，宋召黃門侍郎。父猷，才檦胄極，起家正員郎、晉安內史。君禀鴻流之奥原，承孤峰而特秀。惠悟發於齠丱，英粲播於弱齡。年始廿，為齊徐州刺史裴叔業啓為府主簿。于時，朔馬南侵，吴戈北掃，接矢徐方，交刃州境。自非雄明挺秀，無吕委居邊捍，遂表君為渦口戍主。君乃修陳生之奇，習黄公之策，功名申於齊京，威略聞於魏闕。轉君寧朔将军、步兵校尉，鎮戍壽春。君識否泰於将來，鑒安危於未兆，知雲臺將崩，葦巢難固，遂同裴氏送城歸魏。時吕君深識魯生之機，洞照街璧之貺，授君左中郎将，俄拜建興太守。雖帝壤華邦，神州名邑，然北帶長山，盗徒充聚。除書始聞，群凶竄跡，車駕一臨，則密雲垂治。釐郡未幾，又遷魏郡太守。拜訖，吕西河地接邊胡，民懷異志，自非浮虎却蟥，何吕肅其蕃愚。遂為西河內史。且一錢之餞，祖榮愧其清；匹絹之資，胡質慚其儉。攀轂斷途，拒輪塞路，懼玄光易流，民情難訣，遂踈步艱行。盗至西河，脩古教吕勸民，開新訓而獎士。吴公有更生之名，卜子受不亡之美。又召君為驪驤将军、遊擊将军。又平陽聖帝名都，關守有年，非高才茂遠，弗勘斯任。遂簡君為平陽太守，吕副朝望。君神色儼然，靡識其操，恩若雲潭，威如風草。若乃樂治齊歌，道産訝其能；要囚感志，方明謝其巧。在郡半紀，訴病歸京。春秋六十一，正光五年八月八日，薨於洛陽。其年十一月丁未朔廿七日癸酉，窆於北芒之陽。悲華光之易殞，歎人百之難追。鐫玄石吕表功，託清泉吕通辭。其銘曰：

美哉華琨，匪刊弗珍，猗歟君公，夙誕其神。珪璋月秀，琳瑯日新，抽芳齊壤，發翠魏都。囊不藏穎，蚌不隱珠，爰初弱冠，秀名州府。昂昂拔群，翹翹絶侶，聲逸兩都，華鄉四撫。風衿逍迢，雲情容與，恩而弗柔，威而不武。朱輪方昇，鳴笳将舉，驚風峻動，太山其頹。松扇夜啓，泉門晝開，曉風空往，夕月虛来。舉世追慕，匝宇流哀，金石有爛，德音無灰。

君諱永字萬歲昌黎縣城人大單于之後
自侍御史太師彭城王優引為長兼中尉
歷太農郎中令出除平北府司馬帶西部
護軍入拜員外散騎常侍假節行高平鎮
事轉振武將軍柔玄鎮副將還顯武將軍
武興鎮將帶武興太守獻計立州移授假
節鎮遠將軍武川鎮將春秋五十六年於
官正光五年十二月丁丑朔八日甲申遷
措於京東其辭曰
昔在單于世雄艮隅移根遼域徙殖河區
誰勳捍城誕茲武夫孰能千里生此名駒
器應時來才興世會自東徂西逐中涉外
連龜疊組重軒累袮高柔戀澤興川感賴
天道奚踈冥理焉親如何不淑殲伊良人
玄扃一閟幽夜方春有遷陵谷無歇芳塵

〇一八 宇文永墓誌

正光五年（524）十二月八日葬。

誌文15行，滿行16字，楷書。誌石高46.5釐米，寬46釐米，河南洛陽偃師出土。

【释文】

君諱永，字萬歲，昌黎棘城人，大單于之後。自侍御史、太師、彭城王優引為長兼中尉，歷太農郎中令，出除平北府司馬，帶西部護軍。入拜員外散騎常侍，假節行高平鎮事，轉振武将军、柔玄鎮副將。還顯武将军、武興鎮將，帶武興太守。獻計立州，移授假節鎮遠将军、武川鎮將。春秋五十六，卒於官。正光五年十二月丁丑朔八日甲申，遷措於京東。其辭曰：

昔在單于，世雄艮隅；移根遼域，從殖河區。誰勘捍城，誕兹武夫；（熟）［孰］能千里，生此名駒。器應時求，才與世會；自東徂西，逕中涉外。連龜疊組，重軒累褫；高柔戀澤，輿川感賴。天道奚踈，冥理焉親；如何不淑，殲伊良人。玄扃一蓋，幽夜万春；有遷陵谷，無歇芳塵。

魏故假節鎮遠将軍武川鎮将宇文府君墓誌銘。

〇一九 魏故懷令李君【超】墓誌銘

正光五年（524）八月十八日卒，正光六年（525）正月十六日葬。

誌文26行，滿行26字，楷書。誌石高55.1釐米，寬55.6釐米，河南洛陽出土。

【释文】

君諱超，字景昇，本字景宗，後承始族叔在江左者懸同，故避改云。秦州隴西郡狄道縣都鄉華風里人也。雅著高節，敦襲世風，言行足師，興作成准，循情孝友，因心名義。安貧樂道，息詭遇之襟；介然峻特，標確焉之操。弱冠舉司州秀才，拜奉朝請，除恒農郡冠軍府録事參軍事，宰沁水縣。巨政崇治，綽居尤最。為受罪者所誣，章憲臺誤聽，被茲深劾，除名為民。於是，廿年中，浮沉閭巷，玉潔金志，卓尔無悶。到熙平二年，甫更從宦，補荆州前将军騎兵參軍事，復作懷令。已受拜，垂垂述職。遭疾，正光五年八月十八⊙，卒于洛陽縣之永年里宅，時年六十一。孤貞華首，訖於二邑，門從無兩。遠迩酸恨懷之，百姓長慕喪氣，雖陳留之哀，望胡季叡，不是過也。越六年正月丙午朔十六日辛酉，葬洛陽縣霞丹山之東南。玄壤難窮，陵谷時異，刻茲陰石，照序光塵。

決決顯族，斂蔓西垂。代襲清則，口炳羽儀。道妙之門，緒風屬斯。惟祖惟考，倜儻瓌奇。昌謨迭駕，高獲明規。杳量無隄，玄契不貲。捻脩異貫，員應紛枝。灼灼伊君，山立淵渟。棲真宅正，寢繩履程。懿鑠為質，醇素用情。均冶禮世，氣重財輕。亦既從招，旁溢鴻聲。隨牒出入，密勿力誠。爰莅近邑，（先）［光］邁儀形。絶交獨坐，化動陰冥。尚德貽咎，衆實叵盖。拂衽歸来，飾轅褫帶。恂恂鄉閈，万殊一會。優柔善成，无小无大。垂白再仕，泛尔沿流。階倫稍降，盛業愈遒。逯作後城，士女承休。轡頓方馳，盡士悲愁。剋節炯言，引賞靡徵。端恭妄砥，家俗虛膺。擢彼圯跡，事閈篇繒。長源未輸，深圖乍卷。蘊此逸機，空生徒返。茲冤易削，疇毒難遣。楨擲踈竦，泉房寒遠。孀孤内爛，妹弟摧咺。式鏤沉石，託注幽篆。

妻恒農楊氏，父談，為郟州主簿。息女孟宜，年卌六，適恒農王始儁，郡中正。息女媛姿，適遼西常彪，侍御史。息女仲妃，適武威賈子謐，涼州治中。息道沖，息女婉華，息女休顔，息女四輝。息道逸，年十六。息道栖，年十三。

凱石誌
字義矩小字季良 司徒文穆公之第四子也
資秀氣幼挺奇樹自有識能言無遊辞失色允
謦辯悟過人纖微必察應對如響在兒伍之中
者莫不敬異 文穆公特垂賞愛以為類己年
方齔猷業深志學因心獨悟師佚功倍既敦墳史
兼好詞翰芳心令質日就月將而遭命不幸夙嬰
篤疾降年一十有四以正始四年二月二十七日
痾遂太漸時 太夫人亦枕痾綿𦂶弥留積稔季
良自識將危不悲天命唯以 太夫人寢疾為言
因而絕氣初 文穆公以其久病羸瘠憂念過甚
季良常相寬解未曾當困一朝不救內外摧傷
太夫人悲哀感動尋亦薨背 公愍其短折恥其
孝心權令与 太夫人同墳共殯自云百歲之後
終与吾兒相從 正光六年正月丙午朔二十七日
壬申良之諸兄奉安 公夫人之宅兆仰遵先旨
厝良于墓後別室永尋二三觸情荼苦府仰歸迫
無恩為銘略陳影響以照泉路玄闥一扃嗚呼哀
矣 正光六年正月二十七日壬申刻

〇二〇 甄凱石誌

正始四年（507）二月二十七日卒，正光六年（525）正月二十七日葬。

誌文19行，滿行19字，楷書。誌石高50釐米，寬50釐米，河北無極縣甄氏墓群出土。

【释文】

凱字義矩，小字季良，司徒、文穆公之第四子也。□資秀氣，幼挺奇標。自有識能言，無遊辞失色。尤□警，辨悟過人，纖微必察，應對如響。在兒伍之中，見者莫不敬異，文穆公特垂賞愛，以為類己。年方齠齔，業深志學，因心獨悟，師佚功倍。既敦墳史，兼好詞翰，芳心令質，日就月将。而遭命不幸，夙嬰篤疾，降年一十有四，以正始四年二月二十七日病，遂大漸。時太夫人亦枕疴綿棘，弥留積祀。季良自識将危，不悲天命，唯以太夫人寢疾為言，因而絶氣。初，文穆公以其久病羸痼，憂念過甚，季良常相寬解。未圖當困，一朝不救，内外摧傷。太夫人悲哀感動，尋亦薨背。公愍其短折，即其孝心，權令与太夫人同墳共殯，自云百歲之後，終与吾兒相從。正光六年正月丙午朔二十七日壬申，良之諸兄奉安公夫人之宅兆，仰遵先旨，厝良于墓後别室。永尋二三，觸情荼苦，府仰號迫，無思為銘，略陳影響，以照泉路，玄闥一扃，嗚呼畢矣。正光六年正月二十七日壬申刻。

魏故持節平東將軍齊州刺史東武伯張使君之墓誌
君諱徹字明寶清河東武城人也稟靈海岳資性煙霞
志局淹詳風裁夷雅弱齡志學一窺衿抱總五籍之奧
旨操百家之妙辭肆筆則雕篆陵雲吐口而雌黃勝席
出身奉朝請徐轉員外散騎侍郎給事中步兵校尉廷
尉正正光五年中聲海騰波天山委霧興師命將薄伐
朔方爲征北長史從野別將君輕財重氣殉節忘軀按
劍直馳先登致殞雖魏王之惜僞人晉軍之冨子隱無
以過也爰降今詔贈持節平東將軍齊州刺史東武伯
正光六年二月甲申葬於張曲之里洛水之陰勒石紀
泉或昭不朽其辭曰
孝友輔肩長若眉漢橫海躍鱗摩霄理翰爰暨夫子挺
雲挺轢寶思泉抽雕章綺爛少播嘉長蓮英膂春蘭
甦魆寒松慨貞溫溫玉潤靡靡風清眷言拾芥雖是明
經亦既茂翔匪躬正色密勿當官委迆退食逶翩方騰
煙天未極位此徵飈摧茲勁翼李箪世促地厚泉深永
霞桂韜長匣玉琴婕轜肯軔階鐸嘶吟白揚漸合青棘
向陰神其寧正宅此立林
維大魏正光六年歲次乙巳二月丙子朔甲申記

〇二二 魏故持節平東将军齊州刺史東武伯張使君【徹】之墓誌

正光五年（524）卒，正光六年（525）二月九日葬。

誌文19行，满行21字，楷書。誌石高51釐米，寬51釐米，河南洛陽出土。

【释文】

君諱徹，字明寶，清河東武城人也。稟靈海岳，資性煙霞，志扃淹詳，風裁夷袒。弱齡志學，一窺矜抱，揔五辨之奥旨，撮百家之妙辭。肆筆則雕篆陵雲，吐口而雌黄映席。出身奉朝請，俄轉員外散騎侍郎、給事中、步兵校尉、廷尉正。正光五年中，瀚海騰波，天山委霧，興師命将，薄伐朔方，為征北長史、沃野别將。君輕財重氣。殉節忘軀，按劍直馳，先登致殞。雖魏主之惜儁人，晉軍之喪子隱，無以過也。爰降令詔贈持節、平東将军、齊州刺史、東武伯。正光六年二月甲申，葬於張曲之里、洛水之陰。勒石幽泉，式昭不朽。其辭曰：

孝友輔周，長者賓漢。横海躍鱗，摩霄理翰。爰暨夫子，披雲挺幹。寶思泉抽，雕章綺爛。少播籍甚，長邁英聲。春蘭慙馥，寒松愧貞。温温玉潤，靡靡風清。眷言拾芥，雖是明經。亦既登朝，匪躬正色。密勿當官，委迤退食。逸翮方騰，嘘天未極。值此巖飄，摧兹勁翼。年單世促，地厚夜深。永覆桂酳，長匣玉琴。庭轜發軔，階鐸嘶吟。白楊漸合，青棘向陰。神其寧止，宅此丘林。

維大魏正光六年歲次乙巳二月丙子朔甲申記。

魏故第一品家監繖夫人之墓誌銘
夫人字光姬齊郡衛國人也宋使持節都督青徐齊三
州諸軍事齊州刺史永之孫寧朔將軍齊郡太守宣之
女大魏冠軍將軍齊州刺史顯之姑監踵弈葉之嘉風
資餘慶之休緒妙質踰於穻世姿淑逸於幽閑故令問
已之遐布聲價於是自遠年在繦抱之中已有成人之
志未及言歸遂離家難監自委身宮掖出入椒闈風流
納賞每被優異然已父兄沉辱無心榮好弊衣蔬食充
形實口至於廣席疇匆語及平生眷言家事淚隨聲下
同輩尚其風操僚友慕其貞槩是已 聖上崇異委已
事業用允於懷即錫品第一班秩清禁羽儀之等有同
郡君方當藉茲寵會更隆物軌天不憖遺朝露奄及已
正光六年正月十九日春秋七十有二遘疾薨於掖庭
之宮 二聖嗟悼嬪御悵然贈賵有加數隆常准粵已
其年二月丙子朔廿一日戊申遷葬於皇陵之東有言
誌於泉下庶德音之可緣乃作銘曰
猗歟弱齡令淑有聞方蘭等馥比桂齊芬葳蕤散藹鬱
沃流薰依俙洛浦鵖鵦朝雲一離家難長秘宮庭俳佪
禁闈惆悵幽坰春言陟岵歔欷增零慎終揚美追遠載
聲天鑒無昧寵命爰及方隆物譽終然允緝忽同逝景
誼淪濛邑紼衛既陳星言隴首蕭蕭楨芒芒川岨地
迥天遥圓長方久式銘遺芳德音[illegible]

〇二三 魏故第一品家監繖夫人【光姬】之墓誌銘

正光六年（525）正月十九日卒，同年二月廿一日葬。

誌文 22 行，滿行 21 字，楷書。誌石高 49 釐米，寬 51 釐米，河南洛陽出土。

【释文】

夫人字光姬，齊郡衛國人也。宋使持節、都督青徐齊三州諸軍事、齊州刺史永之孫；寧朔将军、齊郡太守宣之女；大魏冠軍将军、齊州刺史顯之姑。監踵弈葉之嘉風，資餘慶之休緒，妙質踰於罕世，姿淑逸於幽閑，故令問㠯之遐布，聲價於是自遠。年在繦抱之中，已有成人之志；未及言歸，遂離家難。監自委身宫掖，出入椒闈，風流納賞，每被優異。然㠯父兄沉辱，無心榮好，弊衣踈食，充形實口。至於廣席疇朋，語及平生，眷言家事，淚隨聲下。同輩尚其風操，僚友慕其貞概。是㠯聖上崇異，委㠯事業，用允於懷，即錫品第一，班袟清禁，羽儀之等，有同郡君。方當藉茲寵會，更隆物軌，天不整遺，朝露奄及，㠯正光六年正月十九日，春秋七十有二，遘疾薨於掖庭之宫。二聖嗟悼，嬪御悁然，賵贈有加，數隆常准。粵㠯其年二月丙子朔廿一日戊申，還葬於皇陵之東。乃記誌於泉下，庶德音之可緣。乃作銘曰：

猗歟弱齡，令淑有聞。方蘭等馥，比桂齊芬。葳蕤散藹，鬱沃流熏。依（怖）[稀]洛浦，髣髴朝雲。一離家難，長秘宫庭。徘徊禁闥，惆悵幽坰。眷言陟岵，歔欷增零。慎終揚美，追遠載聲。天鑒無昧，寵命爰及。方隆物譽，終然允緝。忽同逝景，詎淪濛邑。紼衛既陳，星言隴首。蕭蕭松櫝，芒芒川埠。地迥天遙，圓長方久。式銘遺芳，德音不朽。

〇二三 維大魏平南府功曹參軍元君【茂】墓誌銘

正光六年（525）正月八日卒，同年三月十七日葬。

誌文22行，滿行22字，楷書。誌石高52.3釐米，寬52.1釐米，河南洛陽出土。

【释文】

君諱茂，字興略，河南洛陽都鄉光穆里人也。恭宗景穆皇帝之曾孫，樂陵密王之第三子。君文淪皇源，蟬綿國緒，少秀玉山之姿，早澹金泉之量。是以孝事二□，未藉王蔡為行；忠奉一主，豈假劉趙為節。君性好素儉，□□平，出入黔宇，去来踈菀。頗復琴詩拘意，未常榮禄□心，或門謁八儁，日洞千數；又家無一帛，書有万篋。此官之来，簡在帝心，非君所好，逡遁乞歸，直以玉帛频集，紛然從事。君庶毗蕃牧，風憲兼舉，涉獦情理，導頭明尾。于時同僚，實役務煩，君猶歎無事，空喪良辰。又陳留曠任紆，君蹔撫遂令，下車之威未震，放筆之恩已收，復使强良滄化，無禮移風。昔謂期月者，何以殊焉。方名班十乱，位燮三槐，佐天以祥風雲，隨地以瑞草木。直霜刃中飛，青蘭卷萼，春秋卅有一，以正光六年歲次乙巳正月丙午朔八日癸丑而逝洛陽，以三月十七日辛酉，窆於都西金山之東。然弟洪略悲荼蓼之频降，痛同懷之去就，以名鎸石，方與地富。其辭曰：

蔚矣慶門，世有餘胤，灼灼吾生，英風早俊。入養孝友，来官忠信，爰居且處，非驕與悋。翱翔踈菀，優遊黔室，汎水斜琴，昇山命筆。其智豈雙，斯仁若一，家無寸縑，書有盈袟。天全地在，君矣去促，玉山變素，金泉卷淥。兄弟長悲，妻兒洞哭，于嗟親良，如之可贖。

〇二四

魏故驃騎将军洛州刺史涇陽縣開國子李使君【遵】墓誌

正光五年（524）五月八日卒，正光六年（525）五月二十二日葬。

誌文31行，滿行32字，楷書。誌石高92釐米，寬92釐米，河南洛陽出土。

【释文】

君諱遵，字仲敬，隴西狄道人也。世官命氏，備於史冊，不足詳論。伯陽以神權應物，戎俗從化；郎中以果毅標名，節彰竹素。自茲已降，盛德相襲。高祖涼武昭王，屬晉曆失御，戎狄亂華，鼎跱一方，守政不易，懷柔討暴，大拯生民。元勳記於天府，霸功以之剋隆。曾祖驍騎将军，武志超群，聲騰朔土。王父宣公，析瑞晉蕃，惠澤早樹。顯考昭侯，神機秀朗，英規卓異。太和末，高祖文皇帝親統六戎，南臨樊鄧。江北偽師守迷不變，乃進潛謀以走吴兵，□奇略以屠新野。功書彝鼎，胙土涇陽。君稟靈和之淑氣，誕蹤哲於齠年。敏惠夙成，行先言後。于時國庠創改，黜陟唯明，清衿之選，實鍾秀彦。君始藻文闈，已昇高第，俄銓司空行參軍，司簡才優，不展逸足。高陽王，帝之季弟，作鎮鄴都，傍督鄰壤，望府綱僚，皆盡英胄。君首充其選，為行參軍署法曹。處煩綿載，匡弼唯明，滯理斯通，吏無停業。既而昭侯薨，君泣血羸形，孝出人表。服闋，除員外散騎侍郎，縱容禁省，文談自娱。君歸國三世，家於北都。先侯康素，暫嘗臨相，雲構居南，二促遷限，遂編戶魏郡之湯陰縣。夜光之璞，異域同珍，姜蘭之性，易地猶馥。除相州别駕，勲於施恤，孤貧忻賴焉。贊莅未期，譽流千里。雖休徵之康海沂，伯輿之治青土，對此而言，彼何能尚。還拜奉車都尉，出補冀州征北大将军長史，又加中壘将军，復除冀州安東府上僚。境帶河海，俗偽民彫，加乘寇之妖，奸穢未蕩。君乃毗岳流惠，群情寧順。還司空司馬。水土之務，平和寔難，規贊均明，無思不治。清風允穆，素論攸歸。君孝以奉親，恭于敬上，行著閨門，信敷朋執，經文履義，體道弘仁，學洞儒宗，辞單林苑，在公無詖，從善若流。方將剋終令軌，顯陟端衡，而鍾山墜玉，桂圃摧芳。降年不永，春秋五十二，正光五年五月八日，薨於洛陽顯德里第。有詔嗟悼，贈假節驍騎将军、洛州刺史。六年五月乙巳朔廿二日丙寅，窆於豹祠之南，先公神道之左。內妹夫張景淵敏王儀之長逝，歎俎川之無返，以舟壑易徙，縑竹難常，敬刊幽石，勒美玄堂。其詞曰：

冑烈鍾鼎，族炳金符；綿綿不已，世挺寶瑜。惟祖惟父，功德仍敷；褒庸胙土，榮佩天衢。誕生夫子，幼而敏勖；儁芳蘭苡，比潤金玉。優遊羽儀，徘徊橋木；如彼雲中，譬空谷。粤惟弱齡，青衿應令；奉詩能言，執禮知命。門朋惟肅，在公伊敬；愍勲綺談，流連雅詠。入匡台府，出贊華蕃，民胥賴止，惠化祛煩。方昇丹陛，連翼鴻鵷；共埤庶政，或侃乾元。積善云福，謂仁者壽；嗚呼上天，良木中朽。哲人斯委，惜哉何咎；如可贖兮，身百焉有。愛結神川，惠流冀民；帝欽乃德，還揚天津。伯禹之化，委政伊人；如何不永，奄尔長泯。悲纏朝野，痛結朋親；丹旐夙設，龍轜戒辰。悽悽楚挽，灼灼容輴；長歸泉室，委體幽塵。令譽無朽，清松日新。

大魏正光六年歲次乙巳五月廿日鐫記。

魏故驍騎将军洛州李使君墓誌。

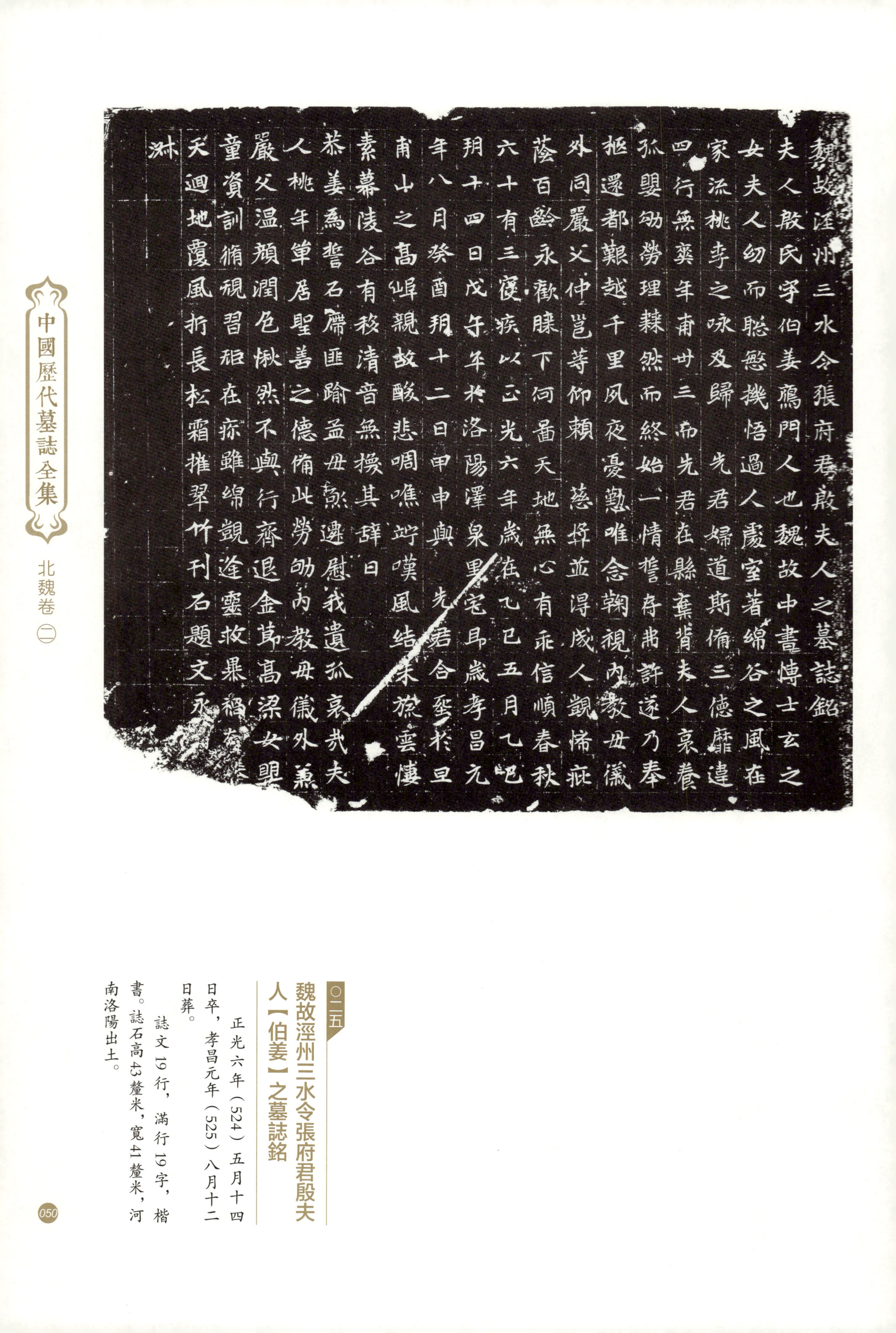

〇二五 魏故涇州三水令張府君殷夫人【伯姜】之墓誌銘

正光六年（524）五月十四日卒，孝昌元年（525）八月十二日葬。

誌文19行，滿行19字，楷書。誌石高43釐米，寬41釐米，河南洛陽出土。

【释文】

夫人殷氏，字伯姜，雁門人也。魏故中書博士玄之女。夫人幼而聰敏，機悟過人，處室著绵谷之風，在家流桃李之咏。及歸先君，婦道斯備，三德靡違，四行無爽。年甫卅三，而先君在縣棄背，夫人哀養孤嬰，劬勞理棘，然而終始一情，誓存弗許。遂乃奉柩還都，艱越千里，夙夜憂勤，唯念鞠視，内教母儀，外同嚴父。仲邕等仰賴慈獎，並得成人；覬悕疵蔭百齡，永歡膝下。何啚天地無心，有乖信順，春秋六十有三寢疾，以正光六年歲在乙巳五月乙巳朔十四日戊午，卒於洛陽澤泉里宅。即歲孝昌元年八月癸酉朔十二日甲申，與先君合葬於旦甫山之高埠。親故酸悲，啁噍竚嘆，風結朱旒，雲悽素幕。陵谷有移，清音無換。其辞曰：

恭姜為誓，石廗匪踰。孟母亟遷，慰我遺孤。哀哉夫人，桃年單居。聖善之德，備此勞劬。内教母儀，外兼嚴父。温颜潤色，愀然不與。行齊退金，節高梁女。嬰童資訓，循規習矩。在疹雖绵，覬逢靈救。暴禍□□，天迴地覆。風折長松，霜摧翠竹。刊石題文，永□□淑。

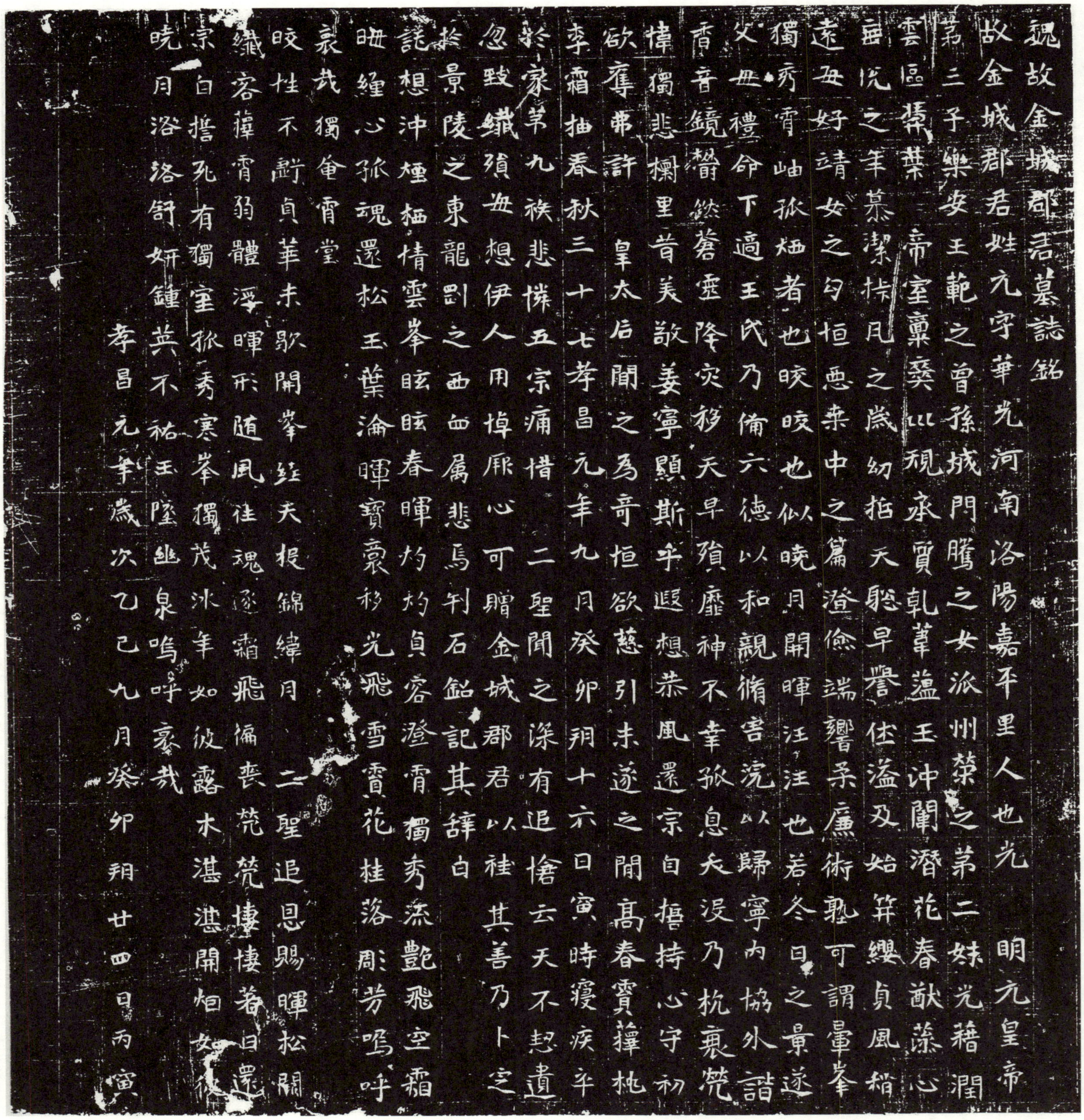

魏故金城郡君墓誌銘
故金城郡君姓元字華光河南洛陽嘉平里人也光 明元皇帝
第三子樂安王範之曾孫城門鷹之女派州榮之第二妹光藉潤
雲區藂葉 帝室稟粢以覘承寶乾華蘊玉沖闈潛花春猷蒸心
[illegible]伉之年慕潔挨凡之歲幼摛天聰早譽佳溢及始笄纓貞風稍
遠毋好靖女之勻恒惡桒中之篇澄儉端響柔廉術塾可謂暈峯
獨秀霄岫孤栖者也皎皎也似曉月開暉汪汪也若冬日之暈遂
父母禮命下適王氏乃備六德以和親循害澣以歸寧內協外諧
霄音鏡欝然蒼靈隆灾移天早殞靡神不幸孤息夭没乃枕裹梵
幃獨悲欄里昔美敬姜寧顯斯乎遐想恭風還宗自擅持心守初
欲奪弗許 皇太后聞之為奇恒欲慈引未遂之間高春實擇枕
李霜抽春秋三十七孝昌元年九月癸卯朔十六日寅時寢疾卒
於家第九族悲憐五宗痛惜 二聖聞之深有追愴云天不慭遺
忽致殲殞無想伊人用悼厥心可贈金城郡君以表其善乃卜窆
於景陵之東龍剮之西西屬悲焉刊石銘記其辭曰
謠想沖煙栖情雲峯眩眩春暉灼灼貞容澄霄獨秀㳅豔飛空霜
晦纏心孤魂還松玉葉淪暉寶褱移光飛雪霣花桂落彫彫芳嗚呼
哀哉獨奄霄堂
皎性不尉貞華未歌開峯絓天根錦緯月 二聖追恩賜暉松關
纖容韡霄弱體浮暉形随風往魂遂霜飛偏喪梵梵悽悽着日還
宗自擅死有獨室孤秀寒峯獨茂冰年如彼露木湛湛開炬如彼
曉月洛洛舒妍鍾英不祐玉墜幽泉嗚呼哀哉
孝昌元年歲次乙巳九月癸卯朔廿四日丙寅

〇二六

魏故金城郡君【元華光】墓誌銘

孝昌元年（525）九月十六日卒，同年同月二十四日葬。

誌文23行，滿行25字，楷書。誌石高51.5釐米，寬50.6釐米，河南洛陽出土。

【释文】

故金城郡君姓元，字華光，河南洛陽嘉平里人也。光明元皇帝第三子，樂安王範之曾孫，城門騰之女，瓜州榮之第二妹。光藉潤雲區，憑葉帝室，稟爽坤規，承質乾葦。蘊玉沖闈，潛花春猷，藻心垂悦之年，慕潔拃瓦之歲。幼哲天聰，早譽休溢，及始笄纓，貞風稍遠。每好（靖）［静］女之句，恒悪桑中之篇。澄儉端響，柔廉術塾，可謂暈峰獨秀，宵岫孤棲者也。皎皎也，似曉月開暉；汪汪也，若冬日之景。遂父母禮命，下適王氏。乃備六德以和親，脩害浣以歸寧，內協外諧，香音鏡鬱。然蒼靈降灾，移天早殞，靡神不幸，孤息夭没。乃枕哀煢幃，獨悲櫰里，昔美敬姜，寧顯斯乎？遐想恭風，還宗自誓，持心守初，欲奪弗許。皇太后聞之為奇，恒欲慈引，未遂之間，高春貫擇，桃李霜抽。春秋三十七，孝昌元年九月癸卯朔十六日寅時寢疾，卒於家第。九族悲憐，五宗痛惜。二聖聞之，深有追愴，云：天不憖遺，忽致殲殞，每想伊人，用悼厥心。可贈金城郡君，以旌其善。乃卜窆於景陵之東，龍罡之西。四屬悲焉，刊石銘記。其辞曰：

託想沖煙，棲情雲峰。眩眩春暉，灼灼貞容。澄霄獨秀，流艷飛空。霜晦纏心，孤魂還松。玉葉淪暉，寶裔移光。飛雪貫花，桂落彫芳。嗚呼哀哉，獨奄宵堂。皎性不虧，貞華未歇。開峰經天，投錦緯月。二聖追恩，賜暉松闕。殲容擇宵，弱體浮暉。形隨風往，魂逐霜飛。偏喪煢煢，悽悽著日。還宗自誓，死有獨室。孤秀寒峰，獨茂冰年。如彼露木，湛湛開煙。如彼曉月，洛洛舒妍。鐘英不祐，玉墜幽泉。嗚呼哀哉！

孝昌元年歲次乙巳九月癸卯朔廿四日丙寅。

〇二七 魏故平南将军使持節豫州刺史蘭陵郡開國公裴君【譚】墓誌

正光五年（524）九月十九日卒，孝昌元年（525）十月二日葬。

誌文23行，滿行24字，側面五行，楷書。誌石高67釐米，寬67.5釐米，河南洛陽孟津出土。

【释文】

君諱譚，河東聞喜人也。祖雄啚讚世，功格群英；父氣幹剛舉，臨年隕墜。君韶姿夙令，蕙音早馥，時惟四歲，庭訓傾頽，年甫八齡，王父薨謝。自南徂北，更歷屯夷；藐孤承绪，幼而入雒；深悲遠慕，有若成童；了達多闞，非假匠石；抑揚動用，得自胸懷。以人藉兼奇，起家除太子洗馬。聖主踐極，轉員外散騎常侍。發迹兩宫，清階載顯。除中堅将军、冠軍将军、中散大夫。貴公之孫，澹於榮勢。遨遊自足，朝宗盖寡。未嘗磐折權豪之前，威紆許史之側。是以末路夷與，無介恒流。處富忘貧，免之無幾。君享食所收，誠為豐潤；贍卹親踈，莫不得所；輕財重義，物用美談。性機敏，善容儀，歷覽傳記，多所練悉。㢑上筆下，略參珍麗。及升降丹墀，鳴玉玫道，逸調踈上，高步瞻天，神情灼灼，咸稱少駿。達良時之難驟，體人生之行樂。悰賞連绵，輿窮都野；花田散錦，命酒春洲；蔆池結紫，攜朋秋榭。訪隱淪於中南，奏參差於洛北。将曜穎明時，駸駸長路，報仁爽矣，脱駕傷哉。春秋卅有三，正光五年九月十九日薨于洛陽縣洛汭里宅。孝昌元年十月壬申朔二日癸酉，葬于洛陽蒿丘山。浮生若寄，所托遺塵。鐫茲幽石，晰彼来晨。其辞曰：

嶽峻銅基，河生瑶岫。効寶擒祥，實惟洪胄。弈世載美，夫君挺秀。鑒質冰研，芳徽蘭茂。運集寵靈，弱冠飛纓。華簪儲殿，高侍承明。踥跪容止，籍甚知名。臨財秉義，登仕恬榮。昂昂千里，属此驊駒。徘徊弭節，迅荣方駈。平逵忽断，逸恨有餘。龍輴儼乘，素幭寒虛。夜挽清楚，晨吹嘈喧。庭陳朱燧，奠撤金樽。霜酸送旅，風思楊原。脩聲一鏤，永暖泉門。

妻河東柳氏。父玄瑜，正員散騎侍郎、前軍将军。大子測，年十三。第二子插，年十二。大女荆瑶，(嫡)[適]安定㢑鷗，乘氏縣開國伯，父景通，衛尉卿。第二女二孃，年十四。第三女阿摩，年九。第四女女王，年五。第五女，年四。

魏故假節輔國將軍東豫州刺史元公墓誌銘

君諱顯魏，字光都，河南洛陽人。景穆皇帝曾孫，鎮北將軍城陽懷王之子也。大器磊石，花蕚本枝，先哲邁而流光，峻極降而爲祉，風成之歎，播美於知音；類脫之姿，殊異於公族。加以孝友淳深，理懷清要，水鏡所鑒，擲題自遠。雖高翮未舉，千里之塗，俄然始爲散騎侍郎，在員外，尋除給事中，加伏波將軍。旦夕倉龍，巖時青瑣，列侍推高，儕僚久敬。仍轉司徒掾，加寧遠將軍。始蹈龍門，費鹽造士，激水之勢未申，友秀之悲忽及。以正光六年二月七日終於宣化里宅，春秋卅二。宮貽傷，有識嗟惜。贈假節輔國將軍東豫州刺史。以孝昌元年十月壬申朔廿六日丁酉瘞於金陵。行溢徊草，方積玄霜，高深有變，聲烈無忘。其銘曰：

東堵寔胤，南國化行。是惟帝烈，誰弘與京。武稽垂祚，周徽擒榮。比龍方玉，騰實飛聲。蘊藉祉容，抑揚文史。一縣險夷，忘懷憂喜。徒躍丹墀，來毗黃日。列榮有聞，邦教斯理。汲若方騁，羊角初摶。歡風夕除，飛霜夜潰。恨深洛秀，悲甚摧蘭。去斯濟濟，郎彼冥冥。九京寂廓，百川浩湯。未裳曉襄，清笳旦響。篇篇國路，替替幽壤。永歎生離，長嗟化往。

孝昌元年十月壬申朔廿一日壬辰刻

皇考諱鸞，字宣明，鎮北將軍兼州刺史城陽懷王。太妃河南乙氏，父延，故東宮中庶子。夫人長樂馮氏，父熙，故侍東大將軍、駙馬都尉、昌黎王，除侍中、太傅，轉使持節、定州刺史，侍中、將軍如故，遷太師、中書監，除使持節、車騎大將軍、都督并雍懷洛秦肆北豫七州諸軍事、啓府、洛州刺史，侍中、太師如故，改封京兆郡開國公，食邑三千戶，薨謚曰武。息崇智，字道宗，年廿四，左將軍府中兵參軍。妻河東薛氏，父和，故南青州刺史。息崇朗，年十八。息崇仁，年十四。息崇禮，年十三。息女孟容，年廿一，適長樂馮孝纂，父業，故給事黃門侍郎、信都伯。息女仲容，年廿，適南陽負尭，父攜，故兗岐涇三州刺史、新安子，謚曰世。息女坿容，年十六。息女季容，年十一。

○二八 魏故假節輔國將军東豫州刺史元公【顯魏】墓誌銘

正光六年（525）二月七日卒，孝昌元年（525）十月二十六日葬。

誌文16行，滿行28字，楷書。誌石高58.5釐米，寬58.5釐米，河南洛陽出土。

【释文】

君諱顯魏，字光都，河南洛陽人。景穆皇帝曾孫，鎮北将军、城陽懷王之子也。大啓磐石，花萼本枝，先哲邁而流光，峻極降而為祉。夙成之歎，播美於知音；穎脱之姿，殊異於公族。加以孝友淳深，理懷清要，水鏡所鑒，標題自遠。雖高翮未擧，千里之望俄然。始為散騎侍郎，在員外。尋除給事中，加伏波将军。旦夕倉龍，歲時青瑣，列侍推高，儕僚久敬。仍轉司徒掾，加寧遠将军。始蹈龍門，實膺造士，激水之勢未申，夭秀之悲忽及，以正光六年二月七日，終於宣化里宅，春秋卌。二宫貽傷，有識嗟惜，贈假節輔國将军、東豫州刺史。以孝昌元年十月壬申朔廿六日丁酉，葬於金陵。行滋宿草，方積玄霜，高深有變，聲烈無忘。其銘曰：

東堵冥晛，南國化行，是惟帝烈，誰剋與京。武穆垂彩，周胤摛榮，比龍方玉，騰實飛聲。藴藉礼容，抑揚文史，一概險夷，忘懷憂喜。往躡丹墀，来毗黄耳，列榮有聞，邦教斯理。沃若方騁，羊角初摶，嚴風夕緊，飛霜夜積。恨深落秀，悲甚摧蘭，去斯濟濟，即彼曼曼。九京寂廓，百川浩湯，朱裳曉褰，清笳旦響。簫簫國路，鬱鬱幽壤，永歎生難，長嗟化往。

孝昌元年十月壬申朔廿一日壬辰剋。

皇考諱鸞，字宣明，鎮北将军、冀州刺史、城陽懷王；太妃河南乙氏，父延，故東宫中庶子。夫人長樂馮氏，父熙，故征東大将军、駙馬都尉、昌黎王，除侍中、太傅，轉使持節、定州刺史，侍中、将军如故，遷太師、中書監，除使持節、車騎大将军、都督并雍懷洛秦肆北豫七州諸軍事、啓府、洛州刺史，侍中、太師如故，改封京兆郡開國公，食邑三千戶，薨，謚曰武。息崇智，字道宗，年廿四，左将军府中兵參軍；妻河東薛氏，父和，故南青州刺史。息崇朗，年十八。息崇仁，年十四。息崇禮，年十三。息女孟容，年廿一，適長樂馮孝纂；父聿，故給事黄門侍郎、信都伯。息女仲容，年廿，適南陽員彥；父標，故兖岐涇三州刺史、新安子，謚曰世。息女叔容，年十六。息女季容，年十一。

魏故龍驤将軍荊州刺史廣川孝王墓誌銘
王諱煥字子昭河南洛陽人也 獻文皇帝之曾孫趙郡靈王之次孫使持節
散騎常侍都督相州諸軍事中軍将軍相州刺史之第二子也 永平元年
宣武皇帝旨紹廣川哀王爲長源浩淼照光天首鴻本扶疎列華雲端攀霄宅
日既肅炳於圖書握符控海又焜爛於墳史今不復言之矣王資玄樹操得一
爲心忠敬發於天然仁孝出自懷抱溫柔惇厚越在岐嶷聰惠明敏稟之獨悟
去彼所天來慕大國泣盡蒸嘗思深霜露內表至誠外形容色又愛詩悅禮不
捨斯須好文翫武寤寐朝夕味道入玄精若坐帷冥鬯出館攉同林下故皎皎
之韻高邁群王斌斌之稱遠聞 聖上正光六年有 詔除寧朔将軍諫議大
夫方欲追蹤陳楚緝綜九家之興遠慕梁平砥厲三善之樂而仁壽徒聲福賢
空設乙孝昌元年秋七月甲辰朔四日丁未寢疾薨于國第時年廿一蘭桂淪
芳琬琰摧質悲慟百寮酸感二 聖 迺追贈龍驤将軍荊州刺史謚曰孝禮也
粵其年冬十一月壬寅朔八日己酉葬于西陵之陰哀日月之永昧痛玄夜之
不曉鐫聲影於斯石庶萬古而彌芒迺作銘曰
玄丘振耀黑水騰光既誕 聖哲又播 帝皇統彼四海奄此萬方本枝蔚藹
華萼璀璨分條孫挺別葉獨秀明發天誠敏起懷袖德緣心精道非師授高藝
月将鴻才日就悅文出俗愛古入微儀形梁孝景行陳思金情風舉玉韻泉飛
嘉譽既遠好爵未依軌義中斷坤仁撗絕標後夏彫棟先秋折國喪璵璠家亡
綠結痛毀慈顏悲零賓四月維仲冬日纏上旬庭建龜兆堂啓龍輴白楊思鳥
青松愁人一潛長夜千載何春
本祖幹侍中使持節征東大将軍都督中外諸軍事錄尚書司州牧趙郡靈王
祖親南安譙氏父盤鎮本州治中從事史濟南太守
父諶給事黃門侍郎使持節散騎常侍都督相州諸軍事中軍将軍相州刺史
親勃海高氏父信使持節鎮東将軍幽瀛二州刺史衛尉卿惠公
妃河南穆氏父纂荊州長史
継曾祖賀略汗侍中征北大将軍中都大官又加車騎大将軍廣川莊王
曾祖親上谷侯氏父石拔平南将軍洛州刺史
祖諧散騎常侍武衛将軍東中郎将廣川剛王
祖親太原王氏父叡侍中吏部尚書衛大将軍尚書令太宰公中山文宣王
父靈遵冠軍将軍青州刺史廣川哀王
親河南宇文氏父伯昇鎮東府長史 懸氏侯

〇二九 魏故龍驤将军荊州刺史廣川孝王【元煥】墓誌銘

孝昌元年（525）七月四日卒，同年十一月八日葬。

誌文31行，滿行30字，楷書。誌石高82.4釐米，寬85釐米，河南洛陽出土。

【释文】

王諱焕，字子昭，河南洛陽人也。獻文皇帝之曾孫，趙郡靈王之次孫，使持節、散騎常侍、都督相州諸軍事、中軍将军、相州刺史之第二子也。永平元年，宣武皇帝旨紹廣川哀王焉。長源浩淼，聯光天首，鴻本扶疎，列蕚雲端。攀宵宅日，既彪炳於啚書；握符控海，又炤爛於墳史。今不復言之矣。王資玄樹操，得一爲心，忠敬發於天然，仁孝出自懷抱。温柔惇厚，越在岐嶷，聰惠明敏，禀之獨悟。去彼所天，来纂大國，泣盡蒸嘗，思深霜露，内表至誠，外形容色。又愛詩悦禮，不捨斯須；好文翫武，靡廢朝夕。味道入玄，精若垂幃，置觴出館，懽同林下。故皎皎之韻，高邁群王；斌斌之稱，遠聞聖上。正光六年，有詔除寧朔将军、諫議大夫。方欲追蹤陳楚，緝綜九家之奧；遠慕梁平，砥厲三善之樂。而仁壽徒聲，福賢空設，以孝昌元年秋七月甲辰朔四日丁未寢疾，薨于國第，時年廿一。蘭桂淪芳，琬琰摧質，悲慟百寮，酸感二聖。迺追贈龍驤将军、荆州刺史。謚曰孝，禮也。粤其年冬十一月壬寅朔八日己酉，葬于西陵之陰。哀日月之永昧，痛玄夜之不暘，鐫聲影於斯石，庶萬古而森亡。迺作銘曰：

玄丘振耀，黑水騰光，既誕聖哲，又播帝皇。統彼四海，奄此萬方，本枝蔚藹，華蕚鏗鏘。分條孤挺，别葉獨秀，明發天誠，敏起懷袖。德緣心精，道非師授，高藝月將，鴻才日就。悦文出俗，愛古入微，儀行梁孝，景行陳思。金情風舉，玉韻泉飛，嘉譽既遠，好爵来依。乾義中斷，坤仁横絶，梁後夏彫，棟先秋折。國喪璵璠，家亡緣結，痛毀慈顔，悲零賓血。月維仲冬，日纏上旬，庭建龜祧，堂啓龍輴。白楊思鳥，青松愁人，一潛長夜，千載何春。

本祖幹，侍中、使持節、征東大将军、都督中外諸軍事、録尚書、司州牧、趙郡靈王；祖親南安譙氏，父耋頭，本州治中、從事史、濟南太守。父湛，給事黄門侍郎、使持節、散騎常侍、都督相州諸軍事、中軍将军、相州刺史；親勃海高氏，父信，使持節、鎮東将军、幽瀛二州刺史、衛尉卿，惠公。妃河南穆氏，父纂，荆州長史。繼曾祖賀略汗，侍中、征北大将军、中都大官，又加車騎大将军、廣川庄王；曾祖親上谷侯氏，父石拔，平南将军、洛州刺史。祖諧，散騎常侍、武衛将军、東中郎將、廣川剄王；祖親太原王氏，父叡，侍中、吏部尚書、衛大将军、尚書令、太宰公、中山文宣王。父靈遵，冠軍将军、青州刺史、廣川哀王；親河南宇文氏，父伯昇，鎮東府長史、懸氏侯。

魏故寧朔将军諫議大夫龍驤将军荆州刺史廣川孝王墓誌銘。

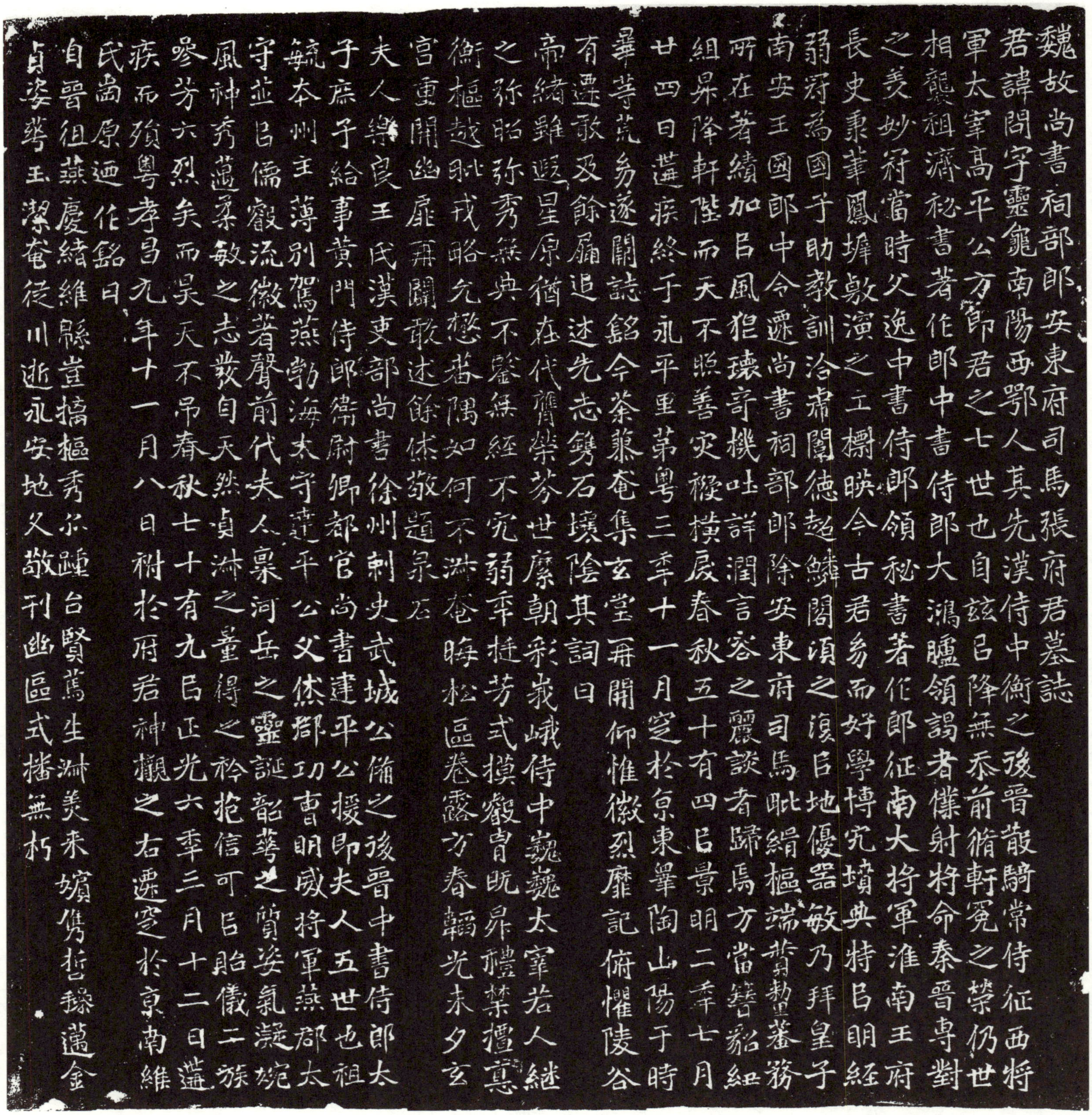

〇三〇 魏故尚書祠部郎安東府司馬張府君【問】墓誌

景明二年（501）七月二十四日卒，孝昌元年（525）十一月八日合葬。

誌文27行，滿行27字，楷書。誌石高57.5釐米，寬56.5釐米，河南洛陽孟津出土。

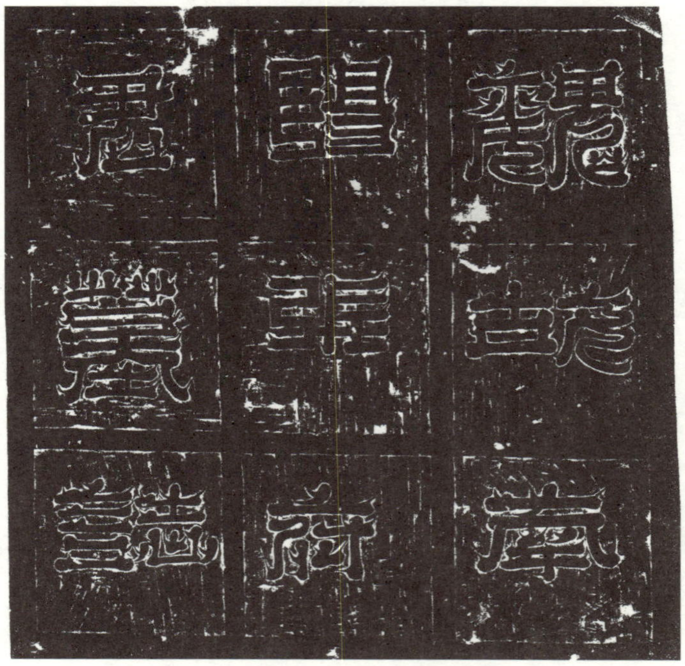

【释文】

君諱問，字靈龜，南陽西鄂人。其先漢侍中衡之後，晉散騎常侍、征西将军、太宰、高平公方，即君之七世也。自茲㠯降，無忝前脩，軒冕之榮，仍世相襲。祖濟，秘書著作郎、中書侍郎、大鴻臚領謁者僕射，將命秦晉專對之美，妙冠當時。父逸，中書侍郎，領秘書著作郎、征南大将军、淮南王府長史。秉筆鳳墀，敷演之工，標映今古。君幼而好學，博究墳典，特以明經，弱冠為國子助教，訓冾虎闈，德超鱗閣。頃之，復㠯地優器敏，乃拜皇子南安王國郎中令，遷尚書祠部郎，除安東府司馬。毗緝樞端，恭釐蕃務，所在著績，加㠯風貌環奇，機吐詳潤，言容之麗，談者歸焉。方當簪貂紐組，昇降軒陛，而天不照善，灾祲横戾，春秋五十有四，㠯景明二年七月廿四日遘疾，終于永平里第。粤三年十一月窆於京東睾陶山陽。于時，暉等荒幼，遂闕誌銘。今荼蓼奄集，玄堂再開，仰惟徽烈靡記，俯懼陵谷有遷，敢及餘漏，追述先志，鐫石壤陰。其詞曰：

帝緒雖遐，星原猶在。代膺榮芬，世縻朝彩。峨峨侍中，巍巍太宰。若人繼之，弥昭弥秀。無典不鑒，無經不究。弱年挺芳，式模叡胄。既昇禮禁，擅德衡樞。越毗戎略，允懋蕃隅。如何不淑，奄晦松區。卷露方春，韶光未夕。玄宫重開，幽扉再闢。敢述餘休，敬題泉石。

夫人，樂良王氏，漢吏部尚書、徐州刺史、武城公備之後。晉中書侍郎、太子庶子、給事黄門侍郎、衛尉卿、都官尚書、建平公援，即夫人五世也。祖毓，本州主簿、别駕，燕渤海太守、達平公。父休，郡功曹、明威将军、燕郡太守。並㠯儒叡流徽，著聲前代。夫人稟河岳之靈，誕韶萼之質，姿氣凝婉，風神秀邁。柔敏之志，發自天然；貞淑之量，得之矜抱。信可㠯貽儀二族，參芳六烈矣。而昊天不吊，春秋七十有九，㠯正光六年三月十二日遘疾而殞。粤孝昌元年十一月八日祔於府君神櫬之右，遷窆於京南緱氏崗原。迺作銘曰：

自晉徂燕，慶緒維縣。豈摛樞秀，尔踵台賢。篤生淑美，来嬪儁哲。操邁金貞，姿萼玉潔。奄從川逝，永安地久。敬刊幽區，式播無朽。

魏故南陽張府君墓誌。

魏故使持節侍中假黃鉞太師丞相大將軍都督中外諸軍事錄尚書事太尉公清
河文獻王墓誌銘
王諱懌字宣仁河南洛陽人也 太祖道武皇帝之七世孫 高祖孝文皇帝之第
四子生而雅有音表 文皇特所鍾愛而聰悟慧性自然內明外朗之美生知伺
齊之妙同以擬睿高陽同徽子晉季方齡齔便學通諸經諷識博聞一見不忘百氏
無遺羣言畢覽文華綺贍下筆成章昇高觀物在興而作雖會時之敏七步之精未
之過也太和二十一年封清河郡王食邑二千戶 高祖晏駕居喪過禮泣血三年
幾于滅性 世宗之在東宮特加友異每與王談玄剖義日晏忘疲王儀容美麗端
嚴若神風流之盛獨絕當時溫恭淑慎動合規矩言為世則行成師表澹然以天地
為心憘怒不形于色拜侍中金紫光祿大夫獻納維允民咏時雍遷尚書僕射舊庸
熙載彝倫攸敘轉特進左光祿大夫侍中司空公太子太師鼎味燮諧邦事脩乂今
上龍飛增邑千室進位司徒侍中如故緝茲八表光明五教遂登太傅領太尉公居
中論道總攝機衡 皇上富于春秋委王以周公之任秉國之均綱維萬務理無滯
而不申賢無隱而不舉政和神悅謳咏所歸於是庶績咸熙百揆時序四門濟濟雷
雨不迷我德如風民應如草輔政六年太平魏室雖伊尹格于皇天周公光于四海
擬道論功未可同年而語而運遘時屯惡直醜正讒起不疑為姧凶所构神龜三年
歲次庚子春秋三十有四七月癸酉朔三日乙亥害王於位遂隔絕 二宮矯擅威
柄四海緘言莫不悲慟咸以嘉人云亡邦國殄悴自此災旱積年風雨愆節歲頻大
飢京師尤甚四方憤惋所在兵興七鎮隘傾二秦覆沒百姓流離死者太半於是
皇上孝悆爰發 皇太后舊獨見之明剪黜姧權唯新時政羣寢稍清闡明大禮以
孝昌元年歲次乙巳十一月壬寅朔二十日辛酉改窆瀍西邙阜之陽追崇使持節
假黃鉞太師丞相大將軍都督中外諸軍事錄尚書事侍中太尉公王如故加以殊
禮鑾輅九旒虎賁班劍百人前後部羽葆鼓吹轀輬車一依彭城武宣王故事其黃
屋左纛依漢大將軍霍光故事備錫九命謚曰文獻禮也 皇輿臨送哀慟 聖衷
乃命史臣鋕芳玄室其詞曰
靈光蘊寶運德應期時乘利見祥慶攸歸玄符纂籙受命龍飛於穆君王徽聖重暉
重暉伊何皇家之鎮慧茂生知睿隆冠譽響振金聲比德玉聞既明且嘉溫恭淑慎
汪汪萬頃恂恂善誘為而不恃任而不有量苞海岳可大可久啓宇河墳翼我
聖后凝神獨秀秉一居貞調風作相乾以載清柔遠懷邇闡曜威靈太平魏道肅韶
九成方介景福永濟黎蒸孔言徒設信順無徵山頹為谷酸感丘陵巷哭市哀萬里
拊膺禮均齊獻錫等桓文峩峩鑾輅祖邑氛氳功成名立盛典不羣鴻謨不朽萬載
垂芬

〇三一 魏故使持節侍中假黃鉞太師丞相大将军都督中外諸軍事録尚書事太尉公清河文獻王【元懌】墓誌銘

神龜三年（520）七月三日卒，孝昌元年（525）十一月二十日遷葬。

誌文32行，满行32字，楷書。誌石高98釐米，寬98釐米，河南洛陽出土。

【释文】

王諱懌，字宣仁，河南洛陽人也。太祖道武皇帝之七世孫，高祖孝文皇帝之第四子。生而雅有奇表，文皇特所鍾愛。幼而聰悟，慧性自然。内明外朗之美，生知徇齊之妙，固㠯擬叡高陽，同徽子晉。年方齠齓，便學通諸經，强識博聞，一見不忘。百氏無遺，群言畢覽，文華綺贍，下筆成章。昇高睹物，在興而作。雖食時之敏，七步之精，未之過也。太和二十一年，封清河郡王，食邑二千戶。高祖晏駕，居喪過禮，泣血三年，幾于滅性。世宗之在東宮，特加爻異，每與王談玄剖義，日晏忘疲。王儀容美麗。端嚴若神，風流之盛，獨絶當時。温恭淑慎，動合規矩，言為世則，行成師表。澹然㠯天地爲心，愔怒不形于色，拜侍中、金紫光禄大夫。獻納維允，民咏時雍。遷尚書僕射，舊庸熙載，彝倫攸穆。轉特進、左光禄大夫、侍中、司空公、太子太師，鼎味燮諧，邦事修乂。今上龍飛，增邑千室，進位司徒，侍中如故。緝玆八刑，光明五教。遂登太傅，領太尉公。居中論道，摠攝機衡。皇上富于春秋，委王㠯周公之任，秉國之均，綱維萬務。理無滯而不申，賢無隠而不舉，政和神悦，謳詠所歸。於是庶績咸熙，百揆時序，四門濟濟，雷雨不迷，我德如風，民應如草。輔政六年，太平魏室，雖伊尹格于皇天，周公光于四海，擬道論功，未可同年而語。而運遘時屯，悪直醜正，釁起不疑，爲奸凶所劫。神龜三年歲次庚子，春秋三十有四，七月癸酉朔三日乙亥，害王於位。遂隔絶二宫，矯擅威柄，四海能言，莫不悲慟。咸㠯喆人云亡，邦國殄悴，自此災旱積年，風雨愆節，歲頻大饑，京師尤甚。四方憤惋，所在兵興，七鎮繼傾，二秦覆没，百姓流離，死者太半。於是皇上孝忿，爰發皇太后舊獨見之明，剪黜奸權，唯新時政。群寇稍清，闡明大禮。㠯孝昌元年歲次乙巳十一月壬寅朔二十日辛酉，改窆瀍西卭阜之陽。追崇使持節、假黄鉞、太師、丞相、大将军、都督中外諸軍事、録尚書事，侍中、太尉公、王如故。加以殊禮，鑾輅九旒，虎賁、班劒百人，前後部羽葆鼓吹，轀輬車一，依彭城武宣王故事。其黄屋左纛，依漢大将军霍光故事。備錫九命，謚曰文獻，禮也。皇輿臨送，哀慟聖衷，乃命史臣，鐫芳玄室。其詞曰：

靈光蕴寶，運德應期，時乘利見，祥慶攸歸。玄符纂籙，受命龍飛，於穆君王，胤聖重暉。重暉伊何，皇家之鎮，慧茂生知，睿隆周晉。響振金聲，比德玉潤，既明且喆，温恭淑慎。汪汪萬頃，恂恂善誘，爲而不恃，作而不有。量苞海岳，可大可久，啓宇河墳，翼我聖后。凝神獨秀，秉一居貞，調風作相，乾坤載清。柔遠懷迩，闡曜威靈，太平魏道，簫韶九成。方介景福，永濟黎蒸，孔言徒設，信順無徵。山頹爲谷，酸感丘陵，巷哭市哀，萬里拊膺。禮均齊獻，錫等桓文，峨峨鑾輅，秬鬯氛氲。功成名立，盛典不群，鴻謨不朽，萬載垂芬。

魏故青州刺史元敬公之墓誌銘
君諱暐字景獻河南洛陽人也景穆皇帝之玄孫南安惠
王之曾孫祖司徒呂庸勳翼世顯考太尉呂忠槃成名君
膺積善之慶稟瑤華之質𢒰而清越雅愛琴書孝友之至
率由而極風情峻邁姿製閑遠翠若寒松爽同秋月固已
籍甚洛中紛綸許下年十八隨父太尉鎮鄴俄而權臣擅
命離隔二宮旦奭受害仁人將遠太尉責重憂深任當龜
玉欲扶危定傾清蕩雲霧君忠昌令德潛相端舉脊志不
遂奄見屠釁父忠於國子孝於家既斃同剖心亦冤踰黃
鳥孝昌元年十月十七日復恥申冤大礼爰升乃追贈使
持節中軍將軍都督青州諸軍事青州刺史葬以王礼礼
也粵其年十一月壬寅朔廿日辛酉葬於西陵乃裁銘曰
遙原遠系廼皇廼帝長瀾不已層峯無際握紀代興蟬聯
明睿應韓大啓本枝百世赫矣司徒勳勞於國蒸哉太尉
忠爲令德襟氣卓然清風允塞紛綸今古籍甚南北韞玉
爲宗懷珠成子煥此琁璋茂茲蘭芷鵲鴒卝初鵷飛弁始
令問令望日新𧶠友于惟孝簡言不入學書學礼聞象
聞什義蘭辭林優柔載緝瞻彼遺薪克荷克負方踵龜蒙
將同拜後如何巢傾卵亦俱剖茫茫上天昌云仁壽
聖主萬機父母翊政申彼冤魂膺此嘉命雲樹徘徊龜龍
晻暎榮哀終始茲焉莫盛千齡如昨万古悠然同歸冥漠
無後無先亭亭秋月隱隱寒山貞芳永矣幽石空鐫

〇三一 魏故青州刺史元敬公【暐】之墓誌銘

孝昌元年（525）十一月二十日葬。

誌文22行，滿行22字，楷書。誌石高69釐米，寬69釐米，河南洛陽出土。

【释文】

君諱暐，字景獻，河南洛陽人也。景穆皇帝之玄孫，南安惠王之曾孫。祖司徒，吕庸勳翼世；顯考太尉，吕忠概成名。君膺積善之慶，稟瑶華之質，幼而清越，雅愛琴書。孝友之至，率由而極，風情峻邁，姿製閑遠。翠若寒松，爽同秋月，固已藉甚洛中，紛綸許下。年十八，隨父太尉鎮鄴。俄而權臣擅命，離隔二宫，旦奭受害，仁人将遠。太尉責重憂深，任當龜玉，欲扶危定傾，清蕩雲霧。君忠啚令德，潛相端舉，有志不遂，奄見屠覆。父忠於國，子孝於家，既斃同剖心，亦哀踰黄鳥。孝昌元年十月十七日，復耻申怨，大禮爰毖，乃追贈使持節、中軍将军、都督青州諸軍事、青州刺史。葬吕王礼，礼也。粤其年十一月壬寅朔廿日辛酉，葬於西陵。乃裁銘曰：

遥原遠系，迺皇迺帝。長瀾不已，層峰無際。握紀代興，蟬聯明睿。應韓大啓，本枝百世。赫矣司徒，劬勞於國。蒸哉太尉，忠爲令德。傑氣卓然，清風允塞。紛綸今古，藉甚南北。韫玉爲宗，懷珠成子。焕此璇璋，茂兹蘭芷。鵠矯丱初，鵷飛弁始。令問令望，日新亹亹。友于惟孝，閑言不入。學書學礼，聞象聞什。義圃辞林，優柔載緝。瞻彼遺薪，克荷克負。方踵龜蒙，将同拜後。如何巢傾，卵亦俱剖。茫茫上天，曷云仁壽。聖主萬機，文母翊政。申彼怨魂，膺此嘉命。雲樹徘徊，龜龍晻映。榮哀終始，兹焉莫盛。千齡如昨，万古悠然。同歸冥漠，無後無先。亭亭秋月，隠隠寒山。貞芳永矣，幽石空鐫。

魏故使持節車騎大將軍儀同三司都督秦雍二州諸軍事雍州刺史恭惠元公之墓誌銘
公諱誘字惠興河南洛陽人也世載配天之功家承從祠之業洪
根邁於積石層峯峻於閬風斯固國史之所詳於斯可得而略也
公降靈曇宿藴氣風雲殊異表於𤥨崖岸俠於負劒及田漁庠
塾之間擒弋天人之際耳目猶臨万古魂想若對千齡初吕王子
知名台爲散騎侍郎在通直朝拜青瑣暮踐丹墀事等絲綸理兼
獻替公文辭内美雄姿外烈天子貝必動容特留春賞俄而春坊
高闢妙選官僚自非崇盛一時無吕對揚三善乃除太子中舍人
仍遷中庶子又轉衛尉少卿從班例也武都要害控接彼縣一人
荷戈万夫莫向連率之任實係令圖乃授公持節左將軍南秦州
刺史乘傳出關褰帷入境威刑具舉愛敬同歸百姓息肩四民鼓
腹不待朞月夷歌成章屬今上富年權臣執政其兄太尉慮社稷
之傾危建義節於鄴城良規密謀遥相知和忠啚不遂欸貽濫酷
吕正光元年九月三日薨於岐州春秋卅七捐珠之悲既切罷市
之慕逾酸雖復寃恥尋申而松檟方合詔遣贈使持節車騎大將
軍儀同三司都督秦雍二州諸軍事雍州刺史都昌縣侯謚曰恭
惠公礼也粤孝昌元年歲次乙巳十一月壬寅朔廿日辛酉窆於
西陵緹旋盖之難息悢曲池之易平綴清塵於既往勒玄石於泉
扃其詞曰
於穆君公魏之宗室結慶挺生含章卓出栖息琴文流連道術若
彼春芳向兹秋實言龔纓屣来步軒墀化成鴻羽愛結龍姿情切
儲禁綢繆宴私諷諫有隱探賾無遺乃遊御寺仍建旌旟德隨風
靡澤與雲舒將隆國祉駟馬高車忽降淫禍歸神大虚寃申寵洽
世令龜從颱沓墉柳鏗鏘鼓鍾風搖宿草霧藹寒松年茂雖遠芳
彩終濃

〇三三 魏故使持節車騎大將军儀同三司都督秦雍二州諸軍事雍州刺史恭惠元公【誘】之墓誌銘

正光元年（520）九月三日卒，孝昌元年（525）十一月二十日葬。

誌文25行，滿行25字，楷書。誌石高77.3釐米，寬77.3釐米，河南洛陽出土。

【释文】

公諱誘，字惠興，河南洛陽人也。世載配天之功，家承從祠之業，洪原邁於積石，層峰峻於閬風，斯固國史之所詳，於斯可得而略也。公降靈景宿，蘊氣風雲，殊異表於弄璋，崖岸聳於負劍。及田漁庠塾之間，拚弋天人之際，耳目猶臨万古，魂想若對千齡。初吕王子知名，召爲散騎侍郎，在通直。朝拜青瑣，暮踐丹墀，事等絲綸，理兼獻替。公文辭内美，雄姿外烈，天子見必動容，特留眷賞。俄而春坊高闢，妙選官僚，自非崇盛一時，無吕對揚三善。乃除太子中舍人，仍遷中庶子，又轉衛尉少卿，從班例也。武都要害，控接攸綿，一人荷戈，万夫莫向。連率之任，實俟令圖，乃授公持節左将军、南秦州刺史。乘傳出關，褰帷入境，威刑具舉，愛敬同歸。百姓息肩，四民鼓腹，不待期月，夷歌成章。屬今上富年，權臣執政，其兄太尉慮社稷之傾危，建義節於鄴城。良規密謀，遥相知和，忠啚不遂，欻貽濫酷。吕正光元年九月三日，薨於岐州。春秋卅七。捐珠之悲既切，罷市之慕逾酸，雖復寃耻尋申，而松檟方合。詔追贈使持節、車騎大将军、儀同三司、都督秦雍二州諸軍事、雍州刺史、都昌縣侯，謚曰恭惠公，礼也。粤孝昌元年歲次乙巳十一月壬寅朔廿日辛酉，窆於西陵。怨旋盖之難息，恨曲池之易平，綴清塵於既往，勒玄石於泉扃。其詞曰：

於穆君公，魏之宗室，結慶挺生，含章卓出。栖息琴文，流連道術，若彼春芳，同兹秋實。言襲纓屣，来步軒墀，化成鴻羽，愛結龍姿。情切儲禁，綢繆宴私，諷諫有隠，探賾無遺。乃遊卿寺，仍建旌旗，德隨風靡，澤與雲舒。将隆國社，驅馬高車，忽降淫禍，歸神大虗。寃申寵洽，筮令龜從，颯沓牆柳，鏗鏘鼓鍾。風摇宿草，霧藹寒松，年茂雖遠，芳彩終濃。

〇三四 楊逸墓誌

孝昌元年（525）十一月二十日葬。

誌文23行，滿行14字，楷書。誌石高33釐米，寬55釐米，河南洛陽出土。

【释文】

君諱逸，字伯洛，鉅鹿楊氏人也，其先殷武丁之苗胄。神降靈瑞，手文顯見，父王嘉之，遂為氏焉。佐命殷宗，鼎翼姬漢，魏晉承基，世踵匡弼。十一世祖晃，建元勳於晉朝，帝授之以顯爵，乃受任幽州，品嘉鉅鹿，乃葉連暈，綿瓞弈世。祖市，懷養道德，除趙郡內史。君稟純和之精，資自然之氣，幼秉弘毅之頑，少德先成之智，謙恭孝爻，虛己待賢，悟不逕匠，通豈由人。年十有二寢疾，卒於家。故鄉黨義其絜，親戚翫其奇，哀蘭桂之彫弊，悼梁木之早摧。刊玄石□□銘德，孔伊人之可懷；乃作銘曰：

古往今来，玄機未□。靈器誕資，惟昏有曉。荆巖之□，伊和是寶。不秀不實，響年大皂。□云其美，寔邑行僮。元氣誕育，挺□斯容。金體玉質，誰偶誰雙。遠識精儼，神与冥通。惟恭可尚，惟孝可欽。辱不苟去，榮不移心。形青如玉，鄉絜如金。嗚呼介士，名德孔沈。刊石記美，以樌德音。

大魏孝昌元年歲在乙巳十一月壬寅朔廿日辛酉劉伯洛銘記。

〇三五 魏故使持節儀同三司車騎大将军雍秦二州刺史都昌侯元公夫人薛氏【伯徽】墓誌銘

正光二年（521）四月二十四日卒，孝昌元年（525）十一月二十日葬。

誌文22行，滿行23字，楷書。誌石高76.4釐米，寬81.5釐米，河南洛陽出土。

【释文】

夫人諱，字伯徽，河東汾陰人。尚書之玄孫，雍秦二州之曾孫，河東府君之孫，尚書、三公、郎中之長女。靈源寶系，已詳於書契矣。夫人資芳貞敏，蘊彩淑靈，表衛姬之高風，誕宋子之嘉稱。伯祖親西河長公主，以母儀之美，肅雍閨闈。常告子孫：顧吾老矣，而不見此女，視其功容聰曉，足光汝門族。年七歲，特所鍾重，未嘗逕阿傅之訓，㠯有成人之操。先考授㠯《礼經》，一聞記賞，四辨居質，瞥見必妙。及長，於吉凶禮儀，靡不觀綜焉。雖班氏閑通，蔡女多識，詎足比也。既和聲遠聞，實求之者不一，常以相女而授，固未之許。恭宗景穆皇帝之曾孫、司徒獻武中山王之子，令望籍甚，無輩當時，昂昂千里，獨步天苑，欽重門冑。雅聞德音，乃申嘉娉，崇結伉儷，夫人時年廿有七矣。于時，元氏作牧秦蕃，夫人起家而居之，至使語及刑政，莫非言成准墨。夫氏秉忠貞之概，逢淫刑肆毒，夫人痛殲良之深冤，逝長齡於同穴。春秋年卅，㠯正光二年四月廿四日，於雍州邸館薨。粤孝昌元年十一月廿日，祔葬于洛陽西陵舊塋。嗚呼！蘭薰既彫，月盈亦魄，隱隱寒山，悠悠泉陌，令終如始，徽音孔碩。其詞曰：

開嶽降祥，稟惠辰芳，沉漸雲舉，肅穆風光。一聞無味，四德孔彰，内洽靈慶，外成剋昌。剋昌伊何，作範断機，祁祁婦道，夙夜無違。篤生君子，載誕賢妃，金箱玉照，百代俞徽。

魏故持節都督恒州諸軍事安北将軍恒州刺史[illegible][illegible]
[illegible]元公之墓誌銘
君諱纂字紹興河南洛陽人也恭宗景穆皇帝之曾
孫開府儀同三司南安惠王之孫尚書僕射司徒公中
山獻武王之第六子折瑤枝於扶桑播番衍於商魯聲
高八龍譽踰十六君處弟之幼出繼季叔資性睃咸與
松王並質禀氣開凝奪霜金之潔少而温恭長則寬裕
信義內發廉讓外章雖居 帝胄容無驕色呂延昌中
釋褐爲司徒祭酒職叅鉉司贊揚五典敷懷濟世之經
乃慕劉章之節正光之始肴興不建於是事去釁来尋
與禍并 朝廷追愍贈持節督恒州諸軍事安北将軍
恒州刺史 謚曰景公幽魂佩寵於松路虚魄乘榮而入
泉嗚呼哀哉呂孝昌元年歲在鶉首十一月壬寅朔廿
日辛酉窆於獻武王塋之側勒銘玄石呂頌往行其詞
曰
分基鳳室折構龍庭垂芬 皇序承華 帝扃隆崇魯
衛蕃衍魏衡雲棟峻舉惟國之經德流二八惠濬五子
唯懿雅指永光厥嗣誕性沖和淵清岳峙仁義方遠何
爲釁起釁起伊何於國之機高松折彩素月沉暉白華
霜勁蘭宸雪飛聲留泉石體與化辭

〇三六

魏故持節都督恒州諸軍事安北将军恒州刺史安平縣元公【纂】之墓誌銘

孝昌元年（525）十一月二十日葬。

誌文20行，滿行21字，楷書。誌石高70.5釐米，寬69.7釐米，河南洛陽出土。

【释文】

君諱纂，字紹興，河南洛陽人也。恭宗景穆皇帝之曾孫，開府儀同三司、南安惠王之孫，尚書僕射、司徒公、中山獻武王之第六子。折瑶枝於扶桑，播番衍於商魯，聲高八龍，響踰十六。君處弟之幼，出繼季叔。資性皎成，與松玉并質；稟氣開凝，奪霜金之潔。少而温恭，長則寬裕，信義内發，廉讓外章，雖居帝冑，容無驕色。㠯延昌中，釋褐爲司徒祭酒。職參鉉司，贊揚五典，每懷濟世之經，乃慕劉章之節。正光之始，有興不建，於是事去釁來，尋與禍并。朝廷追愍，贈持節督恒州諸軍事、安北将军、恒州刺史，謚曰景公。幽魂佩寵於松路，虛魄乘榮而入泉。嗚呼哀哉！㠯孝昌元年歲在鶉首十一月壬寅朔廿日辛酉，窆於獻武王塋之側。勒銘玄石，㠯頌往行。其詞曰：

分基鳳室，折構龍庭，垂芬皇序，承華帝扃。隆崇魯衛，蕃弼魏衡，雲棟峻舉，惟國之經。德流二八，惠澹五子，唯懿唯哲，永光厥嗣。誕性沖和，淵清岳峙，仁義方遠，何爲釁起。釁起伊何，於國之機，高松折彩，素月沉暉。日華霜勁，蘭辰雪飛，聲留泉石，體與化辭。

□□使持節大將軍太尉公中山王之墓誌銘
王諱熙字真興河南洛陽人也　恭宗景穆皇帝之曾孫儀同三司南安惠王
之孫司徒獻武王之世子幼而岐嶷操尚不羣好學博通善言理義文藻富贍
雅有儁才丞相清河王居宗作宰水鏡當時特所留心以為宗之子政年未志
學拜秘書郎中文藝之美領袖東觀遷給事中王性不偶時凝貞獨秀得其人
重之如山非其意也忽之如草是以門無雜賓氷清玉潔有若月皎雲簡松茂
孫穎見者羨其高風望者人懷景慕於是美譽彰于民聽休聲播于遠邇延昌
中以世嫡才明襲封中山王　世宗晏駕　皇上龍飛山陵嚴重任屬親賢拜
將作大匠以秩宗儒棘問礼所憑從太常少卿俄以執戟近樞璿機所在遷給
事黃門侍郎轉光祿勳卿黃門郎如故尋以東秦險要都會一方宣風敷化任
歸維捍拜使持節都督東秦州諸軍事安西將軍東秦州刺史蓋德齊孔先□
敬讓吏憚其威民懷其惠雖廉叔來暮之謳公沙神后之歌未之多也熙平元
年入為秘書監區分百氏九流粲然劉向司籍如斯而已神龜之初以東魏形
勝鎮控遐邇鄴守任隆非王莫可拜使持節都督相州諸軍事安東將軍相州
刺史清風善政弥美於前路不拾遺餘粮栖畝道無常泰否運蹔屯正光元年
姧臣擅命離隔　二宮賊害賢輔王投袂舊戈志不俟旦唱起義兵將為晉陽
之舉遠近翕然赴若響會而天未悔禍釁起不疑同義爪牙受賊重餌飜然改
圖千里同逆變起倉卒受制羣凶八月廿四日與季弟司徒祭酒纂世子景獻
第二子員外散騎侍郎仲獻第三子叔獻同時被害唯第四子叔仁年小得免
王臨刑陶然神色不變援翰賦詩與友朋告別詞義慷慨酸動旁人昆弟父子
俱塵鄴城之側孝昌元年追復王封迎喪還洛陽贈使持節大將軍太尉公都
督冀定相瀛幽五州諸軍事冀州刺史謚曰文莊王增封一千戶二宮悲悼親
臨哀慟行路咨嗟莫不揮涕孝昌元年歲次乙巳十一月壬寅朔廿日辛酉葬
于舊塋爰命史臣勒銘泉室其詞曰
寶籙凝圖五靈代紀金行施御玄符繼起維祖維宗廼疆廼理騰周越漢跨虞
邁似赫赫　景皇本枝孫子獻武隆蕃令問不已猗歟君王時維儁哲玉潤金
暉霜明氷潔蘭芬月朗淵鑒景徹孤心獨秀懷貞秉節敬讓既敦像而不設惠
結甘棠聲徽注烈誠深體國聞難投戈義感君子赴者謳歌捐軀逝命死也靡
他忠謨不遂運矣如何慷慨臨危咨嗟中圮宿志既申無慙昔士赫奕寵光名
芳圖史勒銘玄宮式彰來美

〇三七　魏故使持節大将军太尉公中山王【元熙】之墓誌銘

孝昌元年（525）十一月二十日葬。

誌文 30 行，满行 30 字，楷書。誌石高 80.5 釐米，寬 80.5 釐米，河南洛陽出土。

【释文】

王諱熙，字真興，河南洛陽人也。恭宗景穆皇帝之曾孫，儀同三司、南安惠王之孫，司徒、獻武王之世子。幼而岐嶷，操尚不群，好學博通，善言理義，文藻富贍，雅有儁才。丞相清河王居宗作宰，水鏡當時，特所留心，吕爲宗之子政。年未志學，拜秘書郎中。文藝之美，領袖東觀，遷給事中。王性不偶時，凝貞獨秀，得其人，重之如山；非其意也，忽之如草。是吕門無雜賓，冰清玉潔，有若月皎雲間，松茂孤嶺，見者羨其高風，望者人懷景慕。於是美譽彰于民聽，休聲播于遠迩。延昌中，吕世嫡才明，襲封中山王。世宗晏駕，皇上龍飛，山陵嚴重，任屬親賢，拜將作大匠，吕秩宗儒棘，問礼所憑，徙太常少卿。俄吕執戟近樞，瓊機所在，遷給事黃門侍郎，轉光禄勳卿，黃門郎如故。尋吕東秦險要，都會一方，宣風敷化，任歸維捍，拜使持節、都督東秦州諸軍事、安西将军、東秦州刺史。導德齊礼，先之敬讓，吏憚其威，民懷其惠。雖廉叔來暮之謳，公沙神后之歌，未之多也。熙平元年，入爲秘書監。區分百氏，九流粲然，劉向司籍，如斯而已。神龜之初，吕東魏形勝，鎮控遐迩，鄴守任隆，非王莫可，拜使持節、都督相州諸軍事、安東将军、相州刺史。清風善政，弥美於前，路不拾遺，餘糧栖畝。道無常泰，否運整屯。正光元年，奸臣擅命，離隔二宮，賊害賢輔。王投袂奮戈，志不俟旦，唱起義兵，將爲晉陽之舉，遠近翕然，赴若響會。而天未悔禍，釁起不疑，同義爪牙，受賊重餌，翻然改啚，千里同逆，變起倉卒，受制群凶。八月廿四日，與季弟司徒祭酒纂、世子景獻、第二子員外散騎侍郎仲獻，第三子叔獻同時被害。唯第四子叔仁，年小得免。王臨刑陶然，神色不變，援翰賦詩，與友朋告别，詞義慷慨，酸動旁人。昆弟父子，俱瘞鄴城之側。孝昌元年，追復王封，迎喪還洛陽。贈使持節、大将军、太尉公、都督冀定相瀛幽五州諸軍事、冀州刺史，謚曰文莊王。增封一千戶。二宮悲悼，親臨哀慟，行路咨嗟，莫不揮涕。孝昌元年歲次乙巳十一月壬寅朔廿日辛酉，葬于舊塋。爰命史臣，勒銘泉室。其詞曰：

寶籙凝圖，五靈代紀，金行弛御，玄符繼起。維祖維宗，迺疆迺理，騰周越漢，跨虞邁似。赫赫景皇，本枝孫子，獻武隆蕃，令問不已。猗歟君王，時維儁哲，玉潤金暉，霜明冰潔。蘭芬月朗，淵鑒景徹，孤心獨秀，懷貞秉節。敬讓既敷，像而不設，惠結甘棠，聲徽往烈。誠深體國，聞難投戈，義感君子，赴者謳歌。捐軀逝命，死也靡他，忠謨不遂，運矣如何。慷慨臨危，咨嗟中圮，宿志既申，無慚昔士。赫弈寵光，名芳圖史，勒銘玄宮，式彰來美。

魏故假節中堅將軍玄州刺史元使君墓誌銘
君諱愍字思忠河南洛陽人也太宗明元皇帝之曾
孫使持節侍中衛大將軍儀同三司樂安王之孫使持
節征虜將軍齊洛二州刺史之第四子層丘結而爲靈
瓌璋徹而成寶睿萁生知卓出霞際孝友發於自然溫
恭稟於天骨道素自衿率意高絶龍門之譽復見於茲
參車騎齊王作牧徐蕃辟爲長流參軍加襄威將軍非
其所好帝嘉才爽尋除尚書祠部郎中又以母憂去
職孝性惙惙幾於毀滅正光五年五月中羽年跋扈侵
擾邊境以君王室英傑智勇絶倫服未卒哭詔起君
爲統軍北征賀延君以家國未康冒哀從役于時王師
失據逆黨鋒盛君揮戈奮劍大摧醜虜匹馬無援枉年
亂行三軍文武莫不痛惜皇上追愍悲怛于懷其年
十月還柩洛陽詔贈假節中堅將軍玄州刺史帛二
百匹祭以太牢禮也以孝昌元年十二月辛未朔二日
壬申還窆西芒長陵之東乃作銘曰
偉哉皇攜萬矣本枝誕降英勇克睿生知凌孝髣髴
能矩能規機談霧散而藻風馳蹇蹇爲國匪躬作翰建
節立功志康時難乃劍霜飛戈戟星亂與善何乖高峯
頽岸旌德有章龜旐能驤拱木將植松檟已行凄凄隴
霧肅肅泉霜魂兮何往空把遺芳

〇三八 魏故假節中堅將軍玄州刺史元使君【愍】墓誌銘

孝昌元年（525）十二月二日遷葬。

誌文21行，滿行22字，楷書。誌石高50釐米，寬50釐米，河南洛陽出土。

【释文】

君諱懿，字思忠，河南洛陽人也。太宗明元皇帝之曾孫，使持節、侍中、衛大将军、儀同三司、樂安王之孫，使持節、征虜将军、齊洛二州刺史之第四子。層丘结而為靈，瓊璋徽而成寶。睿業生知，卓出霞際，孝友發於自然，温恭禀於天骨。道素自衿，率意高绝，龍門之譽，復見於兹矣。車騎齊王，作牧徐蕃，辟為長流參軍，加襄威将军，非其所好。帝嘉才彦，尋除尚書祠部郎中，又以母憂去職。孝性拯極，幾於毀滅。正光五年五月中，朔卒跋扈，侵擾邊塞，以君王室英傑，智勇絶倫，服未卒哭，詔起君為統軍，北征賀延。君以家國未康，冒哀從役。于時王師失據，逆黨繁盛，君揮戈奮劍，大推醜虜，匹馬無援，枉卒乱行，三軍文武，莫不痛惜。皇上追愍，悲怛于懷。其年十月，遷柩洛陽，詔贈假節、中堅将军、玄州刺史，帛二百匹，祭以太牢，礼也。以孝昌元年十二月辛未朔二日壬申，遷窆西芒長陵之東。乃作銘曰：

偉哉皇構，鬱矣本枝。誕降英秀，克睿生知。爰孝爰悌，能矩能規。機談霧散，布藻風馳。蹇蹇為國，匪躬作翰。建節立功，志康時難。弓劍霜飛，犬戎星乱，與善何乖，高峰頹岸。旌德有章，鼂旐龍驤。拱木將殖，松檟已行。悽悽隴霧，肅肅泉霜。魂兮何往，空挹遺芳。

〇三九 魏故持節都督秦州諸軍事平西将军秦州刺史孝王【元寶月】墓誌并銘

正光五年（524）五月二十五日卒，孝昌元年（525）十二月三日葬。

誌文29行，滿行30字，楷書。誌石高68釐米，寬65釐米，河南洛陽出土。

【释文】

王諱寶月，字子焕，河南洛陽人。高祖孝文皇帝之孫，臨洮王愉之元子也。分光霄極，毓彩璿池，南史有詳，斯焉可略。王幼含奇質，早程秀氣，既邈文舉於童年，超子烏於稚日矣。孝悌醇至，體之自然，柔裕在躬，諒非矯飾。七齡喪考，八歲妣薨，率由毁瘠，哀過乎礼。昆季嬰蒙，止于宗正，王撫慈群弟，有人長之顔焉。年十有四，為清河文獻王所攝養，文獻王深愛異之。王事叔恭順，一同嚴父，掬子是哀，友于弥篤。性和雅，有度量。九德兼脩，百行必舉，分然山峙，確乎難拔。敦詩悦樂，博聞强記，宫墻累刃，峻碣重尋。夫其體仁足以長人，嘉德足以合礼，貞固足以幹事，寬容足以苞物，浩浩乎其不可測也，汪汪乎其不可量也。所謂君子不器，學無成名者焉。而摛文爽麗，風調閑遠，清襟外徹，黄中内潤，皦兮若冰，温其似玉，謙恭以接下，損挹以推賢。故可以方駕四豪，齊名八士者也。加以雄姿壯偉，逸氣環殊，玆乃撥亂之巨才，濟世之洪器，嗚呼，惜乎！王有容儀，善談謔，懷美尚，蓄奇心，而幼離閔兇，未膺策命，然而遐迩傾注，咸以遠大許之矣。方騁力康衢，與魏昇降，匡時翼化，燮調玉燭。豈其餘慶徒言，與善終謬，長乘弛禁，離倫肆虐，秦緩虧方，夭沴成釁，遂禍均滅性，痛深卒毁。以正光五年龍集甲辰五月廿五日，遘疾薨于第，春秋廿有三。皇上震傷，朝野灑泣，有詔贈持節、都督秦州諸軍事、平西将军、秦州刺史。既而倫伊比陟，況魯侔禽，寔宜均彼誓河，永傳龜玉。今者王室多難，戎馬在郊，屏翰寄重，屬乎成器。雖珪瑞徒襲，猶錫以殊礼。故又詔曰：新贈具官，皇宗王諱，帝孫宗令，望實隆重。早世淪英，宜加褒異，可葬以王礼，餘如前贈。考行論德，謚曰孝王。以孝昌元年太歲乙巳十二月辛未朔三日癸酉，祔葬于先考王神塋之。乃作銘曰：

赫赫宗周，振振公族，天降純嘏，爰啓英淑。譬彼文韶，倫斯武穆，器超瑚璉，質優松竹。若桂之芬，如蘅之馥，威而不猛，寬而能肅。奉先思孝，孔懷惟睦，操同柳下，廉均夷叔。武略桓桓，文經郁郁，既仁且智，令終有俶。方昇論道，燮政黄屋，驥跼未遐，長途已蹙。為山非止，如何簣覆，謬離九横，仍騫五福。一夢鈞天，終歌梁木，往徂昔夏，今遷南陸。夕蒐催輪，晨曦驚軸，題凑既兆，窀塋已卜。皇情乃慟，式加寵服，窮扉若掩，華燈罷煜。刊美泉隅，永貽陵谷，無絶終古，豈徒蘭菊。

皇妣楊妃，恒農人，父次德，蘭陵太守，祖伯念，秦州刺史。嬪南蘭陵蕭氏，齊太祖高皇帝曾孫，父子賢，齊太子詹事、平樂侯。息脩長禕，年四；脩弟森仲蔚，年二。

〇四〇 魏故士吴君【高黎】之墓誌

正光五年（524）十二月六日卒，孝昌二年（526）正月十三日葬。

誌文13行，滿行12字，楷書。誌石高66釐米，寬32.5釐米，河南洛陽出土。

【释文】

君諱高黎，徐州瑯琊郡治下里人也。宋世驃騎府録事參、江夏太守之孫，員外散騎侍郎、梁郡太守之子。聖世兖州城扃參督護高平郡事。資洪源於霄漢，稟神光於峻岳。推蘭桂之英徽，發之妙響，才器聰惠，事若天知。正始元年冬十月十五日卒於洛陽。妻高陽許樂女，樂為江夏王常侍。以正光五年十二月六日亡於第，孝昌二年正月丙午十三日癸申，權殯於北芒。刊石立記。

〇四一 大魏故介休縣令李明府【謀】墓誌

正光四年（523）七月二十七日卒，北魏孝昌二年（526）二月十五日葬。

誌作碑形，誌文18行，滿行29字，楷書。誌石通長74釐米，寬50釐米，山東安丘出土。

【释文】

君諱謀，字文略，遼東襄平人，晉司徒胤之十世孫，大魏青州刺史、貞侯之第二子也。浚源綿緒，既圖家□，積譽連芳，亦著話言。君資性沉毅，弱不好戲。幼□父所偏賞，目以為千里駒。及年始十五，容皃甚偉，□□然有儀望之稱。粗涉文史，略存梗概，而愛兵奇，好劍術，慷慨有立功立事之志焉。解褐拜厲威将军、介休縣令。彼地帶險岨，山胡寇亂，前後縣官，未能遮遏。及君莅任，窮加殲討，手自斬格，莫不震肅，部内以寧。君勇決英邁，識量淹遠，風猷意業，有可稱者。而逸駕未馳，長路已謝，正光四年歲次甲辰七月廿七日病，卒於洛陽顯中里，春秋廿七。至孝昌二年二月十五日，葬齊郡安平縣黄山里，袝使君之神塋。銘曰：

生如過隙，逝似驚川；收芳大夜，秘體窮泉。朝盈松露，夕湛丘烟；一隨化往，萬古無旋。

子景躍，年六。孝昌二年二月十日，使持節、都督青州諸軍事、平東将军、青州刺史、安樂王鑒念君遺跡，追贈齊郡內史。

魏故武威太守賈君墓誌銘
君諱祥字延慶武威姑臧人也武威太守之
孫涼州刺史之子昆表河右衣纓世襲崇基
峻舉層構陵雲君起家奉朝請本州別駕本
州長史宜已當官深開治道毗讚之美驟聞
朝聽帝嘉其能又除本郡太守春秋卌七以
孝昌二年二月十日卒於洛陽肅民鄉德宮
里其月廿七日葬於芒山之陽乃作銘曰
賈伯蕃冑壽鄉讚魏慶緒聯綿煥乎傳記君
人誕靈寔稟沖氣譽發齠年幼挺英志昇高
能賦臨池展思行成名立釋巾登仕曳錦晝
遊具瞻斯美蕙性雲浮蘭衿風靡爲茲別駕
之職長史帝曰唯良共治是倚出守本邦操
刃斆綺笄有短蓑命故罕言當春摧茂殲此
良根禮斆云及將即松門孀孤泣血僚友悲
奔泉庭夜切寒隴晝昏鏤茲玄石徽猷永存
妻鎮南府默曹參軍積射將軍武威段靈
念之女　息允良年十一

魏故賈府君之墓誌

○四二 魏故武威太守賈君【祥】墓誌銘

孝昌二年（526）二月十日卒，同年月二十七日葬。

誌文18行，滿行17字，楷書。誌石高43釐米，寬43釐米，河南洛陽出土。

【释文】

君諱祥，字延慶，武威姑藏人也。武威太守之孫，濟州刺史之子。望表河右，衣纓世襲，崇基峻舉，層構陵雲。君起家奉朝請、本州别駕、本州長史。直已當官，深閑治道，毗讃之美，驟聞朝聽。帝嘉其能，又除本郡太守。春秋卅七，以孝昌二年二月十日，卒於洛陽肅民鄉德宫里，其月廿七日葬於芒山之陽。乃作銘曰：

賈伯蕃周，壽鄉讃魏。慶緒聯綿，焕乎傳記。若人誕靈，寔稟沖氣。譽發齠年，幼挺英志。昇高能賦，臨池展思。行成名立，釋巾登仕。曳錦晝遊，具瞻斯美。蕙性雲浮，蘭衿風靡。乃莅别駕，亦職長史。帝曰唯良，共治是倚。出守本邦，操刀製綺。算有短萇，命故罕言。當春摧茂，殲此良根。禮數云及，將即松門。孀孤泣血，僚友悲奔。泉庭夜切，寒隴晝昏。鏤兹玄石，徽猷永存。

妻，鎮南府默曹參軍、積射将军、武威段靈念之女。息元良，年十一。

魏故贾府君之墓誌。

魏故司空勃海郡開國公高猛夫人長樂長公主墓誌銘
主諱瑛，高祖孝文皇帝之季女，世宗宣武皇帝之母妹。神情恬暢，志識高
遠；六行允備，四德無違。孝友出於自然，柔恭表於天性。雖俔天為妹，生自深
宮，至於萁箒製用，禮酏程品，非唯酌言往載，亦率用過人。加以披圖問史，好
學罔勌，誦柱下之妙說，覈七篇之幽旨。馳法輪於金陌，開靈光於寶樹。綃縠
風靡，[illegible]添川流。所著辭誄，有聞於世。蘭芝之雖篆[illegible]良遂未相擬，書家之輩
悅淹通，將何以匹？及於姿同似月，麗等凝神。雖復邯鄲莊容，易陽稚質，無能
尚也。爰始相攸，事歸髦傑，自非地兼齊紀，聲高梁魏，則肅雍之車，御輪無主。
司空文公，衿懷万頃，墉宇千刃，清徽素譽，樹睽一時，乃以選尚焉。和若塤篪，
好踰琴瑟，敷政內朝，允釐中饋。恩雖被物，貴不在身。方謂天道無親，降年有
永，茲義一乖，息駕已及。春秋秊三十有七，孝昌元秊十二月廿日，薨於洛陽
之壽安里。二宮摧慟，遐邇同傷。詔曰：高氏姑長樂長公主，四德早徽，柔儀播
譽，方享遐願，式昭閨範，奄至薨背，哀慟抽惋，不能自任。可賻雜綵八十匹，絹
八百匹，布八百匹，給東園祕器，臘三百斤，可遣鴻臚監護喪事。以二秊三月
七日，將合窆於司空文公之穴。哀[illegible][illegible]痛丹青之易歇，將陵谷之難久，式
銘徽烈，俾貽不朽。其辭曰：
金風不競，淪胥寶命。叶光在曆，終握天鏡。行夏[illegible][illegible]，重基累聖。北都既從，南
風在詠。周原膴膴，堇荼如飴。篤生良媛，曷不若茲。女圖起則，彤管興辭。溫恭
為性，仁讓為基。之既有行，來儀君子。居滿不溢，慎終如始。親事衿鞶，躬察麻
枲。柔儀已暢，陰德唯理。人生若寄，自古同然。儵如風燭，飄若吹煙。悠悠若是，
[illegible]昭上天，蔑軔[illegible][illegible][illegible]玄泉。芒芒隧甸，崔崔[illegible][illegible][illegible]。何期一瞑，方遂如
慕。已訣若疑，行及[illegible]毀，江侵有芳。[illegible]

○四三 魏故司空勃海郡開國公高猛夫人長樂長公主【元瑛】墓誌銘

孝昌元年（525）十二月七日卒，孝昌二年（526）三月七日合葬。

誌文22行，滿行25字，楷書。誌石高79.5釐米，寬79.5釐米，河南洛陽出土。

【释文】

主諱瑛，高祖孝文皇帝之季女，世宗宣武皇帝之母妹。神情恬暢，志識高遠，六行允備，四德無違。孝友出於自然，柔恭表於天性。雖俔天為妹，生自深宮，至於箕箒製用，醴酏程品，非唯酌言往載，而率用過人。加㠯披啚問史，好學罔倦，該柱下之妙説，覈七篇之幽旨，馳法輪於金陌，開靈光於寶樹。綃縠風靡，斧藻川流，所著辭誄，有聞於世。蘭芝之雕篆富麗，遠未相擬；曹家之聲悅淹通，將何㠯匹。及於姿同似月，麗等疑神，雖復邯鄲莊容，易陽稚質，無能尚也。爰始相攸，事歸髦傑，自非地兼齊紀，聲高梁魏，則肅雍之車，御輪無主。司空文公矜懷万頃，墻宇千刃，清徽素譽，標映一時，乃㠯選尚焉。和若塤篪，好踰琴瑟，敷政内朝，允釐中饋，恩雖被物，貴不在身。方謂天道無親，降年有永，茲義一乖，息駕已及。春秋年三十有七，孝昌元年十二月廿日，薨於洛陽之壽安里。二宮摧慟，遐迩同傷，詔曰：高氏姑長樂長公主，四德早徽，柔儀播譽，方享遐頤，式昭閨範。奄至薨背，哀慟抽惋，不能自任。可賻雜綵八十匹、絹八百匹、布八百匹，給東園秘器，臈三百斤，可遣鴻臚監護喪事。㠯二年三月七日，將合葬於司空文公之穴。哀□□□，痛丹青之易歇，將陵谷之難久，式銘徽烈，俾貽不朽。其辞曰：

金風不競，淪胥寶命，叶光在曆，終握天鏡。行夏乘殷，重基累聖，北都既徙，南風在詠。周原膴膴，堇荼如飴，篤生良媛，曷不若茲。女啚起則，彤管興辞，温恭爲性，仁讓爲基。亦既有行，来儀君子，居滿不溢，慎終如始。親事荇蘩，躬察麻菓，柔儀已暢，陰德唯理。人生若寄，自古同然，儵如風燭，飄若吹煙。悠悠若是，于嗟上天，發軔華屋，投宿玄泉。芒芒遠甸，崔崔遥□，□□何期，一瞑方遠。如慕已訣，若疑行反，欒毀江侵，有芳山畹。

〇四四 魏故南陽太守持節洛州刺史李府君【頤】墓誌

正光元年（520）五月十九日卒，孝昌二年（526）三月八日葬。

誌文20行，滿行20字，楷書。誌石高42釐米，寬44釐米，山東昌邑出土。

【释文】

君諱頤，字連山，南陽孝建人也。其先出自李耳，為周史。苗裔繁昌，千柯万葉。秦漢以来，歷顯達貴，金紫充庭，不煩敘述。曾祖景，洛州刺史。祖鱛，驃騎将军。考班猷，征北将军、豫州刺史。君生有神異，祥雲繞室。九歲，文章高雅，超於時倫，性情友篤，重於鄉閭。年十八，徵拜秘書郎，君辭不赴，欲博學史，得從所好。又十七年，詔拜中書侍郎，除南陽太守，持節洛州刺史。運籌帷幄，皇心憘悦，發惠黎儀，遠民服誠。上有鱼水之歡，下有風草之感。德覆万物，譽冠衆僚。天朝依為柱石，閭閻奉為慈親。宜享遐紀，羽翼皇家，何以昊天不吊，遽奪賢哲。正光元年歲次庚子五月十有九日薨，春秋卅有九。天朝哀感，追謚曰文。繼被曲奪，咸知上明。以孝昌六年丙午三月朔八日癸未，葬於昌邑西鄉之原。里人哀慕，遐方傷痛。因刊石墓門，傳光来世。以作頌曰：

於穆我君，既明既仁；嵩嶽靈秀，鍾生斯人。無罔無怠，克恭克勤；竭心王室，垂愛黎民。碩行懿德，通帝感神；哲□摧頹，悲傷衆心。嘉楊□蔭，愁松晦雲；刊石泉戸，命名永存。

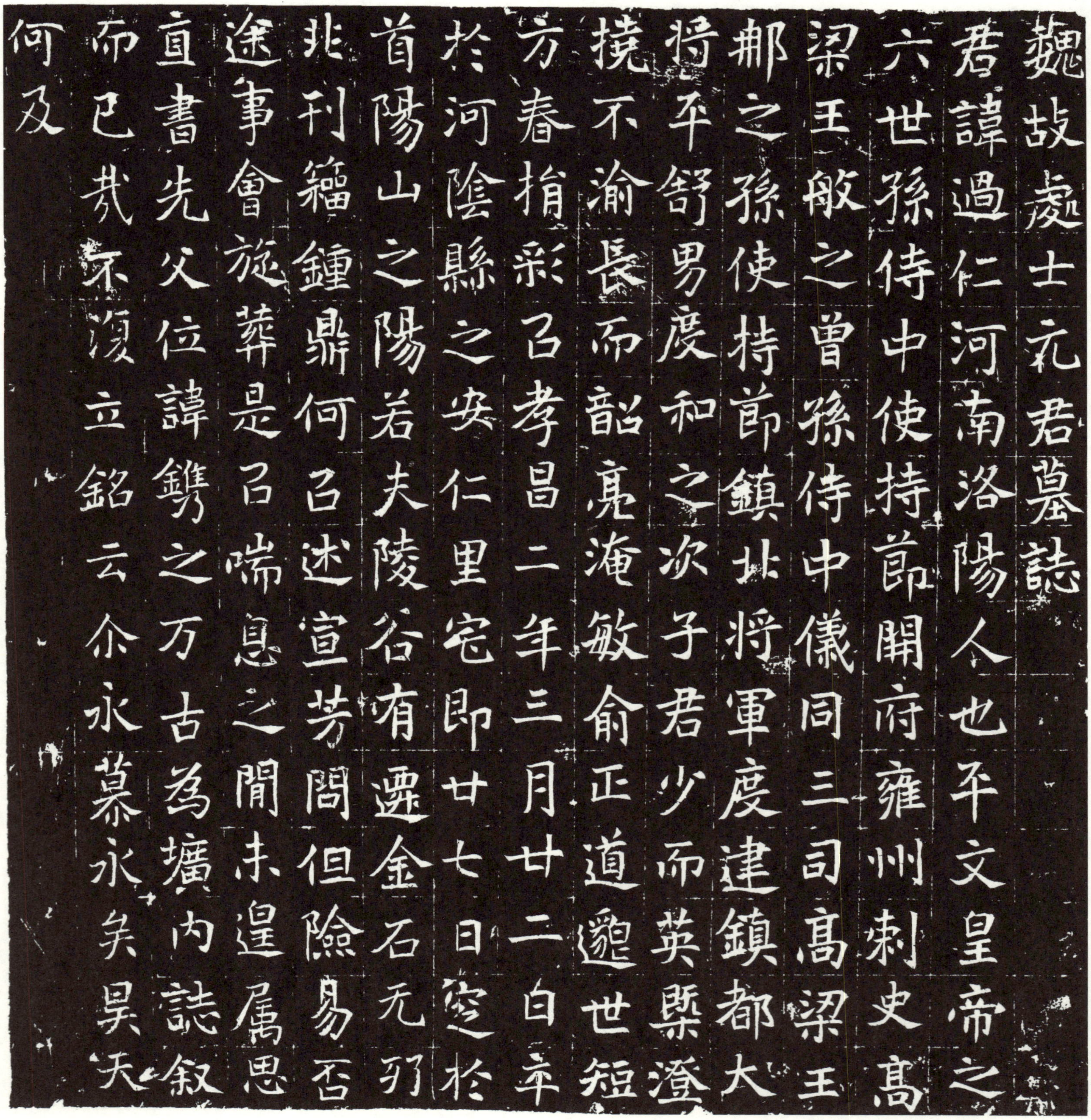
魏故處士元君墓誌
君諱過仁河南洛陽人也平文皇帝之
六世孫侍中使持節開府雍州刺史高
梁王敏之曾孫侍中儀同三司高梁王
郁之孫使持節鎮北將軍度建鎮都大
將平舒男度和之次子君少而英槩澄
撓不渝長而韶亮淹敏俞正道邈世短
方春掮彩以孝昌二年三月廿二日卒
於河陰縣之安仁里宅即廿七日窆於
首陽山之陽若夫陵谷有遷金石无朽
北刊籀鍾鼎何以述宣芳問但險易否
遂事會旋葬是以喘息之間未遑屬思
直書先父位諱鐫之万古為壙內誌敘
而已哉不復立銘云尒永慕永矣昊天
何及

〇四五 魏故處士元君【過仁】墓誌

孝昌二年（526）三月二十二日卒，同年三月二十七日葬。

誌文15行，滿行15字，楷書。誌石高29.5釐米，寬29釐米，河南洛陽出土。

【释文】

君諱過仁，河南洛陽人也。平文皇帝之六世孫，侍中、使持節、開府、雍州刺史、高梁王般之曾孫，侍中、儀同三司、高梁王那之孫，使持節、鎮北将军、度建鎮都大將、平舒男度和之次子。君少而英概，澄撓不渝；長而韶亮，淹敏俞正。道邈世短，方春捐彩。㠯孝昌二年三月廿二日，卒於河陰縣之安仁里宅。即廿七日，窆於首陽山之陽。若夫陵谷有遷，金石无朽，非刊籀鍾鼎，何㠯述宣芳問。但險易否途，事會旋葬，是㠯喘息之閒，未遑屬思，直書先父位諱，鐫之万古，為壙內誌叙而已哉，不復立銘云尔。永慕永矣，昊天何及。

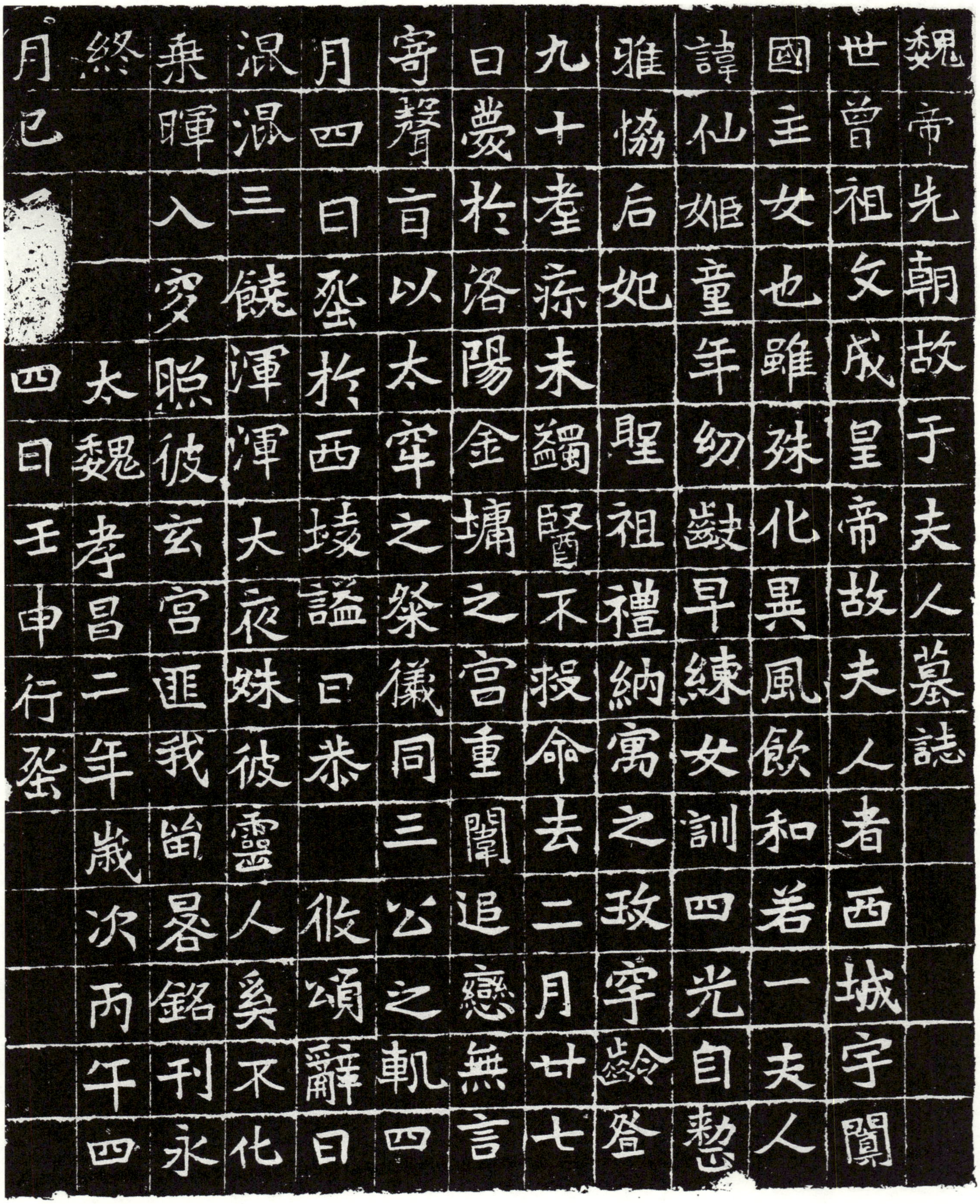
魏帝先朝故于夫人墓誌
世曾祖文成皇帝故夫人者西城宇闐
國主女也雖殊化異風飲和若一夫人
諱仙姬童年幼齡早練女訓四光自懃
雅協后妃　聖祖禮納寵之致寧齡登
九十耄孫未蠲醫不救命去二月廿七
日薨於洛陽金墉之宫重闈追戀無言
寄聲言以太牢之祭儀同三公之軌四
月四日窆於西墟謚曰恭　彼頌辭曰
泯泯三饒渾渾大夜姝彼靈人奚不化
乘暉入窮照彼玄宫匪我留晷銘刊永
終　太魏孝昌二年歲次丙午四
月己[illegible]四日壬申行窆

大魏文成
皇帝夫人
于墓誌銘

〇四六 魏帝先朝故于夫人【仙姬】墓誌

孝昌二年（526）四月四日葬。誌文13行，滿行15字，楷書。誌石高46釐米，寬37.6釐米，河南陽出土。

【释文】

世曾祖文成皇帝故夫人者，西城宇闐國主女也。雖殊化異風，飲和若一。夫人諱仙姬，童年幼齔，早練女訓，四光自整，雅協后妃。聖祖禮納，寓之玫宇，齡登九十，耋疹未蠲，醫不救命，去二月廿七日薨於洛陽金墉之宫。重闈追戀，無言寄聲。旨以太牢之祭，儀同三公之軌。四月四日葬於西陵，謚曰恭。攸頌辭曰：混混三饒，渾渾大夜，姝彼靈人，奚不化。乘暉入穸，照彼玄宫，匪我留晷，銘刊永終。

太魏孝昌二年歲次丙午四月己巳□四日壬申行葬。

大魏文成皇帝夫人于墓誌銘。

大魏龍驤将軍崇訓太僕少卿中給事中明
堂将伏君妻昝氏墓誌銘
夫人諱雙仁濟南平陵人也溫柔表於弱齡
閑和彰於早歲婉然脩慎敬此言容及来儀
君子恭惟無癈造次靡違府仰必礼至乃締
綣是刈之宜採蘩于澗之事莫不亹亹躬為
有慈無怨酌礼而言吐辭物為軌斟善乃行
舉動稱為則信可以道暎前列聲譪今芳而
与仁無應報善徒言春秋卅有八以孝昌二
年五月己亥朔廿六日甲子奄焉云及即以
其月廿九日丁卯窆於北芒之山雖終同灰
壤而芳跡宜鐫其詞曰
務靈發暎方斯淑令望桂儔芬瞻霜比淨展
轉四德能佃六行發言以慎動應斯敬穆穆
在容溫溫表性礼錫弗當妙美摧傷帷幌合
綺旌柳分光一辭白日長歸松楊生辰既促
幽路未央陵谷或徙鐫石留芳

○四七 大魏龍驤将军崇訓太僕少卿中給事中明堂将伏君妻昝氏【雙仁】墓誌銘

孝昌二年（526）五月二十六日卒，同年五月二十九日葬。

誌文17行，滿行17字，楷書。誌石高49.3釐米，寬48.5釐米，河南洛陽出土。

【释文】

夫人諱雙仁，濟南平陵人也。温柔表於弱齡，閑和彰於早歲。婉然修慎，敬此言容。及來儀君子，恭惟無廢，造次靡違，俯仰必礼。至乃絺綌是刈之宜，採蘩于澗之事，莫不亹亹宣躬為，有懃無殆。酌礼而言，吐辭物為範；斟善乃行，舉動稱為則。信可以道映前列，聲藹今芳，而与仁無應，報善徒言。春秋卅有八，以孝昌二年五月己亥朔廿六日甲子，奄焉云及。即以其月廿九日丁卯，窆於北芒之山。雖終同灰壤，而芳跡宜鐫。其詞曰：

務靈發映，方斯淑令。望桂儔芬，瞻霜比浄。展轉四德，徘徊六行。發言以順，動應斯敬。穆穆在容，温温表性。永錫弗當，妙美摧傷。帷幌合綺，旌柳分光。一辞白日，長翳松楊。生辰既促，幽路未央。陵谷或徙，鐫石留芳。

〇四八 魏故使持節侍中驃騎大将军儀同三司尚書令冀州刺史江陽王元公【乂】之墓誌銘

孝昌二年（526）三月二十日卒，同年七月二十四日葬。誌文40行，满行40字，楷書。誌石高82釐米，寬81.3釐米，河南洛陽出土。

【释文】

公諱乂，字伯儁，河南洛陽人也。道武皇帝之玄孫，太師、京兆王之世子。派道天河，分峰日觀，川岳合而爲靈，辰昴散而成德。清明内照，光景外融，標致玄遠，崖涘高峻，皂白定於是非，朱紫由其標格。加㠯思極來往，學貫隱深，奇文異制，雕龍未爽，樞機暫吐，詎越談天。楊葉棘刺之妙，基衛未之踰，虵形鳥跡之術，張蔡孰能比。於是遠近推慕，藉甚京師。遭太妃喪，哀毀過礼，幾於滅性。太師敦喻，乃更蘇粒。年方弱冠，應物來仕，掩浮雲而上征，摶積風而鼓翼。初除散騎侍郎。尚宣武胡太后妹馮翊郡君。㠯親賢莫二，少歷顯官，尋轉通直，遷散騎常侍、光禄勳。職惟談議，任實揔領，選才而舉，民無閒然。非唯獲賞參乘，見知廉清而已。轉侍中、領軍将军，領左右，尋加衛将军。雖秩班近侍，而任居時宰，朝權國柄，僉望有歸。類公旦之相周，等霍侯之輔漢，妙識居龍之道，深體亨鮮之術。振綱而万目理，委轡而四牡調。人無廢才，官無廢職，時和俗泰，遠至迩安。田疇之謡既弭，羔裘之刺亦息。于時三雍締構，疑議紛綸，㠯公學綜墳籍，儒士攸宗，復領明堂大將。公斟酌三代，憲章漢晉，獨見卓然，經始用立。志性廉隅，非礼不動，雖涓人童隸，必冠而見。愠喜不形於色，蔕介未曾經懷，積而能散，貴而能貧。湛湛然，若滄瀛之靡浪；汪汪焉，如江河之末流。深達廢興，鑒誡滿覆，自㠯爲大權不可久居，大功難可久樹。周公東征，范蠡浮海，乃頓首歸政，固乞骸骨。聖上謙虚，屢詔不許，表疏十上，終不見聽。夫任首三獨，礼均八命，自非外著九功，内含一德，俞往之誥，未見其人。乃詔解領軍，更授驃騎大将军、儀同三司、尚書令、侍中，領左右如故。公沖讓懇款，煩於辭牘，既不獲已，復親庶政。翼亮王猷，緝熙治道，濟斯民於貴壽，弼吾君於堯舜。春氣生草，未足同言；夏雨膏物，曾何竊比。至於異流並會，文墨成山，言若循環，筆無停運，商較用捨，曲有章條。文若之奇策密謀，清塵未遠；伯師之匪躬亮直，獨亦何人。公儀範端華，音神秀徹，言稱古昔，景行行止，多能寡欲，員中方外。孝爲行本，信作身輿。運斗柄而長六官，擁大璫而釐万務。一人拱已無爲，百司仰而成績，正色危言，獻替無殆，送往勞來，吐握忘倦。論玉不由小大，求馬忘其白黑。管庫咸舉，關析靡遺，猶如挹水於河，取火於燧者矣。至於高清臨首，宫徵鳴腰，懷金拖玉，陟降墀陛。故㠯儀形列辟，冠冕群龍。信廣夏之棟梁，大川之舟楫，豈唯一草之根，一狐之腋而已哉！方贊玉鼓之化，陪金繩之礼，隆成平於天地，增光華於日月。而流言傳沓，萋斐成章。公乃垂淚謁帝，遜還私宅。俄而有詔，解公侍中，領左右，尋又除名爲民。公遂杜

墓介未曾經懷積而能散貴而能貧湛湛然若滄瀛之靡浪汪汪焉如江河之未流
自呂爲大權不可久居大功難可又樹周公東征范蠡浮海乃損首歸政固乞骸骨
表跡十上終不見聽夫任首三獨礼均八命自非外著九功內含一德俞往之誥未
軍更授驃騎大將軍儀同三司尚書令侍中領左右如故公沖讓退款煩於辭牘時
亮王猷緝熙治道濟斯民於貴壽躋吾君於堯舜春氣生草未足言夏雨膏物曾
會文墨成山言若循環筆無停運商較用捨曲有章條又若之奇策略謀清塵未遠
長六官擁大瑞而整万務一人拱己無爲百司御而成績正色危言獻替無殆送往
亦何人公儀範端華音神秀徵言稱古昔景行行止多能冥欲負中方外考爲行本
不由小大來馬忘其白黑管庫咸舉關析靡遺猶如提水於河取火於燧者矣至於
懷金拕玉陟降墀陛故呂儀形列辟冠冕羣龍信廣夏之棟梁大川之舟楫豈唯一
已哉方賛王鼓之化治金繩之礼隆戎平於天地增光華於日月而流言傳沓萋斐
帝遂遂私宅俄而有詔解公侍中領左右尋又除名爲民公遂杜門奉養曾無慍色
義招集緇徒日盈數百講論疑滯研賾是非呂燭嗣曰怡然自得那茅之郭未嘉藏
年三月廿日詔遣宿衛禁兵二千人夜圍公第公神色自若都無懼容乃歎太師開
給事中山賓同時遇害春秋卅有二臨終歎曰夫忠貞守死臣之節也伊尹不免
辭老父設稚子可御樂而薨天下聞之莫不流涕雖秦之喪百里漢之殺蕭傅何呂
古之遺愛者也既而 聖上追遠 叡后傷懷贈使持節侍中驃騎大將軍儀同三
皇太后親臨哭弔哀動百寮自薨及葬賵贈有加遣中使監護喪事賜朝服一襲
千三百匹錢卅万祠呂太牢給東園轀車挽歌十部賜呂明器發卒衛從自都及墓
感懸孤魂之靡託乃表讓爵土追授于公朝廷義之亶而見許乃改封江陽王粤七月
窆於成周之北山長陵塋內丹青有歇聿編易絕銘茲琬琰幽塗永晰其詞曰
郡非聖尹賢贊靈象宿稟氣河山英武上憲有從日天百世道重千里比肩二為

門奉養，曾無愠色。公少好黄老，尤精釋義。招集緇徒，日盈數百。講論疑滯，研賾是非，㠯燭嗣日，怡然自得。邢茅之報未嘉，藏甲之謗已及。孝昌二年三月廿日，詔遣宿衛禁兵二千人，夜圍公第。公神色自若，都無懼容，乃啓太師，開門延使者，與第五弟給事中山賓同時過害，春秋卌有一。公臨終歎曰：夫忠貞守死，臣之節也。伊尹不免，我獨何爲？但恨不得辭老父、訣稚子耳。仰藥而薨。天下聞之，莫不流涕，雖秦之喪百里，漢之殺蕭傅，何㠯匹諸？所謂人之云亡，古之遺愛者也。既而聖上追遠，叡后傷懷，贈使持節、侍中、驃騎大将军、儀同三司、尚書令、冀州刺史。皇太后親臨哭吊，哀動百寮。自薨及葬，賵贈有加，遣中使監護喪事。賜朝服一襲，蠟三百斤，贈布絹一千三百匹，錢卌万，祠㠯太牢，給東園轜車，挽歌十部，賜㠯明器。發卒衛從，自都及墓。太師悼世子之夙泯，孤魂之靡託，乃表讓爵土，追授于公。朝廷義之，哀而見許，乃改封江陽王。粤七月戊戌朔廿四日辛酉，窆於成周之北山長陵塋内。丹青有歇，韋編易絶，銘茲琬琰，幽途永晰。其詞曰：

名世寥廓，非聖伊賢，資靈象宿，禀氣河山。英哉上德，有從自天，百世隨踵，千里比肩。仁爲經緯，孝作終始，學海不窮，爲山未止。識同四面，辯非三耳，徘徊語嘿，優遊宴憘。人官奚寶，天爵斯貴，合信四時，齊明五緯。斧藻川流，雕篆霞蔚，業通鄒魯，聲高梁魏。畜寶待價，藏器須時，通夢協下，命世應期。三事俞往，百揆允整，鼎實斯屬，鹽梅在茲。方賴股肱，弼諧元首，緝我王度，永作先後。天鑒孔明，宜登上壽，豈云不吊，如禽度牖。暑往秋來，筮從龜襲，金鐸夜警，龍轜曉立。寂寂原田，蕭蕭都邑，逝矣何期，瞻望靡及。昔遊國道，華轂生塵，今首山路，廻望無人。短生巳夕，脩夜不晨，唯蘭與菊，空播餘芬。

妃，安定胡氏，父珍，相國、太上秦公。息亮，字休明，年十一，平原郡開國公；亮妻范陽盧氏，父聿，駙馬都尉、太尉司馬。息穎，字稚舒，年十五，秘書郎中；舒妻清河崔氏，父休，尚書僕射。女僧兒，年十七，適瑯琊王子建，父散騎常侍、濟州刺史。

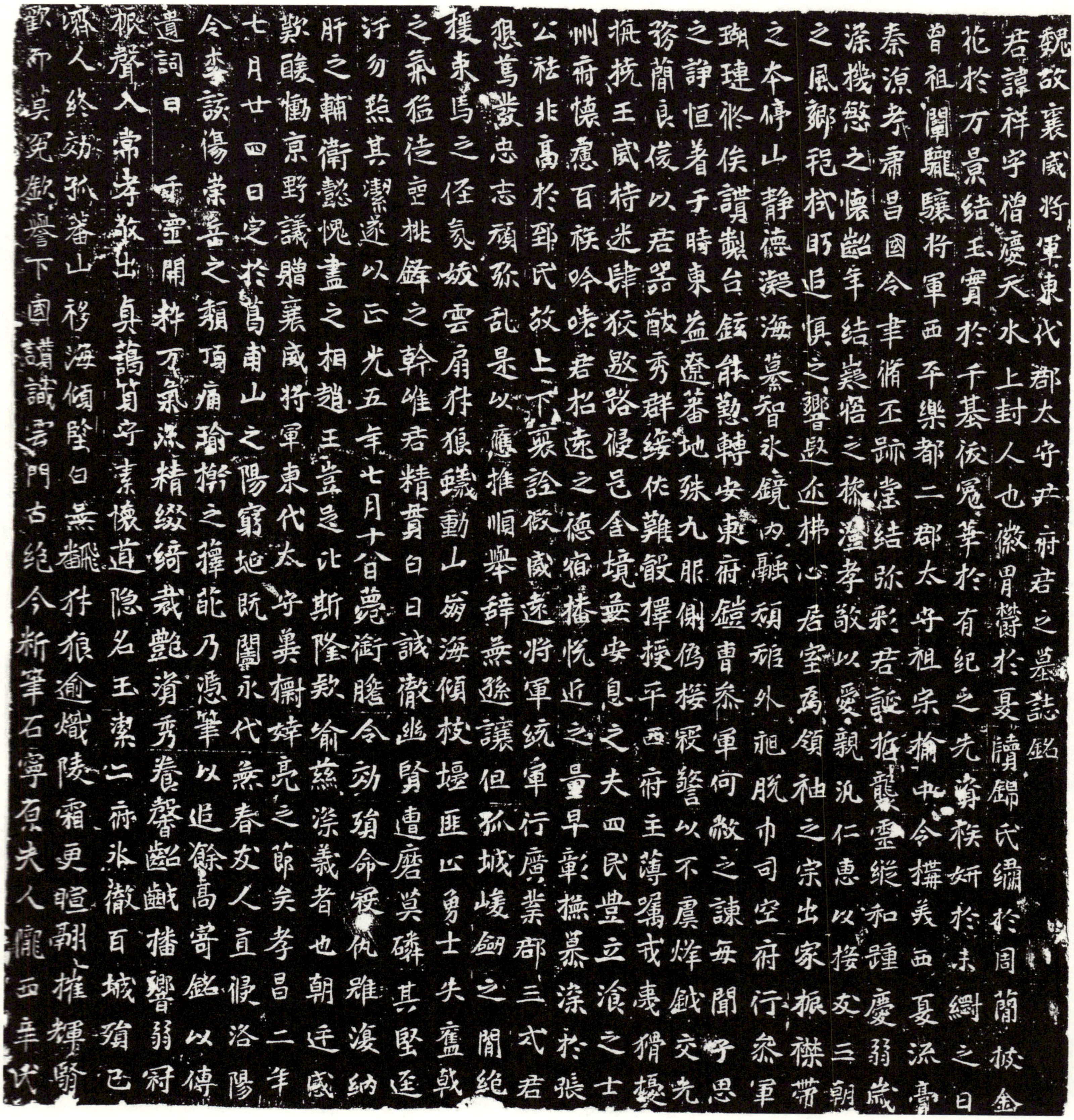
魏故襄威將軍東代郡太守尹府君之墓誌銘
君諱祥字僧慶天水上封人也徽胄鬱於夏牘錦氏繡於周蘭拔金
花於万景結玉實於千基俠冕華於有紀之先簪裾妍於未紼之日
曾祖闡驃騎將軍西平樂都二郡太守祖宗椿中令攝羌西夏流亭
秦涼考肅昌國令聿脩丕跡崇結弥彩君誕拖龍靈縱和鍾慶弱歲
深機懋之懷齠年結嶷悟之標澄孝敬以愛親汎仁惠以接交三朝
之風鄉邑栻盱追慎之響啟迹佛心君室為領袖之宗出家振襟帶
之本停山靜德凝海纂智氷鏡內融頴雄外施脫巾司空府行參軍
瑚璉終侯讚盛台鉉能勲轉安東府鎧曹參軍何徵之諫無聞子思
之諍恒著于時東益遼蕃地殊九服偽倭寇警以不虞烽戲交先
務簡良俊以君器散秀群綏依難殺擇援平西府主簿獨戎夷猾擾
撫撫王威特迷肆狡越路侵邑含境無安息之夫四民豈立滄之士
州府懷應百族吟嗟君招遠之德宿播悅近之量早彰撫慕深於張
公社非高於鄧氏故上下褒詮徵威遠將軍統軍行廣業郡三式君
恨篤叢忠志頹弥亂是以應推順舉辭無遜讓但孤城峻翮之間絕
援東馬之侄氣峨雲肩狩狼蟻動山崩海傾枝壞匪以勇士失蘆戟
之氣猛徒空挑鋒之幹唯君精貫白日誠徹幽冥遺磨莫磷其堅迳
汙勿然其潔遂以正光五年七月十八日薨衛瞻令効殞命寇仇雖沒納
肝之輔衛懿愧盡之相趙王業是比斯隆欺喻慈深義者也朝廷感
歎酸慟京野議贈襄威將軍東代太守異橋婷亮之節矣孝昌二年
七月廿四日定於芒甫山之陽窮地既闔永代無春友人宜假洛陽
遺詞曰 垂靈開粹万氣流精綴綺裁艷消秀眷聲齡戲播響弱冠
令李該傷崇善之頹頂痛瑜樹之摧乃憑筆以追餘高寄銘以傳
振聲入常孝敬出真謁節守素懷道隱名玉潔二亦冰徹百城殞己
濟人終効孤蕃山移海傾墜白無敵狩狼逾熾陵霜更暄翮摧翼落
歡爾莫究獻譽下國譜識雲門古絕今析窂石寧亘夫人寵西辛氏

〇四九 魏故襄威將軍東代郡太守尹府君【祥】之墓誌銘

正光五年（524）七月十八日卒，孝昌二年（526）七月二十四日葬。

誌文26行，滿行26字，楷書。誌石高52釐米，寬52釐米，河南洛陽出土。

【释文】

君諱祥，字僧慶，天水上封人也。徽胄鬱於夏牘，錦氏繡於周簡。披金花於万景，結玉實於千基。紱冕華於有紀之先，資族妍於未綱之日。曾祖闡，驪驤将军、西平、樂都二郡太守。祖宗，榆中令。構美西夏，流膏秦涼。考虎，昌國令。聿脩丕跡，堂結弥彩。君誕哲襲靈，縱和踵慶。弱歲深機敏之懷，齠年結嶷痦之操。澄孝敬以愛親，汎仁惠以接友。三朝之風，鄉挹拭盼；追慎之響，遐迩拂心。居室為領袖之宗，出家振襟帶之本。停山静德，凝海纂智，冰鏡内融，規矩外昶。脱巾司空府行參軍。瑚璉攸俟，讚製台鉉。能懃，轉安東府鎧曹參軍，何敝之諫每聞，子思之詩恒著。于時，東益遼蕃，地殊九服，側偽接寇，警以不虞，烽鉞交光，務簡良俊。以君器猷秀群，綏佐難叡，擇授平西府主簿。矚戎夷猾擾，抗撓王威，持迷肆狡，邀路侵邑，舍境無安息之夫，四民豊立滄之士，州府懷慮，百族吟嗟。君招遠之德宿播，悦近之量早彰。撫慕深於張公，袪非高於郅氏。故上下褒詮，假威遠将军，統軍行廣業郡三戎。君懸篤發忠，志規殄亂，是以應推順舉，辞無遜讓。但孤城峻劒之閒，絶援束馬之徑，氛妖雲扇，犲狼蟻動，山崩海傾，枝堰匪止。勇士失奮戟之氣，猛徒喪排鋒之幹。唯君精貫白日，誠徹幽賢，遭磨莫磷其堅，逕污勿玷其潔。遂以正光五年七月十八日薨。銜膽令効，殞命寇仇，雖復納肝之輔衛懿，愧盡之相趙王，豈足比斯隆款，喻慈深義者也。朝廷感歎，酸慟京野。議贈襄威将军、東代太守，冀標婞亮之節矣。孝昌二年七月廿四日，窆於葛甫山之陽。窮埏既闔，永代無春。友人直侵、洛陽令李該，傷崇岳之頽頂，痛瑜榦之𦻏葩，乃憑筆以追餘高，寄銘以傳遺詞，曰：

千靈開粹，万氣流精。綴裁艷，資秀養馨。齠齓播響，弱冠振聲。入常孝敬，出貞藹質。守素懷道隱名，玉潔二府，冰徹百城。殞己濟人，終効孤蕃，山移海傾，墜日無翻。犲狼逾熾，陵霜更暄。翮摧輝翳，歡而莫冤。欽譽下國，讚識雲門。古絶今斷，筆石寧原。

夫人隴西辛氏。

魏故世宗宣武皇帝　嬪墓誌
夫靈曦垂曜星月贊其暉大人有作枘庭翼且化用
能德充四宇澤洽八表斯則陰陽之極數人事之嘉
會二儀以之成功皇猷用之協暢惟我先嬪乃魏故
使持節冠軍將軍安州刺史固安侯趙郡李靜之孫
殿中將軍領齋帥主馬左右續寶之女也若夫體以
允之厚德稟南離之淳精應期誕載發自天真聖善
之性生而克備爰在父母之家躬行節儉之約篤葦
不足踰其懃師氏莫能增其訓是以灌木之音遂聞
窈窕之響孫遠遂應　帝命作配皇家執笑承祀中
饋斯允事先　帝以成奉姑　后以義柔慎好和讓
言屢進思樂賢才哀而不傷後宮有負信之音林椒
流愷悌之澤着功建而頌不興德立而辭不作則千
載之下曷聞百代之後曷述故簡工命能而作是頌
為其辭曰　星月垂暉陰精降祉誕生懿德溫柔克
己爰在家庭慎終肅始作配皇家惠及媵妾恭承
先　帝惠下慈仁有道可欽有德可尊孰笑承嘗翼
佐我君均精宗志邵響遠聞何以表之刊石[illegible]中
維大魏孝昌二年歲次丙午八月丁卯朔六日壬申
窆於洛陽景陵垣

〇五〇 魏故世宗宣武皇帝嬪【李氏】墓誌

孝昌二年（526）八月六日葬。誌文20行，滿行20字，楷書。誌石高65釐米，寬62.5釐米，河南洛陽出土。

【释文】

夫靈曦垂曜，星月贊其暉；大人有作，椒庭翼其化。用能德充四宇，澤沾八表，斯則陰陽之極數，人事之嘉會。二儀以之成功，皇猷用之協暢。惟我先嬪，乃魏故使持節、冠軍将军、安州刺史、固安侯趙郡李静之孫，殿中将军、領齋師主馬左右續寶之女也。若夫體坤元之厚德，禀南離之淳精，應期誕載，發自天真，聖善之性，生而充備。爰在父母之家，躬行節儉之約，葛蕈不足踰其勲，師氏莫能增其訓。是以灌木之音遥聞，窈窕之響弥遠。遂應帝命，作配皇家。執虔烝祀，中饋斯允，事先帝以成，奉姑后以義。柔順好和，讜言屢進，思樂賢才，哀而不傷。後宫有貞信之音，椒掖流愷悌之澤。若功建而頌不興，德立而辞不作，則千載之下曷聞，百代之後易述。故簡工命能，而作是頌焉。其辭曰：

星月垂輝，陰精降祉，誕生懿德，温柔剋己。爰在家庭，慎終若始，作配皇家，惠及媵矣。恭承先帝，惠下慈仁，有道可欽，有德可遵。執虔烝嘗，翼佐我君，均精守志，邵響遠聞。何以表功，刊石後陳。

維大魏孝昌二年歲次丙午八月丁卯朔六日壬申葬於洛陽景陵垣。

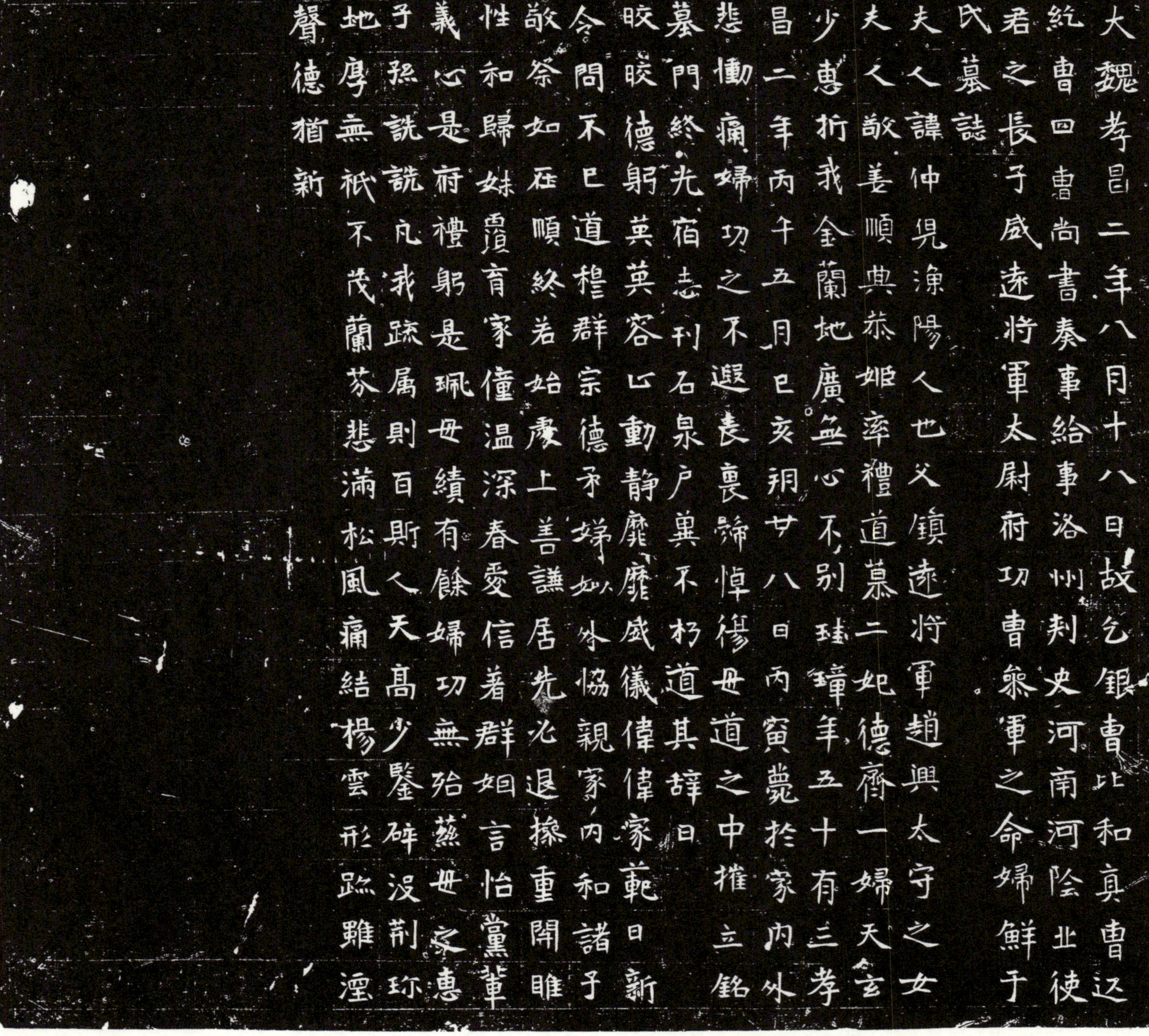

〇五一 鮮于仲兒墓誌

孝昌二年（526）五月二十八日卒，同年八月十八日葬。

誌文18行，滿行20字，楷書。誌石高50.8釐米，寬55.5釐米，河南洛陽出土。

【释文】

大魏孝昌二年八月十八日，故乞銀曹比和真曹匹紇曹四曹尚書、奏事給事、洛州刺史、河南河陰丘使君之長子，威遠将军、太尉府功曹參軍之命婦鮮于氏墓誌。夫人諱仲兒，漁陽人也。父鎮遠将军、趙興太守之女。夫人敬姜順典，恭姬率禮，道慕二妃，德齊一婦。天玄少惠，折我金蘭；地廣無心，不别珪璋。年五十有三，孝昌二年丙午五月己亥朔廿八日丙寅，薨於家。内外悲慟，痛婦功之不遐；表裏號悼，傷母道之中摧。立銘墓門，終光宿志，刊石泉戶，冀不朽道。其辭曰：

皎皎德躬，英英容止；動静靡靡，威儀偉偉。家範日新，令問不已；道穆群宗，德柔娣姒。外協親家，内和諸子；敬祭如在，順終若始。處上善謙，居先必退；操重關睢，性和歸妹。覆育家僮，温深春愛；信著群姻，言怡黨輩。義心是府，禮躬是珮；母續有餘，婦功無殆。慈母之惠，子孫詵詵；凡我疏屬，則百斯人。天高少鑒，碎没荆珍；地厚無祇，不茂蘭芬。悲滿松風，痛結楊雲；形跡雖湮，聲德猶新。

〇五二 魏故陵江将军朔方太守趙府君【億】墓誌

孝昌二年四月二十八日卒，同年閏十月八日葬。

誌文15行，行字數不等，楷書。誌石高30釐米，寬30釐米，河南洛陽出土。

【释文】

君諱億，字万千，魏郡業人也，父倪，承祖洪基，從仕恒蒙，補信都令。在任虔恭，民庶擇心。六年居官，□滿代下。景明年中遇疾如薨。太和十七年，皇駕南討，定鼎中京，即如安之，以康永祀。至永平四年，被旨召唤，君遂還京，居於敬士鄉奉終里。年踰耳順，神志聰哲，心崇三寶，意珍般若，十二尊經，悉皆備曉。矜貧惠下，施不望報。鄉閭厚其仁，邑里□其德。二聖洪恩，澤沾行葦，知君性潔派素，法若水鏡。孝昌二年四月廿八日蒙授陵江将军、朔方太守。衣帽机杖，蒙上賜給。灾不報善，殲此明哲，春秋六十有六遇疾（如）薨，葬於北芒，刊石記功，以述景跡。

大魏孝昌二年閏月丙寅朔八日癸酉。長息冀州、次息洛安等建。

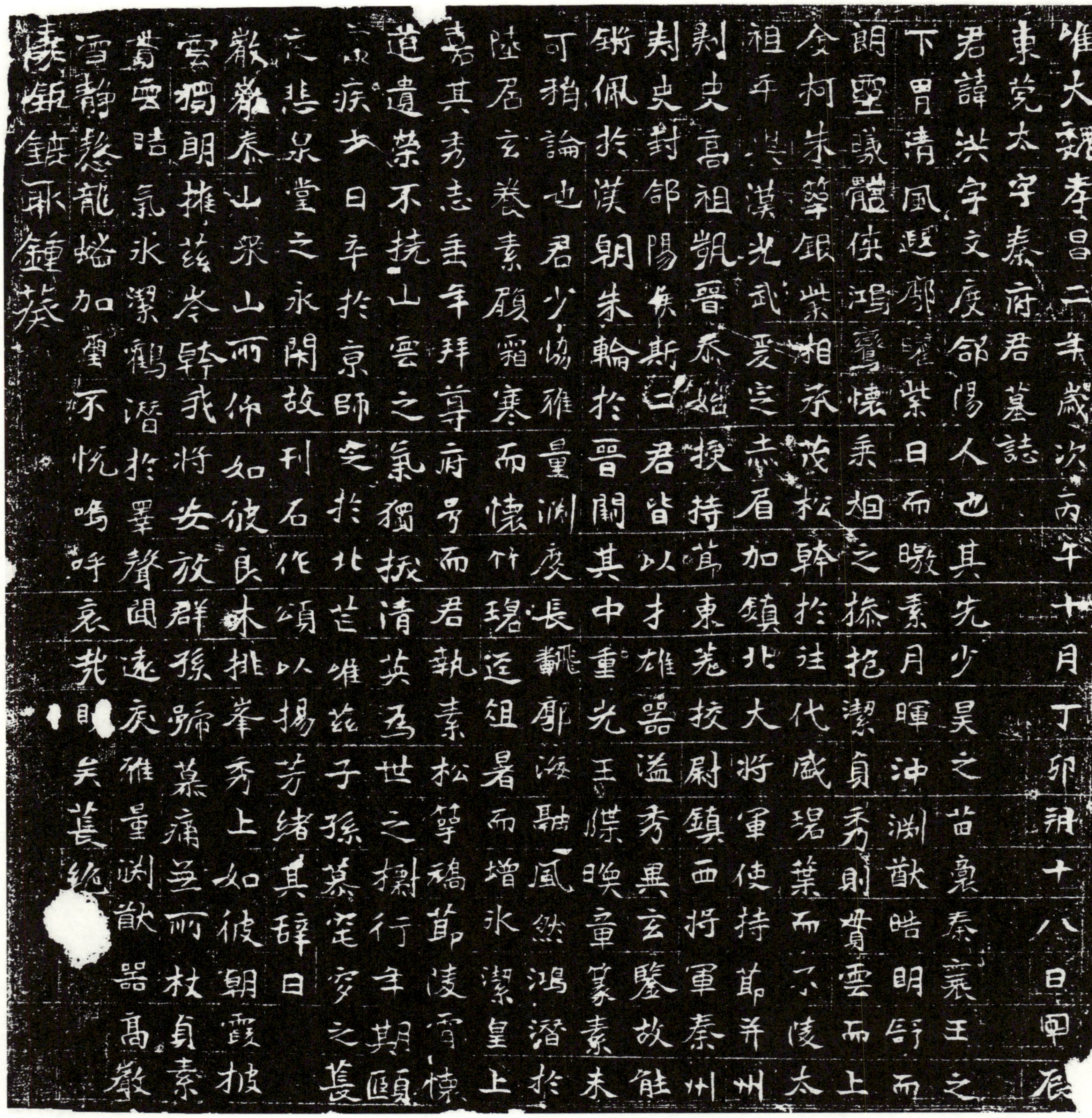

唯大魏孝昌二年歲次丙午十月丁卯朔十八日甲辰
東莞太守秦府君墓誌
君諱洪字文度郃陽人也其先少昊之苗裔秦襄王之
下胄清風邈鄗曜紫日而暾素月暉沖淵猷皓明舒而
朗璽藏體俠鴻鶱懷秉烟之捺抱潔貞秀則貫雲而上
參柯朱簭銀紫相承茂松幹於往代藏瑤葉而不陵太
祖平涼漢光武受定赤眉加鎮北大將軍使持節并州
刺史高祖凱晉泰始授持節東莞校尉鎮西將軍秦州
刺史封郃陽侯斯曰君皆以才雄器溢秀異玄鑒故能
鏘佩於漢朝朱輪於晉聞其中重光王偞暎童篆素未
可稍論也君少協雅量淵度長飄鄗海馳風然鴻潛於
陸居玄養素顧霜寒而懷竹璐送徂暑而增冰潔皇上
嘉其秀志垂年拜尊府號而君執素松筠礴節陵霄懷
道遺榮不撓山雲之氣獨拔清英為世之楷行年期頤
寢疾七日卒於京師窆於北芒唯茲子孫慕[illegible]窆之墓
哀悲泉堂之永閉故刊石作頌以揚芳緒其辭曰
巖巖泰山眾山所仰如彼良木排峯秀上如彼朝霞披
雲獨朗推茲吝幹我將安放群孫歸慕痛悲所杖貞素
貴要皓氣冰潔鶴潛於睪聲聞遠度雅量淵猷器高嶷
雪靜慈龍蟠加璽不悅嗚呼哀哉朗矣舊[illegible]絕
[illegible]鈕鏤永鍾葬

魏故東莞太守秦府君墓誌

○五三 唯大魏孝昌二年歲次丙午十月丁卯朔十八日甲辰東莞太守秦府君【洪】墓誌

孝昌二年（526）十月十八日。誌文21行，滿行21字，楷書。誌石高43.2釐米，寬43.2釐米，河南洛陽出土。

【释文】

君諱洪，字文度，郃陽人也。其先少昊之苗裔，秦襄王之下胄。清風遐廓，曜紫日而曒素月，暉沖淵猷，皓明舒而朗靈曦。體侠鴻鸞，懷乘煙之操，抱潔貞秀，則貫雲而上。金柯朱萼，銀紫相承，茂松幹於往代，盛碧葉而不陵。太祖平，與漢光武爰定赤眉，加鎮北大将军、使持節、并州刺史；高祖凱，晉泰始授持節、東羌校尉、鎮西将军、秦州刺史，封郃陽侯。斯二君皆以才雄器溢，秀異玄鑒，故能鏘佩於漢朝，朱輪於晉闕。其中重光玉牒，唤章篆素，未可稍論也。君少協雅量，淵度長翻，廓海融風。然鴻潜於陸，居玄養素，履霜寒而懷竹碧，逕俎暑而增冰潔。皇上嘉其秀志，垂年拜尊府号。而君執素松萼，矯節陵霄，懷道遺榮，不撓山雲之氣。獨拔清英，為世之標。行年期頤，寢疾七日，卒於京師，窆於北芒。唯兹子孫，慕窀穸之長夜，悲泉堂之永閉。故刊石作頌，以揚芳緒。其辞曰：

巖巖泰山，衆山所仰。如彼良木，排峰秀上。如彼朝霞，披雲獨朗。摧兹岑幹，我將安放。群孫號慕，痛無所杖。貞素貫雲，皓氣冰潔。鶴潛於睪，聲聞遠戾。雅量淵猷，氣高巖雪。静態龍蟠，加聖不悦。嗚呼哀哉，眇矣長絶。

妻鉅鏕耿鍾葵。

魏故東莞太守秦府君墓誌。

○五四 魏故侍中使持節都督冀州諸軍事車騎大將軍儀同三司冀州刺史武陽縣開國公侯君【剛】之墓誌

孝昌二年（526）三月十一日卒，同年十月十八日葬。

誌文33行，滿行33字，楷書。誌石高80釐米，寬81釐米，河南洛陽出土。

【释文】

公諱剅，字乾之，上谷居庸人也。其先大司徒霸，出屏桐川，入整百揆，開謀世祖，道被東漢。高祖魏昌公、相州刺史，經始王業，勳隆佐命。曾祖江陽侯、并州刺史，秉文誓武，有聲關隴。祖鎮南平原鎮将，世号禦侮，功著淮濟。父內小，以儒雅稽古，清韻夷放。數君皆弈葉忠孝，北京民譽也。爰逮于公，慶餘藉甚。貞和簡粹，本乎其性，少私寡欲，不修自遠。太和五年，文明太后調為內小。季年從駕襄沔，以軍功轉虎威将军、冗從僕射，嘗食典御。世宗即位，除奉車都尉，累遷至武衛将军、通直常侍，延昌元年進右衛将军。及春官始建，選盡時良，仍以本官領太子中庶子。四年，散騎常侍、衛尉卿，尋加撫軍将军、侍中、衛将军、本州大中正。初，先帝晏駕，天造唯始，紫宮連艮，承華習坎，公迺保迎東儲，剋濟屯否。故啓國武陽，食我千室，封當其功，禮也。神龜二年，還車騎将军、御史中尉。密網初結，有觸即離，霜風暫吹，所加必偃。蕃收庶政，怵心斯絶，京師權豪，即不垂手。三年，復入居常伯，還領禁戎。王言克諧，軍政緝穆。正光初，加車騎大将军；三年，儀同三司；四年五月，捴兼憲職；九月，復拜御史中尉，餘官如故。于時，朝政頗寬，貪欲滋競，迩及四方，苦音切路。公平生好善，獨憎耶暴，及繩簡所施，事多貴戚。是以聽傳告清，繡衣漸歇。四五年間，民稱更治。初以暮年多病，頻上表求解侍中、中尉，每答不許。六年正月，復拜領軍将军，加侍中，車騎、儀同、中尉如故。四月，改授使持節、散騎常侍、都督冀州諸軍事、本将军、冀州刺史，儀同、開國如故，給班劒廿人。行達汲郡，敕令還京。公確焉平直，不以貴賤改心；湛然純一，不以顯晦易行。至有休假，常危坐獨思，不交賓客，門廬希簡，不異凡舍。朝庭之士，亦無造請，家臣外戚，自非吉兇吊慶，動逕歲序，莫覿其面。常論臣子之急，以忠孝為心，清慎為體，曾不以榮利關言，産業經意。所可自得者，守一而已。方當增命九錫，分風二陝，毗升平之逸化，陪宗山之盛禮，而天不憖遺，巖頽奄及。春秋六十有一，以魏孝昌二年歲次鶉火三月庚子朔十一日庚戌寢疾，薨于洛陽中練里第。越十月丁卯朔十八日甲申，葬于馬鞍山之陽。若夫沸騰易川，岸谷變位，縑竹炳于俄頃，金石載於永久。故銘泉刊德，以照不朽。其詞曰：

啓胄燕河，世振其芳，派彼清流，胤此岳方。經周緯漢，綽有餘光，始云其美，終然允臧。德祖承祀，下武唯新，驅車出衛，推轂入秦。功濟平俗，建等茂親，令問不已，寔顯伊人。公既誕載，實隆家國，撝謙不伐，懷明如默。情有餘款，心無詭或，展如斯人，四方之則。入宣戎政，出倍鑾翼，再敷王言，三治憲職。豺狼斯道，兩觀俱息，民詠史魚，朝稱司直。嶷如岳峻，湛若川平，當官正色，在法斯明。簡繩一舉，遠震迩驚，有威必服，在感忘生。眷惟昔寵，禮茂明朝，穆穆承華，炫炫金貂。三槐綺植，九棘連霄。為山始覆，前路尚遥。毀梯税駕，頓我神鑣，我将祖奠，言徂西阜。楚楚酸紼，遲遲翣柳。生滅相尋，誰無誰有。一隨川逝，方從地久。

孝昌二年十月十八日，侍御史譙郡戴智深文。

魏侍中車騎大将軍儀同三司武陽公誌。

魏故清水太守恒農男楊公之墓誌
公諱乾字天念恒農人也晉故大司馬從事中郎驃騎將軍
都督滎北六郡諸軍事開府竟陵太守咸之曾孫宗貞小散
騎常侍領著作佐郎魏故七郡太守冠軍將軍洛州刺史恒
農子諱之孫魏故鷹揚將軍南鄉太守恒農男悦之子其分
基胄漢枝桿之美備著於典不復申如也公籍胄蘭根抽芳
巖岸玉幹陵雲金柯霞月資性寬雅識聽英逸朗達發自天
機岐嶷彰於懷抱幼不好非貨而樂道內靜小融慕榮中孝
齡齔襲爵恒農男後加鷹揚將軍公士君不求慕達執事不
以為懃政優遊衡門洗心玄境愛賢好士文武兼幹務濟學
施常君謝其美清約節儉焦生栽以為辟故乃騰芳聲於下
邑播實響於上京者矣何其枉風橫起巖生晦物冰栢摧根
雲松玉折公年方耳順忽遇瘻疾卒於洛陽中練里第孝昌
二年歲次丙午十月丁卯朔十九日乙酉窆於旦甫中源鄉
仁信里皇帝　詔曰故鷹揚將軍恒農男楊乹志量沖邃識
達明遠何其宊　禍灉流奄此良人朕甚悼之可贈泰州清
水太守以追逸跡公臨終明悟識略辭善可謂峭峯忽頹椿
蘭墜滅金聲與倉旻俱遠軽軀與四時等謝望轜攀拒道俗
爲酸故鎸遺芳永晦泉石其詞曰
爵矣蘭胄茂也芳幹稟均而義三才履半純貞皎潔志抽巖
岸頤神清境積而能散騰響下邑德名京觀寸心容裕蔭情
海漢峭峯奄墜椿蘭忽摧金聲無爛現形永灰流川長寫石
室弗開愁松募路邑里含哀

○五五 魏故清水太守恒農男楊公【乾】之墓誌

孝昌二年（526）十月十九日葬。

誌文 23 行，滿行 23 字，楷書。誌石高 58.2 釐米，寬 59.7 釐米，河南洛陽出土。

【释文】

公諱乾，字天念，恒農人也。晉故大司馬、從事中郎、驪驤将军、都督漎北六郡諸軍事、開府、竟陵太守咸之曾孫，宋員外散騎常侍、領著作佐郎，魏故七郡太守、冠軍将军、洛州刺史、恒農子辨之孫，魏故鷹揚将军、南鄉太守、恒農男悅之子。其分基霄漢，枝萼之美，備著於典，不復申如也。公藉胄蘭根，抽芳巖岸，玉幹陵雲，金柯覆月。資性寬雅，識聽英逸，朗達發自天機，岐嶷彰於懷抱。幼不好弄，貧而樂道，內静外融，慕崇中孝。韶齔襲爵恒農男，後加鷹揚将军。公士君不求慕達，執事不以為懃政。優遊衡門，洗心玄境，愛賢好士，文武兼幹。務濟樂施，常君謝其美；清約節儉，焦生裁以為譬。故乃騰芳聲於下邑，播實響於上京者矣。何其枉風横起，巖生晦物，冰柏摧根，雲松玉折。公年方耳順，忽遇瘻疹，卒於洛陽中練里弟。孝昌二年歲次丙午十月丁卯朔十九日乙酉，窆於旦甫中源鄉仁信里。皇帝詔曰：故鷹揚将军、恒農男楊乾，志量沖邃，識達明遠，何其灾禍濫流，奄此良人，朕甚悼之。可贈秦州清水太守，以追逸跡。公臨終明悟，識略辞善，可謂峭峰忽頹，椿蘭墜滅，金聲與倉旻俱遠，輕軀與四時等謝。望轜撫拒，道俗齊酸，故鐫遺芳，永畱泉石。其詞曰：

鬱矣蘭胄，茂也芳幹，稟均兩義，三才履半。純貞皎潔，志抽巖岸，頤神清境，積而能散。騰響下邑，德名京觀，寸心容裕，蔭情海漢。峭峰奄墜，椿蘭忽摧，金聲無爛，現形永灰。流川長寫，石至弗開，愁松蔽路，邑里含哀。

魏故左軍將軍司徒屬贈持節督豫州諸軍事
驃騎將軍豫州刺史河南元君墓誌銘
君諱珽字珎平　景穆皇帝之孫侍中太傅大
司馬黄鉞大將軍安定靖王第五子也君降年
不永春秋卅三寢疾不愈以孝昌二年七月廿
八日薨於遵讓里第以十月丁卯朔十九日乙
酉遷窆西陵懼山移谷徙金冊變化故作銘誌
以記玄塗其辭曰
猗歟　帝族德懋扶桑誕茲懿猷早令珪璋亶
教成敏依訓惟良煥如春照凛若秋霜藍田明
玉荊岫琳瑯拂冠應命輕舉雲翔如松之鬱如
桂之芳始參台教終昇鼎議器麗食工才華騁
驥期以誑孤言從受寄禳氣横加霜風濫吹琨
嶺摧芳瑶池奄萃望壟雲悲看松鳥淚何以記
功鐫名永世

魏故豫州
刺史元珽
墓誌銘

○五六 魏故左軍將軍司徒屬贈持節督豫州諸軍事驃騎將軍豫州刺史河南元君【珽】墓誌銘

孝昌二年（526）七月二十八日卒，同年十月十九日葬。

誌文15行，滿行18字，楷書。誌石高47.8釐米，寬47.8釐米，河南洛陽出土。

【释文】

君諱斑，字珍平，景穆皇帝之孫，侍中、太傅、大司馬、黄鉞大将军、安定靖王第五子也。君降年不永，春秋卅三，寢疾不悆，以孝昌二年七月廿八日，薨於遵讓里第。以十月丁卯朔十九日乙酉，遷窆西陵。懼山移谷徙，金丹變化，故作銘誌，以記玄塗。其辭曰：

猗歟帝族，德懋扶桑，誕兹懿猷，早令珪璋。稟教成敏，依訓惟良，焕如春照，懔若秋霜。藍田明玉，荆岫琳瑯，拂冠應命，輕舉雲翔。如松之鬱，如桂之芳，始參台教，終昇鼎議。器麗食工，才華騁騎，期以託孤，言從受寄。祲氛横加，霜風濫吹，琨嶺摧芳，瑶池奄翠。望壟雲悲，看松鳥淚，何以記功，鐫名永世。

魏故豫州刺史元斑墓誌銘。

〇五七 魏故使持節侍中司空公都督冀瀛滄三州諸軍事領冀州刺史元公【壽安】墓誌銘

孝昌二年（526）十月十九日葬。

誌文33行，滿行35字，楷書。誌石高86.8釐米，寬86.8釐米，河南洛陽出土。

【释文】

公諱壽安，字脩義，河南洛陽人也。景穆皇帝之孫，使持節、侍中、征西大将军、領護西戎校尉、儀同三司、涼州鎮都大将、汝陰靈王之第五子。赤文緑錯之權輿，壽丘華渚之閥閲，豈生商之可侔，何作周之云比。固已鏤諸金板玉牒，於兹可得而略焉。公含川嶽之秀氣，表珪璋而挺出，岐嶷異於在娛，風飈茂於就傅。孝以事親，因心自遠，友于兄弟，不肅而成。弱而好學，師佚功倍，雅善斯文，率由綺發。自是藉甚之聲，遐迩屬望；瑚璉之器，朝野歸心。年十七，以宗室起家，除散騎侍郎，在通直。優遊文房，卓然無輩。俄轉揚州任城王開府司馬，還為司空府長史，入補散騎常侍，出行相州事，仍除持節、督齊州諸軍事、左将军、齊州刺史。復授使持節、都督秦州諸軍事、右将军、秦州刺史。東齊侈繆之風，西秦乱心之俗，公化等不言，政若戶到，有同一變，無敢三欺。以奏課第一，就加平西将军，徵為太常卿。礼云樂云，於是乎緝。遷安南将军、都官尚書，又授殿中尚書，加撫軍将军。龍作納言，其任無爽。遷鎮東将军、吏部尚書，轉衛大将军，加散騎常侍，尚書如故。既任當流品，手持衡石，德輶必舉，功細罔遺，涇渭殊流，蘭艾自別，小大咸得其宜，親踈莫失其所。既而隴右虔劉，阻兵稱乱，以公愛結民心，威足龕敵，改授使持節、開府、假驃騎大将军、兼尚書右僕射、行秦州事，本官如故。為西道行臺，即除使持節、散騎常侍、都督雍州諸軍事、衛大将军、開府、雍州刺史。乱離之後，饑饉荐臻，外連寇讎，內苞奸宄，啚城謀叛者，十室九焉。公自己被人，推誠感物，設奇應變，化若有神。是使剽群惡子，無所施其狡算；巨猾大盗，相率投其誠款。俾六輔匪戎，三秦載底，公實有力焉。復以本官加開府儀同三司、秦州都督，兼尚書左僕射、西道行臺，行秦州事。公內定不戰之謀，外有必勝之策，陳師鞠旅，指辰殲蕩。軍次汧城，弥留寢疾，薨於軍所。于時大小撫膺，如失慈父，雖鄭女捐珠於子産，荆人罷市於鉅平，無以過也。五月十一日，薨還京師。二宫軫悼於上，百辟奔走於下。有詔追贈使持節、侍中、司空公、都督冀瀛滄三州諸軍事、領冀州刺史，謚曰公，礼也。越孝昌二年歲次丙午十月丁卯朔十九日乙酉，還窆於瀍水之東。乃作銘曰：

周公之胤，或邢或蒋，詵詵衆多，金明玉朗。迺蕃迺牧，鵷鴻接響，君公猶子，高松直上。爰自韶齓，克

家除散騎侍郎在通直優遊文房卓然無葷俄轉楊州任城王開府司馬還爲司
入補散騎常侍出行相州事仍除持節督齊州諸軍事左将軍齊州刺史復授使
秦州諸軍事右将軍秦州刺史東齊侈緣之風西秦乱心之俗公化著不言政若
一變無敢三欺以奏課第一就加平西将軍徵爲太常卿祀云樂云於是乎緝遷
都官尚書又授殿中尚書加撫軍将軍龍作納言其任無爽遷鎮東将軍吏部尚
将軍加散騎常侍尚書如故既任當流品手持衡石德輶必舉功細罔遺涇渭殊
别小大咸得其宜親踈莫失其所既而隴右叏劉阻兵稱乱以公愛結民心威是
使持節開府假驃騎大将軍兼尚書右僕射行秦州事本官如故爲西道行臺即
散騎常侍都督雍州諸軍事衛大将軍開府雍州刺史乱離之後飢饉薦臻外連
姧宄畐城謀叛者十室九爲公自己被人推誠感物設奇應變化若有神是使對
所施其狡筭巨猾大盗相率投其誠款俾六輔匪戎三秦載庢公實有力爲復以
府儀同三司秦州都督兼尚書左僕射西道行臺行秦州事公内定不戰之謀外
筞陳師鞠旅指辰殲蕩軍次汧城弥留寢疾薨於軍所于時大小撫膺如失慈父
珠於子産荊人罷市於鉅平無以過也五月十一日薨還京師二宫軫悼於上
於下有詔追贈使持節侍中司空公都督冀瀛滄三州諸軍事領冀州刺史謚
祀也越孝昌二年歳次丙午十月丁卯朔十九日乙酉遷窆於湹水之東乃作銘
之識或邪或莊詵詵衆多金明玉朗迺著迺牧鵷鴻接響君公猶子髙松直上爰
岐克嶷始於成童令儀令色大度恢恢小心翼翼依仁履義發憤忘食學稱纖密
不肅而成如蘭之臭惟孝惟忠因心則究盛德亹亹日新爲富志立而仕鵬飛紫
巒文昌縢葛無雙出羣有聲特達令譽愔愔清徽藹藹注弼蕃幕来佐台門入華
旌軒左右獻替夙夜便繁政成朞月化若不言齊地綏柔秦川桂蠹西怨東悲咸

岐克嶷，始於成童，令儀令色。大度恢恢，小心翼翼，依仁履義，發憤忘食。學稱緻密，文為組繡，不肅而成，如蘭之臭。惟孝惟忠，因心則宂，盛德亹亹，日新為富。志立而仕，翻飛紫闥，天禄峥嶸，文昌膠葛。無雙出群，有聲特達，令譽愔愔，清徽藹藹。注弼蕃幕，来佐台門，入華金紼，出耀旌軒。左右獻替，夙夜便繁，政成期月，化若不言。齊地絲紊，秦川桂蠹，西怨東悲，咸稱来暮。宗卿高視，礼闈獨步，美等龍淵，号均武庫。淆乱九流，滋章百姓，乃作銓衡，彝倫攸正。有隱必揚，無幽不聘，魏之得人，於斯為盛。蠢尔荒戎，梗茲西服，民思俾乂，帝曰方叔。投袂勤王，眷言出宿，我后其来，行歌鼓腹。五陵六輔，世号難治，乱離斯瘼，饑饉荐之。匪親匪德，誰克允釐，愛民活國，欽茲在茲。惟帝念功，就加寵異，任同二陝，儀比三事。式副朝端，參和鼎味，秉文經武，兼之為貴。神謀奇策，獨用衿抱，方厲熊羆，芟夷蔓草。如何良人，而不壽考，悲纏象魏，痛貫蒼昊。陳數送往，備物追終，笳鐃轉吹，羽盖翻風。冥冥此室，黯黯泉宫，敬刊幽石，式播森窮。

魏侍中司空元公墓誌。

〇五八 魏故員外郎散騎常侍西陽男高府君【廣】墓誌

孝昌二年歲（526）七月卒，同年十月葬。

誌文 20 行，滿行 24 字，楷書。誌石高 40.2 釐米，寬 39.8 釐米，河南洛陽出土。

【释文】

君諱廣，字天德，勃海條人也。其先英暐，世鐫冀壤。父州都，舉秀才，應對四方，文成皇帝憚之，徵員外郎，俄遷秘書郎，加散騎常侍。于時南撝請和，皇上以才過王朞，器邁伊籍，殷勤簡遣，便充國使。宣揚此化，多非彼僭，而齊主諱過，無理見終。皇上悼惜，世加榮品。君居邦清祭，歷代炤灼，蘭枝桂本，發葉芬芳。載弄機明，剋岐俊異。性沉深寬慤，不好劇談。涉獵書記，不專章句。八歲遭憂，在喪過禮，一漿歷旦，半溢跨旬。朋情親愛，三年莫見其面。雖仲康居痛，無瘠茲容；毛義遇哀，何毀斯貌。信可以儀表宗邦，範章後載。由是弱歲拜揚烈将军、西揚男。在朝謇謇，居官愕愕，尋除上郡太守。輕車入治，風略先馳，勞心獄市，有軫聲旨。俄還天水太守，莅邑愛民，刑書良慎。罪驗雖窮，每流漣不能已辞。畢釁結實，九死其猶疑。徵朝謝郡，為魏重臣。方當緝熙情猷，翼讚皇明，而福善無甄，名哲仍委。春秋七十七，以孝昌二年歲次丙午七月，薨於洛陽。朋舊悲悼，貴賤淹淚，所謂義結遐迩，眷流内外者也。即其年十月，窆於洛陽之北崩。泉扉一淹，曉夜無光，式刊玄石，以詠餘芳。其辞曰：

緜貌英茂，仁德豊隆，既文既武，乃藝乃雄。在朝烈烈，居鄉融融，如彼君子，有始有終。金玉弗永，蘭桂仍折，人綱缺矣，誰不悲咽。卜云其吉，松停將設，刊斯幽石，銘茲清節。

魏故武衛将軍征虜将軍懷荒鎮大将恒州大中正于公墓誌銘
祖拔尚書令新安公　父烈車騎大将軍領軍将軍太尉公鉅鹿郡開國公
夫人元氏東陽公主汝陰王女　長息貴顯司徒府參軍事　次息建宗
君諱景字百年河南洛陽人也　祖尚書已佐命立功　父太尉已燮釁著
積　君稟長川之遊源資高岳之餘峻志度英奇風韻閑遠年十八辟司州
主簿鼎朝未幾玉響忽流九𦐂創叫聲聞已著解褐積射将軍直後宿衛一
年父太尉薨君孝慕過礼殆致窮歲於後　主上已君昔侍禁闈有匪解
之勤世承風節者威蘭之操復起君為步兵校尉領治書侍御史君已廉斷
在躬　天致讓但已　帝命屢加天威稍切遂割罔極之容企就斷恩之制
及至莅事獻臺則駘馬之風允樹朝宣西省夙夜之聲剋顯至永平中除寧
朔将軍直寢恒州大中正從班例也至延昌中朝廷已河西二鎮國之藩屏
摠旅率戎塞歸其桀遂除君為寧朔将軍薄骨律高平二鎮大将君乃撫之
已仁恩董之已威信遂能斷康居之左肩解匈奴之右臂西北之無虞者寔
君是賴逮神龜二年　母后當朝多主莅正矛乎之奇實從忠節復徵君為
武衛将軍至乃職司鉤陳匪躬之操雀章摠戟丹墀折衝之氣日遠及正光
之初忽屬權臣竊命幽鄙兩宮君自已世典禁林共濟艱難安魏社稷者多
在于氏既乃雄心內發猛氣外張遂與故東平王匡謀除奸醜但已謀人罔
也君雖不得志如去郢無憤恨之心猶能樹德沙漠綏靜北蕃使胡馬不敢
南馳君之由也至正光之末限滿還京長途未窮一旦傾逝已孝昌二年歲
次丙午六月遘疾暨十月丁卯朔八日甲戌薨於都鄉黎陽里即已其年十
一月丙申朔十四日己酉窆于北芒山之西崗太尉公之陵礼也若夫蘭蕭
巘樹杳杳玄堂刊茲幽室千齡未央其辭曰
幽蘭有根将相有門皎皎夫子曇構重原世作鷹揚迭司納言沒如不朽清
風猶存亹亹時英昂昂秀傑入翼臺省出撫邦鎮駘馬伏威白珪取信方謂
金聲比德玉潤霜心內發武德外雄當朝正色臨難匪躬威播塞馬猛遏胡
風如何不淑未百已終龜筮既戒吉日唯良龍軒且引驪馬齊行泉門窈窕
大夜芒芒舍彼顯室宅此玄堂

〇五九 魏故武衛将军征虜将军懷荒鎮大将恒州大中正于公【景】墓誌銘

孝昌二年（526）十月八日卒，同年十一月十四日葬。

誌文20行，滿行29字，楷書。誌石高64釐米，寬64釐米，河南洛陽出土。

【释文】

祖拔，尚書令、新安公。父烈，車騎大将军、領軍将军、太尉公、鉅鹿郡開國公。夫人元氏，東陽公主，汝陰王女。長息貴顯，司徒府參軍事。次息建宗。君諱景，字百年，河南洛陽人也。祖尚書，吕佐命立功；父太尉，吕燮釐著積。君稟長川之溢源，資高岳之餘峻，志度英奇，風貌閑遠，年十八，辟司州主簿。昇朝未幾，玉響忽流，九睪創叫，聲聞已著。解褐積射将军、直後。宿衛一年，父太尉薨，君孝慕過礼，殆致窮滅。於後，主上吕君昔侍禁闈，有匪解之勤，世承風節，著威肅之操，復起君為步兵校尉、領治書侍御史。君吕驪靳在躬，號天致讓，但吕帝命屢加，天威稍切，遂割罔極之容，企就斷恩之制。及至莅事獻臺，則驄馬之風允樹；朝直西省，夙夜之聲剋顯。至永平中，除寧朔将军、直寢、恒州大中正，從班例也。至延昌中，朝庭吕河西二鎮，國之蕃屏，捻旅率戎，寔歸英桀，遂除君為寧朔将军、薄骨律高平二鎮大将。君乃撫之吕仁恩，董之吕威信，遂能斷康居之左肩，解凶奴之右臂，西北之無虞者，寔君是賴。逮神龜二年，母后當朝，幼主莅正，爪牙之寄，實擬忠節，復徵君為武衛将军。至乃職司鉤陣，匪躬之操唯章；捻戟丹墀，折衝之氣日遠。及正光之初，忽屬權臣竊命，幽隔兩宫。君自吕世典禁旅，每濟艱難，安魏社稷者，多在于氏。即乃雄心内發，猛氣外張，遂與故東平王匡謀除奸醜。但吕讒人罔極，語泄豺狼，事之不果，遂見排黜。乃除君為征虜将军、懷荒鎮将，所謂左遷也。君雖不得志如去，聊無憤恨之心，猶能樹德沙漠，綏静北蕃，使胡馬不敢南馳，君之由也。至正光之末，限滿還京，長途未窮，一旦傾逝。吕孝昌二年歲次丙午六月遘疾，暨十月丁卯朔八日甲戌，薨於都鄉穀陽里。即吕其年十一月丙申朔十四日己酉，窆於北芒山之西崗太尉公之陵，礼也。若夫蕭蕭壟樹，杳杳玄堂，刊兹幽室，千齡未央。其辞曰：

幽蘭有根，将相有門，皎皎夫子，壘構重原。世作鷹揚，迭司納言，没如不朽，清風猶存。亹亹時英，昂昂秀儁，入翼臺省，出撫邦鎮。驄馬收威，白珪取信，方響金聲，比德玉潤。霜心内發，武德外雄，當朝正色，臨難匪躬。威潛塞馬，猛遏胡風，如何不淑，未百已終。龜筮既戒，吉日唯良，龍軒且引，服馬齊行。泉門窈窈，大夜芒芒，舍彼瓊室，宅此玄堂。

魏故假節東夏州刺史公孫猗墓誌銘
高祖豊燕殿中尚書御史中丞使持節鎮南将軍豫州刺史上洛公
曾祖壽燕給事黄門侍郎
祖國寧遠将軍平秦武都二郡太守雍城鎮将平原男
父臻南部尚書都郎車騎府長史
君諱猗字榮寶遼東襄平人也邃源遠派横地無窮磐基峻攡排雲
孤上故已青編煥其高門緑褒蔚其鼎食矣君生資積善自然仁智
識裹過庭獨立詩禮折旋懷潁已見昨子之奇俯仰藴遺儀開通理
之賞綿文善信望利能廉久要無虧生平一致弱冠武騎常侍積射
将軍給事中君既文且武著稱於時徽然難犯見憚于世入除直後
稍進直閤出補趙興太守非其好也雖人惡其上此無愠容還京授
冠軍将軍中散大夫俄為假節東夏州刺史尋加征虜将軍君秉轄
出守擁節為牧化移禮革遠至迩安與善不存春秋六十有五孝昌
二季三月九日遘疾薨于州治万里亾相四壤贖身難蓮不追誰繼
長泣追贈持節平北将軍并州刺史粵十一月十四日遷葬於終寧
陵乃作銘曰
壽丘降祉遼海藴祥基堂為帝黒攡成王德深疊緑道遠重光高門
剋嶷鼎食准良惠結綺禱業峻紈袴黄中流潤席上飛譽彈冠緋闈
早組青署腜前有歡到屣多顧敷竹有績擁旋有庸戩馳新壤珠還
舊耜廉均劉寵善邁魯恭搏風将舉高軒中降早莫已撤晚駕方馳
如在空慕備物徒施一辭佳路長絕還遠陵隰有改聲猷無虧
大魏孝昌二年十一月丙申朔十四日己酉葬

〇六〇 魏故假節東夏州刺史公孫猗墓誌銘

孝昌二年（526）三月九日卒，同年十一月十四日葬。

誌文 20 行，滿行 26 字，楷書。誌石高 80.8 釐米，寬 81.5 釐米，河南洛陽出土。

【释文】

高祖豊，燕殿中尚書、御史中丞、使持節、鎮南将军、豫州刺史、上洛公。曾祖壽，燕給事黄門侍郎。祖國，寧遠将军、平秦武都二郡太守、雍城鎮将、平原男。父臻，南部尚書都郎、車騎府長史。君諱猗，字榮寶，遼東襄平人也。遥源遠派，横地無窮，磐基峻構，排雲孤上。故㠯青編焕其高門，緑袠蔚其鼎食矣。君生資積善，自然仁智，識稟過庭，獨立詩禮。折旋懷穎，已見眸子之奇；俯仰藴賷，俄開通理之賞。綈交善信，望利能廉，久要無虧，生平一致。弱冠武騎常侍、積射将军、給事中。君既文且武，著稱於時，儼然難犯，見憚于世。入除直後，超進直閤。出補趙興太守，非其好也。雖人悪其上，此無愠容。還京，授冠軍将军、中散大夫，俄為假節東夏州刺史，尋加征虜将军。君乘轓出守，擁節為牧，化移禮革，遠至迩安。與善不存，春秋六十有五，孝昌二年三月九日，遘疾薨于州治。万里止相，四壤贖身，難逢不追，誰繼長泣。追贈持節、平北将军、并州刺史。粤十一月十四日，遷葬於終寧陵。乃作銘曰：

壽丘降祉，遼海藴祥，基堂為帝，累構成王。德深疊綵，道遠重光，高門剋叡，鼎食唯良。惠結綺襦，業峻紈袴，黄中流潤，席上飛譽。彈冠絳闕，曳組青署，膝前有歡，道屣多顧。敷竹有績，擁旄有庸，獸馳新壤，珠還舊邦。廉均劉寵，善邁魯恭，搏風将舉，高軒中降。早奠已撤，晚駕方馳，如在空慕，備物徒施。一辭往路，長絶還逵，陵隰有改，聲猷無虧。

大魏孝昌二年十一月丙申朔十四日己酉葬。

魏并夏二州使君公孫公墓誌。

〇六一 魏故宋處士【京】墓誌銘

孝昌二年（526）五月十日祖，同年十一月十四日葬。

誌文18行，滿行18字，楷書。誌石高43釐米，寬46釐米，河南洛陽出土。

【释文】

君諱京，字士規，西河郡介休縣都鄉徵士里人也。君稟質清和，體逸生民，神心警悟，通識淵遠。幼懷成人之操，少振拔群之聲。黄中顯於悼歲，惠性著目齠年。既庭訓夙傾，虞庠闕受，底躬特立，率心好古，匪待斷機，遊藝已勸；寧勞三從，九流□辨。方将賓王顯親，騁足驤首，天步伊艱，殲良奄及，春秋廿有六，魏孝昌二年龍集丙午五月己亥朔十日戊申，卒于洛陽□民里。秀而不實，酸感聞見，越十一月丙申朔十四日己酉，葬洛陽縣北芒之南，附皇考府君。鐫德玄石，貽厥将來。其詞曰：

洪族邈矣，啓自殷商。賓周事漢，弈世克昌。積福誕哲，□慶斯彰。猗歟若人，天性温良。虎文歲蔚，蘭馥日芳。四鄰歸美，九族具望。栖息衡門，優遊籍蒃。學無不該，該無不辨。虚記輔仁，徒言與善。趙璧墜壑，會竹□□。□酒莫斟，寶書誰眷。泉室無昭，徽音有□。

○六二 惟大魏孝昌二年歲次丙午十一月丙申朔十四日己酉故鎮遠将军射聲校尉（染）【冉】府君【華】墓志

正光五年（524）十月三十日卒，孝昌二年（526）十一月十四日葬。

誌文25行，滿行25字，楷書。誌石高58.8釐米，寬58.5釐米，河南洛陽出土。

【释文】

君諱華，字進樂，魏郡内黄人也。其先帝嚳之苗裔，周文王之少子冉季之後。高祖閔，趙武帝初，封西華王、侍中、使持節、都督中外諸軍事、黄鉞大将军、録尚書事，武信王。趙祚既微，遂昇帝位，号曰魏天王，群臣依皇啚奏改族，因即氏焉，崩，謚曰平帝。曾祖叡，仕燕，散騎常侍、海冥縣侯。祖興，聖世太武皇帝安遠将军、殿中給事、蒲陰伯，崩，贈輔國将军、洛州刺史，謚曰惠侯。父雅，孝文皇帝為羣曹給事，遷使持節、征虜将军、懷州刺史、北平侯。轉武衛将军、北中将、光禄、太府二卿，崩，贈平西将军、河州刺史，謚曰貞侯。休祚烈昌，洪業洋溢。君統基承緒，在於舊京，于時普選高門子，甄衛皇宫，乃出身應召，得為領表。及遷鼎洛邑，料隔清濁，既夙厠混流，釋褐乖分。太和廿年，除皇子、北海王常侍。稍遷鎮遠将军、射聲校尉。君仁才英挺，體量潛深，軀貌超偉，儀範莫群。志操霜嚴，貞節素皎。澄情水澈，若明鏡之在高臺；凝懷内朗，如沚水之去煩淤。恬性篤好，敦窺史籍，遍覽三墳，備詳五典，剖折豪氂，精辯幽賾，吐音方韻，出言有章。弱冠登朝，預知應闕，規矩神謨，股肱三帝，言參天心，行合聖旨。雖班非台弼，實蒙負寄，榮荷任重，光紹祖先。惟正光五年十月卅日構疾，崩於京都。乾不報善，殲此名德，春秋六十，奄然歸化。臨終明悟，辭理端庠，親故請訣，罔不執乎，别言周至，悉有義方。皇上以績業隆重，追贈樂陵太守。君德無窮，孰能記述。乃作銘曰：

芒芒造化，蠢蠢群生。唯此夫子，卓絶才英。識度遐遠，智量淵明。懿德坦蕩，淑行淳平。聲揚海内，非止雒京。弱冠登朝，金鳴玉馨。狀若浮飈，騫昂直上。如彼長松，掃雲千丈。如彼皎月，分霞獨朗。餘軌時模，遺範世像。衢巷稱謡，鄰陌羡仰。祗鐫銘石，永代傳想。

〇六三 魏故使持節衛将军荆河雍四州刺史七兵尚書寇使君【治】之墓□銘

正光六年（525）正月二十日卒，孝昌二年（526）十一月十七日葬。

誌文32行，滿行31字，楷書。誌石高75.8釐米，寬77.7釐米，河南洛陽出土。

【释文】

君諱治，字祖禮，上谷昌平人也。康叔㠯賢達懿親，敷官族而丕顯。漢大将军恂，以河内光祚，蟬聯攸映。十一世祖侍中榮，應啚踵武，聲休素牒。魏秦州刺史、馮翊哀公之曾孫。王考讚，雍州刺史、河南宣穆公、假節幽郢二州刺史、威侯臻之第二子。君誕世鴻躋，篤秀延光，懷瑜握瑾，陸離於崑崿。一匱初覆，山岳之望鬱起；萬頃不測，清濁之華難見。年十九，辟本州主簿。由乃門□里奥，風飈高絶。洎夫從政兩京，縉紳皆出其下；歷奉三主，冠冕未始其先。釋褐中散平憲司直司府令，加强弩将军。乃㠯能官取譽，當時見重。尋除冠軍府長史、帶舞陰太守。君志性高遠，以任荒不就。即拜太子翼軍校尉。帝鄉務紛，天居任切，古号難裁，今稱易擾。徙洛陽令，公下車興政，民見知方，□恭推化，王敬慚道。轉步兵校尉，俄授建威将军、魯陽太守。地實附畿，山蠻死棘，一康善化，期月用成。㠯父憂解任。獻子加礼，連生在喪，曾豈□□。服未闋，起前将军，尋遷假節、督東荆州諸軍事、鎮遠将军、東荆州刺史。方城負固，漢池素邊，喻㠯晉吴，綏以羊陸。朝廷深嘉公誠，就拜驢驤将军，復授征虜将军。世宗晏駕，入奔山陵，除将作大匠。其邦雖舊，其制唯新。時荆淮慕澤，沔北思仁，重除持節、督東荆州諸軍事、前将军、東荆州刺史。公懷惠夙沾，民歌再穆，乃相率樹碑，著顯德頌於泚陽城內。遭繼母憂解任，居喪踰礼，蒙著里名爲孝親里。時㠯河蕃多虞，隴右曠德，復除持節、督河州諸軍事、河州刺史。威愍既宣，載興皇惠，故使金城留美，玉門見思。遷廷尉卿、度支尚書。大理明断，崇闈礼曹，察察若神，愔愔自化。蠢尔千種，儵焉万落，無捨閒諜，有切邊患。天子命将遣師，非公安可，使持節、鎮南将军、都督三荆諸軍事、金紫光禄大夫、行臺尚書。昔彭殞漢地，周亡晉日，節同時異，人是物非。春秋六十九，以正光六年正月廿日薨。皇上震悼，遐迩殤悴。公九德在躬，孝家忠國，兼姿文武，識具将相，遂贈使持節、都督雍州諸軍事、衛将军、雍州刺史、七兵尚書、昌平男，謚曰昭。越孝昌二年歲次丙午冬十一月丙申朔十七日壬子，窆於洛京西大墓次。夫緗竹㠯爲不朽，雕石復能不墜。乃作銘曰：

六典周建，十子衛叔，因官命氏，高明敦睦。方跡秦區，實光河奥，有志王佐，皇心莫違。往綏神邑，亦轄朝機，式毗戎禁，高議端闈。猗歟我公，赫矣餘輝，荆蠻敢距，我是用之。上天不吊，福善自欺，魯傾龜岱，齊竭繩淄。華徒聲茂，實光于時，成蔭寒隴，松永長期。陵谷積毁，芳彩在兹。

母譙郡夏侯氏，父融，本州都。母安定席氏，父他，本州治中。夫人河内司馬氏，父慶安，中書郎典寺鑒。

魏故銀青光祿大夫于君墓誌銘
君諱纂字榮業河南洛陽人也軒轅降靈壽丘拓緒蕞積石以
爭流濕滄溟而俱浚分系煥乎晏區在野鬱爲命氏曾祖新安
公尚書令端委銓衡式謨羣辟祖太尉成景公褒道上台司董
中候故以周宗方邵漢世平勃書勳緗續勒功彝鼎父毅驃以
儒雅晉古清韻遠放數君皆弈葉忠孝北京民譽者矣君陶氣
鈞和鎔神稟善幼以聰慧長而機悟用能茂實之名羇角已高
播甚之稱巾弁踰遠釋褐爲秘書郎石渠載芬麟閣斯蔚尋轉
符璽郎中行信增嚴肅竹方重俄遷通直散騎侍郎賞景九重
裨暉一德實是絲言曄茲綸誥復除輔國將軍中散大夫扞城
既委夙夜彼在物号靜恭人稱正直後加恒州大中正執權州
部提縣鄉國昇黜得中斟酌式允方將追嗣前休克踵先構葉
傳堯衣世襲補闕而輿仁舜寡奄爲徂殞春秋卌有九孝昌二
年歲次鶉火五月己亥朔廿八日丙寅年於洛陽縈陽里第追
贈銀青光祿大夫禮也越其年閏十一月七日遷窆於先塋之
北惟君少播重光宿承締慶晬子擅奇神童標異孝友絕倫節
義勳等未仕播聲昇朝緝譽信可以縻爵登槐繼調鼎餌光國
五公榮家四世豈面傳波輟流中霄隧翮悟人其委百身爲及
乃刊石傳輝式揚不朽俾与天長永與地久其詞曰
瓊海何產育必琛瑞衡岳奚殖誕茲松桂重光載蔚英才罕世
處邦斯聞在丘伊貴爰初入仕天祿是司中年從秩 皇言攸
記落落遒韻昂昂奇志匪伊文情亦乃綱氣空言與善謀亡報
道方池殞珠圓淵碎寶曾未遷仕遽夕難老溘同朝露奄先秋
草三彩摧林四鳥悲林剡茲一別長闕天浔重爲既晦幽涖祢
[illegible]銘彼[illegible]名[illegible]與德音[illegible]

魏故銀青光祿大夫于君墓誌

○六四 魏故銀青光祿大夫于君【纂】墓誌銘

孝昌二年（526）五月二十八日卒，同年十一月七日葬。誌文25行，滿行24字，楷書。誌石高65.7釐米，寬64.2釐米，河南洛陽出土。

【释文】

君諱纂，字榮業，河南洛陽人也。軒轅降靈，壽丘祏緒，導積石以争流，混滄溟而俱浚。分系焕乎旻區，在野鬱焉命氏。曾祖新安公、尚書令，端委銓衡，式謨群辟。祖太尉成景公，燮道上台，司董中侯。故以周宗方邵，漢世平勃，書勳緗續，勒功彝鼎。父散騎，以儒雅稽古，清韻夷放。數君皆弈葉忠孝，北京民譽者矣。君陶氣鈞和，鎔神稟善，幼以聰慧，長而機悟。用能茂實之名，羈角已高；藉甚之稱，巾弁踰遠。釋褐為秘書郎，石渠載芬，麟閣斯蔚。尋轉符璽郎中，行信增嚴，虎竹方重。俄遷通直散騎侍郎，贊景九重，裨暉一德，賁是綵言，曄茲綸誥。復除輔國将军、中散大夫，扞城既委，夙夜攸在，物号静恭，人稱正直。後加恒州大中正，執權州部，提概鄉國，昇黜得中，斟酌式允。方将追嗣前休，克踵先構，葉傳袞衣，世襲補闕。而與仁寂寥，奄焉徂殞。春秋卅有九，孝昌二年歲次鶉火五月己亥朔廿八日丙寅，卒於洛陽穀陽里第。追贈銀青光禄大夫，禮也。越其年閏十一月七日，遷穸於先塋之北。惟君少藉重光，宿承締慶，眸子擅奇，神童標異。孝友絶倫，節義勵等，未仕播聲，昇朝緝譽。信可以縻爵登槐，繼調鼎飪，光國五公，榮家四世。豈啚停波輟流，中霄墜翮，哲人其委，百身焉及。乃刊石傳輝，式揚不朽，俾与天長，永共地久。其詞曰：

瓊海何産，育必琛瑞，衡岳奚殖，挺茲松桂。重光載尉，英才罩世，處邦斯聞，在丘伊賁。爰初入仕，天禄是司，中年徙秩，皇言攸記。落落遒韻，昂昂奇志，匪伊文情，亦乃劒氣。空言與善，謬云報道，方池殞珠，圓淵碎寶。曾未强仕，遽收難老，溘同朝露，奄先秋草。三荆摧株，四鳥悲林，矧茲一别，長閟天潯。重扃既晦，幽夜弥深，銘彼玄石，誌此德音。

魏故銀青光禄大夫于君墓誌。

〇六五 魏故安西将军銀青光禄大夫元公【朗】之墓誌銘

孝昌二年（526）九月卒，同年閏十一月十九日葬。

誌文29行，滿行29字，楷書。誌石高52釐米，寬52.5釐米，河南洛陽出土。

【释文】

君諱朗，字顯明。太武皇帝之母弟、樂安宣王範之孫，處士萇生之仲子。其先龍飛創曆之元，鳳翔出震之美，丹青垂之無窮，國籍炳其鴻烈，文傳已詳，故可得如略也。君稟乾元派流，資崑岳之神氣，器亮早凝，英明夙發。弱冠除步兵校尉、直後。及至宿衛紫宮，忠勤之跡每彰；列侍丹墀，匪解之音剋遠。俄遷左中郎將、直寢，轉直閤将军。朝庭以平城舊都，形勝之會，南據獫狁之前，東連肅貊之左，保境寧民，寔擬賢戚，乃除君持節、征虜将军、平城鎮將。君遂禦夷狄以威權，導民庶以禮信。其時十餘年間，凶奴不敢南面如坐者，殆君之由矣。逮神龜二年，以母憂去職。君孝行過礼，哀深孺慕，初喪一旬，水漿不入於口，苫塊二期，鬢髮皓然俱白。勉喪之後，還復緇首。天子嘉之，敕下有司，標其門蘆，以彰純孝。縱王褒杇樹於前，孟仁變竹於古，方之於君，無以過也。屬皇家多難，妖氛競起，河西之地，民莫安居。朝廷以君果毅早聞，戎照夙著，乃除君持節、行河州刺史。道届長安，未獲前達，尋被別敕，兼行臺尚書，節度關右。君乃淹思內凝，神機外發，折勝之籌，舉無遺算。當尔隴賊未夷，秦妖尚蠢，雍華之民，屢相扇動，或屠没郡縣，煞害王人，群行不軌，劫絕公使。致令奔命之符，潛行夜川，告慶之驛，偷馳霄谷。京師懷操幕之憂，西軍有綴流之顧。朝廷患之，未或能禦，復以君為使持節、安西将军、都督迴鎮衝關。君遂撫衆以馴雉之仁，董盗以倉鷹之猛，於是奸軌潛形，寇賊遠跡，京西無苟吠之虞，周疆絕問鼎之客。王室之不壞，實君是賴。方将躡三階以上馳，邁九樹如餘遠，豈啚皇天不吊，与善愆期，殘蘭桂如早亡，摧青松以夙殞。春秋五十一，以孝昌二年九月丁酉朔戊申日，薨於師。於是朝廷爰案故典，加以二等之礼，贈使持節、安北将军、并州刺史，礼也。閏十一月丙寅朔十九日甲申，葬景陵東崾。若夫天長杳眇，地厚深沉，刊石泉門，式照德音。其詞曰：

葳蕤鴻緒，世載攸長，惟公之先，且帝且王。龍昇日道，鳳翥雲鄉，言發朱邸，来朝未央。降逮夫公，夙踵高風，才為世範，器寔人雄。執官廊廡，给事清宫，守茲恭愿，保是虔忠。資仁以性，禀孝自天，騰蹤柴閔，豈伊二連。爰喪先妣，素首立年，亦既闋止，皓鬢徂玄。或鎮蕃要，或司莫府，策禀兵韜，慮深鉤拒。動必窮代，算無遺舉，言開六郡，載清三輔。雲途未騁，鴻路已騫，寂寥泉戶，如何夜天。霜悲墓道，風急松阡，匪資玄勒，孰響幽埏。

寇偘字遵樂上谷昌平人也蓋祚光
於有周文明緝邈而遐燠漢故大将
軍恂之遺英侍中榮十二世之胤曾
祖讃魏雍州刺史河南公祖臻幽郢
二州制史順陽太守軌之第三子風
苞五運之純精體三元之善氣孝友
著於閨庭信義播於鄉國貞明暾絜
之性自少而茂温柔雅狠之風不歇
而令河南帝鄉府寬百辟呂君懿望
遂辟郡中正品鏡唯允彝倫載叙增
護舞陰太守威惠既興風移俗易春
秋世一孝昌二年十二月十二日殞
於家即廿六日窆銘曰　昂昂岳峻
愔愔國澄有賢在德德与世興猗歟
斯守名行俱昇仁于不朽没而逾徽

魏故舞
陰寇府
君墓誌

〇六六　寇偘墓誌

孝昌二年（526）十二月十二日卒，同年同月二十六日葬。

誌文15行，滿行14字，楷書。誌石高31釐米，寬32.5釐米，河南洛陽出土。

【释文】

寇偘，字遵樂，上谷昌平人也。肇祚光於有周，文明綿邈而遐焕。漢故大将军恂之遺英，侍中棨十二世之胤。曾祖讚，魏雍州刺史、河南公。祖臻，幽郢二州刺史。順陽太守軌之第三子。君苞五運之純精，體坤元之善氣。孝友著於閨庭，信義播於鄉國，貞明皦潔之性，自少而成；温柔雅毅之風，不嚴而令。河南帝鄉，冠冕百辟，旦君懿望，遂辟郡中正。品鏡唯允，彝倫載叙。督護舞陰太守，威惠既興，風移俗易。春秋卌一。孝昌二年十二月十二日，殞於家，即廿六日葬。銘曰：

昂昂岳峻，愔愔囦澄，有賢在德，德亦世興。猗歟斯子，名行俱昇，仁于不朽，没而踰徵。

魏故舞陰寇府君墓誌。

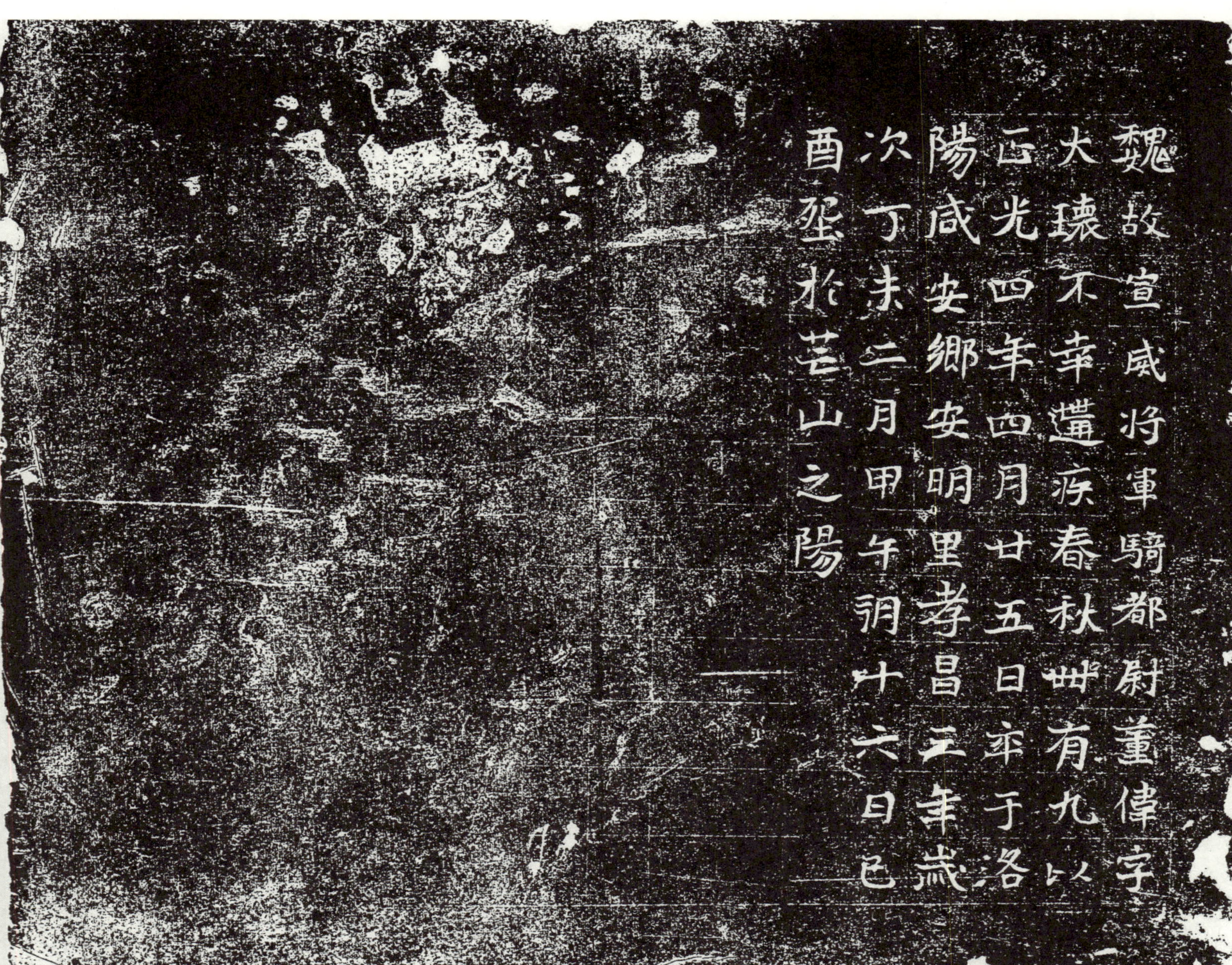

〇六七 董偉墓誌

正光四年（523）四月二十五日卒，孝昌三年（527）二月十六日葬。

誌文6行，滿行12字，楷書。誌石高36.8釐米，寬46釐米，河南洛陽出土。

【释文】

魏故宣威将军、騎都尉董偉，字大環。不幸遘疾，春秋卌有九，以正光四年四月廿五日，卒于洛陽咸安鄉安明里。孝昌三年歲次丁未二月甲午朔十六日己酉，葬於芒山之陽。

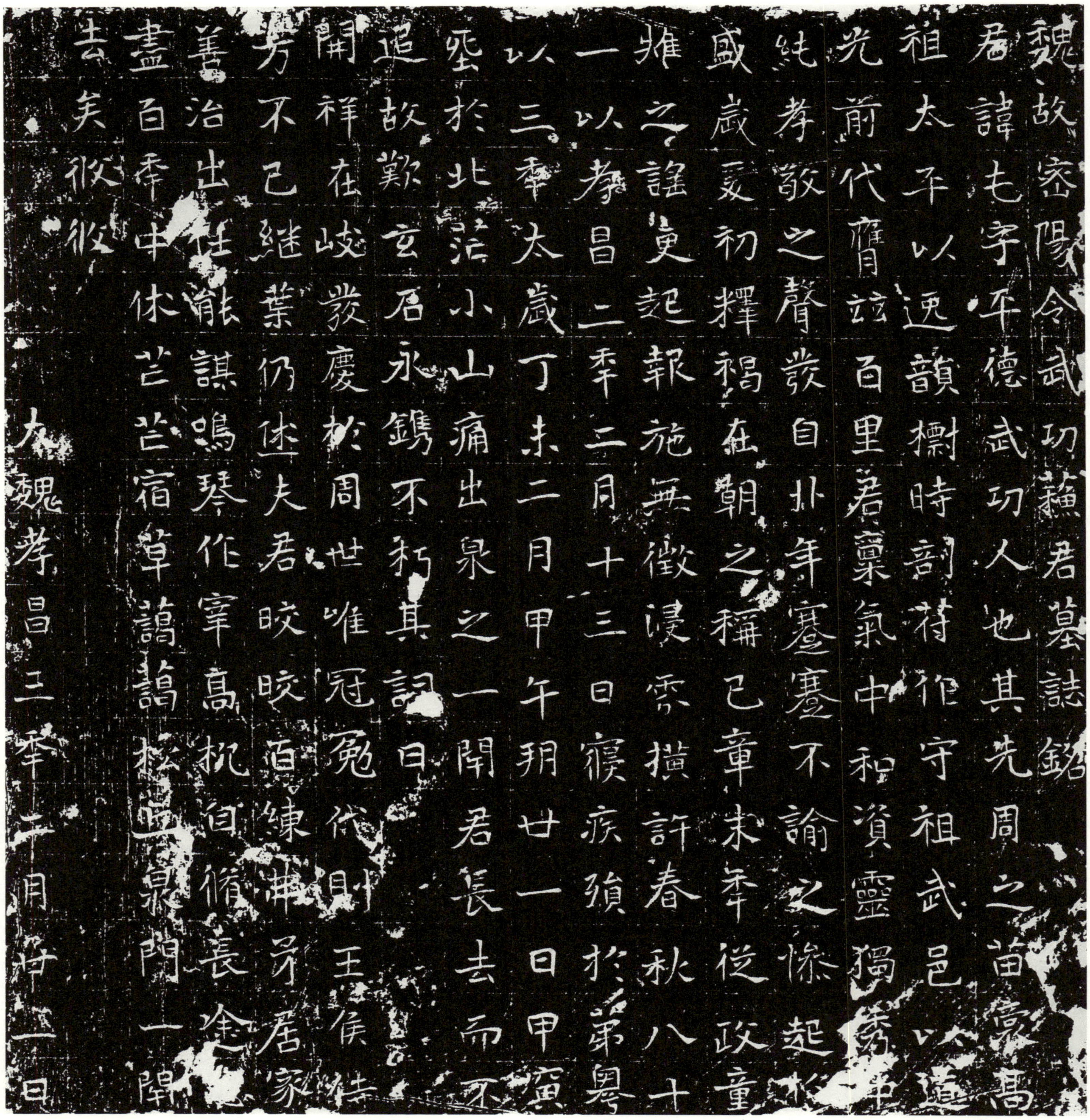

〇六八 魏故密陽令武功蘇君【屯】墓誌銘

孝昌二年（526）二月十三日卒，孝昌三年（527）二月二十一日葬。

誌文17行，滿行17字，楷書。誌石高36.2釐米，寬35釐米，河南洛陽出土。

【释文】

君諱屯，字平德，武功人也。其先周之苗裔。高祖太平，以逸韻欄時，剖符作守。祖武邑，以道光前代，膺茲百里。君稟氣中和，資靈獨秀，忠純孝敬之聲，發自丱年；蹇蹇不諭之操，起於盛歲。爰初釋褐，在朝之稱已章；末年從政，童稚之謡更起。報施無徵，浸雺横許，春秋八十一，以孝昌二年二月十三日，寢疾殞於第。粤以三年太歲丁未二月甲午朔廿一日甲寅，葬於北芒小山。痛出泉之一閉，君長去而不追，故歎玄石，永鐫不朽。其詞曰：

開祥在岐，發慶於周。世唯冠冕，代則王侯。侍芳不已，繼葉仍休。夫君皎皎，百練弗柔。居家善治，出仕能謀。鳴琴作宰，高枕自脩。長途忽盡，百年中休。芒芒宿草，藹藹松丘。泉門一閉，去矣攸攸。

大魏孝昌三年二月廿一日。

〇六九 使持節侍中司徒公都督雍華岐三州諸軍事車騎大將軍雍州刺史章武武庄王【元融】墓誌銘

孝昌三年（527）二月二十七日葬。

誌文35行，滿行36字，正楷。誌石高84釐米，寬84.5釐米，河南洛陽出土。

【释文】

公諱融，字永興，春秋四十有六，河南洛陽寬仁里人也。恭宗景穆皇帝之曾孫，征南大将军、開府儀同三司、雍州刺史、南安惠王之孫，鎮西大将军、䣛督東秦岍夏三州諸軍事、西戎校尉、統万突鎮䣛大將、汾夏二州刺史、章武王之元子也。蟬聯瓜瓞之緒，眇邈瑶水之原，固已炳發河書，昭明玉版，於兹可得而略也。公含川嶽之純液，秉金玉而挺生，寓望魁悟，風情峻異，堂堂乎物莫能量也。性至孝，善事親，因心則友，率由斯極，閨門之内，人無間言。澹若秋水之清，曖似春雲之潤，故朋徒慕義，鄉黨歸仁。弱而好學，師佚功倍。由是瑚璉之器遐迩屬心，楨幹之才具瞻無爽。年十二，吕宗室令望拜秘書郎。景明中，襲封章武郡王，除驍騎将军。俄而假征虜将军，随伯父䣛督、中山王為別將。復梁城已陷之郛，摧陰陵鯨鯢之賊，公實豫有力焉。既而揚州刺史元嵩被害，壽春兇兇，人懷危迫。都督表公行揚州事，公私怗然，民無異望。還京，除假節、征虜将军、督并州諸軍事、并州刺史。尋拜宗正卿，復為使持節、散騎常侍、平東将军、都督青州諸軍事、青州刺史。頻牧二州，澤隨雨散，化若不言，政理明密，有聞五袴，無敢三欺。又以本将军除秘書監，尋遷長，兼中護軍、加撫軍将军、領河南尹，護軍如故。還征東将军，護軍、尹如故。于時，權臣執政，生煞在己，以公是太尉中山王從父昆弟，中山既起義鄴城，忠啚弗遂，便潛相疑嫌，濫致非罪。於是，官爵俱免，静居私第，頣神養性，恬然自得。尋以公枉被削黜，詔復王封，仍本将军，為使持節、征胡都督。既而大明反政，罪人斯得。照公忠誠密款，奇謀獨著，乃加散騎常侍、本将军、左光禄大夫。及親御六軍，躬行九罰，除公衛将军，還車騎将军，領左将军，与前軍廣陽王先驅遄邁，討定州逆賊。相持積旬，指期龕弥。季秋之末，蟻徒大至，并力而攻，公部分如神，容無懼色。雖田横之致士命，臧洪之獲人心，弗能過也。但以少禦多，莫能自固，鋒鏑乱至，取斃不移。古之輕生重節，亡身殉義，復何以加焉。賊帥以公德望隆崇，威名震赫，不敢久留營壘，厚送而還。二宫動容於上，百僚奔走於下，給東園秘器，朝服一具，衣一襲，賻物八百段。追贈使持節、侍中、司空，復進司徒、都督雍華岐三州諸軍事、車騎大将军、領雍州刺史，王如故。特加後部鼓吹。魏孝昌三年歲次丁未仲春甲午朔廿七日庚申，葬於邙山。乃作銘曰：

葳蕤赤文，氛氲緑錯，帝啚爰炳，玄功已爍。握紀代興，大人有作，分唐建魯，麟趾旁薄。令望令問，乃牧乃蕃，詵詵公子，穆穆王孫。英華挺出，焕若瑜璠，克岐克嶷，載笑載言。容止可觀，德音可佩，如彼玉人，堂

昉鮮[illegible]宗室令望拜秘書郎景明中襲封章武郡王除驍騎將軍仍前征虜
隨伯父龍驤中山王為別將復梁城已陷之郛摧陰陵鯨鯢之賊公實勞有力為既而楊
史元嵩被害壽春兇兇人懷危迫都督表公行楊州事公私怡然民無異望還京除假節
將軍督并州諸軍事并州刺史尋拜宗正卿復為使持節散騎常侍平東將軍都督青州
事青州刺史頻牧二州澤隨雨散化若不言政理明密有聞五椿無敢三欺又以本將軍
書監尋遷長兼中護軍加撫軍將軍領河南尹護軍如故還征東將軍護軍尹如故于時
執政生致在已以公是太尉中山王從父昆弟中山既起義鄴城忠畫弗遂便晉相疑嫌
非罪於是官爵俱免靜居私第頤神養性恬然自得尋以公枉被削黜詔復王封仍本
為使持節征胡都督既而大明反政罪人斯得照公忠誠密款奇謀偏者乃加散騎常侍
軍左光祿大夫又親御六軍躬行九罰除公衛將軍車騎將軍領左將軍與前軍廣陽
驅逸邁討定州逆賊相持積旬指期龕殄季秋之末蠲徙大至并力而擊公部分如神宮
色雖田橫之致士命臧洪之獲人心弗能過也但以少寡眾莫能自固群鋒亂至取斃不
之輕生重節三身殉義復何以加為賊帥以公德望隆崇威名震赫不敢久留營壘厚送
中宮動容於上百僚奔走於下給東園秘器朝服一具衣一襲賻物八百段追贈使持
中司空復進司徒都督雍華岐三州諸軍事車騎大將軍領雍州刺史王如故特加後部
魏孝昌三年歲次丁未仲春甲午朔廿七日庚申窆於邙山乃作銘曰
懿赤文螽蠡綠錯帝胄爰炳玄功已爍握紀代興大人有作分唇建魯麟趾方溥今堂今
牧乃蕃誕誕公子穆穆王孫英華挺出煥若瑜璠克岐克嶷載咲載言容以可觀德音可
彼王人堂堂雖輩行著閨門風成准裁有矩有視無玷無悔多稱千里飆飛九重委他龍
步無進遊茲先讓値此時雍一見入覲寧待為宕遭離閔憂荼蓼幾滅毀甚寅門哀踰泣
乎兄弟被之錫娃遠近欽風華袞行轍乂既君王未紱斯煌酎金無奕執玉有光建旆緝
行晉陽信乎白屋思結綠棠再攤旌旄于彼青土馳傳褰帷問民疾苦万里晏然六條充
履若齊一變知魯縿旅下岳冬爭上京目已被物先教後刑遵伊具錦違彼嘗嘗擭非其

堂誰輩。行著閨門，風成准裁，有矩有規，無玷無悔。幼稱千里，翻飛九重，透他龍沼，獨步無雙。逢兹克讓，值此時雍，一見入賞，寧待為容。遭離閔憂，蒸蒸幾滅，毀甚寅門，哀踰泣血。形乎兄弟，被之甥姪，遠迩欽風，華夷仰轍。亦既君王，朱紱斯煌，酎金無爽，執玉有光。建所絳北，持斧晉陽，信孚白屋，恩結緑棠。再擁旌旄，于彼青土，馳傳褰幃，問民疾苦。万里晏然，六條云舉，四履若齊，一變如魯。綴流下岳，亦尹上京，目已被物，先教後刑。遘伊貝錦，逢彼營營，獲非其罪，高志弥清。睿明反政，害馬斯除，崇章峻秩，暢轂高旟。作翼鑾左，受脤出車，運兹奇正，密算潛啚。封家縱突，長虵肆噬，義厲其心，衡冠裂眦。奮殳刺逆，抽戈自衛，力屈勢孤，俄然取斃。悲同黄鳥，痛貫蒼旻，哀纏逆衆，悼感凶群。徐輴而反，其送如雲，魂歸帝壟，身窆金墳。二宫軫慟，百辟傷哀，爰登下兖，俄陟中台。龜龍椅柅，雲樹徘徊，万春自此，一去不来。河水之南，邙山之北，芳草無行，寒松黯黑。丘墓崔嵬，泉扃眇默，深谷為陵，於焉觀德。

〇七〇 魏故假節驃驤将军南青州刺史元暐之墓志銘

孝昌二年（526）六月十八日卒，孝昌三年（527）二月二十七日葬。

誌文23行，滿行21字，楷書。誌石高57釐米，寬61釐米，河南洛陽出土。

【释文】

君諱暐，字孟明，河南洛陽人也。景穆皇帝之曾孫，京兆康王之孫，侍中、特進、左光禄大夫、驃騎大将军、儀同三司、昌樂公之長子。君資蔭瓊苑，抽柯万刃，幼懷易直，長而弥諒。好儒宗，敬師友，蘊尚典謨，博涉史籍。起家為員外散騎侍郎。初宦未幾，遭世多蹇，西戎跋扈，縱毒關隴。時為都督儀同府水曹參軍。君文昭武毅，貴義賤命，至於貫鉀臨危，莫不前驅，深攻冒嶮，踴如有謀，以勳授鎮遠将军。其後賊率王魯獨知機會，轉禍為福。思送忠款，知君信著，要以為盟，雖古人之重子鮮，復何以加也。於是，行臺齊王徵為驃騎大将军府從事中郎，令与之約，君承指将命，喻以大信，結言而已，王魯投軀。昔季布之諾，其人若存。方當翻六羽於南冥，諧鼎味於一時，豈天不吊善，遘疾弥留，以魏孝昌二年六月戊辰朔十八日乙酉，卒於洛陽孝弟里，越三年二月廿七日，窆於山陵。皇上哀感，群寮痛咽，乃追贈假節驡驤将军、南青州刺史。乃作銘粵：

唯荆之巖，唯寶之珍，王侯子孫，振振厚仁。去惡若驚，唯善是鄰，非賢不与，非德莫親。亹亹令問，味道儒宗，厲以琢磨，切磋成功。髦士攸宜，為光為龍，考甫唯則，循墻弥恭。文昭武毅，信重黄金，爰諮爰謀，莫其德音。結言解難，節義可欽，洸洸万頃，誰側誰斟。愛善何遽，大造斯戾，良木中委，早殞名哲。泉門易昏，曉日難設，刊石啚輝，以㯹功烈。

君姓楊諱仲彥恒農華陰潼
鄉習仙里人也洛州刺史恒
農簡公懿之孫車騎大將軍
儀同三司之第二子官至司
空墨曹參軍濟州平東府長
史寧遠將軍司空掾遷号鎮
遠將軍春秋卌有五以孝昌
三年二月廿日卒於洛陽
依仁里宅粤以三月四日殯
於宅之辛地菓園之內焉

〇七一 楊仲彥墓誌

孝昌三年（527）二月二十日卒，同年三月四日葬。

誌文10行，滿行11字，楷書。誌石高27釐米，寬29釐米，河南洛陽出土。

【释文】

君姓楊，諱仲彦，恒農華陰潼鄉習仙里人也。洛州刺史、恒農簡公懿之孫；車騎大将军、儀同三司之第二子，宦至司空墨曹參軍、濟州平東府長史、寧遠将军、司空掾，遷号鎮遠将军。春秋卌有五，以孝昌三年二月卅日卒於洛陽依仁里宅。粤以三月四日殯於宅之辛地果園之内焉。

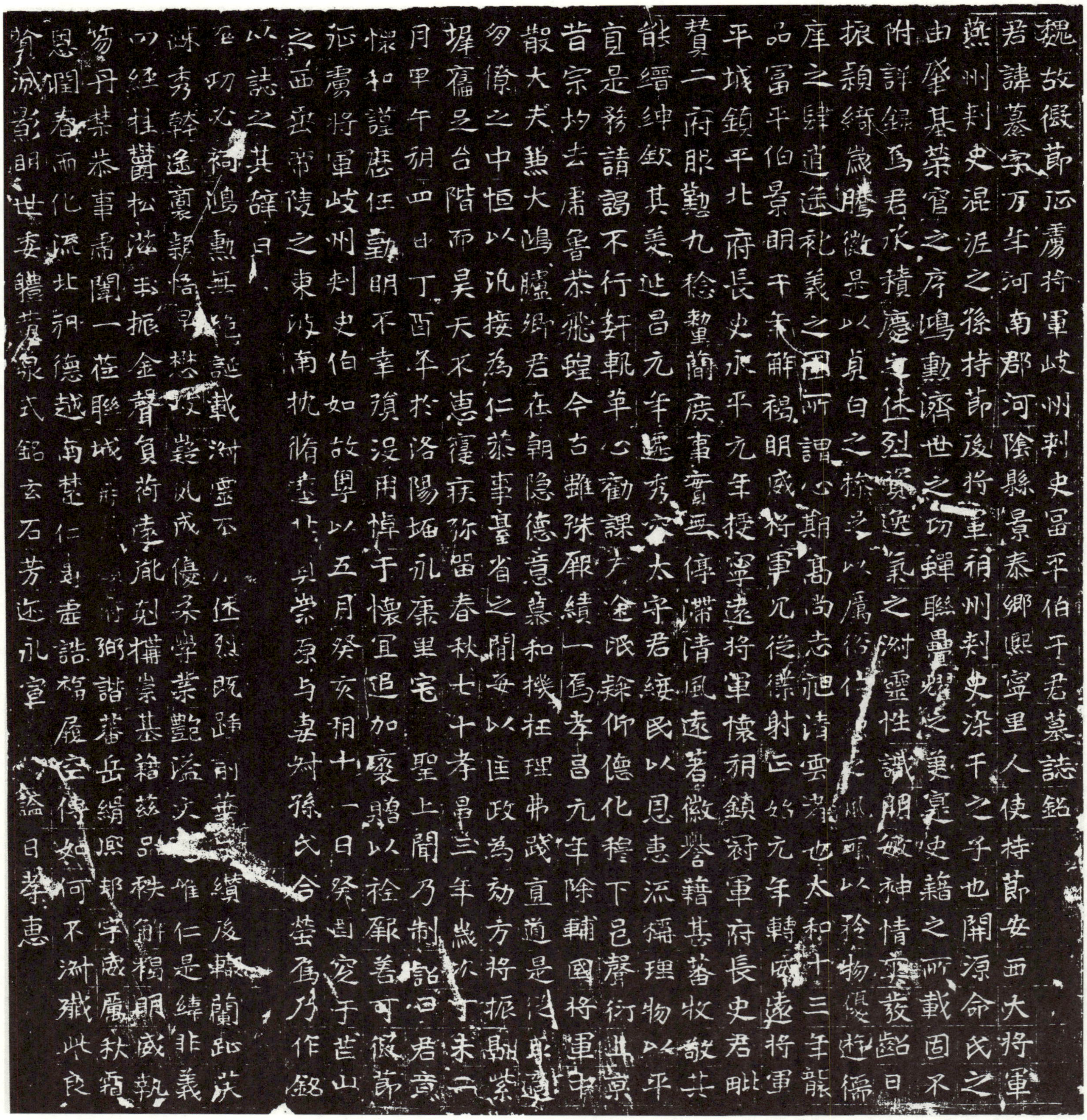

〇七二 魏故假節征虜将军岐州刺史富平伯于君【纂】墓誌銘

孝昌三年（527）二月四日卒，同年五月十一日葬。

誌文27行，满行27字。楷書。誌石高55釐米，寬55釐米，河南洛陽出土。

【释文】

君諱纂，字万年，河南郡河陰縣景泰鄉熙寧里人。使持節、安西大将军、燕州刺史混泥之孫，持節、後将军、朔州刺史染干之子也。開源命氏之由，肇基榮宦之序，鴻動濟世之功，蟬聯疊耀之美，寔史籍之所載，固不附詳録焉。君承積慶之休烈，資逸氣之淑靈，性識明敏，神情爽發，齠日振穎，綺歲騰徽。是以貞白之操，足以厲俗；仁□之風，可以矜物。優遊儒庠之肆，逍遥礼義之圃，所謂心期高尚，志袓清雲者也。太和十三年，襲品富平伯。景明二年。解褐明威将军、冗從僕射。正始元年，轉威遠将军、平城鎮平北府長史。永平元年，授寧遠将军、懷朔鎮冠軍府長史。君毗贊二府，服勤九稔，釐簡庶事，實無停滯。清風遠著，徽譽藉甚。蕃牧敬其能，縉绅欽其美。延昌元年，遷秀容太守。君綏民以恩惠流稱，理物以平直是務。請謁不行，奸軌革心，勸課有途，氓隷仰德。化穆下邑，聲衍上京。昔宗均去虎，魯恭飛蝗，今古雖殊，厥績一焉。孝昌元年，除輔國将军、中散大夫、兼大鴻臚卿。君在朝隐藏隐德，意慕和機，枉理弗踐，直道是從。取適朋僚之中，恒以泛接為仁；恭事臺省之間，每以匡政為効。方将振翮紫墀，奮足台階，而昊天不惠，寢疾弥留。春秋七十，孝昌三年歲次丁未二月甲午朔四日丁酉，卒於洛陽城永康里宅。聖上聞，乃制詔曰：君意懷和瑾，歷任勤明，不幸殞没，用悼于懷。宜追加褒贈，以旌厥善。可假節征虜将军、岐州刺史，伯如故。粤以五月癸亥朔十一日癸酉，窆于芒山之西垂、帝陵之東坡。南枕于脩逵，北負崇原，与妻叔孫氏合塋焉。乃作銘以誌之。其辞曰：

至功必祠，鴻勳無絶。誕載淑靈，丕承休烈。既踵前華，亦纘後轍。蘭趾芙琉，秀幹遥裔。穎悟早懋，岐嶷夙成。優柔學業，艶溢文□。唯仁是緯，非義罔經。桂鬱松滋，玉振金聲。負荷遠胤，剋構崇基。藉兹品秩，解褐明威。執笏丹禁，恭事虎闈。一莅聯城，再翼□府。弼諧蕃岳，緝熙邦宇。威厲秋霜，恩潤春雨。化流北朔，德越南楚。仁壽虛誥，福履空傳。如何不淑，殲此良賢。滅影明世，委體黃泉。式銘玄石，芳迹永宣。

謚曰孝惠。

〇七三 魏故胡昭儀【明相】墓誌銘

孝昌三年（527）四月十九日卒，同年五月二十三日葬。

誌文23行，滿行21字，楷書。誌石高65釐米，寬67.6釐米，河南洛陽出土。

【释文】

昭儀諱明相，安定臨涇人也。虞帝以應曆奉乾，胡公以資靈祚土，登天構日之基，宅運輔辰之業，故以備諸史冊，不復詳載焉。聖朝散騎常侍、征虜将军、使持節、豫州刺史誕之曾孫，散騎常侍、征西将军、金紫光禄大夫、使持節、岐雍二州刺史、高平侯洪之孫，散騎常侍、征虜将军、都督并州諸軍事、使持節并州刺史、陰槃伯樂世之女，宣武皇帝崇訓皇太后之從姪。體坤元之至性，資星月之玄啚，神懷清邃，淵謨崇遠，風美巫山之陽，節高漢水之上。四德幸脩，六行光備，戶牖之教既成，有行之義攸在。遂以懋德充選掖庭，拜左昭儀。內毗陰教，外協宸華，義穆四門，聲高九宇。方當緝是芳猷，永隆鴻範，以俟大虹之祥，有顧倉龍之感。豈啚八眉之門不樹，兩童之慶未融，如何不吊，春秋十有九，以孝昌三年歲在丁未四月癸巳朔十九日辛亥，薨于建始殿。越五月廿三日，遷窆於西陵。乃命史臣作銘曰：

玄黃始判，清獨已甄。桑林吐日，濛谷含煙。神原杳杳，洪祚綿綿。德應昌曆，道照皇天。車旗炳蔚，龜組蟬聯，於穆昭儀，資神懋族。禮盛漢濱，風清阿谷。峻比城隅，欐華灌木。絢素幽宫，作嬪黃屋。毗影軒光，霽此鳴旭。吉凶有兆，倚伏無期。奄辭黼帳，方即泉扉。寒暑交變，日月迭微，楊煙曉合，松飈夜威。西陰已滅，東方未晞。敬鐫幽石，式述音徽。

〇七四 魏故王公【仁】墓誌

孝昌三年（527）二月九日卒，同年五月二十四日葬。

誌文12行，滿行19字，楷書。誌石高56釐米，寬32釐米，河南洛陽出土。

【释文】

公諱仁，字懷本，齊州魯郡人。其先漢龍襄祐之後也。自昔稟靈川岳，胤承星象，將相蟬聯，絓組不絕。祖正始二年為太山郡太守、開國侯。考皇朝領國子祭酒，并光映一時，殁有餘馥。公以明經擢第，捧檄隨班。解褐授清河郡太守，遂使莞蒲遁跡，奸豪斂袂，撫其君子，和彼小人。秩滿魯郡，莊臨潁水，陟箕山蕭然，有終焉之志。俄而延災，未拾昇紫之榮。旋軫泣瑰之夢。以孝昌三年二月九日終於莊，春秋六十。以其年歲次丁未五月甲子朔廿四日丁丑，卜窆於北邙之顯文，禮也。嗣子慎為東河府別將，恐陵谷行遷，式誌佳城，乃刊幽礎。

〇七五 大魏車騎秘書郎侯君【愔】墓誌銘

北魏孝昌三年（527）九月三日卒，同年十月十三日葬。誌文16行，滿行16字，楷書。誌石高36釐米，寬均36釐米，河北臨漳出土。

【释文】

君諱愔，字景明，燕州上谷人也。其先蓋黄帝之
苗裔，冠冕連衡，纓貂累襲。曾祖龍驤将军、代郡太守。祖
冠軍将军、諫議大夫。父車騎都尉、濟安太守。君質
如披錦，文采焕然，器若珪璋，光輝朗潤。崇峰架月，齊
峻崿於紫城；長源浩汗，啓洪濤於宸紀。幼篤儒素，品
高琳瑯，長敦行誼，處重典型。縉紳服其景行，朝野
慕其鴻烈。方翔九萬，戢翼南溟，何期不永，奄從逝水。㠯
孝昌三年歲次丁未九月三日，遇疾無瘳，悠然而卒，春
秋五十有六。粵㠯其年十月十有三日，葬於漳水之陽。恐
泉壤丕變，陵谷代遷，刊石泐徽，表揚遺烈。乃作銘曰：
崇功偉烈，建主開國；傳芳兖豫，播美城郭。戶
等三□，氣興雲發；銘□泉石，千載同託。

〇七六 魏故左将军銀青光禄大夫太僕卿贈使持節都督青州諸軍事撫軍将军青州刺史張君【斌】墓誌銘

孝昌三年（527）四月十一卒，同年十月二十六日葬。

誌文32行，滿行31字，楷書。誌石高62釐米，寬63釐米，河南洛陽出土。

【释文】

君諱斌，字伯支，涼州敦煌人也。其圍山迎海之根，秀玉炎於軒皇；昂天覆月之幹，□金輝於漢祖。涌清源而濯南陽，注洪波而灌濛汜，列岳分川，遂跨涼土。是晉涼州刺史、敦煌公四世之孫，大魏敦煌鎮將、酒泉公之少子也。紱冕遞冠，珪璋世襲，月胄唯新，星苗轉蔚，連珠疊繡，不可得而言矣。君挺氣貞純，稟度清遠，巨海不足潔其心，崑閬未能高其志，芳韻早聞，瓊風夙著，令問邁自童年，逸響標於稚日，儀範從容，環瑋特達，故能光贊二京，弼諧四帝。年十有九，為內行內小，出為駷駈校尉。君性愛虛閑，竹素每邀，志存靜泊，簡書恒逼。正始年中，世宗宣武皇帝以恒岳舊都，望苞嵩洛，齊民導政，非清忠弗寄，遂因傳節之際，旨兼恒州刺史。君撫獎素明，釐煩夙曉，慈風一扇，草木澤心，猛氣蹔張，金石戰膽，遂使夜犬止音，奸夫屏跡。去國聞韶，未足為往，返邦正樂，何必加焉。還京，授龍驤将军、中散大夫，領□柒都將。俄遷征虜将军、太僕少卿。正光年中，君孤騎辞京，以時綏巡，值牧竪侏，假獫狁紛擾，汙馬朔南，揚塵漠北。遂威君以死生，協君為盟主，君迺堅志不廻，忠誠弥篤，遥想雁書，甘同髪白。群惡識心，乘舟衛送，留慕之情，人人涕目。將由慈澤夙深，仁風先厚，故使皮服思恩，茤騮戀德。昔桓譚入狄，礼加被髪；今君敷誘，義感旃裘。然後掃雪知花，披霜識葉，朝廷尚其清高，主上欽其遠節。還授左将军，仍太僕少卿，尋轉東中郎將，俄徵銀青光禄大夫、太僕卿。君性越子文，情逾柳惠，不以□品益容，未言降階損色，恩授高官，若鵬羽騰霄，旨斑下位，狀虬鱗磻沼，故能三登九棘，再謝公卿。方之古人，超然獨穎，丞相高陽王可謂瓊臺錦蕚，貴同辰極，迺付款丱年，綢繆早歲，玉劒牙傳，輕裘遞服，或接袖柏堂，或清談廊廟。及聞君薨，王變貌慟容，潸然增涕，良久言曰：天亡我德，殞茲三益，寶篋自投，琴弦命絕。哀感倍常，吊贈過礼，斷金之交於焉。始二君希言若神，德潤八方，謙虛若水，恩沾四海。□應闈闢台門，調和鼎味，何期暴露摧蘭，嚴霜折桂，精與白日並暉，形隨明月俱闇。春秋六十有七，大魏孝昌三年歲次鶉火四月十一日遇疾而薨，二聖悲悼，王侯惻念，慕善追仁，褒揚有司。贈君使持節、都督青州諸軍事、撫軍将军、青州刺史。其年十月廿六日窆於瀍洛之內。旒蘇始建，玉帛滿庭，龍轜即轍，華蓋塞路。妻子礔硧，則煙沉四川；骨肉號咷，則雲飛五嶺。哀此哀中哀，痛此痛中痛。寄玉石以傳音，銘泉堂而啚頌。辭曰：

天垂景宿，地戴山川，誕生夫子，玉潔冰鮮。心遊月上，志卧雲邊，揚暉舜日，悴彩堯年。惟仁撫物，惟德自將，巧舒巧卷，能柔能剛。恩加朔野，義感寒鄉，美苞嵩洛，聲振岐陽。嘉祥冥陟，災運闇踵，如林折桂，如嶺摧松。洛□二聖，悵怏群公，□□□□，□□□蹤。

大魏孝昌三年十月廿六日銘。

〇七七 魏故使持節車騎大將军儀同三司雍州刺史元公【固】墓誌銘

孝昌三年（527）九月二日卒，同年十一月二日葬。誌文25行，滿行25字，楷書。誌石高59.5釐米，寬59.5釐米，河南洛陽出土。

【释文】

公諱固，字全安，河南洛陽人。景穆皇帝之孫，使持節、征西大将军、儀同三司、汝陰王第六子也。生而明悟，幼若老成，太和中，釋褐太子舍人，轉給事中，除通直散騎侍郎、散騎侍郎、兼大宗正少卿，遷太子庶子、通直散騎常侍、宗正少卿。復加冠軍将军、兼将作大匠，俄正大匠，常侍如故。重除宗正少卿，大匠如故。出為征虜将军、東秦州刺史，不行，加左将军。轉安南将军、大宗正卿，還領大匠。遷撫軍将军、衛尉卿，行河南尹。轉中軍将军、右衛将军，加散騎常侍。出為鎮北将军、定州刺史，常侍如故。後除金紫光禄大夫、太常卿，鎮北、常侍如故。以孝昌三年歲次丁未九月辛酉朔二日壬戌，薨於位。有詔追贈使持節、車騎大将军、儀同三司、雍州刺史，謚曰，□也。十一月庚申朔二日辛卯，葬于長陵之東。乃作銘曰：

草昧締構，權與經始，曰帝曰皇，乃疆乃理。鬱矣本枝，詵然鱗趾，含英挺出，實惟夫子。爰初齠齔，亦既弁兮，克岐克嶷，如璧如珪。縻兹好爵，陟彼雲梯，騰聲望苑，騁足龍闈。委他在公，便繁左右，鳴珮垂腰，清蟬加首。優遊文義，流連琴酒，瞻彼遺薪，永言載負。攸攸列棘，茫茫關輔，且尹且卿，兼揔心膂。斯寔折衝，亦唯禦侮，休風式播，奇功乃舉。易水之南，恒山之北，邯鄲舊風，叢臺故國。誰蕃誰屏，以親以德，帝曰尓諧，分銅樹則。煌煌礼樂，肅肅宗枋，選衆而舉，乃作元卿。方沖九万，搏風上征，奄同芳草，飄忽先零。生榮死哀，礼有加數，何以贈行，玄雲芳樹。蕭瑟寒原，遭迥芒路，一去不還，清徽永鑄。

妻河南陸氏，父琇，散騎常侍、給事黄門侍郎、太子（瞻）［詹］事、祠部尚書、金紫光禄大夫、司州大中正、太常卿、建安公；祖拔，使持節、侍中、征西大将军、相州刺史、都督中外諸軍事、太保、建安王。息靜藏，年九歲。女令男，年十二。

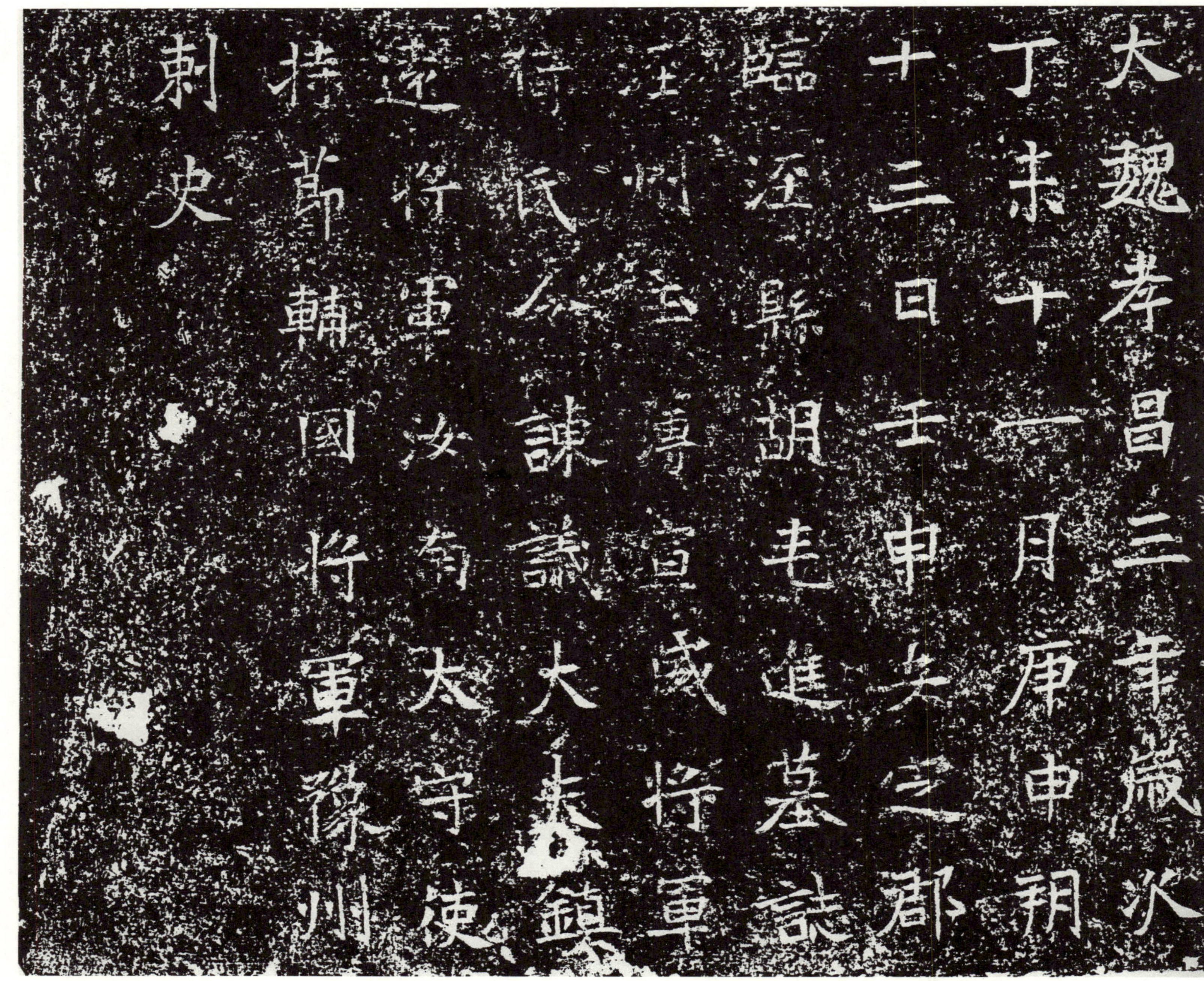

大魏孝昌三年歲次
丁未十一月庚申朔
十三日壬申安定郡
臨涇縣胡屯進墓誌
涇州主簿宣威將軍
行氐令諫議大夫鎮
遠將軍汝南太守使
持節輔國將軍豫州
刺史

〇七八 大魏孝昌三年歲次丁未十一月庚申朔十三日壬申安定郡臨涇縣胡屯進墓誌

孝昌三年十一月十三日葬。

誌文9行，滿行8字，楷書。誌石高22釐米，寬27釐米，河南洛陽出土。

【释文】

涇州主簿、宣威将军、猗氏令、諫議大夫、鎮遠将军、汝南太守、使持節、輔國将军、豫州刺史。

魏故寧朔将軍南梁太守于府君墓誌銘
君諱神恩河南洛陽人也玄源遠邁素葉流芬並瀚海以揚波
望燕山而等傑至如縉紱豐沛之榮蟬聯羽儀之貴錫土命官
之祚任合配天之徽故以詳之青史備之丹策者矣祖營州英
猛雄毅威震隅夷孝常侍酋贈伏雅名播京洛君誕膺丕緒克
縱天聡傳學多聞温恭孝友輕財重義愛仁尚節文武兼亦問
望具昭時之論者皆以遠大許之弱冠釋褐為散騎郎轉新城
令導民以德不嚴而治遷奉車都尉翊纓紫禁肅帶雲峯遠近
仰其風流朝廷悅其盛則壽春重鎮控帶三淮望府充僚僉曰
攸屬乃出除寧遠将軍揚州撫軍府司馬帶南梁太守績用有
誠衆譽允集暨徐方跋扈寇賊渠遠充戎啓行妙謀首統乃為
都督伾東府長史加寧朔将軍壯氣風舉廟筭雲行載彼東南
應機霧蕩鴻蹤茂軌克簡帝心方將奮翼冲霄紆皇撫而享
率不永春秋五十二以魏之孝昌三年六月廿九日戊子卒於
洛陽依齡里宅以其年十一月庚申朔十四日癸酉窆于新城
陵敢綴芳塵式昭不朽其詞曰
欝欝高門峩峩世禄既從清廟亦轉朱輦積慶以仁降神維嶽
篤生君子温其如玉芳猷內湛淵問外揚莅民奉上正直公方
肅穆蕃采炳蔚麾章燕如夏日懔若秋霜過隙易窮驚川不捨
遽背象聞長歸京野體隨丹壑氣凝松櫕載刊遺風泣焉淚下
曾祖諱拔散騎常侍殿中尚書使持節征南大将軍都督并
肆二州諸軍事并州刺史零陵公
祖諱知使持節安将軍營州刺史東城侯
父諱亮散騎常侍大寧太守高車國使主東城子

〇七九 魏故寧朔将军南梁太守于府君【神恩】墓誌銘

孝昌三年（527）六月廿九日卒，同年十一月十四日葬。

誌文24行，滿行24字，楷書。誌石高54釐米，寬54釐米，河南洛陽出土。

【释文】

君諱神恩，河南洛陽人也。玄源遠邁，素葉流芬。並瀚海吕揚波，望燕山而等傑。至如繾綣豐沛之榮，蟬聯羽儀之貴，錫土命官之祚，作合配天之徽，故吕詳之青史，備之丹策者矣。祖營州，英猛雄毅，威震隅夷。考常侍，酋贍倏雅，名播京洛。君誕膺丕緒，克縱天聰，博學多聞，温恭孝友，輕財重義，愛仁尚節，文武兼立，問望具昭。時之論者，皆吕遠大許之。弱冠，釋褐為散騎郎，轉新城令，導民吕德，不嚴而治。還奉車都尉，翔纓紫禁，肅帶雲轝，遠近仰其風流，朝廷悦其盛則。壽春重鎮，控帶三淮，望府元僚，僉曰微屬。乃出除寧遠将军、揚州撫軍府司馬、帶南梁太守，績用有誠，衆譽元集。暨徐方跋扈，寇賊憑凌，元戎啓行，妙詮首佐，乃為都督征東府長史、加寧朔将军。壯氣風舉，廟算雲行，截彼東南，應機霧蕩，鴻蹤茂軌，克簡帝心。方将亢翼沖霄，經質皇極，而享年不永，春秋五十二，吕魏之孝昌三年六月廿九日戊子卒於洛陽休齡里宅，吕其年十一月庚申朔十四日癸酉窆于新城陵。敢縱芳塵，式昭不朽。其詞曰：

鬱鬱高門，俄俄世禄。既從清廟，亦轉朱車轚。積慶吕仁，降神維嶽。篤生若土，温其如玉。芳猷内湛，淑問外揚。莅民奉上，正直公方。肅穆備采，炳蔚麾章。恭如夏日，凜若秋霜。過隙易窮，驚川不捨。遽背象闕，長歸原野。體隨丹壑，氣凝松檟。載刊遺風，漼焉泣下。

曾祖諱拔，散騎常侍、殿中尚書、使持節、征南大将军、都督并肆二州諸軍事、并州刺史零陵公。祖諱知，使持節、左将军、營州刺史、東城侯。父諱亮，散騎常侍、大寧太守、高車國使主、東城子。

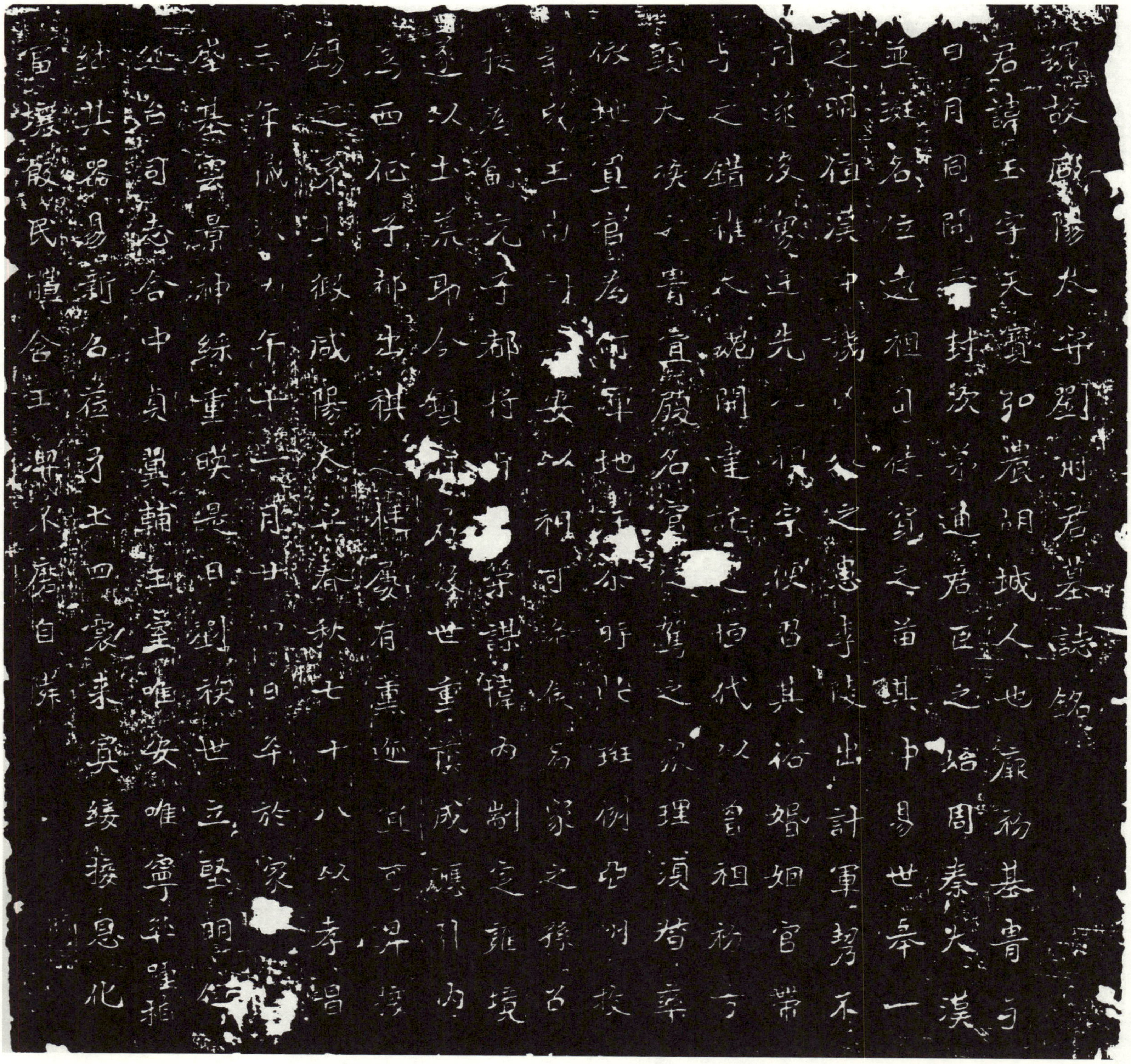

〇八〇 魏故咸陽太守劉府君【玉】墓誌銘

孝昌三年（527）十一月二十四日卒。

誌文19行，滿行17字，楷書。誌石高50釐米，寬55釐米，出土地不詳。

【释文】

君諱玉，字天寶，弘農胡城人也。厥初基胄与與日月同開，爵封次弟通君臣之始。周秦大漢，並斑名位。遠祖司徒寬之苗。其中易世，舉一足明。值漢中譏凶奴之患，李陵出討，軍勢不利，遂没虜庭。先人祖宗，便習其俗，婚姻官帶，与之錯雜。大魏開建，託定恒代，以曾祖初万頭，大族之胄，宜履名宦，從駕之衆，理須督率，依地置官，為何渾地汗。尔時此斑例亞州牧。義成王南討長安，以祖可洛侯名家之孫，召接為副，充子都将。与□策謀幃内，剬定雍境，遂以土荒，即今鎮押。君數世重蔭，成應引内，為西征子都。出祺之挺，屢有薰跡，宜可昇接，錫之茅土。假咸陽太守。春秋七十八，以孝昌三年歲次丙午十一月廿四日，卒於家。

肇基雲景，神綵重映；是曰劉族，世立堅明。位縱台司，志含中貞；翼輔王室，唯安唯寧。弈踵相繼，其器易新；詔莅茅土，四裔来冥。綏接恩化，富壤殷民；體含玉潔，不磨自粼。

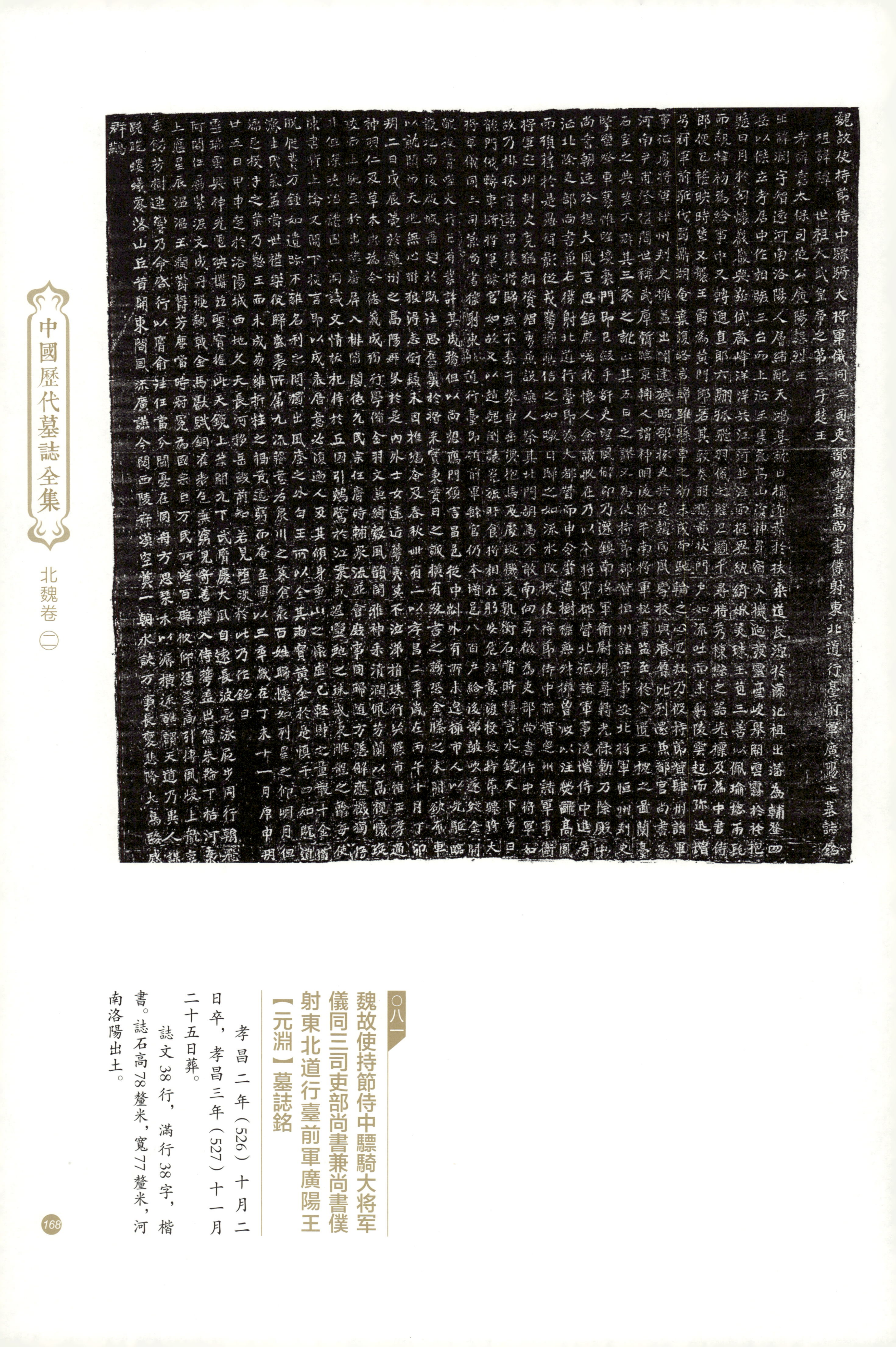

〇八一 魏故使持節侍中驃騎大将军儀同三司吏部尚書兼尚書僕射東北道行臺前軍廣陽王【元淵】墓誌銘

孝昌二年（526）十月二日卒，孝昌三年（527）十一月二十五日葬。

誌文38行，满行38字，楷書。誌石高78釐米，寬77釐米，河南洛陽出土。

【释文】

祖諱譚，世祖太武皇帝之第三子楚王。考諱嘉，太保、司徒公、廣陽懿烈王。王諱淵，字智遠，河南洛陽人。層緒配天，鴻基就日。構遠葉於扶桑，道長源於濛汜。祖出藩為輔，登四岳以傑立；考居中作相，蹠三台而上征。王稟氣高山，資神昴宿，大機迥發，靈臺峻舉。開雲霧於衿抱，懸日月於匈懷。巖巖與崧岱齊峰，洋洋共江河並注。而挺異紈綺，媲美朱玉。苞三善以配瑜，揔兩髦而睹梓。初為給事中，又轉通直郎。六翮孤飛，羽儀之望已顯；千尋特秀，楝樑之器先標。及為中書侍郎，便已蔭映時輩。又襲王爵，為黄門郎。若其敷奏羽獵，啚狀門戶，如流吐而未躬，陵雲起而弥迅。增号冠軍，前駈伐蜀，鼎湖奄棄，復略言歸。雖懸車之效未成，而馳輪之心已壯。乃授持節、督肆州諸軍事、征虜将军、肆州刺史。擁盖出關，建旟臨部，掾史共楚趙同風，學校與齊魯比列。還，兼都官尚書，為河南尹。甫登禮閣，世稱武庫，暫臨京輔，人謂神明。後除平南将军、秘書監。至於金匱王杖之啚，蘭臺石室之典，莫不辟其三豕之訛，正其五日之謬。又為使持節、都督恒州諸軍事、安北将军、恒州刺史。攬巒登車，褰帷望境，豪門即已斂手，奸吏望風解印。乃遷鎮南将军、衛尉卿，尋轉光禄勳，乃除殿中尚書。朝廷吟想大風，言思鉅鹿，嗟我懷人，僉議攸在。乃以本将军，都督北征諸軍事，後增侍中，進号征北，除吏部尚書，兼右僕射、北道行臺，即為大都督。而申令靡違，樹標無舛，擁曾攸以注熒，翻高風而殞擇。於是愚智影從，戎華響應。信之如曒日，歸之如流水。改授使持節、侍中、都督定州諸軍事、衛将军、定州刺史。寬猛相資，智勇兼設，燕人祭其北門，胡馬不敢南向。尋徵為吏部尚書，侍中、将军如故。乃挂床言邁，留禦将歸，無不棄子攀車，垂淚抱馬。及處琁機，爰執衡石，當時稱言水鏡，天下号曰龍門。俄轉車騎将军，餘官如故。又以趙魏倒懸，冕旒旰食，将相在躬，安危注意。復授使持節、驃騎大将军、儀同三司、兼尚書僕射、東北道行臺，即領前軍，餘官仍本，增邑八百戶。給後部鼓吹，遂從金開，敵投骨噬大，行已有業，許其成務。但以尚想雁門，願言昌邑，從中剬外，有所未遑。擁市人以先駈，臨散地而後殿。慨垂翅於既往，思奮翼於将來，實秉貫日之誠，横有改書之謗。恐金縢之未開，欲布車以就閑。而天地無心，豺狼得志，銜髮未因，推墻奄及，春秋卌有二，以孝昌二年歲在丙午十月丁卯

爲將軍前驅伐蜀鼎湖奄棄復路言歸雖懸亭之効未成而馳輪之心已壯乃授持節督肆州諸
軍征虜將軍肆州刺史權益出關建旗臨部振史共筵鐵同風學校與膏比列還爲都官尚書
河南尹甫登槐閣世稱武庫韜臨京輔人謂神明後除平南將軍秘書監至於金匱玉板之畫蘭
石室之典莫不辯其三豕之訛正其五日之謬又爲使持節都督恒州諸軍事安北將軍恒州刺
擧譽燦軍寡雕陸境豪門即已斂手奸吏望風解印乃遷鎭南將軍衛尉卿尋轉光祿勳乃除殿
尚書朝廷吟想大風言思鉅鹿晚我懷人僉議攸在乃以本將軍都督北征諸軍事復增侍中進
征北除吏部尚書兼右僕射北道行臺即爲大都督而中令蘭達樹標無外擁曾收以注樊羅高
而禎韓於是爲翟影從我鸞響應信之如蹤日歸之如流水既授使持節侍中都督兗州諸軍事
將軍兗州刺史克據相資智勇無設燕人祭其北門胡馬不敢南向尋徵爲吏部尚書侍中將軍
故乃掛旆言邁習濼將歸然不棄于攀車垂淚抱馬展慶挺機爰執衡石當時稱言水鏡天下号
龍門儀轅東騎將軍餘官如故又以趨超閣懸豈孫財食將相在躬吹危注意須授使持節驃騎
將軍儀同三司兼尚書僕射東南道行臺即領前軍錄官仍本增邑八百戶給後部鼓吹遂發金
龍驤骨壁大行已有嘉許其成務但以尚想鶴門傾言昌邑從中斷外有所小遑攝市人以光驅
撤地而後厥願畢超於既往思舊義於將來寔秉貴日之誠模有路音之謗恐金縢之未開欲布
以就閒而天地無心猜狼得志衛鎮未固權播奄及春秋卌有二以孝昌二年歲在丙午十月丁
朔二日戊辰薨於瀛州之高陽郡於是內外士女遠近驚哀莫不泣涕猶珠行路旅市罷王孝
神明仁及草木忠爲令德氣成獨行學備金羽文兼綺縠風韻閑雅神采清潤佩芳蘭以高視懷
璞而上馳至於出撫藩屏入排閶闔德允民宗任齊時輔眾流並會庶事同歸道方懸解應機獨
斗任孫曉治禮因…洞識文情拔杞梓於丘園引鵷鷺於江漢致遐蠻鮑之珠成東雕龍之韻每
談書府上論文閣下授言即以成表唇意必須過人及其傾身重山之懷虛己輕財之量十金
既促費万鍾如遺跡不雜名利之間獨出風塵之外旬王而以全其兩賓黃金於是慎千四知既
濟生民氣蓋當世禮樂攸歸盛衰所屬九流鑒意若泉川之慕倉衆百姓歸懷如列星之仰明月
溫恩授手之業乃懿王而未成崩雖折桂之禍貢道窮而奄至粤以三年歲在丁未十一月庚申
廿五日甲申窆於洛陽城西地久天長河移岳毀前知若見墮淚於此乃作銘曰

朔二日戊辰，薨於瀛州高陽郡界。於是內外士女，遠近華夷，莫不泣涕捐珠，行哭罷市。惟王孝通神明，仁及草木，忠為令德，義成獨行。學備金羽，文兼綺縠，風韻閑雅，神采清潤。佩芳蘭以高視，懷琁琰而上馳。至於出臨藩屏，入排閶闔，德允民宗，任膺時輔。衆流並會，啓事同歸，隨方懸解，應機獨悟。非但深曉治體，因亦洞識文情。板杞梓於丘圓，引鵷鷺於江海。或握靈蛇之珠，或秉雕龍之翰。每使陳書将上，擒文閤下，援言即以成表，厝意必復過人。及其傾身重山之懷，虛己輕財之量，散十金猶脱屣，費万鐘如遺跡。不雜名利之間，獨出風塵之外。白玉所以全其兩寶，黄金於是慎千四知。既道濟生民，氣蓋當世，禮樂彼歸，盛衰所屬。九流□意，若衆川之慕倉海；百姓歸懷，如列星之仰明月。但濡足授手之業，乃勤王而未成；崩維折桂之禍，竟道窮而奄至。粤以三年歲在丁未十一月庚申朔廿五日甲申，窆於洛陽城西。地久天長，河移岳毁，前知若見，堕淚於此。乃作銘曰：

靈瑞雲興，神光電映。構茲聖寶，握此天鏡。上業開元，下武膺慶。大風自遠，長波是泳。展步周行，翰飛阿閤。任屬紫泥，文成丹雘。執戟金馬，獻賦銅雀。表色無窮，見奇善樂。入侍華盖，出駕朱輪。下枯河海，上應星辰。温温玉潤，鬱鬱芳塵。當時冠冕，為國宗臣。万民所望，百辟攸仰。憑雲高引，搏風峻上。龍章垂飾，芳樹連響。乃命啓行，以膺俞往。任當分閫，憂在同舟。方思栞木，以濟横流。誰謂天道，乃異人謀。蹉跎螻蟻，零落山丘。昔開東閤，風流廣讌。今閉西陵，寂漠空奠。一朝永訣，万事長變，悲降大鳥，酸感群燕。

○八二 魏故横野将军甄官主簿寧君【懋】墓誌

孝昌三年（527）十二月十五日葬。

誌文17行，滿行17字，楷書。誌石高41釐米，寬41釐米，河南洛陽出土。

【释文】

君諱懋，字阿念，濟陰人也。其先五世□□。秦漢之際，英豪競起，遂尔離邦，遥寓西涼。既至皇魏祐之，遐方慕化。父興，以西域卒陋，心戀本鄉，有意東遷，即便還國，居在恒代，定隆洪業。君志性澄静，湛若水鏡，少習三墳，長崇典，孔氏百家，覩而尤練。年卅五，蒙授起部曹通事郎。在任虔恭，朝野祇肅。至太和十三年，聖上珍德，轉補山陵軍将。撫導恤民，威而不猛，矜貧惠下，黎庶澤心。至太和十七年，高祖孝遷都中京，定鼎伊洛，營構臺殿，以康永祀。復簡授右營戍極軍主。宫房既就，泛除横野将军、甄官主簿。天不報善，殲此懿，春秋卌有八，景明二年遇疾如喪。妻滎陽鄭兒女。太武皇時，蒙授散常侍。鄭兒女遺姫，以去孝昌三年正月六日喪，以今十二月十五日葬於北芒□和鄉。刊石立銘，以述景蹟。

魏故使持節後將軍肆州刺史和君墓誌銘
君諱邃字脩業朔州廣牧黑城人也其先軒黃之苗裔爰自[illegible]
虞世襲纓笏或祚命三朝或分符九甸因食所采故世居玄朔
及大魏應圖構宇幽朔曾祖干以佐命元勳職居鼎列祖染以
鉉冑風高宦參崇礼文頭以道倅四能治周三善故除為河北
郡二千石君沖齡夙凝韡惠早成孝敬之至鄉閭軌其風[illegible]
陸離堙邑師其墓
高祖孝文皇帝　從遊嵩壇機延儁速以君門冑清深文華秀
徽辟為奉朝請時選部以瑚璉虛設未有斟眷俄遷員外散騎
侍郎領南臺侍御君茲職公平溫威昭著採風折獄有仲由之
明為方察化齊山甫之度正始中蠻夷逆節十稔
皇略時蘭師糾振以掃不順以君有撲筭機權援以行臺之任
師不踰時戈甲潛熔於是迴軍轉旆勳停授賞以君勳深忠毅
正光四年遷寧朔將軍左衛司馬宿衛帷闈捡綏介振貞亮之
成蘭著矣　聖孝昌元年授以鎮遠將軍左衛司馬如故
君以量弘授淺職未稱譽昊天降虐茲年不遐延以孝昌二年
歲次丙午九月丁酉朔十一日丁未薨于京師脩民里時君春
秋五十有六　聖上哀其不永慟怛天松以窆歹有期追褒
勳冊贈使持節後將軍肆州刺史越歲乙未二月庚寅朔廿七
日丁丑葬於西山之向寸光飛馳於焉以絕其詞曰
贊命之門曰伊斯族奕葉載徽勳然世祿孝以光家晃朝義是
文翰班如使君迢遞出諸臺憲入衛黃屋軺組暈曄方貽戩穀
景應未徵齡命短促息馬長驅藏舟夜速日月以期泉營已卜
鐫銘幽隧以紀世錄嗚呼寶命往矣不續

〇八三 魏故使持節後将军肆州刺史和君【邃】墓誌銘

孝昌二年（526）九月十一日卒，孝昌三年（527）十二月二十七日。

誌文24行，滿行24字，楷書。誌石高54.6釐米，寬54.2釐米，河南洛陽出土。

【释文】

君諱邃，字脩業，朔州廣牧黑城人也。其先軒黃之苗裔，爰自伊虞，世襲纓紱，式族命三朝，亦分符九甸，因食所采，故世居玄拜。及大魏應圖，構宇幽朔。曾祖千，以佐命元勳，職居鼎列。祖柒，以鉉胄風高，宦參崇礼。父頭，以道侔四能，治周三善，故除為河北郡二千石。君沖齡風凝，辯惠早成。孝敬之至，鄉閭軌其風；擒藻陸離，墨邑師其藝。高祖孝文皇帝徙御嵩嶇，機延俊逸，以君門胄清深，文華秀叡，辟為奉朝請。時選部以瑚璉虛設，未有斟養。俄遷員外散騎侍郎、領南臺侍御。君在職公平，温威昭著，採風折獄，有仲由之明；省方察化，齊山甫之度。正始中，蠻夷逆節，干穢皇略。時簡師鞠旅，以掃不順。以君有摸算機權，授以行臺之任。師不餘時，犬夷熸□。於是，迴軍轉旆，獻俘授賞。以君勳深忠毅，正光四年，遷寧朔将军、左衛司馬。宿衛虎闈，撫綏介旅，貞亮之成，簡著兩聖。孝昌元年，授以鎮遠将军，左衛司馬如故。君以量弘授淺，職未稱譽。昊天降瘼，齡算不遐，儵以孝昌二年歲次丙午九月丁酉朔十一日丁未，薨于京師脩民里，時君春秋五十有六。聖上哀其不永，慟怛天衿，以窀穸有期，追褒勳冊，贈使持節、後将军、肆州刺史。越歲乙未二月庚寅朔廿七日丁丑，葬於西山之阿。寸光飛駟，於焉以絶。其詞曰：

贊命之門，曰伊斯族。弈弈載徽，彪然世祿。孝以光家，昇朝義足。文翰斑如，使光遠岳。出諧臺憲，入衛黃屋。軺组暈曄，方貽戩穀。景應未徵，齡命短促。息馬長驅，藏舟夜速。日月以期，泉誉巳卜。鐫銘幽墜，以紀世録。嗚呼寶命，往矣不續。

魏故冠軍府長史寇君墓誌
君諱慰字欣若上谷昌平人自履跡肇生
伏羲呈祥迄至周文遂作司寇因以氏焉
簪纓相襲曆數十世備列青史略而不述
君安西將軍秦州刺史馮翊哀公之曾孫
安南將軍領南蠻校尉雍州刺史河南宣
穆公之孫假節龍驤將軍幽郢二州刺史
威公之第五子也君資稟超逸迥異常稱
弱冠之年辟爲將河令堅辭不就右洛州
王阜又舉爲燉煌鎮都將在官未几適以
丁艱旋里讀禮之餘未嘗與聞外事孝昌
四年起爲冠軍府長史以焦思勞慮遘適
沉痾天不祚善竟至殂留春秋四十有九
寔七月之廿六日也粤九月壬申朔三日
甲戌窆于先人墓次爰作諱曰
惟公誕降氏族云遥右稷之裔姬周之
苗賦原超邁遵道而行湖月其心絫竹
其貞世承簪笏作 帝股肱萬方永賴
際彼昇平天不祐善殲及哲人億萬斯
年泉門長春

033

〇八四 魏故冠軍府長史寇君【慰】墓誌

孝昌四年（528）七月二十六日卒，同年九月三日葬。

誌文 20 行，滿行 16 字，楷書。誌高長 46 釐米，寬 56 釐米，出土地不詳。

【释文】

君諱慰，字欣若，上谷昌平人。自魏跡肇生，伏翼呈祥，延□周文，遂作司寇，因以氏焉。簪纓相襲，曆數十世，備列青史，略而不述。君安西将军、秦州刺史、馮翊哀公之曾孫，安南将军、領南蠻校尉、雍州刺史、河南宣穆公之孫，假節、龍驤将军、幽郢二州刺史、威公之第五子也。君資稟超逸，迥異常穉，弱冠之年，辟爲牂牁令，堅辞不就。后洛州王卓又舉爲敦燉煌鎮都將。在官未几，適以丁艱旋里。讀礼之餘，未嘗與聞外事。孝昌四年，起爲冠軍府長史，以焦思勞慮，遂構沉痾。天不祚善，竟至弥留，春秋卌有九，寔七月之廿六日也。粤九月壬申朔三日甲戌，葬于先人墓次。爰作辞曰：

惟公誕降，氏族云遥；後稷之裔，姬周之苗。賦質超邁，遵道而行；湖月其心，松竹其貞。世承簪笏，作帝股肱；萬方永賴，際彼昇平。天不祐善，殃及哲人；億萬斯年，泉門長春。

大魏故冠軍府長史昌平寇君墓誌之銘。

〇八五 魏故襄威将军員外将军徐君【起】墓志銘

孝昌三年（527）九月六日卒，武泰元年（528）正月十五日葬。

誌文24行，滿行24字，楷書。誌石高58釐米，寬58釐米，河南洛陽出土。

【释文】

君諱起，字伏興，高平金鄉人也。其洪源綿邈，与四水齊深，嶒□迢遰，共五山等峻。豈直靈苗秀於神趾，氏胄焕於胎掌者也。晋車騎大将军、司徒公三世之孫，秦驃騎大将军、駙馬都尉之曾孫，大魏文皇帝國子博士之嫡孫。君員凝狀天，方弘若地，五運迭而為心，四氣變而成操，故能左右兩兼，文質雙舉。巍巍焉若孤峰之入春雲，皎皎焉似秋霄之籠明月。於是挺寬恕之懷，秀仁惠之度，束帛衣寒，提漿救渴，終始之德，因兹而揚，愷悌之風，於焉備矣。雖千金再散，何以加也。若夫少誕衡門，捻五典於匈衿，志耽墳籍，攬百家於懷抱，然後卷袠衣冠，收書仕國。擢授員外将军，非其好也，奉節未周，玉響獨聞，握板裁年，蘭音孤拔。朝廷尚其清肅，遠近駭其風雅。俄遷襄威将军、中侍、中録事。唯高步龍庭，抱柱下之心，出入丹墀，懷柒菌之志。又性愛虛閑，情兼水石，置茅堂於漏月之林，闢柴扉於繁霜之閒，望雲容以舒顔，顧煙車而送筆。每欲蹬高墟而訪四童，遊九峻而追八先。豈啚逆運乍邀，殲良忽及，形与濛汜齊昏，精共扶桑等照。春秋五十，大魏孝昌三年歲次鶉火九月六日，終於其山之阿。以武泰元年正月十五日，窆於伊闕之右。恐質奄當時，聲沉来葉，刊玉雕金，以存不朽。辞曰：

二象合和，五靈協毓。大矣神蹤，唯君纂胄。資芳川岳，天祇地肅。載德綿興，弈世丕穆。金璋既龍，上璞迺文。顯顯令德，宣哲唯仁。在朝為寶，處位成珍。分冀台華，以翼君親。天落厥緒，地絶其經。太山崩實，梁木摧芬。哲人今逝，休有烈光。追遠兮幽庭，永痛兮泉鄉。

大魏武泰元年正月十五日銘。

〇八六 維大魏武泰元年歲次戊申二月己丑朔廿一日己酉故員外散騎侍郎元君【舉】墓誌銘

孝昌三年（527）三月二十七日卒，武泰元年（528）二月二十一日葬。

誌文29行，滿行26字，楷書。誌石高42釐米，寬45釐米，河南洛陽出土。

【释文】

君諱舉，字景昇，河南洛陽人也。恭宗景穆皇帝之玄孫，征南大将军、開府儀同三司、雍州刺史、南安惠王之曾孫，鎮西大将军、都督東秦邠夏三州諸軍事、西戎校尉、統万突鎮都大將、邠州刺史、章武烈王之孫，寧遠将军、青州刺史之元子也。其玉瓞綿天之緒，金流定海之原，固已焕乎龜鼎，鬱明璽牒，於兹可得而略也。君稟山川於氣象，戴日月而挺生，邕容秀異，神儀風骨，疊疊焉莫測其深，洋洋乎詎鑒其始。孝悌生知，即心為友。言不苟合，朋故訝其信；恭長慈幼，遠近歎其奇。齔而小學，師心功倍，冥識迅捷，卓尔殊佚，墳經於是乎寶軸，百家由此兮金箱。洞兼釋氏，備練五明，六書八體，畫妙超神，章句小術，研精出俗，山水其性，左右琴詩。故潛穎衡門，聲播霄岳，弱齡時知，為青州騎兵參軍事。伯父章武王俄頃還都，轉員外侍郎，履朝獨步，倫華非匹。一見唧唧，宋朝更生；久狎咄咄，平仲何奇。暨大駕纂戎，禁衛須人，伯王申舉，簡充直後。雖迫日月，非其好也。易尚隨時，隱顯由心，至性醇孝，禮莫能書。時年九歲，頻丁二憂，□毀泣血，幾滅過哀。十八年閒，疹等初哀，報善無靈，殞兹閔輩。春秋廿五，孝昌三年三月廿七日，薨於京師澄海鄉綏武里。粤于武泰元年歲次戊申仲春己丑朔廿一日己酉，葬于邙山(倍)[陪]帝之陵。小弟景文，怨瑶璧之無響，痛同氣之永隔，故託金石以鐫聲，圖風輸以刊德。乃作銘曰：

有哲公子，帝葉王孫。洸洸万里，玉重金尊。懷風白雪，氣挺春温。鏡心日月，瑕朗才根。雍雍父佐，雅雅雲門。如珪如璋，貴出崑崙。象松象月，清照乾坤。素琴汎菊，山水遊魂。五明園苑，六圃芝蓀。冥靈何酷，分氣蒿村。季方其夢，慟哭晨昏。撫兹繈姪，孤咽難論。託心玄石，鐫德長存。

曾祖南安惠王楨，字乙各伏；曾祖妃馮翊仇氏牛之長女，牛為本州别駕。祖章武烈王彬，字豹仁；祖妃中山張氏小種之女，種為郡功曹。父竫，字安興，為寧遠将军、青州刺史；母馮氏，昌黎王第三女，南平王誕妹。妻勃海高氏，父聿，為黄門郎、武衛将军、夏州刺史、撫軍将军、金紫光禄大夫，母即君姑也。

魏前将軍廷尉卿元公妻薛夫人墓誌銘
夫人諱慧命河東汾陰人也其曾祖晉朝衣錦三河聲玉
龍爵汾陰侯徽号安西丈節秦蕃進爵陪陵公祖貂璫煥
乎翊王明霞遷鎮西大将軍左光禄大夫啟府南豫州刺
史駙馬都尉河東康公即是西河長公主之貴智也考鎮
西大将軍玄瓠鎮将河東敬公之第五女也夫人稟淵令
於二儀聡六德而應生審道求賢伯鸞是匹隠服心校和
光別古華轉動規巧懷竝喆所育如金誰云非實象月象
華唯歷禮神且試則有章斑母惡其光礼備臺讚皇宫慙
其昔敬上接下娣姒貴其仁尊佛盡妙禪練尚其厳内外
寘鑒女功直置已二月十日神熊雙誕瑞璋兩曜劒譽離
頴俄來倏去一骨一血雖我安逝夫仁盥栢悼悲慈傷於
心裂氣塞未旬而殞江妃霊子何復異也已武泰元年歳
次戊申二月已丑朔十七日乙巳薨於澄海鄉[illegible]武里舍
葬於邙山之陵然匹夫懷痛思王厳筆嬰咳尖我寧不篆
石略鐫日者乃作銘曰
惟令惟淵迹邃難書作配有天逸志同符窓轉成則玉秀
金珠才豈女典礼重母儀古今所傳有姬有魏洞鑒妙法
先叅效早雙龍不育殞君斯逝嬰咳蒲堂割裂吾腸悼亡
存孤涕無央君其如桂生死懷芳鏡茲玄石泉下圖光
曾祖法順　曾祖親裴舂女　祖楙古拔　祖親西長公
主　父脩　母梁氏　門師釋僧澤書

○八七 魏前将军廷尉卿元公妻薛夫人【慧命】墓誌銘

武泰元年（528）二月十七日卒。

誌文22行，滿行22字，楷書。誌石高39.5釐米，寬39.5釐米，河南洛陽出土。

【释文】

夫人諱慧命，河東汾陰人也。其曾祖晉朝衣錦，三河聲玉，襲爵汾陰侯，徽号安西，丈節秦蕃，進爵陪陵公。祖貂璫焕用，劒玉明霞，遷鎮西大将军、左光禄大夫，啓府南豫州刺史、駙馬都尉、河東康公，即是西河長公主之貴質也。考鎮西大将军、玄瓠鎮將、河東敬公之第五女也。夫人稟淑令於二儀，捻六德而應生。審道求賢，伯鸞是匹，隐服心披，和光別古。夢轉動規，巧懐竝喆，所育如金，誰云非寶，象月象華，唯虺猶神。且誠則有章，斑母愿其先；礼修臺讚，魯宫慚其昔。敬上接下，娣姒貴其仁；尊佛盡妙，禅練尚其極。內外冥鑒，女功直置。𣅀二月十日，神熊雙誕，瑞璋兩曜，劒崿韜穎，俄来儵去，一骨一血，辭我安速。夫人囑指悼悲，慈傷於心裂氣塞，未旬而殞。江妃喪子，何復異也。𣅀武泰元年歲次戊申二月己丑朔十七日乙巳，薨於澄海鄉綏武里舍，葬於邙山之陵。然匹夫懐痛，思王極筆，嬰咳哭我，寧不篆石，略鐫日者，乃作銘曰：

惟令惟淑，迹邃難書。作配有天，逸志同符。窕轉成則，玉秀金珠。才豐女典，礼重母儀。古今所傳，有矩有規。洞鑒妙法，化耋效昇。雙龍不育，殞君斯逐。嬰咳滿堂，割裂吾腸。悼亡撫存，孤涕無央。君其如桂，生死懐芳。鐫兹玄石，泉下圖光。

曾祖法順，曾祖親裴番女。祖初古拔，祖親西長公主。父胤，母梁氏。門師釋僧澤書。

魏故元氏薛夫人墓銘。

〇八八 魏故使持節散騎常侍衛大将军尚書右僕射都督雍岐南幽三州諸軍事雍州刺史南平王【元暐】墓誌銘

孝昌三年（527）十月二十日卒，武泰元年（528）三月十六日葬。

誌文33行，滿行33字，楷書。誌石高83.4釐米，寬84釐米，河南洛陽出土。

【释文】

王諱暐，字仲囧，河南洛陽人。太祖道武皇帝六世孫也。自出作蕃维，入為卿□，□烈高功，焕于帝籍。王資神秀桀，自得温恭，岐嶷表於髫年，樂善著於冠日。故以千里興嗟，万夫攸仰，是稱磐石，斯曰犬牙。自增構爰歸，象賢繼及，盛業惟新，風聲日廣。背淮之客，接踵而来遊；鄒牧之侣，慕義而斯至。雖東閣未啓，補兖之望俄然。予違汝弼，望隆任顯，假借之寄，時無異歸。除諫議大夫，王如故。鳳沼嚴貴，王言攸委，綵綸所出，匪易其人。轉中書侍郎，王如故。東濱巨海，西望長河，四會所纏，五方伊在，烹鱻是屬，興利時憑，捻轡褰帷，允當物議。除使持節、都督光州諸軍事、輔國将军、光州刺史，王如故。王去兹荷政，黜彼亂群，曾未期年，風移俗化，瑣門注望，其来日久，将委喉唇，事資執戟。除給事黄門侍郎，将军、王如故。王固遵後外，深秉謙撝，敷衽陳誠，久而獲許，改授散騎常侍，王如故。秦川構亂，巨滑滔天，大将军、太傅以安危所鍾，捻戎西伐，而晨昏之寄，實歸猶子，帷幄之算，是賴高謨。乃授使持節、假平西将军，以本官為西討别将。既而涇陽告警，隴首未康，龕亂字民，特難其選。除使持節、都督涇州諸軍事、右将军、涇州刺史。屬狡虜寔繁，遊魂未息，周旋誅討，歲歷兹多。乃授平西将军、銀青光禄大夫、假安西将军、使持節、為征討都督。三令靡違，五勝無舛，逐北追奔，繫頸将及。朝廷以山西猶梗，民庶未寧，作鎮班條，實佇英略，進授使持節、都督秦州諸軍事、本将军、秦州刺史、假鎮西将军，都督、王如故。王脂車秣馴，擁節抗旗，竹馬盈郊，壺漿繼道。會前驅覆衆，大督雲亡，王業鉀徐歸，抽戈後殿，慨東隅之有缺，思改旦於後圖。却就長安，方申更舉。□□悔禍隆緒，興妖履霜，已見燎原。行在以王遠近注心，雅相猜忌，醜正有徒，奇謀未□，□招延義勇，糾散收離，東向告誠，西轅述職。而維城之志以勤，靖乱之心未逞。忽離盜增之禍，奄及推墻之災。以孝昌三年十月廿日，薨於長安之公館，春秋卅八。朝庭詠言忠烈，念深追遠，褒德紀勳，礼崇加數。詔贈使持節、衛大将军、尚書右僕射、都督雍岐南幽三州諸軍事、雍州刺史，增邑三百户，王如故。王孝情天至，友愛特深，悦善好名，寬仁容衆。學涉墳史，雅好斯文，草隸之工，邁於鍾索。及臨民撫衆，既寬能猛，基忠履孝，善始令終。勁質表於疾風，貞柯冠於歲暮。抑所謂廣夏之棟樑，斯民之領袖者矣。以武泰元年歲次戊申三月戊午朔十六日癸酉，歸窆於景陵東山之陽。懼山淵之有變，悲丹壑之徂遷，儻青編之毁滅，庶斯美之長宣。其辭曰：

極天作構，帶地為源，載毗載輔，或屏或蕃。懷黄佩紫，繡軸朱軒，八命單寵，十等窮尊。餘烈所鍾，時惟繼體，聲標入宦，譽宣居邸。四馬駿駕，千乘大啓，逾下其志，益卑其礼。瑣闥瞻儀，鶏波屬望，濯鱗尉羽，既潛且颺。風表閑詳，衿情簡曠，夕拜有聞，拾遺靡尚。東牧流聲，西龕有截，義同致雨，事等湯雪。猛志徒勇，雄圖空結，遽陨貞心，奄淪峭節。哀榮捻被，望實兼採，朱旌委霧，清吹從風。誰言易踐，所貴要終，丹青有歇，郁烈無窮。

〇八九 魏故龍驤将军肆州刺史廣平侯楊使君【濟】墓誌銘并序

武泰元年（528）四月十三日卒，同年八月二十五日葬。

誌文24行，满行24字，楷書。誌石高49釐米，寬50釐米，河南洛陽出土。

【释文】

君諱濟，字法度，天水寄人也。唐叔以建德開邦，伯僑以立家命氏，爰暨兩漢，儒雅繼軌。十世祖将作大匠阜，以正諫立朝，揚芳魏史。八世祖涼州刺史忻，以烈節不迴，功流晉策。自茲以降，龜符不断。祖元，武威太守。考福，天水太守，咸以廉清厲俗，當官著績。君誕自良家，少綦丕訓，聰惠表於初載，器量備於成德。孝友淳深，無玷珪絜，恭讓謹厲，有孚物聽。神龜中，釋褐相州撫軍府田曹參軍，夙夜詠於寮黨，匪懈彰於蕃廗。遷荊州前将軍府中兵參軍。未幾，偽都督曹義宗率領蟻衆攻圍州城，時援軍□緩，士無固志。君獨啓匈懷，推鋒决戰，焚燒攻具，輜重蕩盡，而賊徒大振，棄甲霄遁。帝欽厥庸，錫爵廣平侯。既還，除揚烈将军、太尉府中兵參軍。納讚台階，徽猷惟新，直司戎房，正而不忤。時大将军翼扶神器，主上龍飛，亦既濟河，百官奉迎，次於芒北，人情未安，而義衆抽戈，以武泰元年夏四月十三日，卒於行陣，春秋五十有一。遐迩怨泣，寮友嘆惜。其年秋八月廿五日庚戌，卜窆於洛水之南。詔策曰，理懷閑潤，識韻清悟，一朝非命，良用惻然。追贈持節、龍驤将军、肆州刺史，謚曰昭侯。乃作銘曰：

桐葉開基，椒芳載實。胤裔蟬聯，世膺顯袟。降靈夫子，清光允謐。含道搏風，潛鱗躍質。婉彼聲望，陟降番廗。直司戎房，先鑒退敵。訟平民怨，惟康庶績。納讚元台，方騁雲掖。出華列岳，入冠多士。敬慎言容，克終若如。逸翮未展，遽翳濛汜。如彼游魚，暴鱗失水。禮數有加，延寵聖皇。錫尔名州，顯贈龍驤。轜柳委遲，旌旆低昂。一同萬古，永世流芳。

使君夫人浮翊郭，生一子，字士政。後夫人金城趙，長子士階，次子士稱，次子士達。長女蘭姿，次女長姿。

魏故使持節征虜将軍華州諸軍事華州刺史丘
公之墓誌
君諱哲河南洛陽人也顯祖西大将軍都督定州諸
軍事定州刺史臨淮公庫堆之孫乞銀曹比和真
曹宿衛曹西曹尚書洛州諸軍事洛州刺史乞直
之子少質纓資冠華藻望　高祖孝文皇帝猥
照重七歲之年擢為内行内小然行錦群朝冰心
柱在司未幾復轉為中散而乹機運兆遷鼎淨洛
万服歸誠千載賦政但遊吴踰越遐息江南硤石
偏城越趄靊異世宗宣武皇帝以知仁不易簡
師必忠遂名将軍從事默裹麾鉞兵不時尅剪東
南雖蒙倫功廟授未盡餘誠昊天少鑒絶我孫蘭
地廣無心淪屠八桂春秋五十有七以去武泰元
年正月廿一日薨寢於家十一月戊寅朔十九日
丙申葵在城西十五里北芒之南然金玉摧感增
慕而流詠松蘭湮殄追癒以申抱故作銘其辭曰
皎皎之夫陵雲自遠灼灼三秀漪漪器婉行質名
華如榮若卷纓珮之資冠組之儀珪璋以惠蘭竹
之靡抽文錦就舊武霜奇金玉亦懷河期永斯

○九○ 魏故使持節征虜将军華州諸軍事華州刺史丘公【哲】之墓誌

武泰元年（528）正月二十一日卒，同年十一月十九日葬。

誌文19行，滿行19字，楷書。誌石高44.5釐米，寬44.5釐米，河南洛陽出土。

【释文】

君諱哲，河南洛陽人也。鎮西大将军、都督定州諸軍事、定州刺史、臨淮公庫堆之孫，乞銀曹比和真曹宿衛曹四曹尚書、洛州諸軍事、洛州刺史乞直之子。少質纓資，冠華藻望，高祖孝文皇帝猥以照重。七歲之年，擢為内行内小。然行錦群朝，冰心柱在司。未幾，復轉為中散。而乾機運兆，遷肅伊洛，万服歸誠，千畿貶政。但邀吴踰越，遐息江南，硤石偏城，越趄暫異。世宗宣武皇帝以知仁不易，簡帥必忠，遂召将军從事默衰麾鉞兵，不時剋剪東南。雖蒙倫功廟授，未盡餘誠。昊天少鑒，絶我孤蘭；地廣無心，淪居八桂。春秋五十有七，以去武泰元年正月廿一日，薨寢於家。十一月戊寅朔十九日丙申，葬在城西十五里北芒之南。然金玉摧感，增慕而流詠；松蘭湮殤，追痛以申抱。故作銘，其辭曰：

皎皎之夫，陵雲自遠，灼灼三秀，漪漪器婉，行質名華，如策若卷。纓珮之資，冠組之儀，珪璋以惠，蘭竹之靡。抽文錦就，舊武霜奇，金玉尔懷，何期永斯。

魏故侍中司徒公太子太傅冝都王穆君之曾孫故冠軍將
軍散騎常侍駙馬都尉恭侯孫故司徒左長史朶乾太守之元
子伏波將軍尚書北主客郎中大司農丞之命婦元氏墓誌銘
夫人諱洛神河南邑人也故使持節散騎常侍都督雍州諸軍
事驃騎大將軍儀同三司西道行臺尚書左僕射行秦州事開
府雍州刺史後遷侍中都督滄瀛冀三州諸軍事司空公冀州
刺史之長女君纂氣承天聡暉紫萼疊秘連華紛綸累仁積德
之休隨世代而菴藹故以丹青載其高風緗晧傳其茂實綿祀
以俞於塗無窮而弥永矣夫人禀質歧嶷沖神雅素婉順恭肅
出自天骨教敬仁敏聲遠外著至於麻枲糸爾之庸織紝組紃
之藝雖復生自膏腴故尒宿閑頗訓時年十四言歸穆氏二族
姻婭猶兄若弟錦績交輝軒冕相暎及其定順舅姑撫遺接幼
居室閨諧閨房悅睦乃有識之所景行達者之所希羡宜享難
老無此在範而昊天不弔景命云逝摧玉頹之芳枝落中天之
淨月春秋廿有三四月戊子朔十八日乙巳卒於洛陽㝎於芒
山之陽嗚呼哀哉君秀而不實中遇嚴霜何以述之銘石流聲
其辭曰
務靈協祕娥芬流瑞嬪儀載時媛德降世婉性春蘭馥質冬桂
温如玉潤皎若月麗居閑女訓歸習婦容絺絡是務織組惟工
蕈莛莫莫集灌雍雍問名納綵陽唱陰從朝事舅姑奉接娣姒
郁穆風儀鏘翔容止既配瑗夫復誕寔子嘉聲無沫令問不已
寘不壽善灾弗擇人驛碎消沿珠亡淡濱鏡無停照粉絶遺巾
千齡万古閟此芳塵

〇九一 元洛神墓誌

建義元年（528）四月十八日卒。

誌文23行，滿行24字，楷書。誌石高68.5釐米，寬68.5釐米，河南洛陽出土。

【释文】

魏故侍中、司徒公、太子太傅、宜都宰王穆君之曾孫，故冠軍将军、散騎常侍、駙馬都尉恭侯孫，故司徒左長史、桑乾太守之元子，伏波将军、尚書北主客郎中、大司農丞之命婦元氏墓誌銘。夫人諱洛神，河南邑人也。故使持節、散騎常侍、都督雍州諸軍事、驃騎大将军、儀同三司、西道行臺、尚書左僕射、行秦州事、開府、雍州刺史、後遷侍中、都督滄瀛冀三州諸軍事、司空公、冀州刺史之長女。君纂氣承天，聯暉紫蕚，疊祉連華，紛綸累仁。積德之休，随世代而庵藹，故以丹青載其高風，緗皓傳其茂實，綿祀以俞芬望，無窮而弥永矣。夫人稟質岐嶷，沖神雅素，婉順恭肅，出自天骨，教敬仁敏，聲逸外著。至於麻枲絲爾之庸，織紝组紃之藝，雖復生自膏腴，故亦宿閑規訓。時年十四，言歸穆氏，二族姻婭，猶兄若弟，錦繢交輝，軒冕相映。及其虔順舅姑，撫遺接幼，居室弼諧，閨房悦睦，乃有識之所景行，達者之所希羨。宜享難老，垂此庭範。而昊天不吊，景命云逝。摧玉嶺之芳枝，落中天之浄月。春秋廿有三，四月戊子朔十八日乙巳，卒於洛陽。窆於芒山之陽。嗚呼哀哉！君秀而不實，中遇嚴霜，何以述之，銘石流聲。其辭曰：

務靈協祉，娥芬流瑞，嬪儀載時，媛德降世。婉性春蘭，馥質冬桂，温如玉潤，皎若月麗。居閑女訓，歸習婦容，絺缝綌是務，織组唯工。覃筵莫莫，集灌雍雍，問名納綵，陽唱陰從。朝事舅姑，奉接娣姒，郁穆風儀，鏘翔容止。既配瑗夫，復誕寔子，嘉聲無沫，令問不已。冥不壽善，灾弗擇人，璧碎淯沼，珠亡漢濱。鏡無停照，粉絶遺巾，千龄万古，閟此芳塵。

〇九二 大魏故龍驤将军廣州刺史穆使君【景胄】墓誌銘

建義元年（528）五月五日葬。誌文19行，滿行21字，楷書。誌石高55釐米，寬53釐米，河南洛陽孟津出土。

【释文】

君諱景胄，字子胤，河南洛陽人也。太尉公、萇樂王𡳿孫；通直、散騎常侍𡳿子。氣籍千尋，靈基万刃，弈世徽華矣。君夙丁閔凶，乾蔭傾覆，長自侍中、尚書令、司空公、頓丘王伯，幼悟庭風，□染自天，仁孝早聞，經綸亦著。十二起家為秘書郎，注述焕於麟閣，聲績周於四宇。時朝欽𡳿，轉為司空主簿。肅肅在公，雍雍撫道，文芳武茂，俄然詔引為刀劒主干。時聖上沖年，皇太后臨機，權臣握政，白日埋精。君首涉正門，摻捐耶徑，每困煩徒，終致非命。金摧玉辟，人百其身，於乃海運，世移龍飛。改御矜僡哀忠，贈龍驤将军、廣州刺史，建義元年歲次實沉五月丁巳朔粤五日窆於芒山。君孝敏自天，靈該物表，囑世道消，蘭辟摧汶。雲鳥以之悲穨，三光因而更号。況茲良朋，寧不齒渴，故乃刊石式烈，追標清塵。其詞曰：

淵淵千尋，穹隆萬刃。百葉蘭枝，紫閣金鎮。駕道御忠，蹈火履信。茲言自遠，枉即良駿。皎皎夫子，性爽自天。才畐芳韻，叡朗沖玄。識洞真源，僡曜標邊。妙會薩埵，豈直世賢。昂昂盛俊，善攝以忒。我皇載悼，嘉茲令德。存亡天眷，寵光輝默。嗚呼追哉，鐫石照則。

魏故侍中使持節驃騎大將軍太尉公尚書令冀州刺史廣平文懿王銘
祖　高祖孝文皇帝　考諱懷字宣義侍中使持節都督中外諸軍事司
州牧太尉公黃鉞大將軍廣平武穆王
王諱悌字孝睦河南洛陽人也析緑麗天派源帶地鴻光昭晰清瀾自遠
祖重華疊曜握天鏡以臨萬國考蹈德齊礼搃三事以調四氣王資靈川
岳居貞若性博覽文史學冠書林妙善音藝尤好八體器寓淹凝風韻閑
遠麗藻雲浮高談響應信可以兩堯年之一旦九漢世之八龍望紫烟以騰
驤陵清風而騫翥故能殊異公族獨出羣輩者矣年十四襲王爵除散騎
常侍獻替帷幄忠讜屢陳慎等夜金密同温樹千里難追万頃莫測尋加
平南將軍從班列也復增安南將軍怙河南尹務存蕳易䟽而不漏百姓
歸仁畏之若電於是途絕褠衣邑罕遊手髫髮行嗂童牙巷歌功踰朞月
惠化若神雖子翼善政未足方其一跡細侯賢良豈能踰其九里是故殿
中号曰無雙大內稱為第一俄遷中軍將軍爪牙所歸御侮攸寄靜難一
方折衝万里轉大鴻臚卿九賓斯贊四門順緒撫柔遠人莫不緝穆換護
軍將軍翼宣戎政世稱武烈惟王蹈礼為基履仁成性道冠梁楚業茂閒
平自家刑國善始令終而運鍾陽九世屬横流方當躡驃騎之遺蹤踵任
城之高軌掃烟霧於区都蕩妖氛於四海倍玉鑾之盛礼贊虛中之三唱
遙途未窮促運遽至黃金靡化餘香已遠春秋廿有三以武泰元年四月
十三日薨於河梁之西于時朝野追慕徽猷實深殄悴　皇上嗟悼有加
傷慟故以悲結朱烏痛酸黃鳥哀榮既備寵贈有章礼也粤以建義元年
六月丁亥朔十六日壬寅窆於西郊之兆託銘泉陰以傳不朽其詞曰
惟嶽降靈誕茲淑令處髮号神在童稱聖文敏曹楊業隆陳鄭從横無准
菴藹獨暎學鄙三冬問嘉知十優遊書圃敖翔子集刊彼已亥正茲省立
芳風遂遠清塵靡及孝既天至義亦生知率彼蹈礼瘠巨愈遲墓結哀鏡
哀慟風枝甘露爰降鸞鳥来儀乃剖京甸以振朝綱不唯去肅亦曰飛蝗
脂膏莫潤懸魚靡嘗儀形帝宇万民所望行為世範言成軌則方坐論道
豈此衮職豈謂大造運茲巨力奄然一化息非今息王衣夕列廚鹿朝駕
奄潤丘隴遷捐館舍去此短晨歸於永夜千齡未曉万事長謝

〇九三 魏故侍中使持節驃騎大將軍太尉公尚書令冀州刺史廣平文懿王【元悌】銘

武泰元年（528）四月十三日卒，建義元年（528）六月十六日葬。

誌文28行，滿行28字，楷書。誌石高60釐米，寬59.3釐米，河南洛陽出土。

【释文】

祖高祖孝文皇帝。考諱懷，字宣義，侍中、使持節、都督中外諸軍事、司州牧、太尉公、黄鉞大将军、廣平武穆王。王諱悌，字孝睦，河南洛陽人也。析緃麗天，泳源帶地，鴻光昭晰，清爛自遠。祖重華疊曜，握天鏡以臨萬國；考蹈德齊礼，捴三事以調四氣。王資靈川岳，居貞若性，博覽文史，學冠書林；妙善音藝，尤好八體。器宇淹凝，風韻閑遠，麗藻雲浮，高談響應。信可以兩堯年之一足，九漢世之八龍，望紫烟以騰驤，陵清風而騫翥。故能殊異公族，獨出群輩者矣。年十四，襲王爵，除散騎常侍。獻替帷幄，忠讜屢陳，慎等夜金，密同温樹，千里難追，万頃莫測。尋加平南将军，從班列也。復增安南将军，怙河南尹。務存簡易，疏而不漏，百姓歸仁，畏之若雷。於是途絶赭衣，邑罕遊手，髟髪行謡，童牙巷歌，功踰期月，惠化若神。雖子翼善政，未足方其一跡；細侯賢良，豈能喻其九里。是故殿中号曰無雙，大内稱為第一。俄遷中軍将军，爪牙所歸，禦侮攸寄，静難一方，折衝万里。轉大鴻臚卿，九賓斯贊，四門順緒，撫柔遠人，莫不緝穆。换護軍将军，翼宣戎政，世稱武烈。惟王蹈礼為基，履仁成性，道冠梁楚，業茂閒平。自家刑國，善始令終，而運鍾陽九，世屬横流。方當躡驃騎之遺蹤，踵任城之高軌，掃烟霧於五都，蕩妖氛於四海，倍玉鑾之盛礼，贊虛中之三唱，遥途未窮，促運遽至，黄金靡化，餘香已遠。春秋廿有三，以武泰元年四月十三日，薨於河梁之西。于時朝野追慕徽猷，實深軫悴。皇上嗟悼，有加傷慟。故以悲結朱烏，痛酸黄鳥，哀榮既備，寵贈有章，礼也。粤以建義元年六月丁亥朔十六日壬寅，窆於西郊之兆。託銘泉陰，以傳不朽。其詞曰：

惟嶽降靈，誕兹淑令，處嶷号神，在童稱聖。文敏曹楊，業隆陳鄭，縱横無准，庵欝獨映。學鄙三冬，問嘉知十，優遊書圃，敖翔子集。刊彼已亥，正兹省立，芳風遂遠，清塵靡及。孝既天至，義亦生知，率攸蹈礼，殤巨愈遲。慕結衣鏡，哀慟風枝，甘露爰降，鸞鳥来儀。乃剖京甸，以振朝綱，不唯去虎，亦曰飛蝗。脂膏莫潤，懸魚靡嘗，儀形帝宇，万民所望。行為世範，言成軌則，方坐論道，襲此究職。豈謂大造，運兹巨力，奄然一化，息非今息。玉衣夕列，厨鹿朝駕，奄溯丘隴，遽捐館舍。去此短晨，歸於永夜，千齡未曉，万事長謝。

○九四 魏故侍中司徒公驃騎大将军使持節定州刺史常山文恭王【元邵】墓誌銘并序

武泰元年（528）四月十三日卒，建義元年（528）七月五日葬。誌文38行，滿行38字，楷書。誌石高90釐米，寬91釐米，河南洛陽出土。

【释文】

王諱弼，字子開，高祖孝文皇帝之孫，丞相、清河文獻王之第二子也。導黄源於壽丘，鬱帝緒於若水，平城恢百世之基，洛陽構千載之業。故以超蹤炎漢，邁跡昌周，記言盈於五都，書事茂於三代。王禀連漢遠祥，極天正氣，體備通理，神炳異眸。墻宇沖邃，涯涘淵曠，宗廟難闚，澄撓不測。若夫知來後素之業，師逸於綺襦；升堂入室之功，道備於紈绔。文情婉麗，琴性虚閑，射不出征，辞參辯囿，故以捴三端於一身，兼四科而在己。年十八，為侍書，拜通直散騎侍郎。衣青典闈，珥筆鴛沼，起予唯新，涣汗載密。俄領符璽郎中，傳代秘重，六紐難闚，事有授命之期，理無威逼之請。及妖起孽宗，雰結閹隷，桐宫從逼，寶胙將遷。虐盛道消，毒流顧復，泣血四載，嘗瞻六春，餘喘若存，尫骸如朽，非枯林之可匹，寧廢祖之能方。逮兩曜還明，二兇克屏，蟬侍俟德，密衛須才。乃除通直散騎常侍，領領左右。王風範端凝，幹局淹整，允金貂之華，延禦侮之實。又廣内紛詭，流略殘訛，子政之務有歸，子駿之任斯在。仍以本職監内典書，折簡無遺，絶編咸舉，陳農之功未逮，河間之業重還。尋封廣川縣開國公，食邑一千户。進封常山郡王，增邑千室，餘並如故。磐石命親，寔膺維城之重；葅茅為誓，實允礪帶之期。尋遷平南将军、散騎常侍、中軍将军。王德茂於朝，器優於世，高蹈列國，獨翥群英。風行草偃，有心所以同慕；煙消月上，物情於是咸懼。願龍門之一遊，思同舟之暫往。模楷不足為名，月旦此焉而出。後除衛将军、河南尹。王御下以清，示民以信，威恩適物而動，真僞單辞以決。乳禽不撓，捐魚莫收，逝虎可追，還珠詎遠。方將延祉無疆，陪鑾封岱，光國榮家，無輩今古。而洪湍蕩隰，巨燬燎原，不自先後，寔鍾遭命。武泰元年太歲戊申四月戊子朔十三日庚子，暴薨于河陰之野，時年二十有三。惟王孝乎天縦，忠實化遠。閨庭睦睦，無可閒之言；朝廷侃侃，有匪躬之譽。賦山詠水，辞暧三春之光；誄喪褒往，文悽九秋之色。至於西園命友，東閣延賓，懷道盈階，專經滿席。臨風釋卷，步月弦琴，目矚五行，指窮三調。布素之懷必盡，風流之貌悠然。道長命促，嗚呼悲矣！皇上龍飛入纂，鼎胙維新，嗟小年之可哀，愍大夜之無返。爰發德音，以旌休烈。追贈侍中、司徒公、驃騎大将军、定州刺史，謚

王稟建漢遠祥極天正氣體備通理神炳異畔寤宇沖邃渾渶淵塘宗鎮雖闢登撓不測若夫伯歲
後素之業師逸於綺禮外堂入室之功道備於紀綜文情婉麗琴書閑曠十六出征辟衆雜闈故
總三端於一身兼四科而在己年十八爲侍書拜通直散騎侍郎左青共聞筆駕沼起予雖
汗載密織領符璽郎中傳代秘重六紐難闕事有授命之期理無武監之請及妖起孽宗雩
桐宮從闈賞能將遷虔盛道消毒流頤復泣血四載當膽六春餘端若存往歲如朽非枯恭之可冀
寧瘵祖之能方建兩曜還明二兇克屏蟬侍侯德密衞須才乃除通直散騎常侍領軍左右王曰
軌端疑幹局海整允金貂之華延禦侮之寶又廣內紛詭流略殘訛子政之務有歸子駿之任斯在
仍以本職監內典書折簡無遺絕編咸舉陳農之功未遠河間之業重還尋封廣川縣開國公食邑
一千戶進封常山郡王增邑千室餘並如故譽石命親寔膺維城之重藉第爲譽實允礪帶之期是
遷平南將軍散騎常侍中軍將軍王德茂於朝器優於世高蹈列國獨耆羣英風行草偃有心兩以
同慕煙消月上物情於是咸懽顧龍門之一遊思尚舟之暫往摸楷不是爲名月旦此焉而出後陰
衞將軍河南尹王御下以清示民以信威思適物而動真僞單辭以汲乳禽不撓捐魚莫牧逝虎可
追還珠詎遠方將延祉無疆陪鑾封岱光國榮家無革今古而洪蕩隱巨爔燎原不自先後寔鐘
遺命武泰元年太歲戊申四月戊子朔十三日庚子暴薨于河陰之野時年二十有三惟王孝乎笑
紹忠寶化遠闡庭睦睦無可間之言朝廷侃侃有匪躬之譽賦山詠水辭暖三春之光訴喪褒往之
悽九秋之風至於西園命友東閣延賓懷道盈堦專經滿席臨風擇卷步月弦琴目矚五行指窮之
調布素之懷心蓋風流之自悠然道長命促嗚呼悲矣皇上龍飛入慕鼎彤維新耆小年之可恐
愍大夜之無返爰發德音以旌休烈追贈侍中司徒公驃騎大將軍定州刺史謚曰文恭王建義功
年七月丙辰朔五日庚申葬于瀍水之東二里黃垌堆之上若夫寒往暑來市朝爲之亟變山頹隱
舉丘壟良亦不恒雖勒鐘圖閣無儕風埃之思刊泉誌石式昭不朽之窆乃作銘曰
霄電降祥乃育軒黃天姬下儷是生文帝分峰王衡鬱爲削成望日齊照比月鈞明膚寸寫惠解石
抽英弄璋伊在璧粹金貞沖鑒外發齡質內朗藍田是嵯黃中韶賞曾墉已祕清潭自廣晈晈不眉
昂昂孤上春詩秋礼師瑕功殊彫蟲綠綺盡麗霧摸惠芝丹稱辭同曰餘臨碑可須在騎非虛入朝
興治登庸柬委謀深東鍾文之挂綸斜衡有篤織篇無絲異器追芳同列歸美往無藩邸結永或豈
翔旦共暎盼王司瑒式靜中革雖藝西堂隱歎有託懸金載之歉風上京流聲下國宿訟有歸氣言
無或使有觀賓人有則暫爲水擊將舉羽翼彼蒼如可與善書殷瓚部可上嚴駐芒下原駕爲乘

曰文恭王。建義元年七月丙辰朔五日庚申，葬于瀍水之東二里黄堈堆之上。若夫寒往暑来，市朝為之亟變，山頹隰舉，丘壟良亦不恒。雖勒鍾圖閣，無解風埃之患；刊泉誌石，式昭不朽之容。乃作銘曰：

霄電降祥，乃育軒黄，天姬下儷，是生元帝。分峰玉衡，鬱為削成，望日齊照，比月鈞明。膚寸寫惠，觸石抽英，弄璋伊在，璧粹金貞。沖鑒外發，叡質内朗，藍田是嗟，黄中招賞。曾墉已秘，清潭自廣，皎皎不群，昂昂孤上。春詩秋礼，師暇功殊，彫虫録綺，盡麗窮摸。惠苞丹稱，辯同日餘，臨碑可復，在騎非虚。入朝譽洽，登庸風委，慎深曳踵，文工操紙。綜綸有蔚，緘籥無褫，異署追芳，同列歸美。延華蕃邸，結采戎章，貂組共映，劒玉同鏘。式静中禁，儺藝西堂，隐敵有託，懸金載光。敷風上京，流範下國，宿訟有歸，片言無或。易使有規，愛人有則，暫為水擊，將舉遐翼。彼蒼如何，與善虚假，蹟影河上，罷驅芒下。原隰為塵，草木途野，泣重徂光，怨深逝者。棄明初夏，即闇始秋，泉途寂寂，壟道悠悠。山迴去翼，路泫行眸，嗟乎千載，終為一丘。

太妃南陽張氏，父道始，陽邑中都二縣令。王兄亶，字子亮，侍中、車騎将军、清河王。姊胡氏，字孟蕤，長安長公主。妹司馬氏，字仲蒨。妹盧氏，字秀蕙。妃胡氏，父僧洸，侍中、車騎大将军、儀同三司、濮陽郡開國公。息羅睺羅，年五。女鳳容，年五。女恒娥，年三。

〇九五 魏故侍中驃騎大将军司空公領尚書令定州刺史東阿縣開國公元公【順】墓誌銘

建義元年（528）四月十三日卒，同年七月五日葬。誌文 28 行，滿行 34 字，楷書。誌石高 58.4 釐米，寬 57.1 釐米，河南洛陽出土。

【释文】

公諱順，字子和，河南郡洛陽縣人也。恭宗景穆皇帝之曾孫，侍中、大都督、開府儀同三司、任城康王之孫，侍中、假黄鉞、都督中外諸軍事、太傅、太尉公、任城文宣王之子。憑天漢以啓源，罩辰極而構岳，符玄鳥之嘉膺，契丹陵之聖緒。綿瓞瓊華而遠茂，盛業邁封叔而重輝，固以昭晰青编，布濩素冊矣。公丕丞顯烈，體兹上操，清才雅譽，挺自黄中。蹇直峻概，成乎壯日，忠規孝範，麗國光家。處貴毋貪，崇儉上樸，身甘枯槁。妻子衣食不充，嘗無擔石之儲。唯有書數千卷，雖復孫弘居相，王脩處官，曷以過也。年十七，起家為給事中，歷遷中書侍郎、太常少卿、銀青光禄大夫，領黄門郎。抽華藻其如綸，當問禮而延譽，每振奇讜於瑣門，登異政於層闕。正光五年，捴六條，频屏兩岳。初為使持節安北将军、都督恒州諸軍事、恒州刺史，俄而徙莅齊蕃，為安東将军，持節、都督如故。下轝未幾，風政宣洽。至孝昌元年復還，徵為黄門郎，尋以本官除護軍将军，加散騎常侍，續遷侍中，護軍如故。既任屬喉唇，亟居近侍，國容朝典，知無不為，斟酌禮度，鶩補漏闕。公廼忘潛潤之工言，誓捐七尺以奉上。有犯無隐，讜言屢陳，或致觸鱗之失，其志在磨而不磷也。出為中軍将军、吏部尚書，兼右僕射，續加征南将军、右光禄大夫，掌選如故。轉兼左僕射。又孝昌二年中，有詔以文宣王於高祖孝文皇帝晏駕之始，跪玉几，受遺託，輔宣帝之功，追加嗣子任城王，□邑千室，析戶五百，分封公為東阿縣開國公。公雖去樞唇之近密，而居衡石，帝所□，兼捴禮闈端要，更乃聲實弥廣遐邇，挹其蹇愕，有識欽其清貞。宜享衛武之脩年，以成二南之隆業。福履虚誥，與善何徵。以建義元年四月十三日奉迎鸞蹕於河梁，于時五牛之旆在郊，三屬之甲未卷，而墟民落編，多因兵機而暴掠。公馬首還屆於陵戶村，忽逢盜賊規□衣馬，遂以刃害公。春秋卌有二，乃薨於兇手，命也。嗚呼！有詔震悼，贈驃騎大将军、司空公，領尚書令、定州刺史，謚，禮也。粤其年七月丙辰朔五日庚申，遷窆於京西谷水之北壠。式裁空石，用傳不朽，豈徒鐘鼎，獨播徽猷。其詞曰：

瑩寔玉瑶，光惟金銑，灼灼伊賢，洞兼兹善。莫測語默，孰見舒卷，淵哉沖哉，高深誰辯。鬱藹清徽，嵒巖嶽峻，落落風采，楞楞高韻。才名幼彰，忠孝早振，轥轢前脩，式軌後進。瓊珮鳴腰，金蟬映首，彤騶是導，紫荷是負。處貴能貧，儉身约口，布被脱粟，斂衿見肘。愕愕夫君，昂昂特挺，殊氣勳猷，異節纡婞。忠貶啜□，情深獨醒，任會樞端，心存和鼎。格言于右，庭諍匡朝，德延帝寵，聲被氓謡。運屬陵替，時鍾道消，命也不淑，禍豈身招。長阜蒼茫，深泉寒寂，隅燈已暗，松筵永関。片石（石）飛響，鴻名盛績，賀谷為陵，扇美方遏。

○九六 大魏持節鎮遠将军廣州刺史張使君【彦】墓誌

建義元年（528）七月五日葬。誌文 20 行，滿行 20 字，楷書。誌石高 47.5 釐米，寬 47 釐米，河南洛陽出土。

【释文】

君諱彦，字安都，上谷徂陽人也。而芳基錦籍，弈茂燕□，台蕃疊蔚，刊榮國素，秀挺雲輝，分光霄綺。高祖太保、文康公以及於父，或鳳飛台棘，或龍昇樞鉉，升尺鄉豪，劔珮揺紫，皆功曜帝書，德詠民口。雖復荆南，銘績幽北，題風西河，臨渭猶蔑如也。而君體稟星虚之精，質纂煙岳之氣，雄心雅逸，英拔未雙，高尚不群，清譽獨遠。汪汪之量，弗測崇卑，藴悦之懐，祕其形色。少博淵經，長精啚史，矖目則能片聽，即訟英章秀艷，若日朗雲褰神，機駿決拔，霜飄蕩葉，乃賜也。紛綸雕龍，七步論奇，比績未之所尚。弱冠昇朝，起家為奉朝請。肅侍紫墀，勤王之響每振；華遊日閣，清績之音唯遥。尋轉奉車都尉。登官未幾，而天不報善，春松中摧，夏芳早滅。使清嚴之質不得，擢穎抽華，玉階之薫奄絶，騰馨散馥，朝庶承悲，能言凔痛。追贈鎮遠将军、廣州刺史。時年卅六，於建義元年七月五日葬於芒山之嚴。悼逸翼之未翔，悽九万之敦翮，勒筆以鐫音，題金而銘詠。其辞曰：

逸氣騰霄，英風卓峻。崇量岳立，玉波海潤。芳臣馨遥，德高聲振。齊三不或，四知同慎。瓊柯殲枝，痛摧百刃。清流逝波，雲翔輟進。山頹非妄，人百可信。

〇九七 魏故使持節都督青州諸軍事車騎大将军儀同三司青州刺史任城王【元彝】之墓誌銘

武泰元年（528）四月十三日卒，建義元年（528）七月六日葬。誌文28行，滿行27字，楷書。誌石47.3釐米，寬51釐米，河南洛陽出土。

【释文】

王諱彝，字子倫，恭宗景穆皇帝之曾孫，使持節、侍中、大都督、開府儀同三司、任城康王之孫，侍中、假黄鉞、使持節、都督中外諸軍事、太傅、領太尉公、任城文宣王之世子也。長瀾起乎霄漢，瓊光發自崑峰，侔弱水之聖裔，等豐岐之隆緒。自天攸縱，器並生知，學年標乎令問，冠歲備以成德。熙平之始，王猶在佩觽之辰，孝明皇帝春秋富沖，敦上庠之學，廣延宗英，搜揚儁乂。王以文宣世子，幼緝美譽，參兹妙簡，入為侍書。升降詳雅，蘊藉可觀，每從容輦陛，君臣留矚，由是聲實兩盛，朝野希風。至神龜二年，除羽林監，非其好也。性樂閑静，不趣榮利。愛黄老之術，尚恬素之志。清思參玄，高談自遠，賓延雅勝，交遠遊雜。至神龜二年十二月七日，以文宣王薨去官。慕同泣血，毀幾滅性。服闋，襲承王爵，仍除驍騎将军、通直散騎常侍。見時政之将替，王綱之不紐，雖復豐貂長組，而任處虛閑。廼杜門下帷，簡從朝宴。暨聖上龍飛，中興率土，懷来蘇之望，以武泰元年四月十三日，奉迎鑾蹕於河渚，忽逢亂兵暴起，玉石同焚，年廿三而薨逝。粤以建義元年歲次戊申七月丙辰朔六日辛酉，葬于京西谷水之北皐。年德不永，哀哉哀哉！有詔震悼，贈使持節、都督青州諸軍事、車騎大将军、儀同三司、青州刺史，王如故，謚曰文昭。鐫石傳名，庶流敻古。其詞曰：

瓊枝挺秀，瑶源汩清，猗歟令德，早振才名。基忠履孝，幼播英聲，揚光下國，飛譽上京。比物連類，蘭馥筠貞，帝曰崇學，惟賢是眄。搜德簡能，入侍釋奠，灼灼君王，允膺兹選。揚句執經，是毗是薦，恩密視草，榮均共研。道為時秀，器亦民標，高志灑落，逸韻寂寥。玄言内蘊，遠鑒外昭，英聲茂實，顯國光朝。宜享遐壽，台階是超，伊何不淑，折棟摧梁。斂魂玄壤，委氣崇芒，况逢非禍，殞體亂場。嗚呼百六，悼民傷，幽幽墓田，森森蒿逕。重泉無曉，殯帷永冥，叫叫孀孤，號咷天性。對窮筵以漣濡，望冕燈而涕迸。廼命典臣，鐫銘述盛。庶芳徽與日月共遠，流鴻猷與陵谷俱敻。

太妃長樂馮氏，父熙，侍中、太師、扶風開國武公。妃長樂馮氏。

〇九八 魏故使持節衛大将军儀同三司青州刺史城安縣開國侯貞惠元公【譚】墓誌銘

建義元年歲（528）四月十三日卒，同年七月六日葬。

誌文29行，滿行30字，楷書。誌石高83.5釐米，寬83釐米，河南洛陽出土。

【释文】

公諱譚，字延思，河南洛陽人也。獻文皇帝之孫，使持節、都督中外諸軍事、車騎大将军、特進、司州牧趙郡靈王之第三子。締構連珠，開峰合璧，綿基雲藹，故以焕乎啚緯矣。若夫玉板銀繩𡕒言，華渚丹陵之事，斯已炳灼金匱，彪行石室，伊余故可而略，無得而稱耳。公瑶臺藉慶，瓊宫麗景，實琨山之琬琰，鍾岳𡕒琳瑯，号雌黄而豈媿，著煞青而未盡。高祖既神且聖，望雲就日，公嘗以王子入見，年在紈綺，占謝光潤，胛容温華，出言而可雕虫，下筆而成霧縈。高祖玉色金聲，留屬忘倦，諸姪衆中，特加愛重。初為羽林監，遷高陽太守。鄧攸化民，言念相似。還，除直閣将军，延内侍書。起于聖懷，發言中旨。轉太僕卿、冠軍将军、大宗正卿。雖石侯篤慎，劉德允釐，比公𡕒器，未足云擬。乃授持節，假左将军，行徐州事，折衝之任也。還，轉光禄卿，行兖州事。捍城𡕒舉，除征虜将军、涇州刺史，遇患不行。遷平南将军、武衛将军、銀青光禄大夫、使持節、假安北将军、幽州大都督，雖曹彰爕伐，何以過也。還京，授司徒左長史，銀青如故，仍平南之号。朝廷以公地重應韓，戚親芃蔣，分星裂土，執玉磬石，封城安縣開國侯。俄除使持節、安西将军、唐州刺史，又改授秦州刺史，仍本号。既累荷榮爵，頻蒙重寄，方啚神算，康一區宇。何啚上靈不吊，餘慶空言，春秋卌有一，建義元年歲次戊申四月十三日，龍飛□𡕒會，横離大禍。昔西晉横流，東海交喪，比德稱概，異世同揆。詔贈使持節、衛大将军、儀同三司、青州刺史。惟公雅識沉毅，儁明獨步，在高而卑，居益而損，不以公子傲物，不以王孫自異。固三才𡕒梁棟，百代之羽儀。而天爵徒拔，人壽莫与，龜筮已從，龍櫬將撤。其年七月丙辰朔六日辛酉，遷穸瀍澗之東。雖清塵盛烈，寫弈於緗素，而幽美沉華，兼寄於泉石。乃作銘曰：

星電遂初，虹月永久，貴顯玉筐，親隆石紉。華萼則天，本枝元首，時乘利建，光宅曲阜。思文弈世，桓武載德，為後必推，争長誰克。山礪東西，河帶南北，亦既茂親，兼以淵塞。唯王炳靈，自公積慶，懷抱英雄，庶幾亞聖。逕寸表燭，盈尺内鏡，雙珠韋炫，二玉筍映。始趨羽翼，出紉邦印，金華休沐，温室密慎。居棘割鷄，在蕃遊刃，王良教舉，周亞戎鎮。譎而不正，狩於乃河，天威咫尺，人任干戈。公朝其所，大禍以波，夷甫墻壓，馬越灰磨。長辞白日，空喪青天，玄夜莫艾，黄鳥徒憐。中山豈酾，汲冢遺箋，金波無藥，玉樹非仙。

〇九九 魏故散騎常侍撫軍将军金紫光禄大夫儀同三司車騎大将军司空公光兗雍三州刺史元公【瞻】墓誌銘

建義元年（528）四月十三日卒，同年七月六日葬。

誌文32行，滿行33字，楷書。誌石高84釐米，寬84釐米，洛河南陽出土。

【释文】

公諱瞻，字道周，河南洛陽人也。恭宗景穆皇帝之孫，任城康王第三子，司徒公、尚書令、任城文宣王之弟。長瀾浩瀁，遊氛坱乾，有物憑焉，不為夭閼者，固以寄之惇史，不復詳於玆矣。公資靈川岳，藉氣風煙，浥河漢之滄浪，蔕玄圃之蓊蔚，既昭灼於芳鯉，亦蟬聯於胎教。至乃幽鑒自性，明悟天成，周童悪其奇，魏齓懱其妙。及夫切瑳為寶，佩瑜象德，游演應頑，相羊適度。架群輩而崚嶒，超流品而茗蔕。雖未符於兆夢，抑相合以魚水也。初為步兵校尉，次轉員外散騎常侍。翮毛孤翻，千尋獨遠，操量日暄，芳音稍廚。又遷前軍将军、顯武将军。先驅肅路，途絕躩蹕，部下無違，羽儀攸攝。徙宗正少卿。辨羶族食，而帝宗隱賑，皇胤荍蔬，華萼相資，驕敖難理。公訓之以家風，示之以律慮，令王子興振振之風，人懷驎角之詠。遂丁重憂，辞宦来寝，徒踴無滄，幾於滅性。情均攀柏，循墓稱在。于時以即默為用奇之邦，成山乃美遊之所，遠接沉黎，近交粱部，餘皇浮水，或乘我疆，戈船停塢，每伺此隙，緝矛之寄，寔屬茂實。尔乃嗟我懷人，以敬俞往，便假公節督光州諸軍事、龍驤将军、光州刺史。公遂憑軾而東征，望淄川而舉策。豪右捨周旋而孤逃，污吏投印珮而獨竄，吴人息烽，夜犬莫吠。仍加征虜之号，以旌忠善。還為散騎常侍、左将军，復換平南将军、持節行兖州事。而高山擁壐，星言遄邁，就拜平東将军、即真刺史。公乃布愷悌，濟寬猛，體三無以還風，宣五至以調俗。百民歡心以戴仰，移死地而無貳。故能翦沈預之梟情，仆横尸於万頃。而特旨褒讚，并金劍雜賜，豈徒持鬚而稱能，狄杜勞旋而已也。公乃繫犢言歸，臨軒告逝，轝卧轍而前車，攘抱馬而後去。俄授撫軍将军、行雍州事，於是新有盩厔之師，繼以涇川之役，民苦虐政，鳥散而叛。公便約法裁章，華夷面化。以世道紛若，心不樂煩，又以金紫光禄大夫，加散騎常侍，撫軍如故。遂得怡情寂室，逍遥養志。後為汝南王以茂德懿親，重臨京牧，妙簡忠良，銓定鄉品，召公為州都，委以選事，區别人物，涇渭斯叙。公之為性，雅懷亮直，憂公忘私，思賢若渴，執志堅厚，不為勢屈。絶迹權寵之門，息步佞諛之室。故雖居損金市首之價，未逞吴坂九折之氣。方當就槐論道，左右分治，而覆匱伊半，為山未極，夢奠先徵，殆将奄及。春秋五十一，以建義元年四月十三日薨於位。折柱之悲，事同捐珠；崩維之怨，情深罷市。天子嗟而群龍致惋，褒贈車騎大将军、司空公，加散騎常侍、雍州刺史。備物有加，禮也。以其年七月六日，窆於京西谷水之北臯。懼圓方改度，舟壑異徙，乃託玄石，語之不朽。其詞曰：

汁光降靈，神女下娉，攸縱自天，重輝疊映。配極居微，物共首政，公其體而，膺玆大慶。洞曉無疆，懸解如聖，惟彼陰鳥，厥聲猶彰。魚水好合，乃陟周行，入言良才，出曰民望。道猷瀾漫，績用芬芳，仁者必壽，顏頎不實。夏云盛長，卉木萎質，鼎湖事變，魂歸泰一。身贖不追，何為空慄，貴在表庸，終然允吉。

魏故平西將軍瓜州刺史元君之墓銘
君諱均之字仲平河南洛陽人也大宗明皇帝之
玄孫使持節侍中都督秦雍涇梁益五州諸軍事開
府儀同三司衛大將軍雍州刺史樂安簡王之孫河
澗太守昭之中子也君器識夙成神儀早令弱冠之
季為瀛州平北府中兵參軍後淮南王臨定州也召
君為録事參軍敷陳五教導以知方衆情所舉以君
行趙郡太守雖復旬月之間[illegible]學之詠有矣但積善
無徵殲我良人春秋三十有[illegible]泰元季四月戊子
朔十三日薨于洛陽詔贈平西將軍瓜州刺史建義
元季七月丙辰朔六日葬于長陵之東壙隴[illegible]昂千
載莫記故鐫石勒銘傳芙遥季

一〇〇 魏故平西将军瓜州刺史元君【均之】之墓銘

武泰元年（528）四月十三日卒，建義元（528）年七月六日葬。

誌文12行，滿行20字，楷書。誌石高48.4釐米，寬11.2釐米，河南洛陽出土。

【释文】

君諱均之，字仲平，河南洛陽人也。太宗明皇帝之玄孫，使持節、侍中、都督秦雍涇梁益五州諸軍事、開府、儀同三司、衛大将军、雍州刺史、樂安簡王之孫，河澗太守昭之中子也。君器識夙成，神儀卓尔，弱冠之年，為瀛州平北府中兵参軍。後淮南王臨定州也，召君為録事参軍。敷陳五教，導以知方，衆情所舉，以君行趙郡太守。雖復旬月之間，甘棠之詠有矣。但積善無徵，殲我良人。春秋三十有八，武泰元年四月戊子朔十三日，薨于洛陽。蒙贈平西将军、瓜州刺史。建義元年七月丙辰朔六日，葬于長陵之東。墳隴低昂，千載莫記，故鐫石勒銘，傳美遥年。

魏故輔國將軍廣州刺史元君墓誌銘
曾祖諱於德選部給事寧西將軍冀州刺史河間公
曾祖親南陽張氏
祖諱暉字景襲使持節侍中都督中外諸軍事司空文憲公領
州刺史
祖親遼東公孫氏父順振威將軍義平子北平太守
父諱逸字仲儁使持節散騎常侍都督冀州諸軍事衛將軍冀
州刺史
母頓丘李氏父平侍中車騎大將軍司空武邑郡開國公
君諱愔字士悕河南洛陽人也昭成皇帝之七世也尊源天
池構緒辰極長波共江漢俱流層峰與嵩岸比峻祖體道佐時
為物宗極父含貞緯世作民軌儀君風神清舉氣韻高暢孝友
天至學藝通敏起家為司空府參軍事又轉員外郎風流名譽
禮美一時物情期屬方希致遠而火起巫山芝艾同滅水陷歷
陽愚智俱殞以建義元年四月十三日卒於河梁之南天子言
念永往悼惜於懷有詔贈輔國將軍假節廣州刺史粵以其
年七月丙辰朔十二日丁卯窆於洛陽西卌里長陵西北十里
西鄉瀍源里瀍澗之濱作銘曰
松檟南極去水東流三珠參欄八桂幽繞亦有君子世載清猷
望茲為侶匹此成儔名則由人義實在我屣履黃扉曳裾青璅
既曰無雙方期獨坐忽矣逢災遽然遘禍行遵長薄將歸壽堂
哀哀黃鳥蕭蕭白楊千秋万古永閟巖場若遷陵谷有昭餘芳

一〇一 魏故輔國将军廣州刺史元君【愔】墓誌銘

建義元年（528）四月十三日卒，同年七月十二日葬。誌文22行，滿行24字，楷書。誌石高59.3釐米，寬57.8釐米，河南洛陽出土。

【释文】

曾祖諱於德，選部給事、寧西将军、冀州刺史、河間公；曾祖親南陽張氏。祖諱暉，字景襲，使持節、侍中、都督中外諸軍事、司空、文憲公、領州刺史；祖親遼東公孫氏，父順，振威将军、義平子、北平太守。父諱逸，字仲儁，使持節、散騎常侍、都督冀州諸軍事、衛将军、冀州刺史；母頓丘李氏，父平，侍中、車騎大将军、司空、武邑郡開國公。君諱愔，字士悕，河南洛陽人也。昭成皇帝之七世[孫]也。導源天池，構緒辰極，長波共江漢俱流，層峰與嵩華比峻。祖體道佐時，為物宗極；父含貞緯世，作民軌儀。君風神清舉，氣韻高暢，孝友天至，學藝通敏。起家為司空府參軍事，又轉員外郎。風流名譽，擅美一時。物情期屬，方希致遠。而火起巫山，芝艾同滅；水陷歷陽，愚智俱殞。以建義元年四月十三日，卒於河梁之南。天子言念永往，悼惜於懷，有詔贈輔國将军、假節、廣州刺史。粤以其年七月丙辰朔十二日丁卯，窆於洛陽西卌里長陵西北十里西鄉瀍源里瀍澗之濱。作銘曰：

招摇南極，赤水東流，三珠粲爛，八桂幽繚。亦有君子，世載清猷，望兹為侶，匹此成儔。名則由人，義實在我，屣履黄扉，曳裾青瑣。既曰無雙，方期獨坐，忽矣逢灾，遽然遘禍。行遵長薄，将歸壽堂，哀哀黄鳥，簫簫白楊。千秋万古，永閟巖場，若遷陵谷，有昭餘芳。

魏故驪驤將軍太常少卿元君墓誌銘
曾祖諱於德選部給事寧西將軍冀州刺史河間公
曾祖親南陽張氏
祖諱暉字景龢使持節侍中都督中外諸軍事司空文
憲公領雍州刺史
祖親遼東公孫氏父順振威將軍義平子北平太守
父諱逸字仲儁使持節散騎常侍都督冀州諸軍事衛
將軍冀州刺史
母頓李父平侍中車騎大將軍司空武邑郡開國公
君諱悛字士愉河南洛陽人也昭成皇帝之七世孫年
七歲名爲國子學生即引入侍書以建義元年四月十
三日卒於河梁之南　天子言念永往悼切於懷有
詔特贈驪驤將軍太常少卿粤其年七月丙辰朔十二
日丁卯窆於洛陽西卅里長陵西北一十里西鄉瀍原
里瀍澗之濱乃作銘曰
長瀾浚遠層緒攸緜餘慶所及誕美在焉稱神綺歲曰
聖髫年猶如白鵠有若青天石渠問道金華侍學比竹
加羽如玉斯瑑謂躋三台期臨四岳奄落魏珠忽淪荆
璞駸駸素騏昱昱丹旐既出國門將歸神道墳路荒芒
泉門窈窕空顧與歸徒嗟絕倒

一〇二　魏故驪驤将军太常少卿元君【悛】墓誌銘

建義元年（528）四月十三日卒，同年七月十二日葬。誌文20行，滿行21字，楷書。誌石高56釐米，寬56.5釐米，河南洛陽出土。

【释文】

曾祖諱於德，選部給事、寧西将军、冀州刺史、河間公；曾祖親南陽張氏。祖諱暉，字景襲，使持節、侍中、都督中外諸軍事、司空、文憲公、領雍州刺史；祖親遼東公孫氏，父順，振威将军、義平子、北平太守。父諱逸，字仲儁，使持節、散騎常侍、都督冀州諸軍事、衛将军、冀州刺史；母頓［丘］李［氏］，父平，侍中、車騎大将军、司空、武邑郡開國公。君諱悛，字士愉，河南洛陽人也。昭成皇帝之七世孫。年七歲，召為國子學生，即引入侍書。以建義元年四月十三日，卒於河梁之南。天子言念永往，悼切於懷，有詔特贈驃騎将军、太常少卿。粤其年七月丙辰朔十二日丁卯，窆於洛陽西卌里長陵西北一十里西鄉瀍源里瀍澗之濱。乃作銘曰：

長瀾浚遠，層緒攸綿，餘慶所及，鋋美在焉。稱神綺歲，曰聖雕年，猶如白鵠，有若青天。石渠問道，金華侍學，比竹加羽，如玉斯琢。謂蹠三台，期臨四岳，奄落魏珠，忽淪荆璞。駸駸素騏，昱昱丹旐，既出國門，将歸神道。墳路荒芒，泉門窈窕，空願與歸，徒嗟絶倒。

魏故假節龍驤將軍晉州刺史元君墓誌銘
君諱信字子諒洛陽人也昭成皇帝七世孫神踨與
姬夏同初靈源共積石爭峻縣世章黼蔚弗有聞承相
以帝者懿親論道朝端征西勒馬風驅聲羽過那考司
空傷氣獨清神衿秀遠昂藏伊洛之朝規矩一時之望
君令質挺生雅懷嚴淨夙入書堂無竹馬之歡長尋墳
誥有月旦之異行義以會仁專信以集友愛敬發於天
然將慎由於性理所謂魏國之白駒元族之千里司空
元公秉哲經朝緯文綏武旗弓以待賢蒲帛以邀德聞
君識素既奇情靈洞遠辟君為參軍事君稟氣沖高資
懷允讓本無城國之榮豈留佐人之職方乃接翮飛
高步關俗年十有五卒乎官天子痛悼親賢同泣有
詔贈龍驤將軍晉州刺史粵其年七月丙辰朔十二日
丁卯穸於舊塋其詞曰
王僚至重鉉府非輕在山訪竹在世求英卓哉夫子節
行凝明情留高尚時不見聽陳家早令禮辟以申公車
滿路鴻帛成羣往之召豈越茲人聞之古語驗之徵
君伊公司鼎朝稱良政自君之舉孰云非令稱闡有聞
貴言方盛百事克諧澄明如鏡福善有聞斯焉豈實情
節方申中年早隕痛矣蘭摧惜哉何暨三良苦秦孰如
茲曰

一〇三 魏故假節龍驤將軍晉州刺史元君【信】墓誌銘

建義元年（528）七月十二日葬。

誌文21行，滿行21字，楷書。誌石高52釐米，寬51.2釐米，河南洛陽出土。

【释文】

君諱信，字子諒，洛陽人也。昭成皇帝七世孫。神蹤與姬夏同初，靈源共積石争峻。綿世章黼，蔚乎有聞。承相以帝者懿親，論道朝端；征西勒馬風驅，聲弭邊服。考司空，儁氣獨清，神衿秀遠，昂藏伊洛之朝，規矩一時之望。君令質挺生，雅懷嚴浄，幼入書堂，無竹馬之歡；長尋墳誥，有月旦之異。行義以會仁，專信以集友。愛敬發於天然，将慎由於性理，所謂魏國之白駒，元族之千里。司空元公秉哲經朝，緯文綏武，旗弓以待賢，蒲帛以邀德。聞君識素既奇，情靈洞遠，辟君為參軍事。君稟氣沖高，資懷剋讓，本無城國之榮，豈畐佐人之職。方乃接翮翻飛，高步閑俗，年十有五卒乎官。天子痛悼，親賢同泣。有詔贈龍驤将军、晉州刺史。粤其年七月丙辰朔十二日丁卯，窆於舊塋。其詞曰：

王僚至重，鉉府非輕，在山訪竹，在世求英。卓哉夫子，節行凝明，情畐高尚，時不見聽。陳家早令，礼辟以申，公車滿路，雁帛成群。旌弓之召，豈越玆人，聞之古語，驗之徵君。伊公司鼎，朝稱良政，自君之舉，孰云非令。稱闕有聞，貢言方盛，百事剋諧，澄明如鏡。福善有聞，斯焉豈實，情節方申，中年喪質。痛矣蘭摧，惜哉何暨，三良苦奏，孰如兹日。

一〇四

魏故□持節儀同三司都督相州諸軍事車騎大将军相州刺史元公【端】墓誌銘

武泰元年（528）四月十三日卒，建義元年（528）七月十七日葬。

誌文33行，滿行34字，楷書。誌石高70釐米，寬69釐米，河南洛陽出土。

【释文】

君諱端，字宣雅，河南洛陽人也。其先道武皇帝之胤，獻文皇帝之孫，丞相高陽王之長子。其神迹杳□之□，皇基浩汗之事，故吕地載群流，乾覆万像，纂自帝經，□於方策矣。君資太一之純氣，禀列聖之餘塵，業賞貞固，風機萌於夙心，發自兒童之時，故吕麟止其儀，而殊於公族者也。及五典六經之籍，國策子集之書，一覽則執其歸，再聞則悟其致。所以遠迩服其風流，朝野欽其意氣。至如孝踰江夏，信重黄金，百練不銷，九言剋順，固自幼而老成，形於岐嶷矣。宣武皇帝訪舉皇枝，吕華鳳閣，召君爲散騎侍郎。孝明皇帝初祚万國，推賢簡彦，擢君爲通直散騎常侍、鴻臚少卿。吕在棘瑜名，清風遠扇，轉除太常卿，常侍如故。莅之撫誨，礼樂翔穆，瑶響遐著，聲聞海嶽。又遷散騎常侍、安東将军、都督青州諸軍事、青州刺史。君乃聲金辭闕，肅駕東轅，玉軑載途，弓旌亦發。其教也，不猛如成；其政也，不嚴如治。廻軒入朝，即爲度支、都官二曹尚書。則能禁闥清謐，百揆脩結。至孝昌五年，魯地寇乱，民情勃逆，以君威名遠震，除爲撫軍将军、都督兗州諸軍事、兗州刺史、當州都督。而僞賊羊烏兒，天欲喪乱，迷不量力，敢聚蟻徒，侵勃州境。傾國從戎，連勢遠集，重營疊栅，圍城數匝，强心固志，規一攻剋。君祇順所履，戮力王略，威恩早著，風綏吕礼，士不銜枚如嘿，馬不味如無聲。師衆桓桓，軍徒肅鋭，有苦同共，矢石共當。軍賞不足，私財斑賚。俠纊之衆，人百其勇，吕實禦危，雲鋒暫震，誓旅前驅，一鼓外潰。功堅易於折枯，摧强甚於湯雪。偃骸積尸，野成京觀，獲将獻俘，千有餘級。實乃殊機異詭，應時剋捷也。雖陳韓子房，論策語謀，何吕過焉。故能建功于百代之前，垂德于千載之下，泄雅亮於八區，震威牆於四裔，豈窺管韜天所能論其光歟。徽遂集吏，遷散騎常侍、鎮軍将军、金紫光禄大夫、安德都開國公。而昊天不吊，景命云徂，折玉嶺之芳枝，落中天之静月，春秋三十六，大魏武泰元年四月戊子朔十三日戊子，卒於邙山。比治績於平辰，震榮名於身後，故贈使持節、儀同三司、都督相州諸軍事、車騎大将军、相州刺史，開國如故。吕七月十七日壬申，遷窆於邙山之陽。往而不返，嗚呼哀哉！君秀而不實，中遇嚴霜，曾落顔生之上彩，復没夫子之雄光。何吕述之，銘石泉堂，素骨遂玄泉而盡，青風與白日俱揚。乃鐫乃堅，乃目乃遠，吕圖髣髴，寄舒玉篆。其詞曰：

惟海之淵，惟嶽之峻，揔湛万尋，蒙籠千刃。寔生夫子，因心作訓，捴角余箱，式冠玉振。昔在簡子，有珍斯名，君之立德，恭允篤成。秋月開霄，子與分明，長松入漢，子與分貞。瞻彼洛矣，其水汪汪，叔度百頃，君亦洋洋。方崇上爵，吕覆含章，如何如何，哲人其亡。長楊森聳，高松半雲，荒丘蕪没，寒遂無春。何其一旦，此地安君，墓門風咽，爲是啼人。倒月如電，崩流迅疾，天地詎央，君往已畢。旌挽飄飄，悲歌慄慄，不悟黄埃，覆君素衷。生榮死哀，白古先民，朱帳漸踈，白楊已親。勒銘九泉，吕馥清塵，金石雖朽，德音恒新。

又追贈司空公，謚曰文。維大魏建義元年歲次戊申七月丙辰朔十七日壬申。

一〇五 魏故元□【誕】墓誌銘

建義元年（528）七月十七日葬。

誌文 16 行，滿行 23 字，楷書。誌石高 51 釐米，寬 53 釐米，河南洛陽出土。

【释文】

君諱誕，字那延，河南洛陽人也。驃騎大将军、左丞相、都督中外諸軍事、得銅虎符、冀州刺史、常山王之曾孫，征西大将军、都督河以西諸軍事、儀同三司、侍中、太尉公、常山王之孫，北中郎将、華肆燕朔相五州刺史、征北大将军、定州刺史、簡公之第五子。君世魏胄殊，志亢不仕，守儀舊都。景明中，辟召不就，蹇蕚陵居。雖非宗子，親族遵扶，意静無為，蕭堵自虛。帝胄之子，官召不須，名詳海溢，聲徹四宇。既直難還都，天不遂善，忽致濫釁，年卌四，奄卒於世。建義元年歲次戊申七月丙辰朔十七日壬申，葬於芒山。慜霄光中漸，春華奄滅，託鏤誌功，名傳後詠。其辞曰：

美哉帝胤，世紹私塊，静志端卓，夙久自台。名功若股肱，慈庭追慎，不識順哉，心優遊於卒世。卒尔凶沉，昊天不吊，啚善滅摧。良木其壞，哲人萎哉。酷慜終天，世去無来。麻衣獻前，泉室答培。永矣蒼天，了然無之。刊記茲石，永久識期。身泥名存，揚波遠開。

一〇六 魏故使持節車騎大将军儀同三司定州刺史平鄉縣開□男孝惠元公【讞】墓誌銘

建義元年歲（528）四月十三日卒，同年七月十七日葬。

誌文29行，滿行30字，楷書。誌石高81.5釐米，寬80釐米，河南洛陽出土。

【释文】

君諱讞，字寧國，河南洛陽人也。獻文皇帝之孫，使持節、都督中外諸軍事、車騎大将军、特進、司州牧、趙郡□王之第四子。鴻胄紛綸，發閬苑而雲起；清源介別，出天池而電□。啚英風於□堞，翻不朽於金冊。君稟沖靈之叡氣，倏不世之奇略，忠謇有納肝之志，□介蘊埋輪之操。大節卓然出俗，粹量奧吕難窮，信厚一若鱗趾，忘懷乃同觀魚。芳猷日茂，雅韻弥高。延昌四年詔：帝宗□衍，皇族胤隆，賢英挺儁，久宜優採，可出□羽林監。君乃龍鱗始舊，驥氣方噓，而金華□隱，玉質遂彰，詔轉司徒府主簿。潔己踰於冰鏡，明清渾於玉石。秉均繩物，則二公謝其倫；受翼心毗，則四子慚其德。俄遷通直散騎侍郎，佩月皇朝，懷蘭霜府，芳才□馥，慧洽聲飛。又除中監将军、宗正卿。一時□旦唯晨，權門專政，遂□懸冠於陵趾，尚染體於空谷。低□改操，蘊軌□□，懷愕與誠，□□峰□，欲□焦光，等茂朝廷。吕公揚清激濁，貞□不群，特辟散騎常侍，而君□□□翠，彫玉□□。又加左将军、太中大夫，常侍如故。又詔□崇道峻，宜見褒賞，封平鄉縣□□男。方當倍鸞五都，勒勳□□，維城之略未從，餘慶之□徒積。時春秋卅，以建義元年歲次戊申四月十三日，龍飛之會，横禍奄及。宸□□□，□結僚司，□運易移，龍欑將撤。其年七月丙辰朔十七日壬申，還窆于瀍澗之東□。川□不停，緗縑易朽，德音何傳，幽石能久。乃作銘曰：

障哉王族，玉胄振芳，哲人誕世，瓊質金相。劎筆霜穎，雅韻春莊，尺木蹔昇，鴻衛弥光。業茂群龍，心華霉鷺，逢慶崑山，迎寵鄧樹。翔蟬白日，耀貂紫霧，曹殖謝氣，劉章醜譽。賢戚修鍾，台衡具歸，分陜未闢，物永緇衣。灰如川逝，表若電飛，百年一去，万古莫追。壟草夜寒，松雲曉咽，寶琴空在，蘭燈長滅。英聲玉潤，茂彩芳列，金石不銷，泉門□哲。

夫人河南于氏，祖勁，使持節、散騎常侍、都督定瀛幽三州諸軍事、征北大将军、定州刺史、太原郡開國公，薨，贈司空公，謚曰恭莊公；祖親陳留程氏，燕司徒公孫女。父略，中書侍郎、直閣将军、輔國将军、通直散騎常侍，薨，贈使持節、征虜将军、恒州刺史；親城陽孟氏，父陵，定州治中，薨，贈立忠将军、中山太守□□□。

魏故征北将軍相州刺史元君之墓誌銘
君諱宥字顯恩河南洛陽人也魏大宗元皇帝之玄孫
樂安宣王之曾孫樂安簡王之孫巴州景公之元子也
若夫分源巨壑析本高林拖玉鳴鸞傳華弈世固無得
而稱焉君資神特挺稟質瓌奇孝友幼成忠貞匪習年
自文皇迄於明帝爰歷三朝光榮聯履未冠轉前
将軍武衛将軍當時之名進也君既職奉嚴凝位隣
日月雖寵望稍崇而志弥祗慎至於閨門之訓時人鮮
其無簡事君之節朝士仰其高山方将翊翼皇家流
功帝籍而天不報善殲此名器以孝昌四年正月丁
重憂遂寢伏苦士其居喪之礼雖曾顏無以過焉春秋
五十一四以武泰元年夏四月既旬越三日薨於廬秋七
月既望後二日窆於西陵 主上深垂悼愍痛之云亡
乃策贈征北将軍相州刺史謚曰孝公夫明瑤雖毀猶
挺質於沙礫薰蘭見析尚流芬於芥蒂故刊此玄石垂
之不朽其辞曰
渾渾大水欝欝長林維君挺秀脩殖攸斟孝友天萩忠
貞自心朝遵景行門無簡音方陵九棘爰歷三槐弥慈
衮闕味此鹽梅豈其峻嶽忽已傾頹 聖上流愍朝士
銜哀痛我懿哲惜矣高梁邦之不幸人亦云亡明瑤碎
質薰蕙埋芳勒此玄石銘之未央

一〇七 魏故征北将军相州刺史元君【宥】之墓誌銘

武泰元年（528）四月三日卒，同年七月十七日葬。

誌文21行，满行21字，楷書。誌石高50.3釐米，寬50釐米，河南洛陽出土。

【释文】

君諱宥，字顯恩，河南洛陽人也。魏太宗元皇帝之玄孫，樂安宣王之曾孫，樂安簡王之孫，巴州景公之元子也。若夫分源巨壑，析本高林，拖玉鳴鸞，傳華弈世，固無得而稱焉。君資神特挺，稟質環奇，孝友幼成，忠貞匪習。肇自文皇，迄於明帝，爰歷三朝，光榮驟履。末年轉前将军、武衛将军，當時之名進也。君既職奉嚴凝，位鄰日月，雖寵望稍崇，而志弥挹損。至於閨門之訓，時人觖其無簡；事君之節，朝士仰其高山。方将鼎翼皇家，流功帝籍，而天不報善，殲此名器。以孝昌四年正月，丁重憂，遂寢伏苫土，其居喪之礼，雖曾顏無以過焉。春秋五十四，以武泰元年夏四月既旬越三日，薨於廬。秋七月既望後二日，窆於西陵。主上深垂悼愍，痛此云亡。乃策贈征北将军、相州刺史，謚曰孝公。夫明瑶雖毁，猶挺質於沙礫；薰蘭見折，尚流芬於卉莽。故刊此玄石，垂之不朽。其辭曰：

渾渾大水，鬱鬱長林，維君挺秀，攸殖攸斟。孝友天發，忠貞自心，朝遵景行，門無簡音。方陵九棘，爰歷三槐，弥茲衮闕，味此鹽梅。豈其峻嶽，忽已傾頽，聖上流愍，朝士銜哀。痛哉懿哲，惜矣高梁，邦之不幸，人亦云亡。明瑶碎質，薰蕙埋芳，勒此玄石，銘之未央。

一〇八

故司空城局參軍陸君【紹】墓誌銘

武泰元年（528）四月十三日卒，建義元年（528）七月十七日葬。

誌文21行，滿行21字，楷書。誌石高52.3釐米，寬55釐米，河南洛陽出土。

【释文】

君諱紹，字景宗，河南河陰人也。其先盖軒轅之裔胄。曾祖，大羽真、南部尚書、使持節、散騎常侍、都督諸軍事、定州刺史、酒泉公。祖，冠軍将军、俟懃地河，蒙贈幽州刺史。父，散騎常侍、安西将军、燉煌鎮都大将，在官未幾，奄然棄背。君承膏腴於北都，綴聯葩於南京。弱齡庠序，幼立寬仁之美；長處鄉邦，每著恂恂之操。儼然自居，不蠲世物。出身勃海公郎中令。臨官自剋，寶璧不撓其心；刊物庭立，懷直不避刑憲。俄遷司空城局參軍。板帶逍遥，抱純弥譽，雖折轅之奇，不足比其潔。懷行好古，内外俱兼，文藻富麗，矯翰當途。而天不哀善，禍濫及仁。春秋五十有一，武泰元年四月十三日，卒於京厘。可謂當夏摧芳，臨秋散菊。粤建義元年歲亞涒灘七月丙辰朔十七日壬申，葬於京西十八里，西據芒山，北帶鞍道。故勒銘云尔。其辞曰：

攸攸歲月，芒芒今時，寒來景往，有榮有衰。四時尚尔，今去無期，千齡万祀，泉下何依。何依何仗，空入空堂，皓冠變碧，青苔滿床。新卷千餘，盡成舊章，蘭桂芬馥，奄被秋霜。天不擇善，專取良人，高峰墜壑，深谷摧榛。蘭園喪彩，玉山彫瑨，棄兹華机，忽染幽塵。幽塵寂寞，昏昏綿綿，日照孤幃，月映空筵。風埃滿室，淚宇多相，形沉四域，魂飛九天。

一〇九 魏故使持節征東将军儀同三司都督青州諸軍事青州刺史元使君【湛】墓誌銘

建義元年（528）七月十八日葬。

誌文29行，滿行28字，楷書。誌石高58.5釐米，寬58.5釐米，河南洛陽出土。

【释文】

君諱湛，字珍興，河南洛陽寬仁里人也。恭宗景穆皇帝之曾孫，使持節、征南大将军、開府儀同三司、涼雍相三州刺史、南安惠王之孫，使持節、鎮西大将军、都督東秦豳夏三州諸軍事、西戎校尉、統万突鎮都大将、荆汾夏三州刺史、章武王之第四子，使持節、散騎常侍、宗正卿、秘書監、中護軍、撫軍将军、領河南尹、司州大中正、征東将军、左光禄大夫、衛将军、車騎大将军、侍中、司空公、司徒公、都督雍華岐三州諸軍事、并青雍三州刺史、章武武庄王之令弟。其乾元應啚，事炳金冊，疊聖繼天，備刊秘録。君稟靈和之正氣，協晨暉而誕降，淵深岳峻之操，希言慎密之性，受之自天矣。美姿貌，好潔浄，望之儼然，狀若仙客。愛山水，翫園池，奇花異果，莫不集之。嘉辰節慶，光風日月，必延王孫，命公子，曲醼竹林，賦詩暢志。性篤學，尤好文藻，善筆迹，偏長詩詠。祖孝武，愛謝庄，博讀經史，朋舊名之書海。永平四年，旨徵拜秘書著作郎，追揚雄之蹤，義賞名賢，文貶凶黨。司空公任城王聖朝東阿，愛君文華，啓除騎兵參軍，尋補尚書左士郎中。握筆禁省，名振朝廷，遷左軍将军。後以才麗，旨除中書侍郎，詔策優文，下筆兩流，以君德茂清政，敕兼吏部郎中。詮衡得稱，復遷前将军、通直散騎常侍。貂璫紫殿，鳴玉雲閣，優遊秘苑，仍賞文藝。又以仁明公政，除廷尉少卿，賞能未盡，尋拜正卿。定國釋之，何以加也。口不論人，玄同阮公，雖為王人，公事未曾漏泄，時人号曰魏之安世。清等胡威，家徒四壁，孝友忠篤，出自天性。春秋卅有八，建義元年歲次實沈月在仲吕戊子朔十三日庚子薨。朝野痛惜，惨結行雲，可謂荆山崩，玉樹折。聖上哀念，追贈使持節、征東将军、都督青州諸軍事、青州刺史。即以其年月在夷則丙辰朔十八日，窆于邙山。聊刊景迹，以彰後代。其辞曰：

赫赫元公，氣連乾光，金姿玉質，令問早揚。脩身立德，休音弥彰，清宦累辟，寔由才良。澤雖天降，顯須人茂，非賢非哲，基業誰遘。荆璧獨朗，靈芝孤秀，三台冀登，慶雲不覆。三臣逝矣，詩人咸哀，羊公薨殞，淮南心摧。鳳子不壽，飛鳥徘徊，長辞白日，絶望雲臺。皇天無親，應祐善人，如何灾濫，禍纏青真。哀慼行路，朋舊酸辛，敬宣嘉迹，敢書芳塵。

西河宋靈烏文。大魏建義元年歲次實沈月在夷則丙辰朔十八日癸酉造。

一一〇 魏故使持節中軍將軍征東大將軍散騎常侍瀛州刺史元君【廞】墓誌銘

建義元年（528）四月十三日卒，同年七月十八日葬。

誌文22行，滿行28字，楷書。誌石高65.9釐米，寬65釐米，河南洛陽出土。

【释文】

君諱廞，字義興，河南洛陽人也。恭宗景穆皇帝之曾孫，使持節、侍中、啓府儀同三司、征西大将军、都督相州諸軍事、相州刺史、南安惠王之孫，吏部尚書、司徒公、中山獻武之第四子。君擢秀玄峰，解芝白水，生而岐嶷，長而温敏。配美瓊瑩，等輝泉錦，致竭兩深，衆善備茂。年暨堪仕，為員外散騎侍郎。翹蔞錯薪，言見其楚，尋辟上台，為騎兵參軍。助調醽味，餗實伊滑。仍復本任，加襄威将军。以援戈之効，遷員外散騎常侍。君閱實九區，贊奏山海，三品所出，靡不知曉。於是密敕爰來，委以捴事，為十州都将，主採金鐵。功用垂就，遭變停罷輔國将军、通直散騎常侍。尒乃其實離離，覩鳴稍遠。時上黨黔黎千有餘衆，携手連名，言事公府，云長子舊城，險要攸在，求置一州，永固兹守。以君皇冑懿重，操執端謹，六事淵塞，三正明爽，必能代厥神工，為民良主。帝既下命，衆議又允，便為胡氏所破，請事中罷。匪直怨結折鉥，亦悲同去衮。君志業益深，績功方絢，為稼未穡。如漢就廣，簠簋不施，舟楫莫設，而望舒示祲，山頹奄及。春秋卌有三，以建義元年四月十三日，薨於位。天子慟懷，百寮哀怛。乃贈使持節、中軍将军、瀛州刺史。以君在朝清勲，公顯累著，前贈未盡，復加征東大将、散騎常侍。備兹禮物，即其年七月十八日，窆於竟陵之東。彫戈勒不朽之名，既遺轍於先民；鐫石傳無窮之稱，又莫捨於兹日。遂嗚呼而揚輝，崩潰而陳質。其詞曰：

皇矣哲命，伊緯伊望。誕維雄兆，發見其祥。剋和貞邃，既温且良。少而不乾，長遂龍驤。德以昇朝，義以食禄。懸獸無譏，鸤鳩有録。絅絨表容，綒蛇顯足。于嗟驎子，振振王族。歷奉著誠，動庸簡樹。方引蕃棘，騁逸遐路。豈不整遺，厭世遄去。人百崩城，莫類斯慕。式告後昆，在仁必恕。

一一一 魏故侍中驃騎大将军儀同三司尚書令徐州刺史太保東平王元君【略】墓誌銘

建義元年（528）四月十三日卒，同年七月十八日葬。誌文34行，滿行33字，楷書。誌石高65.2釐米，寬67.4釐米，河南洛陽出土。

【释文】

君諱略，字儁興，司州河南洛陽都鄉照文里人也。大魏景穆皇帝之曾孫，南安惠王之孫，司徒公、中山獻武王之第四子。源資氣始，号因物初。高祖深鏡品族，洞曉宗由，窮万像之本，則大易氏。君高朗幼檦，令問夙遠，如璧之質，處琳琅以先奇；維國之楨，排山川而獨穎。遊志儒林，宅心仁苑，禮窮訓則，義周物軌。信等脱劍，惠深贈紵，器博公琰，筆茂子雲。汪汪焉，量溢万頃；濟濟焉，實懷多士。世宗宣武皇帝識重宗哲，特蒙鍾愛，吕貂璫之授，非懿不居。釋褐員外散騎常侍，復遷通直。歷步龍淵，聲最東省。又吕君焕才挺生，将雕龍樞内，尋轉給事黄門侍郎，加冠軍将军。正光之初，元昆作蕃，投杼横集，濫塵安忍，在原之痛，事切當時。遂潜影去洛，避刃越江，賣買同價，寧此過也。偽主蕭氏，雅相器尚，等秩親枝，齊賞密席。而莊舃之念，雖榮願本；渭陽之戀，偏楚心目。吕孝昌元年，旋軸象魏。孝明皇帝吕君往濫家難，歸闕誠深，錫兹茅土，用隆節胤，封東平王，食邑二千。雲網既收，迅翮復舉。即授侍中、左衛将军、加車騎大将军，尋遷驃騎大将军、儀同三司、領國子祭酒，俄陟尚書令。吐纳兩聖之言，捴裁百揆之職。三遊非心，四維是務。臨財不願苟得，有很無求取勝。奉公廉潔，刻妻之流；處事機明，辯碑之類。雖伊姜播譽於殷周，曹何流稱於漢晉，古今同美，千代一時。但民悖四方，主棄万國，則百莫儲，唯凪斯應。母后握機，競權宗氏，将使産禄之門，再聞此日。大将军榮，遠舉義旗，無契而會，劾踰叔牙，中興魏道。乃欲賞罰賢諛，用允群望。而和光未分，暴酷麾下，皓月沉明，垂棘喪寶。甘井先竭，莊惠言徵；鬼神依德，宮奇匪驗。春秋卅有三，吕大魏建義元年歲次戊申四月丙辰朔十三日戊辰，薨於洛陽之北邙。故黄鳥之篇，哀結行路，□瘁之文，慕縈遐迩。楚老於是長號，春相於是嘿音，悲感飛走，惋動人神。宸居追歡，賵侔博陸。詔贈太保、徐州刺史，謚曰文貞王。窆穸于洛城之西陵。夫星周紀易，循環莫息，泉靈綿代，或頹或徙，故樹鐫琢之文，永題不朽之石。其詞曰：

維天挺氣，維嶽降靈。猗歟顯哲，資和誕形。學由心曉，智吕性成。辟强幼達，令思早名。一彼一此，不獨擅聲。藉德蹈榮，緣懿履秩。神儀優婉，貂璋曜逸。螭藻樞中，陪宸皇室。惠乃盡人，益不先損。忠矣清朗，晶焉冰日。令問令望，誰黨誰比。鶺鴒懷感，喪乱未申。岐肆北海，君寓東岷。績高雙化，才富二鄰。前徽洛渚，後曜江濱。越聲興歎，秦音獨欸。首丘斯遂，長軒此来。纳言歸致，冢社誠開。八列光矣，十六盛哉。義旗創植，忠儇未析。同燼薫莠，渾挫玉礫。梁木頓摧，宿草奄積。歌笑停音，琴觴罷席。世宇方塵，壙堂弥寂。永淪泉壤，長焕金石。

大魏建義元年歲次戊申七月丙辰朔十八日癸酉建。妃范陽盧氏，字真心，父尚之，出身中書義郎、皇子趙郡王諮議參軍事、司徒府右長史，俄轉左長史，除持節都督濟州諸軍事、左将军、濟州刺史，後除光禄大夫，贈散騎常侍、使持節、都督青州諸軍事、安東将军、青州刺史。謚曰。世子規，字景式。大女摩利，未嫡；次女足華，未嫡；次女定華，未嫡。

魏故持節散騎常侍平南將軍荊州刺史直公墓誌銘
君諱顯字文顯南陽宛人也漢御史大夫不疑之裔胄宋益州刺史南
陽侯之玄孫祖平南公殊英卓亮今竹成都考寧遠以貞忠儁節剖符
晉陽君稟靈根於二儀資神幹於六氣生端凝而好直終岐嶷而不改
行年十二便丁重憂君居喪毀悴裁不滅性人難三年之感君易終身
哀雅復顏丁合禮二連善喪方之於君未足言也故能寬仁若水愛義
如山巍巍乎若霄岸之莫窮泱泱乎若海浪之無極蕩蕩焉民無能名
也於是斂翼待時候風如動信可謂南陽之孤竹伊渥之作王者矣弱
冠知名辟撫軍府參軍事歷任無私所在著績尋加盪寇將軍領熟宮
令非其好也時武興壘飛墻鬼霧咽自非辯堪光命何以綏之遂加君
散騎侍郎為蕃使主高麻獲康伊君是賴登授襄威將軍積射將軍夙
懃王事忠確弥章俄遷伏波將軍羽林監腹心斯委干城是寄又進寧
朔將軍步兵校尉君仁以濟寬寬以濟信德義之風扇於朝野不悟天
不弔善指人云徂春秋五十建義元年四月十三日薨於熙寧里於是
主上懷仁水之感邦國痛三良之哀帝用悼之追以榮冊詔曰粤洛
故寧朔將軍步兵校尉直文顯稟確遙基資靈遠攜綏續來弥懃王畏
紀于昇朝省委勉之誦再茂辯登光命原隰之輝重蔚但天不祐指服
貽云徂輟祭之感何痛如斯自非特加榮滚無以旌善今遣廣威將軍
謁者孔和奉冊即柩贈持節散騎常侍平南將軍荊州刺史璽印綬祭
以太牢魂而有靈嘉茲寵飭嗚呼哀哉登以此年七月十八日窆於景
陵之西長城之南於是臣子遠崇衛鼎之遺文高尚晉鍾之餘飭録九
原以欄勳喬松門以旌德咏鴻烈於幽壤傳至仁於潛域其詞曰
穆穆公侯誕慶靈緒寢若虬磐九皐所昂若鴻翻萬里一舉越跡三
逴齊蹤四侶泉源苛潤金玉等楨攀松拖質析蘭貿芳滌指若川彫織
如霜甚年頹冊笄萬陳張篤義於秋敦仁在春佩玉等質衣錦齊文穡
山比德量海方仁一茲十乱六彼五臣如何不弔濫降茲凶夜月沉輝
晨光墜眼崇巖殯壑一旦安休新名素牒故影幽壤 歲次戊申

一二一 魏故持節散騎常侍平南將軍荊州刺史直公【顯】墓誌銘

建義元年（528）四月十三日卒，同年七月十八日葬。

誌文27行，滿行27字，楷書。誌石高61.5釐米，寬61.5釐米，河南洛陽出土。

【释文】

君諱顯，字文顯，南陽宛平人也。漢御史大夫不疑之裔胄，宋益州刺史、南陽侯之玄孫。祖平南，吕殊英卓亮，分竹成都；考寧遠，以貞忠儁節，剖符晉陽。君稟靈根於二儀，資神幹於六氣，生端凝而好直，終岐嶷而不改。行年十二，便丁重憂，君居喪毀悴，栽不滅性。人難三年之感，君易終身哀頑。復颜丁合禮，二連善喪，方之於君，未足言也。故能寬仁若水，愛義如山，巍巍乎若霄峰之莫窮，泱泱乎若海浪之無極，蕩蕩焉民無能名也。於是，斂翼待時，候風如動，信可謂南陽之孤竹，伊瀍之片玉者矣。弱冠知名，辟撫軍府參軍事，歷任無私，所在著績。尋加盪寇将军，領甄官令，非其好也。時武興塵飛，疆夷霧咽，自非辯堪光命，何以綏之。遂加君散騎侍郎，為蕃使主，邊庶獲康，伊君是賴。登授襄威将军、積射将军，夙勤王事，忠確弥章。俄遷伏波将军、羽林監，腹心斯委，干城是寄。又進寧朔将军、步兵校尉。君仁吕濟寬，寬吕濟信，德義之風，扇於朝野。不悟天不吊善，哲人云徂，春秋五十，建義元年四月十三日，薨於熙寧里。於是，主上懷亡水之感，邦國痛三良之哀。帝用悼之，追以榮冊，詔粤：咨故寧朔将军、步兵校尉直文顯，稟確遥基，資靈遠搆，綴綺桑弧，勤王累紀。才昇朝省，委蛇之誦再茂；辯登光命，原隰之輝重蔚。但天不祐哲，股肱云徂，輟祭之感，何痛如斯。自非特加榮液，無以旌善，今遣厲威将军、謁者孔和奉冊即柩，贈持節、散騎常侍、平南将军、荆州刺史。璽印綬祭，以太牢魂而有靈，嘉兹寵飾。嗚呼哀哉！登以此年七月十八日，窆於景陵之西，長城之南。於是，臣子遠崇衛鼎之遺文，高尚晉鍾之餘飾，隸九原以標勳，畐松門以旌德。咏鴻烈於幽壤，傳至仁於潛域。其詞曰：

穆穆公侯，誕慶靈緒；寢若虬磐，九睪伊所。昂若鴻翻，萬里一舉；越跡三遊，齊蹤四侶。泉源等潤，金玉等葙；攀松誕質，哲蘭資芳。滌垢若川，彫穢如霜；藝牟颜冊，算邁陳張。篤義於秋，敦仁在春；佩玉等質，衣錦齊文。稱山比德，量海方仁；一兹十乱，六彼五臣。如何不吊，濫降兹罔；夜月沉輝，晨光墜朗。崇巖殞壑，一匱安仗；新名素牒，故影幽壤。

歲次戊申。

一一三 魏故使持節侍中司空尚書左僕射驃騎大将军徐州刺史王公【誦】墓誌銘

建義元年（528）四月十三日卒，同年七月二十七日葬。誌文33行，滿行33字，楷書。誌石高64釐米，寬63釐米，河南洛陽出土。

【释文】

祖奐，齊尚書左僕射、鎮北将军、雍州刺史；父融，給事黄門侍郎、東宫中庶子。公諱誦，字國章，徐州琅邪臨沂人。導遥源於神跡，啓盛胄於仙儲，洪流與江河並逝，峻峰共嵩岱争聳。離翦擅於興秦，吉駿稱乎隆漢，積仁義而為門，累台槐而成族。八世祖丞相文獻公，德邁五臣，功齊十亂；洒祖司徒，師表雅俗；高祖特進，羽儀冠冕；祖僕射使君，器惟瑚璉，才實經邦；考黄門使君，民之秀極，物之領袖。公膺慶積善，資靈川岳，遠大表自髫辰，珪璋發乎綺歲。年甫十二，備遭荼蓼，泣血孺慕，幾於毁滅，寅門之慟，不曰是過。既面告靡依，趨庭闕範，勉躬砥礪，動不踰節。處家雍穆為本，治身恭儉自居，敏學同於生知，好善由乎不及。於是徽譽藉甚，親朋揖慕。值齊季道銷，天下競逐，懼比屋之禍，求息肩之地，遂尊卑席卷，投誠魏闕。解褐員外散騎侍郎、司徒主簿，仍轉府屬。遷司空諮議參軍、通直散騎常侍，領汝南王友，復為司徒諮議、加前将军。旬日除光禄大夫，諮議如故。俄解諮議，領散騎常侍。公道兼大小，才允出内，凡所經涉，並樹聲芳。正光之末，燕薊多虞，兵民叛命，威懷邊服，諒難其舉，以本官行幽州事。下車裁化，褰帷求瘼，剛柔迭用，寬猛兼治，無待期月，能聲是著，仍除左将军、幽州刺史。屬石渠闕寄，讎校佇司，稽古之選，僉議惟允，乃徵公為秘書監。折轅初届，承明始謁，於日即兼度支尚書，又兼都官，尋正除度支。雖平叔之贊正本，茂先之居禮閣，弗是過也。瑣門清切，任亞衡宰，自非時宗戚右，罔或斯授。以公為平南将军、光禄大夫、給事黄門侍郎，俄遷鎮軍将军、金紫光禄大夫，黄門如故。公自居近侍，星紀逾周，非王事職司，未嘗横有干攬，諸所薦拔，皆是世彦時華。雖寵任日隆，謙光弥至，早多羸恙，少慕栖偃，難進好止，非為假飾，觸鱗之請雖屢，丘壑之志未從。嗚呼天道，福善褰應，崑岫摧峰，鄧林褫蕚，衣冠罔庇，縉紳奚仰。春秋卌有七，以魏建義元年歲在戊申四月十三日，薨于洛陽。粤七月丙辰朔廿七日壬午，祔葬芒阜之隈。有詔追贈使持節、侍中、司空公、尚書左僕射、驃騎大将军、都督徐州諸軍事、徐州刺史。惟公風神峻傑，容止可觀，體苞舒卷，識洞機寂。孤情與青松比秀，逸韻将白雲共遠，譬崑玉之為潤，等冬冰而成潔，矧可謂世之模楷，朝之棟梁者歟。弟衍，戀議形之方閟，悲縑竹之難久，謹序遺行，寄之鐫勒。撫軍将军頓丘李獎，投分有素，藻贍當時，輒憑以為銘。庶可述不朽之鴻烈，申陟屺之永思。其詞曰：

翦離上将，駿崇公卿，爰及東晋，莫之與京。篤生夫子，弱冠知名，亦既來仕，實惟朝策。紫綬金章，斑條擁節，外參八元，内居喉舌。民詠來蘇，遠至迩悦，鑒同水鏡，清如冰雪。性愛林泉，情安貧苦，退食自公，優遊環堵。散書滿筵，交柯蔽戶，一時無雙，當求於古。嗟嗟鬼神，悠悠天道，徒獲令名，終不壽考。熒熒春芝，奄同霜草，誰言福謙，豈錫難老。昔忝光禄，及子同官，玄冬永夜，耳語交歡。奠案不食，實忘饑寒，願言思此，痛切心肝。悲風動旆，嘶馬飛輪，北臨芒阜，南望穀瀍。幽扉暫掩，几帳虚陳，痛哉此地，瘞我良人。

魏故冠軍將軍左中郎將王君墓誌銘

君諱馥字香鑪太原晉陽人也祖賢本郡太守父將州別駕本枝疊暎弈世連輝君以太和中除內閣尋轉中謁者領寺人除小黃門貞敏發自天然恭恪備於闈壺雖鄭蔡之清約柔慎倫騰之沖惠謙肅方之未如也又領園池令加鷹武將軍永平中遭憂去職毀幾滅性尋起以本任遷中黃門中謁者除騎都尉寧遠將軍領句楯令出爲新興太守擁符莅官褰帷從治鉤鉅勿用而吏晉無隱其情衆伭莫施而獄訟自歸其理故能歡兼竹馬之英愛同叩車之傳孝昌中還朝除左中郎將加冠軍將軍方享叉福以永年登列棘以隆道而與善之祥未膺云亡之哀已及春秋六十有五以建義元年歲在戊申六月丁亥朔廿五日辛亥卒於洛陽之第粤以七月丙辰朔廿九日甲申窆於芒山之塋乃作銘曰

皇羲握符星景垂文自基諸正九華疊雲萍朔弗止世載英芬猗猗顯祖穆穆我君齠年禮美冠歲揚輝貞絲獨秀逸羽孤飛去來蘭室出入樹闈貽芳地寶握賞天樞析符出國褰帷入境克强克慎無寬無猛道革殊鄉化凝夷井偶霸齊蹤方堪比影福善未徵輔仁徒騁廿謁先流霜彫後勁蕭瑟松壚荒涼山逕式鐫玄石風徽永暎

夫人隴西李氏　父華秦州刺史

長子貞外散騎侍郎延慶　次子奉朝請伏慶

一一四　魏故冠軍將军左中郎將王君【馥】墓誌銘

建義元年（528）六月廿五卒，同年七月廿九日葬。

誌文22行，滿行22字，楷書。誌石高45釐米，寬45釐米，河南洛陽出土。

【释文】

君諱馥，字香鑪，太原晋陽人也。祖賢，本郡太守。父將州别駕。本枝疊映，弈世連輝。君以太和中除内閽，尋轉中謁者領寺人，除小黄門。貞敏發自天然，恭亮備於閫壼。雖鄭蔡之清約，柔慎倫騰之沖惠，謙肅方之未如也。又領園池令，加厲武将军。永平中，遭憂去職，毁幾滅性。尋起以本任，遷中黄門中謁者，除騎都尉、寧遠将军，領句楯令。出為新興太守，擁符莅官，褰幃從治。鉤鉅勿用，而夷晋無隱其情；參伍莫施，而獄訟自歸其理。故能歡兼竹馬之英，愛同叩車之儁。孝昌中還朝，除左中郎将，加冠軍将军。方享五福，以永年登列棘以隆道，而與善之祥未膺，云亡之哀已及，春秋六十有五，以建義元年歲在戊申六月丁亥朔廿五日辛亥卒於洛陽之第。粤以七月丙辰朔廿九日甲申，窆於芒山之塋。乃作銘曰：

靈儀握寫，星景垂父。萌基儲后，克構層雲。祥期協祉，世載英芬。猗猗顯祖，穆穆我君。齠年擅美，冠歲揚輝。貞條獨秀，逸羽孤飛。去来蘭室，出人椒闈。貽芳地寶，握賞天機。折符出國，褰慊入境。克強克慎，無寬無猛。道革殊相，化凝夷井。偶霸齊蹤，方堪比影。福善未徵，輔仁徒騁。甘竭先流，霜彫後勁。蕭瑟松墟，荒涼山逕。式鐫玄石，風徽永映。

夫人隴西李氏，父華，秦州刺史。長子員外散騎侍郎延慶，次子奉朝請伏慶。

魏故使持節撫軍將軍光州刺史元懿公墓誌銘
公諱昉字子昕河南雒陽光睦里人也
顯祖獻文皇帝之曾孫使持節車騎大將軍都督
中外諸軍事特進司州牧靈王出孫侍中使持節征
南將軍司州牧貞景王之少子公挺妙築於玄緒資
風雲召發萬峯源之峻邈遐矣不可追則揄墳出並
秀烈矣垂布於區寓弱冠按褐爲給事中不幸不永
春秋十有九建義元年四月十三日薨於洛陽痛金
貞之晦潔流激響於穹旻策贈使持節撫軍將軍光
州刺史建義元年七月卅日卒於西陵之兆刊石垂
文圖芳万葉乃作銘曰
資神四序稟淑軋靈仁竟外朗內潔珪精才貫今古
卓絕群聲三墳頗習九籍斯朗四岳垂德育此良人
如金如玉璵乎有文松原聞熾苔野流雲瞻天識遠
步璧唯兢奇胄出世器實玄黃無先項室寧謝顏堂
德齊遍種道越三良如何是人獨碎珪璋龜莖既從
鳳駕言張隴雲烈烈松霧蒼蒼天不假德秊世唯衰
銘茲休烈誌石玄旁

一一五 魏故使持節撫軍將军光州刺史元懿公【昉】墓誌銘

建義元年四月十三日卒，同年七月三十日葬。

誌文18行，每年行20字，楷書。誌石高53.3釐米，寬54.5釐米，河南洛陽出土。

【释文】

公諱昉，字子朏，河南雒陽光睦里人也。顯祖獻文皇帝之曾孫，使持節、車騎大将军、都督中外諸軍事、特進、司州牧、靈王𡳿孫，侍中、使持節、征南将军、司州牧、貞景王之少子。公挺妙策於玄緒，資風雲㠯發邁。峰源之峻邈遐矣，不可追測；摛墳𡳿英秀烈矣，垂布於區宇。弱冠投褐，為給事中。享年不永，春秋十有九，建義元年四月十三日，薨於洛陽。痛金貞之晻潔，流激響於穹旻。策贈使持節、撫軍将军、光州刺史。建義元年七月卅日，葬於西陵之兆。刊石垂文，圖芳万葉。乃作銘曰：

資神四序，稟淑乾靈，仁竟外朗，内潔珪精。才貫今古，卓絶群聲，三墳頗習，九籍斯明。四岳垂德，育此良人，如金如玉，焕乎有文。松原閒黛，苕野流雲，瞻天識遠，步壑唯兢。奇骨出世，器實玄黄，無先項室，寧謝顔堂。德齊逼種，道越三良，如何是人，獨碎珪璋。龜筮既從，鳳駕言張，隴雲烈烈，松霧蒼蒼。天不假德，年世唯萇，銘兹休烈，誌石玄房。

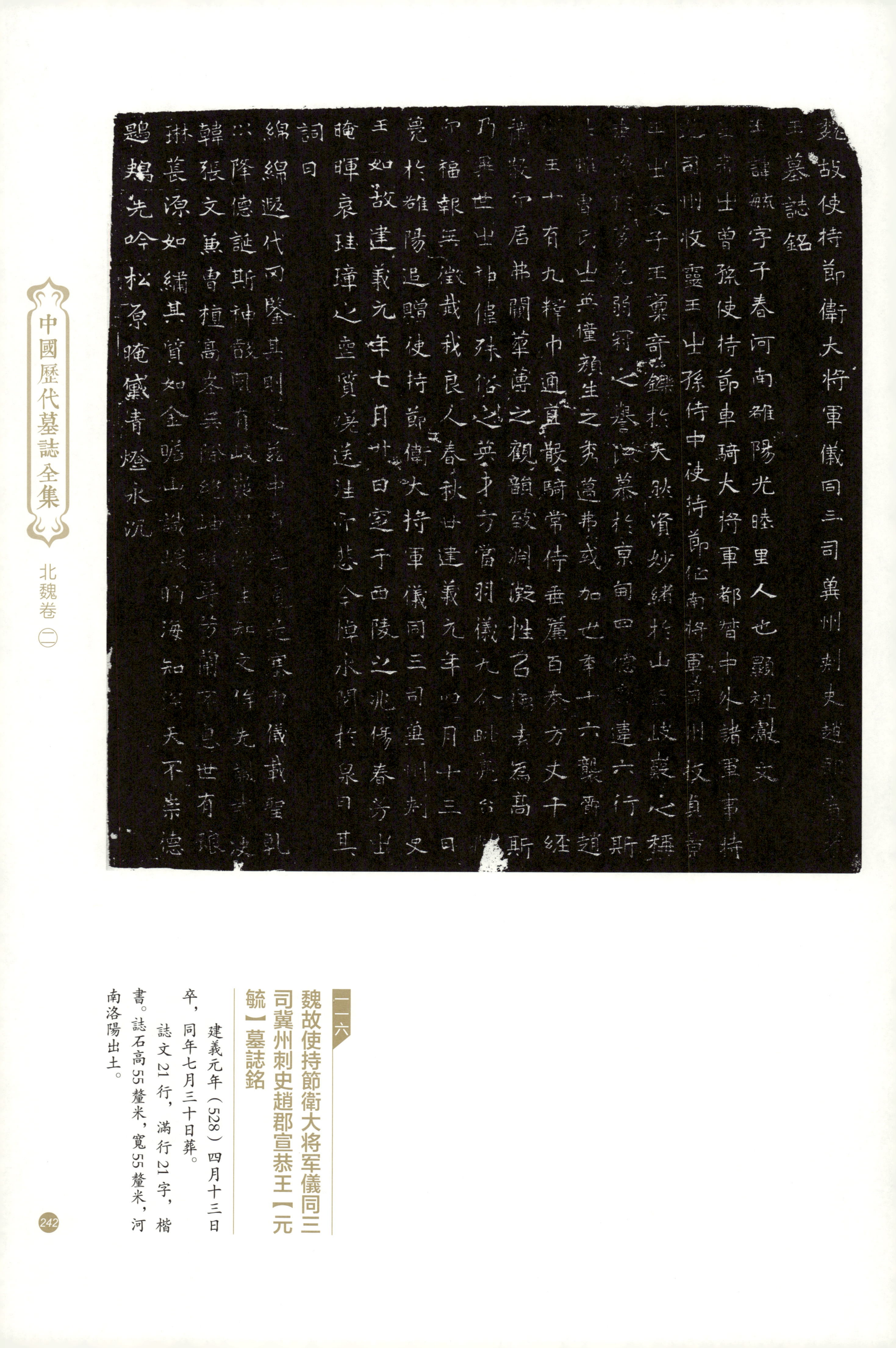

一一六 魏故使持節衛大将军儀同三司冀州刺史趙郡宣恭王【元毓】墓誌銘

建義元年（528）四月十三日卒，同年七月三十日葬。

誌文 21 行，滿行 21 字，楷書。誌石高 55 釐米，寬 55 釐米，河南洛陽出土。

【释文】

王諱毓，字子春，河南雒陽光睦里人也。顯祖獻文皇帝㞢曾孫，使持節、車騎大将军、都督中外諸軍事、特進、司州牧、靈王㞢孫，侍中、使持節、征南将军、司州牧、貞景王㞢長子。王稟奇鑠於天然，資妙緒於山岳。岐嶷之稱，垂藻於㓜堯；弱冠㞢譽，流慕於京甸。四德靡違，六行斯具，雖曹氏㞢英偉，顏生之秀邁，弗或加也。年十六，襲爵趙郡王，十有九，釋巾通直散騎常侍。垂簾百帙，方丈千經。蕭散而居，弗闚華薄之觀；韻致淵凝，性吕儒素爲高。斯乃異世㞢神偉，殊俗之英才。方當羽儀九命，毗亮台階，而福報無徵，殲我良人。春秋廿，建義元年四月十三日，薨於雒陽。追贈使持節、衛大将军、儀同三司、冀州刺史，王如故。建義元年七月卅日，窆于西陵之兆。傷春芳㞢晻暉，哀珪璋之喪質；嗟送往而悲今，悼永閟於泉日。其詞曰：

綿綿遐代，罔鑒其則，爰兹中古，是通是塞。兩儀載聖，乾坤降德，誕斯神叡，夙有岐嶷。器越生知，文侔先識，武决韓張，文兼曹植。高峰無際，絶岫難尋，芳蘭不息，世有琅琳。萇源如繡，其質如金，瞻山識峻，眄海知深。天不崇德，鶗鴂先吟，松原晻黛，青燈永沉。

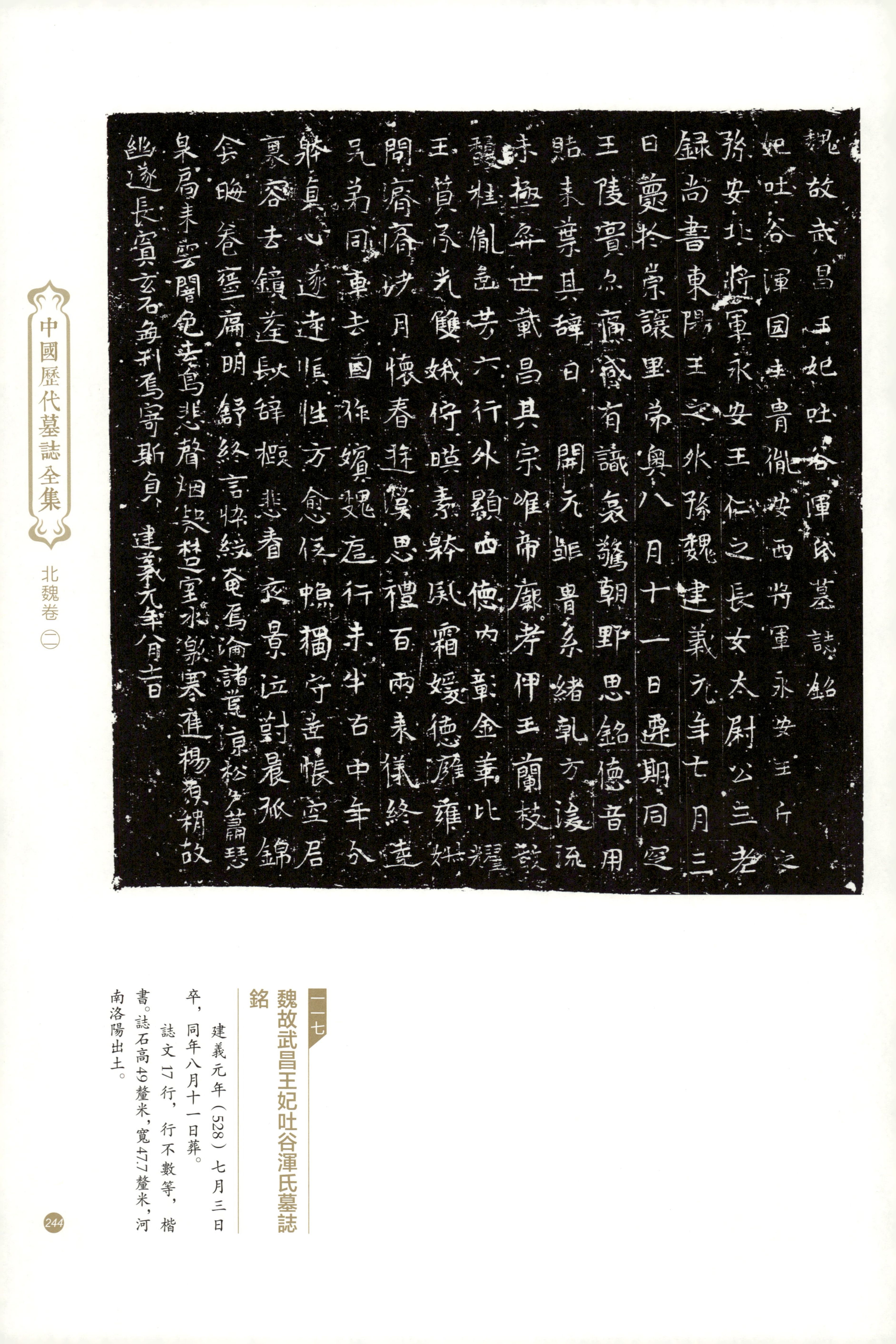

一一七 魏故武昌王妃吐谷渾氏墓誌銘

建義元年（528）七月三日卒，同年八月十一日葬。

誌文17行，行不數等，楷書。誌石高49釐米，寬47.7釐米，河南洛陽出土。

【释文】

妃吐谷渾，國主胄胤，安西将军、永安王斤之孫，安北将军、永安王仁之長女，太尉公、三老、録尚書東陽王之外孫。魏建義元年七月三日，薨於崇讓里第。粤八月十一日，遷期同空王陵。實亦痛感有識，哀驚朝野，思銘德音，用貽来葉。其辞曰：

開元鉅胄，系緒乾方。浚流未極，弈世載昌。其宗唯帝，厥考伊王。蘭枝散馥，桂胤垂芳。六行外顯，四德內彰。金華比耀，玉質承光。雙娥佇映，素體凝霜。媛德雍雍，淑問濟濟。沙月懷春，遊漢思禮。百兩来儀，終遠兄弟。同車去國，作嬪魏庭。行未半古，中年分體。貞心遂遠，慎性方愈。從幠獨守，苣帳空居。哀容去鏡，蓬髪辞梳。悲眷夜景，泣對晨孤。錦衾晦卷，□席明舒。終言悴綬，奄焉淪諸。荒涼松戸，蕭瑟泉扃。来雲聞色，去烏悲聲。煙凝楚室，水激寒庭。楊原稍故，幽遂長冥。玄石無刊，焉寄斯貞。

建義元年八月十一日。

魏故始平王墓誌銘

王諱子正，字休度，河南雒陽人。顯祖獻文皇帝之孫，文穆皇帝之少子，今上之母弟。乘龍御天之業，膺符握曆之基，既昭著於域中，故可得而略也。王資岳靈而降生，應天鑒以挺質，金玉光明之姿，自懷抱而有異；蘭蕙芬芳之美，始言笑而表奇。器宇淵凝，風神穎發，喬万頃而為深，望千里以比峻。至於孝友謙恭之行，辯察仁愛之心，乃與性俱生，非因飾慕。自始服青衿，爰居絲裘，好問不休，思經無怠，遂能按今閱古，博覽羣書，窮玄盡微，義該衆妙，諒以邁迹中山，超蹤北海者矣。加以雅好文章，尤愛賓客，屬辭摛藻，怡情無倦，禮賢接士，終讌忘疲，致雖馬之徒，懷東閣而並至；徐陳之黨，慕西園以來遊。於是聲高海內，譽馳天下，當年絶侶，望古希儔。初　高祖親御鑾輦，威臨荊楚，陟方不反，昇湖永逝。　文穆皇帝體同姬旦，屬負扆之尊；任隆霍光，當受遺之重。洪勳格於天地，大德光於日月。熙平年中，朝廷追懷茂績，言念酬庸，故並建三子，咸啓土宇，乃封霸城縣開國公。埶玉王庭，酎金清廟，風儀暉映，珪組鏘袴，固以領袖生民，非徒冠冕列辟。除散騎侍郎，不拜。尋除中書，青囊是職，紫渥斯奉，絲綸載叙，渙汗增輝。又轉太常少卿，七祀無爽，六宗咸秩，蒸嘗既允，鬼神斯著。及時曆中否，啓聖膺期，雖業匪權輿，而事均經始，念百揆之未叙，嗟五品之不訓，自非妙簡良才，深求懿哲，將何以安擾邦國，總持綱紀？唯王德允汝諧，器膺僉屬，乃除侍中、驃騎大將軍、司徒公，領尚書令，封始平郡王。方謂永作棟梁，長為舟楫，而遭隨有命，倚伏無常，遽等山頹，奄同川逝。春秋廿有一，以建義元年歲在戊申四月戊子朔十三日庚子薨於河陰。友于之感，悲纏一人；殲良之痛，哀流四海。乃贈相國、録尚書事，加黄屋左纛，虎賁班劒一百人，謚曰文貞，禮也。粵其年八月丙戌朔廿四日己酉葬於山陵。乃作銘曰：

派流大漢，分光辰極，誕此哲人，育茲明德。言為世範，行成民則，才備四科，情祛三惑。觀書問道，究指尋源，登朝悍悍，處已温温。騰聲鳳沼，馳譽棘門，皎如琨玉，湛若瓊樽。天數中圮，釁聖膺祥，頹基已構，寶命再昌。磬石既樹，鳴玉有鏘，允軌邦教，寔揔朝綱。於周比鄭，在漢猶梁，仁壽無爽，與善虚陳。摧芳始夏，减朱當春，小年莫返，大夜無晨。嗟乎此地，藴我名臣。

二一八

魏故始平王【元子正】墓誌銘

建義元年（528）四月十三日卒，同年八月二十四日葬。誌文28行，滿行29字，楷書。誌石高79.8釐米，寬79.8釐米，河南洛陽出土。

【释文】

王諱子正，字休度，河南雒陽人。顯祖獻文皇帝之孫，文穆皇帝之少子，今上之母弟。乘龍御天之業，膺符握曆之基，既昭著於域中，故可得而略也。王資岳靈而降生，應天鑒㠯挺質。金玉光明之姿，自懷抱而有異；蘭惠芬芳之美，始言笑而帙奇。器宇淵凝，風神穎發，齊万頃而爲深，望千里㠯比峻。至於孝友謙恭之行，辯察仁愛之心，乃與性俱生，非因飾慕。自始服青衿，爰啓緗帙，好問不休，思經無怠，遂能搜今閱古，博覽群書，窮玄盡微，義該衆妙，諒㠯邁迹中山，超蹤北海者矣。加㠯雅好文章，尤愛賓客，屬辭摛藻，怡情無惓，禮賢接士，終醮忘疲。致雛馬之徒，懷東閤而並至；徐陳之黨，慕西園以来遊。於是聲高海内，譽馳天下，當年絶侶，望古希儔。初高祖親御鑾轝，威臨荆楚，陟方不及，昇湖永逝。文穆皇帝體同姬旦，屬負扆之尊；任隆霍光，當受遺之重。洪勳格於天地，大德光於日月。熙平年中，朝廷追懷茂績，言念酬庸，故並建三子，咸啓千室，乃封霸城縣開國公。贊玉王庭，酎金清廟，風儀掩映，珪組鏘祥。固以領袖生民，非徒冠冕列辟。除散騎侍郎，不拜，尋改中書。青囊是職，紫泥斯奉，絲綸載叙，涣汗增輝。又轉太常少卿，七祀無爽，六宗咸秩，蒸嘗既允，鬼神斯著。及時曆中否，啓聖膺期，雖業匪權與，而事均經始。念百揆之未叙，嗟五品之不訓，自非妙簡良才，深求懿哲，將何㠯安擾邦國，捴持綱紀。唯王德允汝諧，器膺僉屬，乃除侍中、驃騎大将军、司徒公，領尚書令，封始平郡王。方謂永作楝梁，長爲舟楫，而遭隨有命，倚伏無常，遽等山頹，奄同川逝。春秋廿有一，㠯建義元年歲在戊申四月戊子朔十三日庚子，薨於河陰。友于之感，悲纏一人；殲良之痛，哀流四海。乃贈相國、録尚書事，加黄屋、左纛、虎賁、班劒一百人，謚曰文貞，禮也。粤其年八月丙戌朔廿四日己酉，葬於山陵。乃作銘曰：

派流大漢，分光辰極。誕此哲人，育兹明德。言為世範，行成民則。才備四科，情祛三或。觀書問道，究指尋源。登朝愕愕，處己温温。騰聲鳳沼，馳譽棘門。皎如琨玉，湛若衢樽。天數中圮，肇聖膺祥。頹基已構，寶命再昌。磐石既樹，鳴玉有鏘。允敷邦教，寔捴朝綱。於周比鄭，在漢猶梁。仁壽每爽，與善虚陳。摧芳始夏，滅采當春。小年莫返，大夜無晨。嗟乎此地，藴我名臣。

魏故始平王㞢墓誌銘。

故使持節衛大將軍儀同三司定州刺史俊儀縣開國男
墓誌銘
君諱周安河南洛陽人也徽緒崇天之基筵源構日之祉
遠粹龍圖之徽玄符龜緯之瑞具彰於玉牒允備於金騰
者矣 恭宗景穆皇帝之孫侍中征西大將軍儀同三司
汝陰靈王之第九子器識溫雅志業清簡明義在躬徽風
被物永平二年除羽林監又以君思量恢敏風清裁曠延
昌三年遷都水使者尋除游擊將軍五門禁重心膂所歸
九室崇嚴典謨攸在神龜元年除城門校尉營構明堂都
將而那載驅六閑莅逸緝之政寔委楨幹其年兼太僕
少卿本官如故孝昌三年除通直散騎常侍加驃騎將軍
武泰元年以宗貴勳隆封開國男建義元年 主上聖德
應符中興啓運奉迎河陰遇亂兵在離禍酷 皇上痛
悼朝野悲惋追贈使持節衛大將軍儀同三司定州刺史
開國如故以建義元年歲次戊申九月乙卯朔七日辛酉
遷窆於長陵之東乃作銘曰
大哉乾像縕矣坤元追光革似踵跡農軒靈圖協慶神祚
唯繁同資帝緒分命公門於穆君侯承華徽烈秉武經文
既明且哲玉潤內融金貞外潔高岸難尋鴻源無際震彼
風聲罽此名節初麿帝閑從步龍闈四閨斯闢三雍以熙
圭璋載集茅土相依方騰海浪佇構高基高峯既毀良木
中襄泉陰曉闇楊隴晨悲式鐫徽範永昕山昭

一一九 故使持節衛大將軍儀同三司定州刺史俊儀縣開國男【元周安】墓誌銘

建義元年（528）九月七日葬。誌文22行，滿行22字，楷書。誌石高58.5釐米，寬58.5釐米，河南洛陽出土。

【释文】

君諱周安，河南洛陽人也。叡緒崇天之基，遥源構日之祚，遠契龍啚之徵，玄符龜緯之瑞，具彰於玉牒，允備於金騰者矣。恭宗景穆皇帝之孫，侍中、征西大将军、儀同三司、汝陰靈王之第九子。器識温雅，志業清簡，明義在躬，徽風被物。永平二年，除羽林監，又以君思量恢敏，風清裁曠，延昌三年遷都水使者，尋除游擊将军。五門禁重，心膂所歸；九室崇嚴，典謨攸在。神龜元年除城門校尉，營構明堂都将，兩服載驅，六閑莊逸，緝御之政，寔委楨幹。其年兼太僕少卿，本官如故。孝昌三年，除通直散騎常侍、加龍驤将军。武泰元年，以宗冑勳望，封開國男。建義元年，主上聖德應符，中興啓運，奉迎河陰，遇此乱兵，枉離禍酷。皇上痛悼，朝野悲惋，追贈使持節、衛大将军、儀同三司、定州刺史，開國如故。以建義元年歲次戊申九月乙卯朔七日辛酉，遷葬於長陵之東。乃作銘曰：

大哉乾像，緬矣坤天，追光辛似，踵跡農軒。靈啚協慶，神祚唯繁，同資帝緒，分命公門。於穆君侯，承華徽烈，秉武經文，既明且哲。玉潤内融，金貞外潔，高岸難尋，鴻源無際。震彼風聲，勖此名節，初縻虎閈，徙步龍闈。四闥斯闢，三雍以熙，圭璋載集，茅土相依。方騰海浪，仰構嵩基，高峰既毁，良木中衰。泉陰曉闇，楊隴晨悲，式鐫徽範，永晰山暃。

魏故持節左將軍襄州刺史鄀縣男唐使君墓誌銘
君諱耀字仲徽魯郡鄒人也始祖伊祁之苗裔周大將軍唐
莊之胄漢司空公子真之後君聰慧自然機穎天發文藻珠
琬龍芳金球故觿年處素譽該邦倫冠歲登榮義播朝右亞
始初出身中山王國中尉延昌末除東秦州水曹參軍解府
還京怡神典素忌懷文史從然自得十數年中閶門觀書不
交世務孝昌中為侍中尚書令車騎大將軍儀同三司左光
祿大夫領國□祭酒東平王雍訪才能須朗德早屬令音
寔相知侍引為宣威將軍領門下錄事繆綢幃幄同文共穎
造次清機緝思雲陛俄遷奉車都尉寧朔將軍獻替相須祕
要詢委褭轉游擊將軍散品鄀縣男方將翼道合符用彰魚
水□鄣施無識殞茲良器春世有七魏建義元年歲次戊申
四月戊子朔十三日庚子薨於洛陽秀而不實有識銜歔男
十一月甲寅朔二日乙卯瘞於河陰縣西原鄉斜坂里之誌
銘
軒轅伊裔陶唐廟胄雄量猶炳雕觚龍暉驄宣假寐孝堪無
遺清規雲秀英略泉飛鴻聲綺靡令績藏甄文武功遂處履
無疆學海已究為山未央云知不淋間此藏良中天隨羽半
秋權芳化往禮還龜蓋云急昭朧鏘歌望郊靈泣思繞河鄉
悲纏雖危松徑蒼從淚途杳謐玄石遠銘終天罔及
永安元年十一月甲寅朔二日乙卯瘞

二一〇 魏故持節左将軍襄州刺史鄀縣男唐使君【耀】墓誌銘

建義元年（528）四月十三日卒，永安元年（528）十一月二日葬。

誌文21行，滿行23字，楷書。誌石高41.3釐米，寬40.5釐米，河南洛陽出土。

【释文】

君諱耀，字仲徽，魯郡鄒人也。始祖伊祁之苗裔，周大将军唐莊之冑，漢司空公子真之後。君聰慧自然，機穎天發，文祭珠琬，韻等金球。故鸞年處素，譽該邦倫；冠歲登榮，義播朝右。正始初，出身中山王國中尉。延昌末，除東秦州水曹參軍。解府還京，怡神典素，忘懷文史，攸然自得。十數年中，闔門觀書，不交世務。孝昌中，為侍中、尚書令、車騎大将军、儀同三司、左光禄大夫、領國祭酒東平王雅訪才能，傾佇明德，早屬令音，寔相知侍，引為宣威将军、領門下録事。繆绸幃幄，同文共規，造次清機，緜思雲陛。俄遷奉車都尉、寧朔将军。獻贊相須，祕要詢委。復轉游擊将军、散品、鄒縣男。方将翼道合符，用彰魚水，報施無誠，殞茲良器。春［秋］卌有七，魏建義元年歲次戊申四月戊子朔十三日庚子，薨於洛陽。秀而不實，有識銜歔。粤十一月甲寅朔二日乙卯，葬於河陰縣西原鄉斜圾里之。　誌銘：

軒轅伊裔，陶唐厥遺，雄啚豹炳，雕製龍暉。職宣假寐，孝堪無遺，清規雲秀，英略泉飛。鴻聲綺靡，令績葳蕤，交武功遂，庶履無疆。學海已究，為山未央，云如不淑，聞此殲良。中天墜羽，半秋摧芳，化往禮遷，龜筮云急。叩隴鏘歌，望郊灑泣，思繞河鄉，悲纏雒邑。松徑蒼茫，泉途杳澀，玄石徒銘，終天爰及。

永安元年十一月甲寅朔二日乙卯葬。

一二一 大魏故平東將軍齊州刺史元君【誕業】之神銘

建義元年（528）四月十三日卒，永安元年（528）十一月八日葬。

誌文22行，滿行23字，楷書。誌石高58釐米，寬56釐米，河南洛陽出土。

【释文】

君諱誕業，字子通，河南洛陽人也。景穆皇帝之曾孫，陽平王之孫，太師欽之元子。蓋拾啚之起，啓並乾坤，秉天繼聖，唯文唯武，其履蹤感神之瑞，不可得而略也。君稟沖靈於海岳，資叡性於霞氣，藉三祖之遺烈，挺英名於早歲。過庭之訓，沾教而美，函杖之傳，義出師心。好子輿而慕其蹤，器比干而愛其滅。故能出忠一主，入孝兩親。若夫貞枝峻萼，陵寒冰而獨秀；湛尔淵凝，越清流而皎潔。辞翰卓犖之奇，上林無以比其況；虓日墜猨之能，養由無以逞其術。年十七，解褐揚州撫軍府主簿。弼諧幕将，朋寮用緝，德和一蕃，聲歸上國。俄轉襄威□军、員外散騎侍郎。優閑禁侍，容裕龍淵，在公念肅，居私愛□。□上接下，心同三握。折旋吐納，清言動席，共筵者忸怩，參□□□目。方将論道槐棘，受任台衡，屬明皇短祚，牝雞将□，□□□義，奸正未分，熏蕕同行，俱燼原火。春秋卅一，建義□□□□□三日，卒於北芒行所。帝悼其德，追贈安東将军、□□□□□曰莊，礼也。粤以十一月甲寅朔八日辛酉，窆□□□□□□。夫理歸必至，去来常然，所恨秀而不實，蘭芳□□，□□□□，□寄泉留。故刊石鐫金，著聲不朽。其辭曰：

□□□□，□□□□，淳離異品，爰有哲人。因心合道，資性若□，□□□□，□□□塵。處盈懐沖，居華樂素，暢若和風，婉如□□。□□□□，□□□顧，彩蔚芳年，貞存歲暮。晝景淪光，庭□□□，□□□□，□□□滅。身往行存，銘兹遺烈，幸貽万古，□□□□。

二三 大魏故侍中特進驃騎大将军尚書左僕射司州牧司空公鉅平縣開國侯元君【欽】之神銘

建義元年（528）四月十三日卒，永安元年（528）十一月八日葬。

誌文37行，滿行35字，楷書。誌石高82釐米，寬85釐米，河南洛陽出土。

【释文】

君諱欽，字思若，河南洛陽人也。恭宗景穆皇帝之孫，陽平哀王之季子也。長源與積石分流，崇峰共斗極齊峻，丹書寫其深玄，緑啚窮其妙迹。固以備諸篆素，磬於金石者矣。君資五行之秀質，稟七耀之淳精，生而環奇，幼而儁異。磊落拔俗之韻，發自天衷；俶儻逸群之操，起於衿抱。三墳五典之秘，卝歲已通；九流七略之文，綺年盡學。齒在僮稚，雅為獻文所矜；未及弱冠，偏蒙高祖流愛。出入之際，與衆不同；醼會之日，每見優禮。太和中出身元士，俄遷正員郎，尋轉左中郎将。景明初，除司徒右長史，正始末，為輔國将军、尚書吏部郎中。公神兼物表，識洞人先，毗台闈謇，贊省有聲，即授散騎常侍、給事黄門侍郎。羽儀華閣，絲綸紫幃，凝然若山，涣乎如水。於時陰衡汎極，降沴荆楊，原潔滔流，民用惛墊。辰居耿慮，吊彼萌黎，思杖才良，慰兹齊庶。以公望寔宗賢，仁潤兼暢，光揚之寄，實唯伊人，即以本官持節慰勞，銜命載馳，皇澤攸孚。於是人飽注川，家蒙挾纊，洪濤斯弭，鼋鼂不勃。還除大鴻臚卿，尋授度支尚書，轉大宗正卿、七兵尚書。频昇九棘，聯涉五省，官人以能，朝野榮之，又加撫軍将军，仍尚書。遂丁太妃憂，泣血消魂，哀號毀骨，水漿不入，扶杖不出，一二年間，幾於滅性。服闋，除鎮南将军、金紫光禄大夫，又遷衛大将军、中書監，任維國秘，職司王言，筆下雲飛，紙上風起，忠規良謀，内外稱焉。又除尚書右僕射，加車騎大将军、儀同三司，復授宗師、侍中、尚書左僕射，驃騎大将军，仍儀同。端衡政本，百揆斯歸，薄領紛騰，文翰委積。公心閑治要，性練鴻經，舉凡而巨細無遺，撮目而隠顯俱曉。虚来實返，浩浩同歌，千條万緒，遊遊共咏。雖荀公之明辨未然，陳君之預瞻不或，方之於公，遠有慚色。既如隴右匪民，荆蠻蠢服，蔓草将延，淫根待滅。皇帝酬咨鷹揚，僉屬攸歸，遂以公為大将军、二道都督。公乃仰稟廟勝之規，俯荷推轂之寄，長旌西指，幽雍風靡，秉鉞南麾，荒夷草偃。洪勳茂積，簡在帝心，振旅旋旆，除司州牧，仍驃騎将军、儀同三司。赫赫之威既備，巖巖之重攸鍾。三河六輔之民，敬之如神明；七相五公之家，畏之如雷電。以病乞解，蒙授侍中、特進、左光禄大夫。未幾，復除侍中、司空公、開國侯，食邑五百戶。公宦通兩京，首登三事，燮陰陽於四海，谐水土於天下。汪汪乎若大川，陶陶乎若巨壑，注之不盈，泄之不竭者也。至於

諮洞人先毗台闇譽賛省有聲即授散騎常侍給事黄門侍郎羽儀華閣絲綸紫悽凝然若
山澳于如水於時陰衡汎撫降沵荊揚原濕湣流民用昏墊辰居耿慮弔彼萌黎思杖才良
慰茲齊庶以公望寔宗賢仁潤兼暢光揚之寄實惟伊人即以本官持節慰勞銜命載馳皇
澤攸孚於是人能注川家蒙挟纊洪濤斯弭龜黿不勃還除大鴻臚卿尋授度支尚書轉大
宗正卿七兵尚書頻昇九棘聯涉五省官人以能朝野榮之又加撫軍將軍仍尚書遂丁太
妃憂泣四消魂哀號毀骨水漿不入扶杖不出一二年間幾於滅性服闋除鎮南將軍金紫
光禄大夫又遷衛大將軍中書監任維國秘職司王言筆下雲飛紙上風起忠規良謀内外
稱為又除尚書右僕射加車騎大將軍儀同三司復授宗師侍中尚書右僕射驃騎大將軍
仍儀同端衡政本百揆斯歸薄領紛騰文簡委積公心閑治要性練鴻綱舉凡而巨細無遺
捴目而隱顯俱曉虚來實返浩浩同歌千條万緒遊遊共詠雖𥇍公之明辯未然陳君之預
瞻不或方之於公遠有慚色既如攏右匪民荊蠻蠢服萋草將延滛根侍滅皇帝訓咨屬揚
僉屬攸歸遂以公為大將軍二道都督公乃仰稟唐服之規俯荷推轂之寄長旌西指函雍
風靡秉鉞南麾荒夷草偃洪勳茂績簡在帝心振旅旋旆除司州牧仍驃騎將軍儀同三司
抹抹之威既侚嚴嚴之重攸鍾三河六輔之民敬之如神明七相五公之家畏之如雷電以
病乞解蒙授侍中特進左光禄大夫未幾復除侍中司空公開國侯食邑五百户公官通而
京首登三事爽陰陽於四海諧水土於天下汪汪乎若大川陶陶乎若巨壑注之不盈泄之
不竭者也至於秋臺引月春幌來風琴吐新聲觴流芳味高談天人之初清言萬物之際雖
林下七子不足稱奇巖裏四公曷云能上方將望北辰以未移指南山而冥壽豈禝昇如並
驅共旦奠而齊軌而上天不弔降禍斯人春秋五十九以建義元年四月十三日遇害於北
芒之陰金玉隨風礫同泯蘭蕙從渟蕕俱盡衆乎悲矣何酷如之天子悼傷迺贈侍中太師
太尉尚書令驃騎大將軍定州刺史謚曰文懿禮也使鴻臚太常監護喪事賜東垣秘器朝
服一襲祭以太牢粤永安元年十一月甲寅朔八日辛酉遷窆於西陵之阿庸德音之滅響
傷神影之潛輝題斯言於一石庶万古而可期迺作銘曰
綿邈帝始杳眇皇初迹潛綠衮名隱丹書金道移運水德應符赫赫大魏欽矣其敦恭宗纂

秋臺引月，春帳来風，琴吐新聲，觴流芳味，高談天人之初，清言萬物之際。雖林下七子，不足稱奇；巖裏四公，曷云能上？方将望北辰以未移，指南山而亢壽，參稷契如並馳，共旦奭而齊軫。而上天不吊，降禍斯人。春秋五十九，以建義元年四月十三日，遇害於北芒之陰。金玉隨瓦礫同泯，蘭蕙從茾蕕俱盡，哀乎悲矣，何酷如之。天子悼傷，迺贈侍中、太師、太尉、尚書令、驃騎大将军、定州刺史，謚曰文懿，禮也。使鴻臚、太常監護喪事，賜東垣秘器，朝服一襲，祭以太牢。粤永安元年十一月甲寅朔八日辛酉，遷窆於西陵之阿。痛德音之滅響，傷神影之潛輝，題斯言於一石，庶万古而可期。迺作銘曰：

綿邈帝始，杳眇皇初，迹潛緑表，名隱丹書。金道移運，水德應符，赫哉大魏，勃矣其敷。恭宗纂曆，陽平闡蕃，握啚龍躍，裂壁鸞翻。功兼九有，績覆三元，麟趾既茂，椒聊亦繁。惟公誕載，寔資妙氣，精褎五像，袖融七緯。識洞玄文，學窮秘記，指岳方仁，瞻河比思。憑海濯鱗，摶風聳翼，一舉啚南，九萬不息。再飛青槐，三栖丹棘，淹留樞揆，從容禁闥。官以德設，爵用才行，若人出處，所在文明。棟梁廣夏，鹽梅大羹，水流土止，地平天成。報善參差，酬仁淼漫，逸翮方騰，駿足将半。中途頓駕，陵空落翰，山頹何悲，良折量歎。日沉朱陸，月次黄鍾，室卷組帳，庭設龜龍。泉門幽隱，隴戶深重，一去永矣，歸來無從。

一二三 魏故使持節都督涼州諸軍事平北将军涼州刺史浮陽縣開國伯源侯【延伯】墓誌銘

孝昌三年（527）十二月二十七日卒，永安元年（528）十一月八日葬。

誌文27行，滿行27字，楷書。誌石高59釐米，寬58.5釐米，河南洛陽出土。

【释文】

君諱，字延伯，涼州西平人也。其先神元皇帝有昆，曰託（后）跋匹狋，略地河西，遂王涼州，君其後也。積世緜緜，自小而大，迄高祖禿發褥但，為乞伏熾槃所滅，曾祖太尉避難東歸，還復舊京，即拜為西平侯，後改封隴西王。祖司徒、父儀同。君應天淑姿，承家休慶，忠孝內發，仁信外彰，□養盡於二親，遜弟率於鄉黨。翫述經藝，与齒俱成，儉於多言，豊於賑施。年十五，辟司空參軍事。及其長也，壯氣衝心，雄猛恢廓，志盪□機，心□撥亂。正光之季，釁起高闕，禍延夏壤。考儀同，時牧夏蕃，為賊圍逼，朝廷即拜君威遠将军、西征統軍，橫戈靜暴，揮劒摧敵，功效並立，朝野有聞。于時州城被圍，首尾二年，粮廩既竭，民人相食，長蛇滿道，臺援莫至。儀同留君守城，自率将士詣東夏取粮，賊眾我寡，為賊所虜。復授持節、龍驤将军、行夏州事、當州都督。但胡戎叛涣，縱毒疆埸，質父招子，巡城約降。君弈世忠貞，廢親憂國，父有陵妣之敕，予執伍員之略。拜書長號，抜劒奮勇，率禦在城，身自挫敵，令群胡喪膽，蟻徒冰泮，夏岳既全，父亦無濫。聖上以君忠孝並著，功濟隆崇，遂開國浮陽，爵班三等。復除諫議大夫、持節、冠軍将军、北討都督。所在剋捷，遐迩清夷。降年不永，秀而不實，春秋廿有四，以孝昌三年歲次丁未十二月庚寅朔廿七日丙辰，卒於冀州行陣之中。於是，主上有彧毀之痛，邦國有殄悴之哀。依許男故礼，優以殊賞，追贈使持節、平北将军、涼州刺史。越以永安元年歲次戊申十一月甲寅朔八日辛酉，祔葬於皇祖惠公舊山之所。于時，季父子恭作牧豫州，任限邊城，弗獲臨訣，遥想墳柏，北望摧裂，聊題厥狀，銘之玄石，其詞曰：

天鑒有魏，疊構重基。本枝百世，惟君誕茲。捴轡腰劒，唯命所之。胡兇克殄，戎豎用微。眇眇弱齡，丕丕濟時。乃牧夏岳，兼掌戎武。昇彼岵山，瞻望嚴父。孝心烈烈，泣涕如雨。烽煙無濫，言旋其旅。迴車北顧，啓土浮陽。龍蟠行陣，虎冀方。經略廣設，奇兵始張。神其未遂，奄喪員良。辞此華幕，適彼玄堂。臨穴悼慄，眷言孔傷。身徂名逸，傳之無疆。

魏故尚書郎中源君墓誌銘
君諱模字士則涼州西平人也司徒惠公之孫車騎儀
同之子君洞稟英靈之悟體悟聰叡之機清凝風邁温
恭自遠神茂載瑋業隆始傳故能少澄久思之亮長洞
六言之美年十有二辟爲司空參軍事翼調水土物有
其庸雖年在童齡如績倖黄老古人夙成何以加焉至
於恭己事上寬仁接下朝廷以閭閻致俞鄉黨以恂恂
取飭傾蓋脩然若舊久要璐尔如新所謂歲寒不改操
霜年之後彫者也但天不吊善早逝斯悟即以其孝昌
二年歲在丙午七月十三日遘疾如殞於是朝野痛逸
驥方駈長路告逝追贈尚書郎中以祉至烈登以永安
元年歲次戊申十一月甲寅朔八日辛酉窆於司徒墓
左北嵯南嵎之所館客來士和既傷脩桂沒夏芳蘭夭
春埋辟幽壙納貫蒿墳畾山着美刊石樹仁其詞曰
洪源峻邁啓自玄基弈世垂芳累葉傳輝餘慶有章斯
仁誕歸如風始偃如日初晞六言無爾九思唯凝五美
雖量三變可稱翼政台府水土斯澄等松之茂齊月之
昇世稱不實宗言千里傾蓋猶舊久要如始苗爲不秀
齡乃云仰白日寥寥幽泉寂寂如何不吊忽焉逝隙王
孫埀影蒼舒奄跡悳矣君子庶傳金石

一二四 魏故尚書郎中源君【模】墓誌銘

孝昌二年（526）七月十三日卒，永安元年（528）十一月八日葬。

誌文20行，滿行21字，楷書。誌石高50.5釐米，寬51釐米，河南洛陽出土。

【释文】

君諱模，字士則，涼州西平人也。司徒、惠公之孫，車騎、儀同之子。君洞稟英靈之哲，體悟聰叡之機，清凝夙邁，温恭自遠，神茂載璋，業隆始傳。故能少澄久思之亮，長洞六言之美。年十有二，辟為司空參軍事。翼調水土，物有其庸。雖年在童齡，如績侔黄老，古人夙成，何以加焉。至於恭己事上，寬仁接下，朝廷以誾誾致喻，鄉黨以恂恂取飾。傾盖攸然，若奮久要，琛尔如新，所謂歲寒不改操，霜年之後彫者也。但天不吊善，早逝斯哲，即以其孝昌二年歲在丙午七月十三日遘疾如殞。於是朝野痛逸驥方驅，長路告迩。追贈尚書郎中，以旌至烈登。以永安元年歲次戊申十一月甲寅朔八日辛酉，窆於司徒墓左、北岴南崌之所。館客来士，和既傷脩桂没夏，芳蘭夭春，埋璧幽壤，納賈荒墳，啚山著美，刊石欄仁。其詞曰：

洪源峻邁，啓自玄基。弈世垂芳，累葉傳輝。餘慶有章，斯仁誕歸。如風始偃，如日初晞。六言無簡，九思唯凝。五美難量，三變可稱。翼政台府，水土斯澄。等松之茂，齊月之昇。世稱不實，宗言千里。傾蓋猶奮，久要如始。苗焉不秀，數刃云褫。白日廖廖，幽泉寂寂。如何不吊，忽焉逝隙。王□弊影，蒼舒奄跡。慮矣君子，虛傳金石。

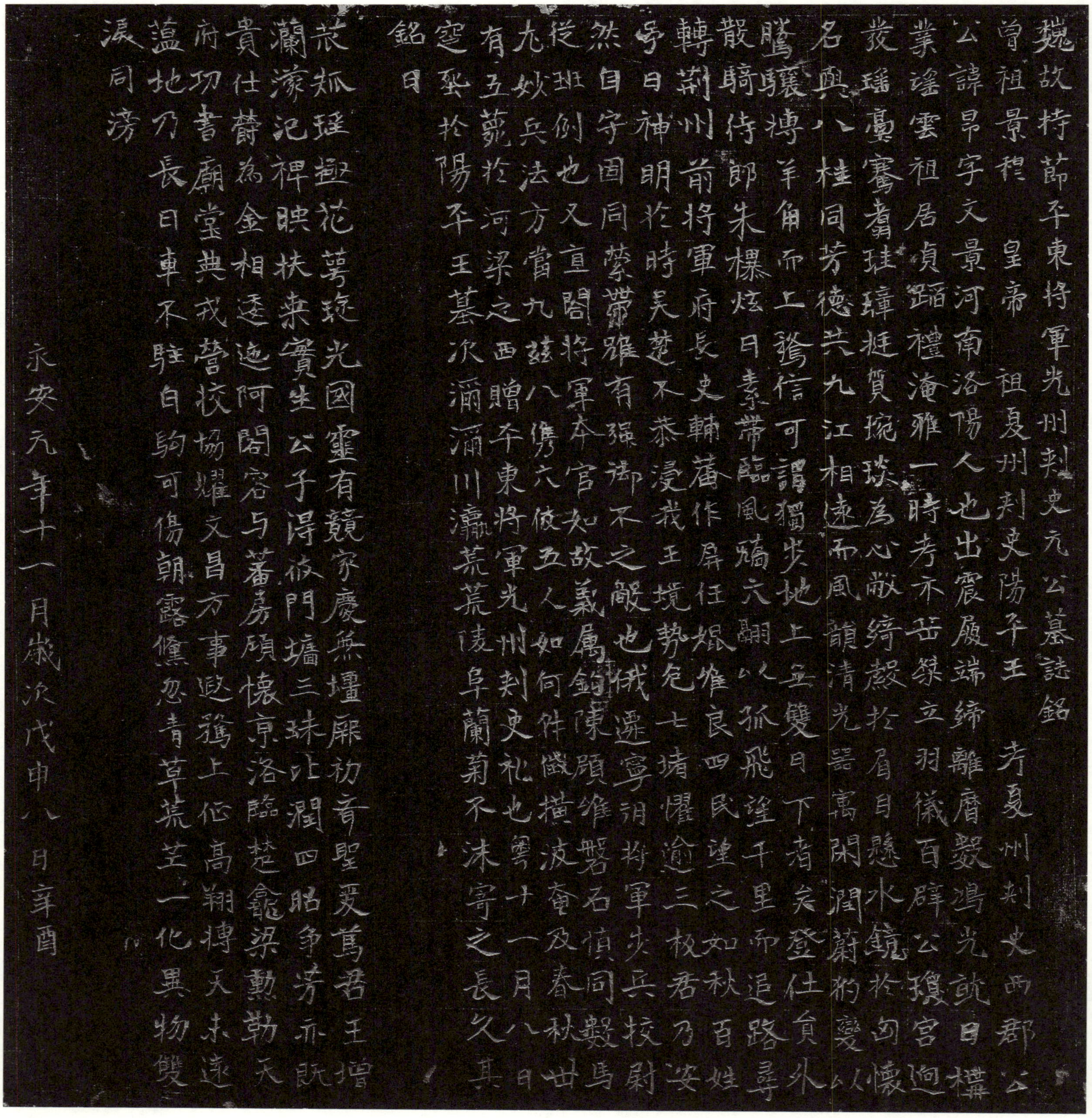

魏故持節平東將軍光州刺史元公墓誌銘
曾祖景穆　皇帝　祖夏州刺史陽平王　考夏州刺史西郡公
公諱昂字文景河南洛陽人也出震履端締離曆數鴻光就日標
業遙雲祖居貞蹈禮淹雅一時考示岳緑立羽儀百辟公瓊宮迴
茂瑤臺騫翥珪璋挺質琬琰為心徽綺縠於眉目懸水鏡於匈懷
名與八桂同芳德共九江相遠而風韻清光器寓閑潤蔚豹變以
騰驤搏羊角而上騖信可謂獨步地上無雙日下者矣登仕員外
散騎侍郎朱標炫日素帶臨風矯六翮以孤飛望千里而追路尋
轉荊州前將軍府長史輔藩作屏任娘惟良四民望之如秋百姓
號日神明於時吳楚不恭浸我王境勢危七堵懼逾三板君乃姿
然自守固同蒙帶雖有彊禦不之嚴也俄遷寧朔將軍步兵校尉
從班例也又直閤將軍本官如故義屬鋪陳頗維磐石僨同毀馬
九奻兵法方當九茲八儁六佐五人如何仟識橫波奄及春秋卅
有五薨於河梁之西贈平東將軍光州刺史禮也粤十一月八日
窆於陽平王墓次瀰瀰川瀆荒荒陵阜蘭菊不沐寄之長久其
銘曰
茂瓜瑤趣花萼璇光國璽有競家慶無疆厥初膏聖爰篤君王增
瀾濛汜禋映扶桑寶生公子得彼門牆三妹比潤四昭爭芳亦既
貴仕欝為金相逶迤阿閣容與蕃房頤懷京洛臨楚龕梁勳勒天
府功書廟堂典戎營校協耀文昌方事遐翥上征高翔搏天未遠
薀地乃長日車不駐白駒可傷朝露倏忽青草荒茔一化異物雙
淚同滂
永安元年十一月歲次戊申八日辛酉

一二五

魏故持節平東將军光州刺史元公【昂】墓誌銘

永安元年（528）十一月八日葬。

誌文23行，滿行25字，楷書。誌石高52釐米，寬52釐米，河南洛陽出土。

【释文】

曾祖景穆皇帝；祖夏州刺史、陽平王；考夏州刺史、西郡公。公諱昂，字文景，河南洛陽人也。出震履端，缔離曆數，鴻光就日，構業望雲。祖居貞蹈禮，淹雅一時；考示岳桀立，羽儀百辟。公瓊宫迥發，瑶臺騫翥，珪璋挺質，琬琰為心。敞綺縠於眉目，懸水鏡於匈懷。名與八桂同芳，德共九江相遠。而風韻清光，器寓閑潤，蔚豹變以騰驤，搏羊角而上鶱。信可謂獨步地上，無雙日下者矣。登仕員外散騎侍郎，朱縹炫日，素帶臨風，矯六翮以孤飛，望千里而追路。尋轉荆州前将军府長史，輔蕃作屏，任娓唯良，四民望之如秋，百姓号曰神明。於時，吴楚不恭，浸我王境，勢危七堵，懼逾三板。君乃安然自守，固同縈帶，雖有强御，不之敵也。俄還寧朔将军、步兵校尉，從班例也。又直閣将军，本官如故。義屬鉤陳，顧唯磐石，慎同數馬，尤妙兵法。方當九茲八儁，六彼五人，如何舛徵，横波奄及，春秋卅有五，薨於河梁之西。贈平東将军、光州刺史，礼也。粤十一月八日，窆葬於陽平王墓次。瀰瀰川瀛，荒荒陵阜，蘭菊不沫，寄之長久。其銘曰：

瓜瓞瑶極，花蕚琁光；國靈有競，家慶無疆。厥初齊聖，爰篤君王；增瀾濛汜，裨映扶桑。實生公子，得彼門墻；三珠比潤，四昭争芳。亦既貴仕，鬱為金相；逶迤阿閣，容与蕃房。顧懐京洛，臨楚龠梁；勳勒天府，功書廟堂。典戎營校，協耀文昌；方事遐鶱，上征高翔。搏天未遠，藴地乃長；日車不駐，白駒可傷。朝露儵忽，青草荒芒；一化異物，雙淚同滂。

永安元年十一月歲次戊申八日辛酉。

一二六 大魏故□國将军南秦州刺史元君【道隆】之神銘

建義元年（528）四月十三日卒，永安元年（528）十一月十八日葬。

誌文22行，滿行22字，楷書。誌石高45.5釐米，寬47.5釐米，河南洛陽出土。

【释文】

君諱道隆，字遺業，恭宗景穆皇帝之曾孫，陽平王之孫，征西大将军、夏州刺史、文烈公振之元子。分長源於遠漢，樹茂葉於天苑，濊乎与三光並列，赫焉共春芳競彩。君稟川岳之邃靈，資兩儀之淑氣，生如秀異，體革常童，長如明悟，風神獨絶。未及弱冠，學窮秘典，行滿鄉朋，譽傾州里。年十七，以皇宗釋褐，除夏州平西府中兵參軍。往弼盛蕃，捻伇戎機，衆經用理，群蔓斯絹。雖符生之翼蕃闡譽，伯誕之讚府有聲，方之於君，異世同規。府解還朝，遷給事中，尋轉尚書南主郎中。既濯龍淵，復光禮闈，經緯當官，出入齊美。俄遷伏波将军、司空府録事參軍。乃佐盛台，敷陳三事，九土咸寧，山川攸緒。屬明皇桓祚，乾經中旆，音陽始義，王途尚徂，奉迎乘輿，道遇乱兵，春秋卅，以建義元年四月十三日，卒於北邙行次。帝悼其德，追贈補國将军、南秦州刺史。以永安元年十一月甲寅朔十八日癸未，窆於北邙之西陵。逝影其馳，芳輝亦遠，德音不刊，将焉永暮，幸託金石，徽存髣髴。其辭曰：

攸焉兩氣，遽矣淳精；氤氳造物，哲人伊生。德以立身，義以成名；耶不譎志，夷不移情。言以植本，行歸秋實；信若四時，明如曉日。闕墻得門，機經入室；長衢兩龍，在今唯一。高木先伐，桂臺因芳；孰云報善，禍必殲良。哀等臨穴，人百其傷；追馨金石，式是珪璋。

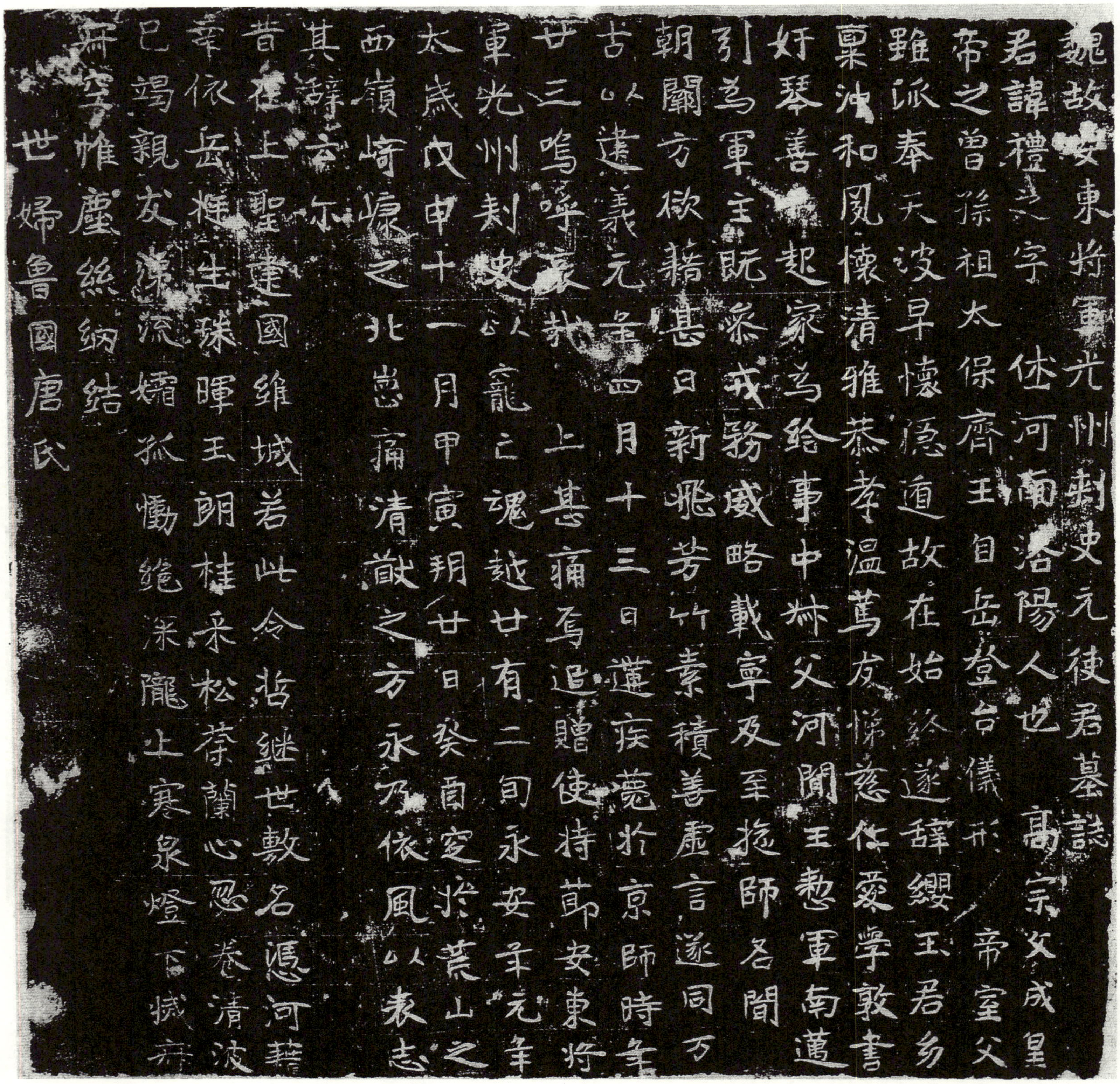

一二七 魏故安東将军光州刺史元使君【禮之】墓誌

建義元年（528）四月十三日卒，永安元年（528）十一月二十日葬。

誌文19行，滿行19字，楷書。誌石高44.4釐米，寬43.8釐米，河南洛陽出土。

【释文】

君諱禮之，字炔，河南洛陽人也。高宗文成皇帝之曾孫；祖太保、齊王，自岳登台，儀形帝室；父雖派奉天波，早懷隠適，故在始終，遂辭纓玉。君幼稟沖和，夙懷清雅，恭孝温篤，友悌慈仁，愛學敦書，好琴善□。起家為給事中。叔父河間王整軍南邁，引為軍主。既參戎務，威略載寧，及至旋師，名聞朝闕。方欲藉甚日新，飛芳竹素，積善虛言，遂同万古。以建義元年四月十三日遘疾，薨於京師，時年廿三。嗚呼哀哉！上甚痛焉，追贈使持節、安東将军、光州刺史，以寵亡魂。越廿有二旬，永安元年太歲戊申十一月甲寅朔廿日癸酉，窆於荒山之西嶺，崎嵰之北崖。痛清猷之方永，乃依風以表志。其辭云尔：

昔在上聖，建國維城，若此令哲，繼世敷名。憑河藉幸，依岳挺生，珠暉玉朗，桂采松茶。蘭心忽卷，清波已竭，親友涕流，孀孤慟絶。深隴上寒，泉燈下滅，寂寂空帷，塵絲網結。

世婦魯國唐氏。

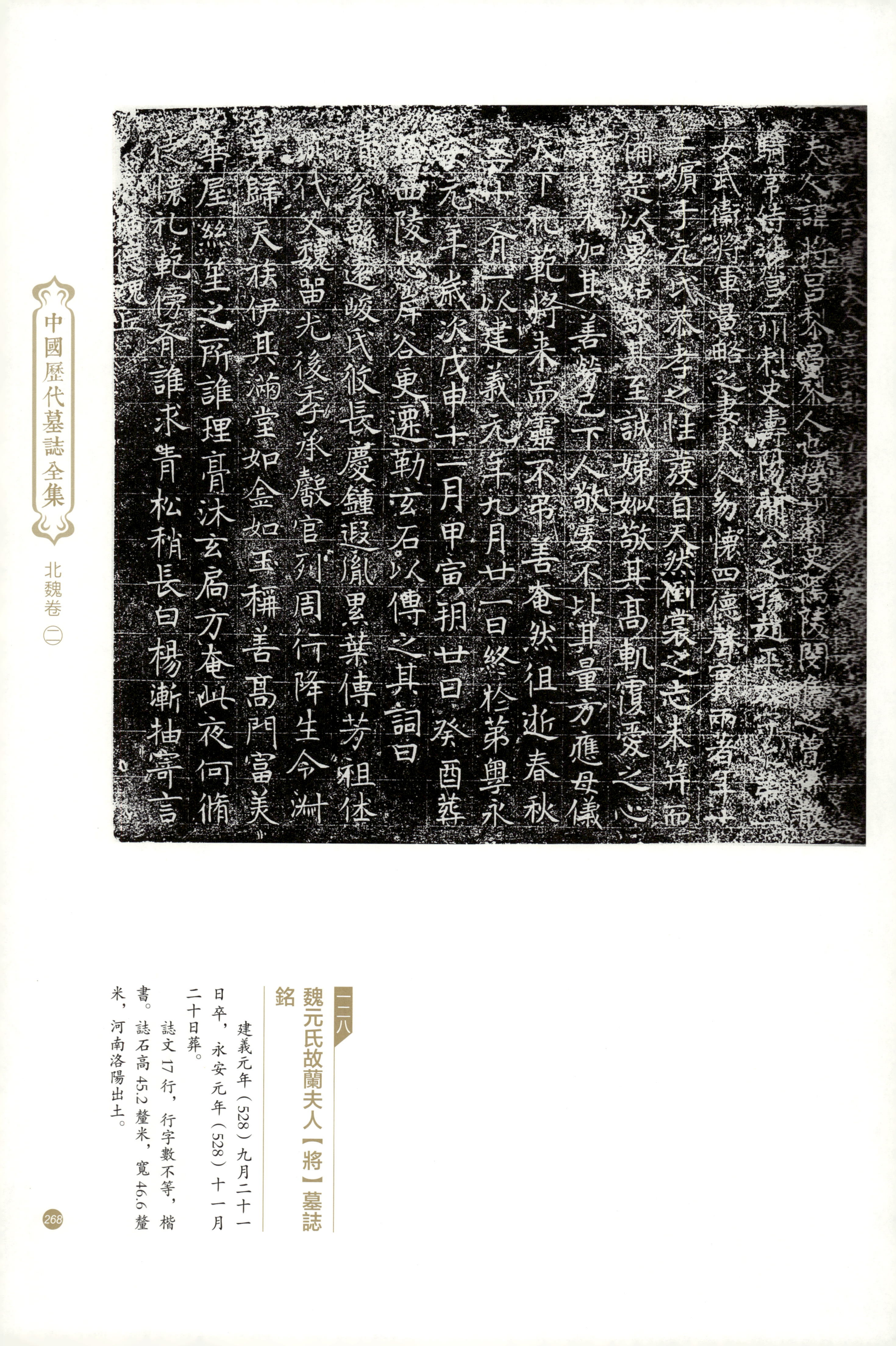

一二八 魏元氏故蘭夫人【將】墓誌銘

建義元年（528）九月二十一日卒，永安元年（528）十一月二十日葬。

誌文17行，行字數不等，楷書。誌石高45.2釐米，寬46.6釐米，河南洛陽出土。

【释文】

夫人諱將，（昌黎）昌黎人也。營州刺史、鄖陵閔侯之曾孫，散騎常侍、涇營二州刺史、壽陽簡公之孫，趙平太守之第二女，武衛将军景略之妻。夫人幼懷四德，聲實兩著，年十二嬪于元氏。恭孝之性，發自天然，倒裳之志，未笄而備。是以舅姑欽其至誠，娣姒敬其高軌。覆愛之心，義姑未加其善；勞己下人，敬姜不比其量。方應母儀天下，礼範将来，而靈不吊善，奄然徂逝。春秋五十有一，以建義元年九月廿一日終於第。粤永安元年歲次戊申十一月甲寅朔廿日癸酉，葬於西陵。恐岸谷更遷，勒玄石以傳之。其詞曰：

清系綿遠，峻氏攸長，慶鍾遐胤，累葉傳芳。祖休燕代，父魏留光，後季承馨，官列周行。降生令淑，早歸天族，伊其滿堂，如金如玉。稱善高門，富美華屋，絲笙之所，誰理膏沐。玄扃方奄，此夜何脩，徒懷礼範，傍有誰求。青松稍長，白楊漸抽，寄言泉石，播德魂丘。

一二九 魏故鎮軍将军豫州刺史元使君【子永】墓誌

武泰元年（528）四月十三日卒，永安元年（528）十一月二十日葬。

誌文20行，滿行20字，楷書。誌石高44釐米，寬44釐米，河南洛陽出土。

【释文】

君諱子永，字長烋，河南洛陽人。祖太保、齊郡順王，啓天四履，光纂二南。父夙離固疾，事絶纓冕。叔父河間王，地屬維城，養君為子，撫愛特隆。君礼逾天性，生而母没，養自王宫。稟質沖和，操履貞白，風儀閑敏，才華穎秀，容止有規，憙愠無色。學洞經史，辞兼博麗，門信榮家，朝稱寶國。出身為給事中。王既任允推轂，君從鎮秦嶺。邊羌違化，啓為别将南征，英略載敷，凶醜時散。俄而吴楚内侵，徐楊外動。王復秉律東川，掃定紛逆。以君謀謨剋濟，假冠軍将军。定策重帷，决勝千里，淮海還流，君之績也。獻捷入朝，遷為員外散騎常侍。方期遠驅長轡，結采春暉，積善何冤，奄從朝露，武泰元年太歲戊申四月十三日，薨於京師，春秋廿五。帝甚悼焉，追贈使持節、鎮軍将军、豫州刺史。顯光泉駕，□照丘門。其年十一月甲寅朔廿日癸酉，窆於大陵之□。痛清猷之水滅，乃表誌於幽扃：

清源何已，瓊枝方茂，似桂孤榮，如蘭獨秀。結潤滄波，抽陰崑岫，璧鏡始懸，高堂初□。盛衰忽改，今古巳遷，早□華館，遽掩荒埏。冥冥永夜，杳杳深泉，山泉曉月，壟路□□。親賓殞慟，僕御流連，哲人惟往，竹帛方傳。

魏故使持節驃驤將軍襄州刺史李君墓誌
君諱略字士㧾相州魏郡魏縣崇義鄉吉遷里人也散
華之裔大成之胤詮流則昭灼道德之源布葉則世茂
時輔漢承相蔡之後也燕征虜將軍開府陽平太守林
之玄孫曾祖默趙中書博士太子洗馬祖原州主簿父
扶魏郡太守君稟姿天成生而岐嶷少履雅節皎然獨
潔御高山之景行慕松竹之脊筠孝家忠國言謨典範
冠帶之年除殿中將軍勲清囧懈遷冗從僕射才第顯
拔從容華省給事中良規之軌靡暢風霜㳂運奄集年
卌一以建義元年四月十三日卒于官朝賞錄誠追存
階任授斯名位卜龜筮並宅吉玄宮粤永安元年歲在
實沈十二月甲申朔十三日丙申窆於芒阜之陽芬蘭
馥之遺芳醫球琳之震瑜爰刊泉石而作頌曰
瓊璣肇樞玄爐搆扇陽曜震煇靈喆載見昭昭盛烈赫
赫洪電若人誕世家慶隆衍孝睦閨庭忠敬光朝德著
邦國聲美友儕先人後己顯譽遐超弁璲已器連城宜
表空聞遺將誰曰祐仁離輝未返魄影中分清觴罷曜
琴酒凝塵泉宮閟扃永夜無晨
妻南陽鄧氏　父泰荊州西曹

一三〇 魏故使持節驃驤將軍襄州刺史李君【略】墓誌

建義元年（528）四月十三日卒，永安元年（528）十二月十三日葬。

誌文19行，滿行31字，楷書。誌石高50釐米，寬50釐米，河南洛陽出土

【释文】

君諱略，字士操，相州魏郡魏縣崇義鄉吉遷里人也。散華之裔，大成之胤。詮流則昭灼道德之源，布葉則世茂，時輔漢承相蔡之後也。燕征虜将军、開府、陽平太守林之玄孫。曾祖默，趙中書博士、太子洗馬；祖原州主簿；父扶，魏郡太守。君稟姿天成，生而岐嶷，少履雅節，皎然獨潔。仰高山之景行，志松竹之有筠，孝家忠國，言謨典範。冠帶之年，除殿中将军。勤清罔懈，遷冗從僕射，才第顯拔，從容華省給事中。良規之幹靡暢，風霜之運奄集。年卌一，以建義元年四月十三日，卒于官。朝賞録誠，追存階任，授斯名位。卜龜策筮，宅吉玄宫，粤永安元年歲在實沉十二月甲申朔十三日丙申，穸於芒阜之陽。芬蘭馥之遺芳，響球琳之震瑜。爰刊泉石，而作頌曰：

瓊璣肇樞，玄爐搆扇。陽曜震暉，靈喆載見。昭昭盛烈，赫赫洪電。若人誕世，家慶隆衍。孝睦閨庭，忠敬光朝。德著邦國，聲美友僚。先人後己，顯譽遐超。弁琢已器，連城宜表。空聞遺獎，誰曰祐仁。離輝未逡，魄影中分。清膏罷曜，琴酒凝塵。泉宫閟扃，永夜無晨。

妻南陽鄧氏，父泰，荆州西曹。

一三一 魏故散騎常侍鎮南将军金紫光禄大夫領國子祭酒濟州刺史王使君【翊】墓誌

永安元年（528）十二月二十日卒，永安二年（529）二月廿七日葬。

誌文30行，滿行30字，楷書。誌石高61.2釐米，寬58.8釐米，河南洛陽出土。

【释文】

祖諱奂，齊故尚書、左僕射、使持節、鎮北将军、雍州刺史；夫人陳郡殷氏，父道矜，太中大夫。父諱琛，齊故司徒從事中郎，夫人彭城劉氏，嘉興縣主，父義恭，宋太宰、江夏王。公諱翊，字仕翔，徐州琅耶郡臨沂縣都鄉南仁里人也。綿瓞開源，本枝流緒，長瀾遠濕，層峰峻極。然其世載金紫之榮，族茂銀黄之貴，四海尚其羽儀，九流重其冠冕。祖懷文抱質，道貴當時；父温古知新，名傳後世。公膺積善之餘烈，體鍾美之粹靈，標藁桂於八樹，茂兹蘭於九畹。亦既翻飛，羽儀上國，雅号南金，盛稱東箭。而宗致玄遠，志尚清高，有如水鏡，無異珠玉。解褐為秘書郎中。望延閣以載飛，臨廣除而一息。庶士仰之而推高，衆流慕之而歸美。俄轉員外散騎侍郎，又除襄威将军，補司空主簿。追申起家之屈，遷為從事中郎，特除中書侍郎，加鎮遠之号。又為清河王友，餘官如故。公自通藉承明，贊道玄武，理翮鳳沼，曳据菟園。辞采蔚其秀出，諷議暢而清舉。裴王愧其通要，邢劉謝其花實。而監方察部，任重望隆，我求懿德，用膺嘉選，乃除使持節、都督濟州諸軍事、左将军、濟州刺史，又加平東将军。於是照之以冬日，潤之㠯夏雨，聊示蒲鞭之威，必存竹馬之信。至如賈父北臨，羊公南撫，異世同規，殊途共轍。又行定州，以患辞免，乃除平南将军、散騎常侍，尋轉安南将军、銀青光禄大夫、加散騎常侍。及中興統曆，寶命惟新，屬想上庠，留意東序。乃除鎮南将军、金紫光録大夫、國子祭酒，常侍如故。仍養沉痾，未纓職事，縱容宴喜，優遊歲時。閉閤垂帷，獨運心識，左琴右書，獨王懷抱。而精義解頤之奇，麗藻陵雲之異，固以道鏡儒林，辞華文苑者矣。謂此高門，有驗多福，何期冥昧，終愆与善。春秋卌有五，永安元年歲在戊申十二月壬午朔廿日辛丑終於位。朝庭悼惜，行路霣涕。粤以二年歲次己酉二月癸未朔廿七日己酉，窆於洛陽西鄉里。念高下之相傾，恐陵谷之遞變，蘊黄泉而靡作，託玄石以留絢。其詞曰：

昭哉卿族，鬱矣公門，家慶所在，世禄攸存。曜卿之子，叔茂之孫，猶如桂馥，有若瓊温。器成瑚璉，才標楨幹，居鳳比翼，在龍稱翰。言等泉流，文同雨散，始登麟閣，終臨虎觀。高風濟濟，遠氣昂昂，如金如錫，令問令望。方期海運，有冀雲翔，遽然毀玉，忽矣摧梁。彫影墻柳，凄凄薤露，出埛銜悲，臨穴興慕。将繁叢棘，行遊狡兔，無復春秋，空哀丘墓。

魏故安西將軍涼州刺史元君之墓誌

君諱維字景範河南雒陽崇讓里人也列祖道武皇帝之玄孫

鎮南將軍兗州刺史之第五子其先建國命氏之由備宣冊史

不復詳焉君稱奇禱子禮美聖僮利等楚金美稱稽箭然其鄉

閭博識觀與窮源辯折秋豪論光朝日碎金為文連芝成韻器

懷恬雅志度清立疾風未尉其節迅雷不擾其心及其受教二

庠聲高兩觀縉紳慕□風流[illegible]莞仰其聲藻故遊梁整楚之容

接袂而同歸曳裾躡禮之賓連袖而共至以宗官望典親賢是

寄乃辟君為大宗正丞毗贊宣翼備其僚彩辞翰鋒出諷議川

流借乎不側蕭然無際而風格素高崖岸清舉振衣獨立不雜

塵埃道秀人間才標當世以茲名望屬此中興方當籋浮雲而

上馳雜陳而以高邁而歷陽之水邊流至正之火奄及春秋廿

六以建義元年四月十三日河梁之下非命卒世痛軫蒼泉毒

流皎日家國含酸行路殞泣有詔日故宗正丞元維道業淟

曠文義詳正方委維誠以康治道豈圖非慮奄離禍酷言念遺

烈殤悼兼懷窆穸有期宜申追遠可贈安西將軍涼州刺史

瘞金蘭之奄潔悼遐岸之中隧嗟幽戶之莫開傷泉門之永閟

其詞曰　八流湯谷折照曦遑我宗盤石唯德唯馨三才降

括河嶽載精藏往既構雲岸削成斐亹朱續葳蕤綠文名踰庸

閣義軼龍墳美同會竹馨等稽芬高唐樹雨至山鬱雲舒原點

黛顏岫檎紅始披風氣將展雲客必慶無徵鶗鳴既鍾團扶中

隧靈構頹岸葵萎言兆七斂將臨龍軒山轍鳳吹虛音孤塲町

曈松櫝籋森九重無曉泉門永深

大魏永安二年歲次己酉三月壬子朔九日庚申

一三三

魏故安西將军涼州刺史元君【維】之墓誌

建義元年（528）四月十三日卒，永安二年（529）三月九日葬。誌文 34 行，滿行 24 字，楷書。誌石高 50.5 釐米，寬 50.5 釐米，河南洛陽出土。

【释文】

君諱維，字景範，河南雒陽崇讓里人也。列祖道武皇帝之玄孫，鎮南将军、兗州刺史之第五子。其先建國命氏之由，備宣啚史，不復詳焉。君稱奇孺子，擅美聖僮，利等楚金，美稱稽箭。然其多聞博識，睹奥窮源，辯析秋豪，論光朝日，碎金為文，連芝成韻，器懷恬雅，志度清立。疾風未虧其節，迅雷不擾其心。及其受教二庠，聲高兩觀，縉紳慕其風流，芻蕘仰其聲藻。故遊梁敖楚之客，接袂而同歸；曳裾躡蹻之賓，連袖而共至。以宗官望典，親賢是寄，乃辟君為大宗正丞。毗贊宣翼，備其僚彩，辞翰鋒出，諷議川流，借乎不側，蕭然無際。而風格素高，崖岸清舉，振衣獨立，不雜塵埃，道秀人問，才欄當世。以兹名望，屬此中興，方當簫浮雲而上馳，雜凍雨以高邁，而歷陽之水遽流，至止之火奄及。春秋廿六，以建義元年四月十三日河梁之下，非命卒世。痛軫蒼泉，毒流皎日，家國含酸，行路殞泣。有詔曰：故宗正丞元維，道業洪曠，文義詳正，方委維誠，以康冶道。豈啚非慮，奄離禍酷，言念遺烈，殤悼兼懷。窀穸有期，宜申追遠，可贈安西将军、涼州刺史。痛金蘭之奄潔，悼退峰之中墜，嗟幽戶之莫開，傷泉門之永閟。其詞曰：

分流湯谷，析照曦庭，我宗盤石，唯德唯馨。三才降哲，河嶽栽精，藏往既構，雲峰削成。斐亹朱績，葳蕤緑文，名踰虎閣，義軼龍墳。美同會竹，馨等稽芬，高唐樹雨，至止鬱雲。舒原點黛，顔岫擒紅，始披風氣，将展雲客。必慶無徵，鶡鳴既鍾，團扶中隧，靈構穨峰。葵筮言兆，七飯将臨，龍軒止轍，鳳吹虚音。狐場町疃，松檟簫森，九重無曉，泉門永深。

大魏永安二年歲次己酉三月壬子朔九日庚申。

魏故使持節征東将軍青州刺史元君墓誌
君諱道宗道明太祖道武皇帝之玄孫武昌簡王第五子其
先允籙圖而龍飛承五德以啟運建殊迹於唐基啟祐胄於周
業君少稟岐嶷之姿長懷韶量之操孝友稱於邦閭悌順著於
宗邑年十七拜太尉府咸陽王參軍事又除宣威将軍給事中
君深尚洗月之高風不貴吹竽之濫職乃解纓辭紱請歸林壑
帝方體君器幹維縶不已敦府清要任銓五典毗贊之重未易
其人乃辟君為鎮遠将軍司徒掾又除冠軍太僕少卿暉隸崇
華務唯帝難君控贊克諧官無廢職正光之末三輔馳烽五陵
傳撒杳李倒懸危若累卵長虵邀路遂同綿任上乃除君右将
軍兼秦州刺史君奉命鷹闕載馳旆陌趫将翦於深典救垂炭
於猛烈又州南接崇華因便從稱復授君安西将軍北華州刺
史當州都督君績譽轉彰帝尤嘉焉及還京洛秦華二州請陵
継路方制鎮璵璣和羹鼎溢百六等謝中興當辟蘭猶芸摧玉
石同焚且善之文使張輔仁之義空說春秋卅七薨於河陰臺
駕之右忌踰亡相穢過羅市皇上震悼礼賻有加 詔贈使持
節征東将軍青州刺史有乎禮宗孫慕窮廬獨思壟柩悲風樹
之不留恐金芳之永墜故鐫玄石仰述徽藻其詞曰
折彩星壽分光離照克誕英哲唯君獨稟作蕃西岳政宣民譽
凡含擒枝愛留棠樹朔寧不刻運鍾百六素體雅融德音仍斌
龜筮獻吉先遠戒期遲森綝柳門蔚轄轜挽聲悽楚葆吹俳佪
千秋萬祀頫有餘哀
永安二年歲次己酉三月壬子朔九日庚申
都合五百一十七字也

一三三

魏故使持節征東将军青州刺史元君【道宗】墓誌

永安二年（529）三月九日葬。誌文24行，滿行24字，楷書。誌石高47.8釐米，寬49.5釐米，河南洛陽出土。

【释文】

君諱邃，字道明，太祖道武皇帝之玄孫，武昌簡王第五子。其先允籙圖而龍飛，承五德以啓運，建殊迹於唐基，敞祏聲於周業。君少稟岐嶷之容，長懷韶量之操，孝友稱於邦閭，悌順著於宗邑。年十七，拜太尉府咸陽王參軍事，又除宣威将军、給事中。君深尚洗耳之高風，不貴吹竽之濫職，乃解瓔辞絻，請歸林壑。帝方體君器幹，維摯不已。教府清要，任鍾五典，毗贊之重，未易其人。乃辟君為鎮遠将军、司徒掾，又除冠軍、太僕少卿。暉棘崇華，務唯帝難。君控釐克諧，官無廢職。正光之末，三輔馳烽，五陵傳檄，杏李倒懸，危若累卵，長蛇邀路，遂同綿徑。上乃除君右将军、東秦州刺史。君奉命鷹闕，載驅豨陌，拯将溺於深淟，救垂炭於猛烈。又州南接崇華，因便徙稱，復授君安西将军、北華州刺史，當州都督。君績譽轉彰，帝尤嘉焉。及還京洛，秦華二州請蔭繼路。方製錦绣瓊璣，和羹鼎溢，百六算謝，中興當璧，蘭蕕共推，玉石同粉。与善之文徒張，輔仁之義空説。春秋卌七，薨於河陰鑾駕之右。哀踰止相，痛過罷市。皇上震悼，礼賻有加，詔贈使持節、征東将军、青州刺史。有子禮宗，孤慕窮廬，獨思靈枕，怨風樹之不留，恐金芳之永墜，故鐫玄石，仰述徽藻。其詞曰：

析彩星潯，分光離埏，克誕英哲，唯君獨擅。作蕃西岳，政宣民譽，化洽槁枝，愛留棠樹。胡寧不愸，運鍾百六，素體雖融，德音仍淑。龜筮獻吉，先遠戒期，庭森綍柳，門蔚韓轜。挽聲悽楚，葆吹徘徊，千秋萬祀，顧有餘哀。

永安二年歲次己酉三月壬子朔九日庚申。都合五百一十七字也。

魏故使持節衛大將軍儀同三司冀州刺史博野縣開國公笱君之
墓誌銘
君諱景字景巒河南洛陽人也源流浩汗鴻波淩於委水基構隆崇
長峯邁於積石固已騰翠薇而孤上暎滄海而獨深祖侍中司空河
東王既已器秀見知跨龍翰於代京考平北將軍并州刺史復以才
儁取識擅鳳翅於洛都君稟天地之氣資川岳之靈勇而有知長而
通敏神慧起自蒲車辯發於竹馬故清規之稱於是號為世襲素
範之美自此言其可遠大丞相柱國大原王雄規出世英略不群鑒
識所歸物望爰屬以君清徽宅身風華在己特所留愛偏見器重遂
以妖衰未殄遊蠹仍梗秉律之任注意斯在加君寧朔將軍帳內別
將舉仁勇也乃屬武泰在運昏后亂政魏道中微社稷無主丞相以
世荷蕃屏志存匡復起兵晉陽問罪伊闕而君識洞機萌深鑒未兆
遂同經謀豫此規略及日角有歸龍顏啓曆丕業既就大賞斯行以
君誠効有著鴻勳可録崇章須被廣土宜及乃授撫軍將軍金紫光
禄大夫博野縣開國伯後以酬庸未盡宜更襃錫進爵為公食邑千
五百戶君器度詳雅風韻恢正一藝無違百行斯備故喜慍之色未
形於家人譏論之言上弗聞於朝廷方當藉此多善用享餘慶如淒
未幾若休奄及春秋二十九以永安元年十月十六日薨於并州之
晉陽天子哀悼百寮痛惜賵贈之礼有隆常數乃下詔追贈衛
大將軍儀同三司冀州刺史粵以永安二年四月三日遷葬於洛陽
城西四十五里當穀城之北哀景行之不追悲德音之莫揚緝遺烈
於松戶綴餘芬於泉堂乃作銘曰
盛德之後仍世克昌將相之裹莫不重光唯公載誕寶屬餘芳如玉
之潤如桂之香粹衿內朗雅韻外敷捨茲巾褐事彼長裾武議一誑
戎章再紆聲華鞭板績茂戈殳皇曆以圯帝業將昇毗功踐土贊道
中興金龜是紐山河是膺朱紫共襲錙玉相承輔仁空術報道徒文
駿足罷駕逸翮摧雲幽夜莫曉寒歲不春同彼千載殲此良人

一三四 魏故使持節衛大將軍儀同三司冀州刺史博野縣開國公荀君【景】之墓誌銘

永安元年（528）十月十六日卒，永安二年（529）四月三日。

誌文27行，滿行26字，楷書。誌石高67.2釐米，寬73釐米，河南洛陽出土。

【释文】

君諱景，字景巒，河南洛陽人也。源流浩汗，鴻波浚於委水；基構隆崇，長峰邁於積石。固㠯騰翠薇而孤上，映滄海而獨深。祖侍中、司空、河東王，既㠯器秀見知，跨龍翰於代京。考平北將军、并州刺史，復㠯才儁取識，擅鳳翅於洛都。君稟天地之氣，資川岳之靈，幼而有知，長而通敏。神慧起自蒲車，睟辯發於竹馬。故清規之稱，於是号爲世襲；素範之美，自此言其可遠。大丞相、柱國、太原王雄規出世，英略不群，監裁所歸，物望爰屬。㠯君清徽宅身，風華在己，特所留愛，偏見器重。遂㠯妖氛未滅，遊塵仍梗，秉律之任，注意斯在，加君寧朔將军、帳内别將，舉仁勇也。乃屬武泰在運，昏后亂政，魏道中微，社稷無主。丞相㠯世荷蕃屏，志存匡復，起兵晉陽，問罪伊闕。而君識洞機萌，深鑒未兆，遂同經謀，豫此規略。及日角有歸，龍顔在曆，丕業既就，大賞斯行。㠯君誠効有著，鴻勳可録，崇章須被，廣土宜及，乃授撫軍將军、金紫光禄大夫、博野縣開國伯。後㠯酬庸未盡，宜更褒錫，進爵爲公，食邑千五百户。君器度詳雅，風韻恢正，一藝無違，百行斯備。故憙之色，未形於家人；譏論之言，上弗聞於朝庭。方當籍此多善，用享餘慶，如浮未幾，若休奄及。春秋二十九，㠯永安元年十月十六日，薨於并州之晉陽。天子哀悼，百寮痛惜。賵贈之礼，有隆常數。乃下詔追贈衛大將军、儀同三司、冀州刺史。粤㠯永安二年四月三日，還葬於洛陽城西卌五里，當穀城之北。哀景行之不追，悲德音之莫揚，緝遺烈於松戶，綴餘芬於泉堂。乃作銘曰：

盛德之後，仍世克昌，將相之裔，莫不重光。唯公載誕，實屬餘芳，如玉之潤，如桂之香。粹衿内朗，雅韻外敷，捨兹巾褐，曳彼長裾。武議一託，戎章再紆，聲華鞭板，績茂戈殳。皇曆㠯圮，帝業將昇，毗功踐土，贊道中興。金龜是紐，山河是膺，朱紫共襲，劔玉相承。輔仁空術，報道徒文，駿足罷駕，逸翮摧雲。幽夜莫曉，寒穸不春，同彼千載，殲此良人。

魏故儀同苟使君墓銘。

一三五 魏故車騎将军司空公元【端】故夫人馮墓誌

永安二年（529）閏月二十五日卒，同年八月十一日葬。

誌文18行，滿行18字，楷書。誌石高39.7釐米，寬40釐米，河南洛陽出土。

【释文】

夫人馮，冀州長樂信都人也。燕王之孫，燕州使君第二之女。公體量沉隱，爵望凝高，除建□□守、中散大夫。後清恭道順，除燕營二州刺史。□寬恭忠慜，仁著恒朝。夫人品聰精之休氣，承□□之英風，貞資彰乎捴日，閑淑譽乎笄辰，閨□有婉□之稱，閫□聞四德之聲。脩家理閤，樊□無與其量；恭夫罔忌，鄭袖不二其懷。好讀諸義，巧於辞令。春秋卅四，永安二年歲次己酉閏□廿五日，薨乎第。以八月十一日，葬乎京城西北□里北芒之南。其辞曰：

□松久緑，石瀨長清，洪芳積世，乃育斯馨。言功幼日，婉淑鬟齡，冰堅等譽，玉潔齊聲。冰堅伊何，泛流断娉，玉潔伊何，有行□令。逕風弗移，罩然雅性，如彼塵珪，潰中獨浄。累功巢室，之子攸歸，□維齊季，夙夜靡違。是仁必壽，義保遐期，如□霜隕，夏折貞徽。入幽寧□，出景飛魂，楊兆多烈，松庭□□。長歸夜室，永謝晨門，痛矣，人去名存。

一三六 大魏丞相江陽王【元繼】墓□銘

永安元年（528）卒，永安二年（529）八月十二日葬。

誌文31行，滿行30字，楷書。誌石高62.1釐米，寬67.5釐米，河南洛陽出土。

【释文】

王諱繼，字仁世，河南洛陽人也。太祖道武皇帝之玄孫，左光禄大夫、儀同三司、南平王之仲子。王鍾陰陽之美，膺命世之期，辭氣光潤，雅性寬善，靡競於人，與物無際。喜怒夷而弗形，是非混而難識。湛若委水，峻如削成，未有測其高深，知其崖涘者。備九德以治身，揔百行而脩己。博之以文章，加之以礼樂，負經國之具，懷王佐之才，雖在王族之中，未有貴位。然當時論者，咸以遠大許之，俄有公輔之望。年十八，以皇興二年出後伯祖江陽王，即以其年襲承蕃爵，奉荷成構。於是撫翼北冥，搏扶南舉，爰始弱冠，逮乎歲暮，遍歷尊顯，備盡榮要。亟臨方鎮，累登連率，往来帷幄，頻煩司會，再居上將，七蹈台階。平北、安北、鎮北、柔玄、撫冥、懷荒、青州、恒州、司州牧、儀同、司空公、司徒、太保、太傅、大将军、録尚書各一。侍中、尚書、左衛将军、領軍将军、驃騎、特進、太尉、太師各再。其莅之也，宣威略於幽都，布柔嘉乎海岱，盡捨遺以規衮闕，磬獻替而濟可否，控熊羆以誓禦侮，嚴八次而衛皇宫。昇季鉉，平水土，纘維禹，達坤性，作中台，均霜露，庶姬友慕善，職登上階，莅元輔。宿離以之不忒，日月於此重明。及運屬興皇，作牧京甸，不設鈎矩而奸盗已息。至乃桃李之垂於術者弗敢援，玉帛之亡於路者莫之取。鞭朴委而無施，縲緤縈而勿用。若夫孝盛家聲，子行也；忠繁國譽，臣節也；功能潤世，茂庸也；作宰逾恭，勞謙也。具揔衆美，詳兼四德，故能出丕顯，受遇兩京，光輔四帝，歷年三紀。窮生民之大寶，極人臣之尊貴。自皇魏已来，雖帝子帝弟之親賢，宗臣重臣之令望，至於綢繆榮慶，被服寵靈，保身全名，與禄終始，未有如王者焉。雖伯獻五蹈，三事方兹，猶劣伯始，七登九命，況此非優。方當受獻上庠，爲國元老，而稟命不融，春秋六十有四，永安元年薨於位。天子愍悼，群后咨嗟，詔遣使持節、撫軍将军、大鴻臚卿陸元慶奉冊即柩，贈使持節、丞相、都督雝涇岐華四州諸軍事、大将军、雝州刺史印綬，侍中、王如故。粤二年歲次己酉八月庚戌朔十二日辛酉，葬於洛陽之西山。善二妃之不從，鄙自周其未改。前佐司徒府諮議參軍事、太常卿瑯琊王衍，前佐司徒府記室參軍事、大将军府從事中郎、新平馮元興等，慮陵谷貿遷，丘隴難識，故鑿誌埏陰，刊載氏族。乃作銘曰：

峨峨峘嵑，爲岳作鎮，宣氣炳靈，開英育儁。比德削成，豈伊重刃，嗤彼丘陵，及肩非峻。爰初撫翼，起自北冥，啚南不已，負日上征。懋才尊爵，重器隆名，大寶兼萃，七陟槐庭。既平水土，亦理陰陽，和風燮雨，均露調霜。貧賤易久，富貴難長，明台通没，儵矣淪光。窀穸有期，卜遠云及，酸鐸悲歌，送歸原隰。長即丘墓，永辭城邑，遺德猶存，清風可挹。

一三七　魏故車騎大将军平舒文定邢公继夫人大覺寺比丘元尼【純陁】墓誌銘并序

永安二年（529）十月己十三日卒，同年十一月七日葬。

誌文 29 行，滿行 30 字，楷書。誌石高 56 釐米，寬 56 釐米，河南洛陽出土。

【释文】

夫人諱純陁，法字智首，恭宗景穆皇帝之孫，任城康王之第五女也。蟠根玉岫，擢質瓊林，姿色端華，風神柔婉，岐嶷發自齠年，窈窕傳於丱日。康王偏加深愛，見異衆女。長居懷抱之中，不離股掌之上。始及七歲，康王薨徂。天情孝性，不習而知，泣血茹憂，無捨晝夜。初笄之年，言歸穆氏，懃事女功，備宣婦德。良人既逝，半體云傾，慨絶三從，將循一醮，思姜水之節，起黄鵠之歌。兄太傅、文宣王違義奪情，確焉不許。文定公高門盛德，才兼將相，運屬文皇，契同魚水，名冠遂古，勳烈當時，婉然作配，來嬪君子。好如琴瑟，和若塤篪，不言容宿，自同賓敬。奉姑盡礼，剋匪懈於一人；處姒唯雍，能變諧於衆列。子散騎常侍遜，爰以咳襁，聖善遽捐，恩鞠備加，慈訓兼厚，大義深仁，隆於己出。故以教侔在織，言若断機，用令此子，成名剋構。兼機情獨悟，巧思絶倫，詩書礼辟，經目悉覽，紘綖組紝，入手能工。稀言慎語，白珪無玷，敬信然諾，黄金非重。巾帨公宫，不登袨異之服，箕箒貴室，必御浣濯之衣。信可以女宗一時，母儀千載，豈直聞言識行，觀色知情。及車騎謝世，思成夫德，夜不洵涕，朝哭銜悲，乃歎曰：吾一生契闊，再離辛苦，既慚靡他之操，又愧不轉之心。爽德事人，不興他族，樂從苦生，果由因起。便捨身俗累，託體法門，棄置愛津，栖遲正水。博搜經藏，廣通戒律，珍寶六度，草芥千金。十善之報方臻，雙林之影遄滅。西河王魏慶，穆氏之出，即夫人外孫，宗室才英，聲芳藉甚，作守近畿，帝城蒙潤。夫人往彼，遘疾弥留，以冬十月己酉朔十三日辛酉，薨於滎陽郡解别館。子孫號慕，緇素興嗟。臨終醒寤，分明遺託，令别葬他所，以遂脩道之心。兒女式遵，不敢違旨。粤以十一月戊寅朔七日甲申，卜窆於洛陽城西北一十五里芒山西南，别名馬鞍小山之朝陽。金玉一毀，灰塵行及，謹勒石於泉廬，庶芳菲之相襲。其辞曰：

金行不競，水運唯昌，於鑠二祖，龍飛鳳翔。繼文下武，疊聖重光，英明踵德，周封漢蒼。篤生柔順，剋誕温良，行齊橋木，貴等河魴。蓮開渌渚，日照層梁，谷覃葛藟，灌集鸝黄。言歸備礼，環珮鏗鏘，明同折軸，智若埋羊。惇和九族，雍睦分房，時順有極，榮落無常。昔為國小，今稱未亡，傾天已及，如何弗傷。離兹塵境，適彼玄場，幽監寂寂，天道芒芒。生浮命促，晝短宵長，一歸細柳，不反扶桑。霜凝青檟，風悲白楊，蕙畝蘭畹，無絶芬芳。

維永安二年歲次己酉十一月戊寅朔七日甲申造。

魏故諫議大夫建城侯山君之墓銘
君諱徽字阿穀河南洛陽人其先啟跡遼右世雄涿鹿之野濟
賢輔　聖達業溺水之陽故能翼樹生民遂造區夏會同諸侯
之列朝聘萬國之尊惟君為上為曾祖散騎常侍安南將軍金
部殿中二曹尚書鎮南將軍冀州刺史泰山公祖安南將軍內
都幢將北部尚書定州刺史泰山公父散騎常侍虞曹尚書使
持節平東將軍東徐州刺史建城侯徽長廣公英靈疊照華寬
重暈令問相承賢明繼軌君少稟仁粹之資長蹈承明之緒雅
氣獨峻器識孤遠怡心典素退縢白於長篇摛思文池尋班馬
於秘苑難雲陽五能銅爵一傳未云比也超襲父爵為建城侯
釋褐定陽太守君體閑共治志合唯良始届有來暮之歌俠興
誰嗣之詠真曰民之父母愛結百姓者矣又遷威遠將軍兄從
僕射君登朝有譽處仕流聲朝廷稱為有禮外內欽其肩緊又
轉平北府司馬贊翼剋允賓諧弥著調風易俗遐迩流音方引
良謀於紫極納忠言於樞衡東影未移西虞已及春秋五十八
永安二年三月八日終於洛陽篤恭里蒙皐贈諫議大夫永安
二年十一月七日遷葬於郝父安東將軍相州刺史之瑩古往
今來山川亟改鏤帛或移鑄金難朽故刊石泉門永久其詞曰
遙哉邈胄邈矣玄源龍躍鹿野鳳視雲門陰鄉謁帝溺水承尊
祚流遂遠子子孫孫枝軒遼右紹言上京祖華父芙子貴孫榮
開芳山岫流芬建城高軒藹藹翠冕英英重樞累耀疊岳連暈
鷹聲孤邁珮響雙歸化不圖日民愛同恩徐方肅迎定陽鎮飛
天不歛善神之無親蘭蕙掩夏桂綠埋春寶琴埃起組帳生塵
風悲結霧雲泣凝津

一三八 魏故諫議大夫建城侯山君【徽】之墓銘

永安二年（529）三月八日卒，同年十一月七日葬。

誌文24行，滿行24字，楷書。誌石高50.8釐米，寬50.8釐米，河南洛陽出土。

【释文】

君諱徽，字阿敦，河南洛陽人。其先啓蹤遼右，世雄豚鹿之野，資賢輔聖，建業溺水之陽，故能翼樹生民，遂造區夏。會同諸侯之列，朝聘萬國之序，惟君為上焉。曾祖散騎常侍、安南将军、金部殿中二曹尚書、鎮南将军、冀州刺史、泰山公。祖安南将军、内都幢将、比部尚書、定州刺史、泰山公。父散騎常侍、虞曹尚書、使持節、平東将军、東徐州刺史、建城侯、假長廣公。英靈疊照，華冕重暈，令問相承，賢明继軌。君少稟休哲之資，長蹈承明之绪，雅氣獨峻，器望孤遠。怡心典素，追勝白於長篇；擁思文池，尋班馬於秘苑。雖雲陽五能，銅爵一儁，未云比也。起襲父爵為建城侯，釋褐定陽太守。君體閑共治，走合唯良，始届有来暮之歌，浹興誰嗣之詠。真曰民之父母，愛結百族者矣。又遷威遠将军、冗從僕射。君登朝有譽，處仕流聲，朝庭稱為有禮，外内欽其貞概。又轉平北府司馬，贊釐剋允，燮諧弥著，調風易俗，遐迩流音。方引良謀於紫極，納正言於樞衡，東影未移，西虞已及。春秋五十八，永安二年三月八日終於洛陽篤恭里。蒙粵贈諫議大夫。永安二年十一月七日，還葬於叔父安東将军、相州刺史之塋。古往今来，山川亟改，鏤帛或移，鐫金難朽。故刊石泉門，永久。其詞曰：

遥哉遐胄，邈矣玄源，龍槃鹿野，虎視雲門。陰鄉謁帝，溺水承尊，祚流遂遠，子子孫孫。收軒遼右，纳言上京，祖華父美，子貴孫榮。開芳山岫，流芬建城，高軒藹藹，翠冕英英。重樞累耀，疊岳連暈，鸞聲孤邁，珮響雙歸。化不周月，民愛同思，徐方虎逝，定陽蝗飛。天不報善，神亦無親，蘭薫淹夏，桂綵埋春。寶琴埃起，組帳生塵，風悲結霧，雲泣凝津。

魏故使持節侍中驃騎大將軍司徒公都督冀州諸軍事冀州刺史
趙郡開國公尒朱公之墓誌銘
公諱紹字承世北秀容人也其先出自周王虢叔之後因爲郭氏封
居秀容酋望之胤遂爲尒朱祖東宮啓事内都大官使持節黃龍鎮
大將鎮南將軍安并二州刺史始昌侯眞之孫父征虜將軍武衛將
軍持節平西將軍燕濟華三州刺史散騎常侍大司農卿贈使持節
侍中驃騎大將軍司空公雍州刺史謚曰孝惠買珍之第四子長源
與瀾𤄊竝流高峰共削成俱遠貞賢継軌冠冕相襲公𣥥抱英奇弱
不好弄志行凝厲器用淹雅惟懷寶望時歛翼待騁遺風雲於開闢
之始逢飛龍於中興之年遂能輸力帝幃劬勞王業乾綱再造地紐
惟新寔我公是賴雖申甫之翼周仲華之寧漢無以尚也起家爲寧
朔將軍步兵校尉俄遷撫軍將軍金紫光祿大夫即除散騎常侍左
衛將軍後授侍中欒城縣開國伯食邑五百戶金貂耀首玉佩鳴腰
行實時示言爲世範獻可替否無屈於青蒲順旨匡非屈[illegible]朝彥
轉拜御史中丞君冰心獨峻松節孤清雷電無以懾其懷歲寒不能
易其操故登臺蹇蹇振夏日之威昇車悍悍布秋霜之厲貴戚絶聚
歛之權豪衡息貪陵之暴雖二鮑兩陳未能加也方當竅四序於台
階正五緯於槐路齊十亂於周篇等八元於唐典遠氣未申橫流奄
及春秋卅八永安二年六月廿三日薨於位聖上慟哀百寮灑淚悲
崇山之墜顇痛良木之摧柯故追贈使持節驃騎大將軍司徒公都
督冀州諸軍事冀州刺史猶以勳業未盡進爵趙郡開國公食邑一
千三百戶謚曰文貞侯禮也粤永安二年十一月七日還於司空公
之塋千秋易往萬古難追丹壑既遷陵谷方貿故刊石泉門以圖永
久其詞曰
遥我遐胄邈矣玄蹤崇基千刃長瀾九重惟祖惟祢乃侯乃公載文
載武爲光爲龍若人鬱起時逢運開峩峩崇闕鬱鬱層臺高蓋出入
長轂往來珥金容欲鳴玉徘徊若蘭始茂如日方融駿遷將騁遠路
已窮摧鱗凍雨折翮頹風長辭高館永閟泉宮丘壠寂漠松檟成行
悲風旦舉愁雲夜張前臨濟濟却背洋洋藴於此地于嗟未央

一三九 魏故使持節侍中驃騎大將軍司徒公都督冀州諸軍事冀州刺史趙郡開國公尔朱公【紹】之墓誌銘

永安二年（529）六月二十三日卒，同年十一月七日葬。

誌文29行，滿行26字，楷書。誌石高63釐米，寬73.7釐米，河南洛陽出土。

【释文】

公諱紹，字承世，北秀容人也。其先出自周王虢叔之後，因爲郭氏，封居秀容，酋望之胤，遂爲尒朱。祖東宫詹事、内都大官、使持節、黄龍鎮大將、鎮南将军、安并二州刺史、始昌侯真之孫。父征虜将军、武衛将军、持節平西将军、燕濟華三州刺史、散騎常侍、大司農卿，贈使持節、侍中、驃騎大将军、司空公、雍州刺史，謚曰孝惠買珍之第四子。長源與濫觴竝流，高峰共削成俱遠，貞賢繼軌，冠冕相襲。公幼抱英奇，弱不好弄。志行凝厲，器用淹雅，惟懐寶望時，斂翼待騁。遭風雲於開闢之始，逢飛龍於中興之年，遂能輸力帝幃，劬勞王業。乾綱再造，地綱惟新，實我公是賴。雖申甫之翼周，仲華之宰漢，箆以尚也。起家爲寧朔将军、步兵校尉，俄遷撫軍将军、金紫光禄大夫，即除散騎常侍、左衛将军，後授侍中、樂城縣開國伯，食邑五百戶。金貂耀首，玉佩鳴腰，行實時宗，言爲世範。獻可替否，每著於青蒲；順□□非，屢□□朝彦。轉拜御史中丞。君冰心獨峻，松節孤清，雷電無以懾其懷，歲寒不能易其操。故登臺蹇蹇，振夏日之威；昇車愕愕，布秋霜之厲。貴戚絶聚斂之權，宰衡息貪陵之暴。雖二鮑兩陳，未能加也。方當燮四序於台階，正五緯於槐路，齊十亂於周篇，等八元于唐典，遠氣未申，横流奄及。春秋廿八，永安二年六月廿三日，薨於位。聖上慟哀，百寮灑淚，悲崇山之墜嶺，痛良木之摧柯。故追贈使持節、驃騎大将军、司徒公、都督冀州諸軍事、冀州刺史。猶以勳業未盡，進爵趙郡開國公，食邑一千三百戶，謚曰文貞侯，禮也。粤永安二年十一月七日，遷於司空公之塋。千秋易往，萬古難追，丹壑既遷，陵谷方貿，故刊石泉門，以啚永久。其詞曰：

遥哉遐冑，邈矣玄蹤，崇基千刃，長瀾九重。惟祖惟祢，乃侯乃公，載文載武，爲光爲龍。若人鬱起，時逢運開，峨峨崇闕，鬱鬱層臺。高盖出入，長轂往来，珥金容皦，鳴玉徘徊。若蘭始茂，如日方融，駿轡將騁，遠路已窮。摧鱗凍雨，折翮頹風，長辞高館，永閟泉宫。丘隴寂漠，松檟成行，悲風旦舉，愁雲夜張。前臨濟濟，却背洋洋，藴於此地，于嗟未央。

一四〇 魏故使持節車騎大将军儀同三司都督定州諸軍事定州刺史萬年縣開國伯尔朱君【襲】之墓誌銘

永安二年（529）六月二十三日卒，同年十一月七日葬。

誌文28行，滿行26字，楷書。誌石高63釐米，寬74釐米，河南洛陽出土。

【释文】

君諱襲，字顯伯，北秀容人也。其先出自周王虢叔之後，因爲郭氏，封居秀容，酋望之胤，遂爲尔朱。祖東宫詹事、内都大官、使持節、黄龍鎮大將、鎮南将军、安并二州刺史、始昌侯真之孫。父征虜将军、武衛将军、持節平西将军、燕濟華三州刺史、散騎常侍、大司農卿、贈使持節、侍中、驃騎大将军、司空公、雍州刺史，謚曰孝惠買珍之第六子。君乘風弈葉，稟氣降神。卨城起於戲竹，畫陣發自遊蒲。故邑里号曰神童在世，言其可大。司空以君機警特甚，偏所踵愛。嘗謂人曰：此兒乃是家門之千里，但恐其勇於授命，終不得卒其天年。暨元顥肆逆，毒流神甸，涓涓不擁，蔓蔓將及。主上方欲危冠練服，跨兹驥騄，親御六軍，躬行九罰。以君雄才不世，神武自天，推轂所歸，注意斯在，乃起家拜君中堅将军、員外散騎常侍、右軍都督。君於是受屋廟堂，擁麾遄邁，徑自轘轅，趣賊右股。醜徒望風，深相畏憚，斂師迴避，莫敢前進。屬滎陽不守，人情駭動，軍士逃散，莫有固心。君乃顧謂左右曰：今日之事，義在必死。遂自率部曲數百騎，徑越賊所，與之格戰。而賊衆我寡，强弱勢殊，事窮力屈，方見羈執。君雖身處囚虜，而壯志踰厲，未能見容，淫辟遂加。春秋十八，粤以永安二年六月廿三日，薨於京師。天子哀悼，百僚痛惜。賵贈之礼，有隆常准。乃追贈使持節、車騎大将军、儀同三司、都督雍州諸軍事、雍州刺史。猶以聲望未褒，轉贈定州刺史、萬年縣開國伯，食邑三百户，考德立行，謚曰武恭，礼也。粤以永安二年十一月七日遷葬於司空公之塋。悲天地之長久，痛陵谷之遷徙，綴遺芳於泉石，覬千載之猶是。乃作銘曰：

天地發祥，川岳降祉，餘慶在焉，若人生矣。邑号神童，世稱才子，駿足方馳，逸翮將起。擊水初騫，搏飄始翥，心存王室，志康世務。乃屯細柳，實稱大樹，狂風忽起，横流是遇。昂昂儁秀，烈烈奇英，抗言異所，執操不傾。志在必死，義無求生，淫禍乃加，非命斯纓。雲結朱旗，風悽素柳，蕭瑟丘楊，滄茫松阜。始共天長，終隨地久，或照景行，永揚不朽。

魏故員外散騎侍郎元君墓誌銘
君諱恩字子惠河南洛陽人也若夫太一玄像之九霄
門帝室之義固以佈播先須聰量紫葉迺祖迺父胡可
詳言矣太宗明元皇帝玄孫之子高祖孝文
皇帝之族弟征虜將軍夏州刺史静集之孫撫軍將軍爾
興集之元子也君自少及長與猶是務稟性純和久可
稱言不為合則用交稱其信恭長慈幼則遠近歎其能
至於載咏載言容晝逸譽堂堂于狼張也之溪捷捷于陵
雅也之雜若乃卓介岳立有不可量之高湛介淵停有不
可測之深此其所以自立也斯乃觀兵亂之未息悼王道
之未寧故潛蹤撿翼頻駕侍轄雖在朝日淺事公公雅益
嘉長益不留意焉年廿有五永安二年六月廿有九日遘
疾重癈至七月三日終於榮仁鄉若平里第仪精西漢潛
神蒙海粤十一月十九日遷至於長陵之左親識惜碩
德之云亡父母慈孝子之永安故刊石表功以彰厥德
其辭曰
峻岳堙峯瑱山巨谿易佚其高可則其摶伊人德量奚可
忖度寶器自成為用居鍇年未強士揚名河洛一其愔愔懿
德敬長慈仁圖約奇窮不貴榮華有道可務有德可蕁運
宗吐音樂道安貧九族襲祖室家詵詵吾子逝矣嗟哉
寶器龍弗攜班秋樹夏隕罔研積採方奏永閉幽路肩
扉下無決如可贖兮人百其備

一四一

魏故員外散騎侍郎元君【恩】墓誌銘

永安二年（529）七月三日卒，同年十一月十九日葬。

誌文22行，滿行22字，楷書。誌石高43.9釐米，寬43.9釐米，河南洛陽出土。

【释文】

君諱恩，字子惠，河南洛陽人也。若夫太一玄像之光，雲門帝室之美，固以仰藉先資，聯暉紫葉，迺祖迺父，胡可詳言矣。太宗明元皇帝玄孫之子，高祖孝文皇帝之族弟，征虜将军、夏州刺史、静侯之孫，撫軍将军、新興侯之元子也。君自少及長，典籍是務，稟性純和，久而弥亮。言不苟合，則朋友稱其信；恭長慈幼，則遠近歎其能。至於載笑載言，琴書逸響。堂堂于貌，張也之姿；揵揵于陵，雍也之辨。若乃卓尔岳立，有不可量之高；湛尔洟停，有不可測之深。此其亦以自立也。斯乃睹兵亂之未息，悼王道之未寧，故潛鱗撿翼，頓駕待時。雖在朝日浅，事公亦雅，無所長益，不留意焉。年廿有五，永安二年六月廿有九日，遂遘重瘵，至七月三日終於崇仁鄉嘉平里第。收精西洟，潛神蒙海。粤十一月十九日遷葬於長陵之左。親戚惜碩德之云亡，父母戀仁子之永穸，故刊石表功，以彰厥德。其辭曰：

峻岳堙峰，瓊山巨壑。易俟其高，可測其搏。伊人德量，奚可忖度。寶器自成，焉用磨錯。年末强士，揚名河洛。其一。愔愔懿德，敬長慈仁。固約守窮，不貴榮津。有道可務，有德可遵。運策吐奇，樂道安貧。九族敦穆，室家詵詵。其二。吾子逝矣，喪我寶器。龍虎摧斑，秋椒夏墮。圖研積埃，方奏永閟。攸攸路賔，靡不垂淚。如可贖兮，人百其備。

一四二 魏故平遠将军左中郎将趙君【暄】墓誌銘

永安二年（529）四月二十日卒，同年十二月二十四日葬。

誌文33行，滿行34字，楷書。誌石高63釐米，寬63釐米，河南洛陽孟津出土。

【释文】

君諱暄，字陽奴，河南雒陽都鄉永建里人也。君稟質太虛，資靈誕秀，體智淵凝，志邈山海。湛湛焉，滄源無以比其深；巍巍焉，懸莆莫能方其峻。挺達自天，穎卓人外。汪汪虛己，玄同至理；虛己汪汪，亦由栝囊。退度超昇，器懷孤映；擧輿標群，異情述令。投翰山水，文不草成；瑰章燦爛，鬱彼瑶瓊。故使讀者湍如川流，誦者汩如隙星，理味精敷，致其然也。夫為人也，則以沖讓為先；其為行也，則以敦信為本。其動也，非礼弗趨；其言也，非典弗宣。凡百有為，莫不礼儀；進止風容，顧步成則。諠談玉辯，辭吐芝蘭；秉心正直，耶不誤忏。又君性好《連山》，妙詮《易》理；考算兩儀，乾坤斯蕩；推步晷曜，靡不精通。雖復令倫洞律，容成善曆，方之奧慮，未能過也。褒含是藝，密焉若愚；量充膺逸，嘿矣如虛。故《語》曰：其智可及，其愚不可及。此之謂也。以去正始年中，君不能藴寶迷辰，遂彰厥德，牒列所閑，合卌五條，事皆幽秘，弗可具名矣。申辞摳省，即蒙録奏。屬世宗宣武皇帝，仁聖玄鑒，物無不鏡，以君獻術可嘉，除授員外将军。而君不以道隆任卑，纖豪介意，直以冀表時知，用申矜抱。至熙平元年，以君驗剋灾祥，應同符契，帝廼洵之，復除盪寇将军。弗以遷階增級，顯身為貴，儼焉嶷尔，掺不革異。至永平三年，援發明旨，召君在顯陽殿内，近侍宿直，有問斯通事，無不決至。正光二年，孝明皇帝以君器業功彰，效績昭著，復除宣威将军，仍為本實。驟澤頻沾，飛潤屢及，而君幸握殊私，曾不簡色。愕愕謇謇，弥崇弥遠；謇謇愕愕，志哉恢廓。届永安二年，復邀今詔，鳳擧河瀍，飛龍紫極；中光巍道，兆民更始。採彦搜林，求賢盪谷；廣召郡才，遠聘儒學。以君行高德邃，秘術可重，優加五階，旨除前号。君位望雖隆，卑謙自處，恩恩雅亮，如冬日煦。猛毅剽斷，威嚴肅整，若彼秋霜，如兹夏景。又君歷宦二朝，延榮四帝，宿夜勤公，匪懈伊務。早朝晏退，有踰古人，官隨能轉，不以曲求。苟得秩緣，藝昇不干，窺預而進，怡然端素。樂静為懷，不以榮利移心；頃踦勢門，不以寮援依憑暴貴。守志松貞，歲寒自若。至於交遊擢友，非益者不親；朋

道冥滄源無以其誤發類冥是蕃莫肓方其峰拔逗大累上人發說

理盈已汪汪乎由栝囊遐度超昇器懷彌暵舉輿欄群翠惜凶令從鮹山水文不草成

章璨爛鬱彼瑤璦故使讀者端如川流誦者洄如隙星理味精數致其迸矣夫為人也

以沖讓為先其為行也則以躬信為本其動也非禮弗趍其言也非典弗宣凡百有為

不禮儀進止風容顧步成則謹談玉辯辭吐芝蘭秉心正直邪不誤仟又君性好連山

詮易理考筭尚儀乾坤斯蕩惟步晷曜靡不精通雖復令倫同堂□成善周方之奧慮

能過也竊合是藝容為若愚量充實逆嘿矣如虛故語曰其智可及其愚不可及此之

也以孝正始年中君不能遣實迷辰遂彰犀惠牒列而開合廿五葉事皆幽秘弗可具

矣申辭樞省即帝錄奏屬 世宗宣武皇帝仁聖玄鑒物無不覩以君獻術可嘉

授員外將軍而君不以道隆任早繼纂介意直以畢泰時知用由於抱任熙平元年以

驗剋宗祥應同符 帝迺詢之復除盪寇將軍弗以靈階增級顯身為貴徵後疑企

不革異至永平三年授□□□首名君在顯陽殿內近侍寵直有□□新通事無不決至

光二年 孝明 皇帝以君器業功彰效績昭著復除宣威將軍□為本實驗澤頻治

潤屢效 而君韋握珠私曾不矜色愕愕謇謇弥崇弥遠謇謇□□式恢廓屆永安二

漢邀令 詔鳳舉河渾龍飛紫極中光□□遐兆民更始將安授林求醫盪谷廣名郡守

遷轉儒學以君行高德邃秘術可重優加□□ 首除前號君位望雖隆畢歸同豪恩與

雅亮如冬日照猛毅剛斷威嚴肅若秋霜如茲夏景又君歷官二朝道榮四 帝宿

勤公匪懈務早朝晏退有論吉人官隨能轉不以曲求苟得禄級超昇不干關預而

恬然端素與靜為懷不以榮利移心須躡勢門不以富□□□異貴守志松負歲寒自

至於交遊擢友非益者不親朋儕慕論非義言弗採而与□□徵壽茲寘默春秋六十

永安二年歲次己酉夏四月壬午朔廿日辛丑遘疾弗愈卒於京師期年十二月戊申

廿四日辛未安葬於北邙之西原名与金石相傳身与風煙俱謝夫歲去年來巖谷僮

僚纂論，非義言弗採。而与善無徵，壽茲冥默，春秋六十九，永安二年歲次己酉夏四月壬午朔廿日辛丑，遘疾弗愈，卒於京師。期年十二月戊申朔廿四日辛未，安葬於北邙之西原。名与金石相傳，身与風煙俱謝。夫歲去年来，巖谷儻易，不刊不銘，無以留記，有書有建，兼炳志德。其辭曰：

芒芒大道，冥冥兩儀；邈哉沖趣，至矣難知。實生夫子，德表於斯；澄心造化，允運無為。安安處世，陶陶雅素；静居幽館，書琴散慮。玩帙專精，寸陰斯慕。言貴興談，笑嘲非務。獨拔中頑，志懷孤立；敷演墳經，儒林獻揖。應義如嚮，玄情洞十；智㯹群伍，孰焉与及。在昔顔子，有珍斯名；君之令淑，恭敏篤成。秋月開霄，君与分明；長松罩漢，君与分貞。瞻彼伊雒，其水汪汪；嵩度百頃，君亦洋洋。方崇上秩，顯副彝璋；如何哲人，忽臻其亡。脩楊森聳，層松半雲；蒼芒原隰，寒遂無春。何期一旦，此地安君；墓門風噎，埏戶無聞。靈魄電速，光流迅疾；天地詎央，君生已里。旌挽飄飄，悲歌慄慄；痛許黄埃，覆君素帙。壘壘墳壟，萠萠荒榛；枯條解葉，朽草□塵。勒銘九泉，贊述康辰；金石雖昧，德音恒新。

一四三 魏兗州故長史穆君【彥】墓誌銘

永安二年（529）六月二十三日卒，同年十二月二十六日葬。

誌文23行，滿行23字，楷書。誌石高41.6釐米，寬44.2釐米，河南洛陽出土。

【释文】

君諱彦，字世略，河南洛陽人也。其先藉聖開基，憑靈慶緒，氏冑之興，焕乎方冊。侍中、太尉公、黄鉞大将军、宜都貞公崇之後。侍中、司徒公、太子太傅、駙馬都尉、宜都文宣王壽之曾孫。使持節、寧西将军、秦州刺史國之孫。中山太守仁之子。弈葉扶踈，分柯瀾漫，冠冕相承，珠輪結轍。君稟五行之秀氣，資四象之純精，孝友自天，風韻詳遠，名譽早播，英猷外朗。神龜中，司州牧、高陽王辟君為主簿。志器明桀，贊務有聲，朝廷欽其德音，四海服其令問。立節嶕嶢，若寒松布彩；置行昂藏，如秋月登霞。正光初，解褐員外散騎侍郎。當官正直，入仕忠貞，躬履華墀，操尚山泉。俄而遷大司農丞，加伏波将军。慧性深沉，言不苟合，玉潔自居，唯義是好。于時否泰甍屯，世道紛阻，帝京神縣，舉須其人。建義中，以君才高氣遠，拜中堅将军，行洛陽令。曆任顯績，敷化多美，民詠来蘇，愛留棠樹。永安中，逆顥侵洛，避難東遊，觸兖州刺史、司空公從兄紹，假輔國将军，屈為長史。君蕴寶懷愚，規建忠誠，冀逢中興，思暢奇策。不啚飛禍横臻，春秋卅一，以永安二年六月廿三日，暴薨於兖州。落彩先春，彫光始旭，有識含嗟，朝野悲惜。即年十二月廿六日，窆於芒山。其辞曰：

惟海之淵，惟岳之峻。湛淡万尋，蒙籠千仞。誕生夫子，金聲玉振。德冠時儒，道光世訓。英英秀萼，烈烈□姿。九夏蓊蔚，三冬葳蕤。如何如何，一旦傾輝。良木其折，終□長悲。玄夜芒芒，幽庭萠萠。在生未盡，淪光已逝。人謝名飛，原行流惠。

永安二年歲次己酉十二月戊申朔廿六日癸酉。

魏故穆君之墓誌銘。

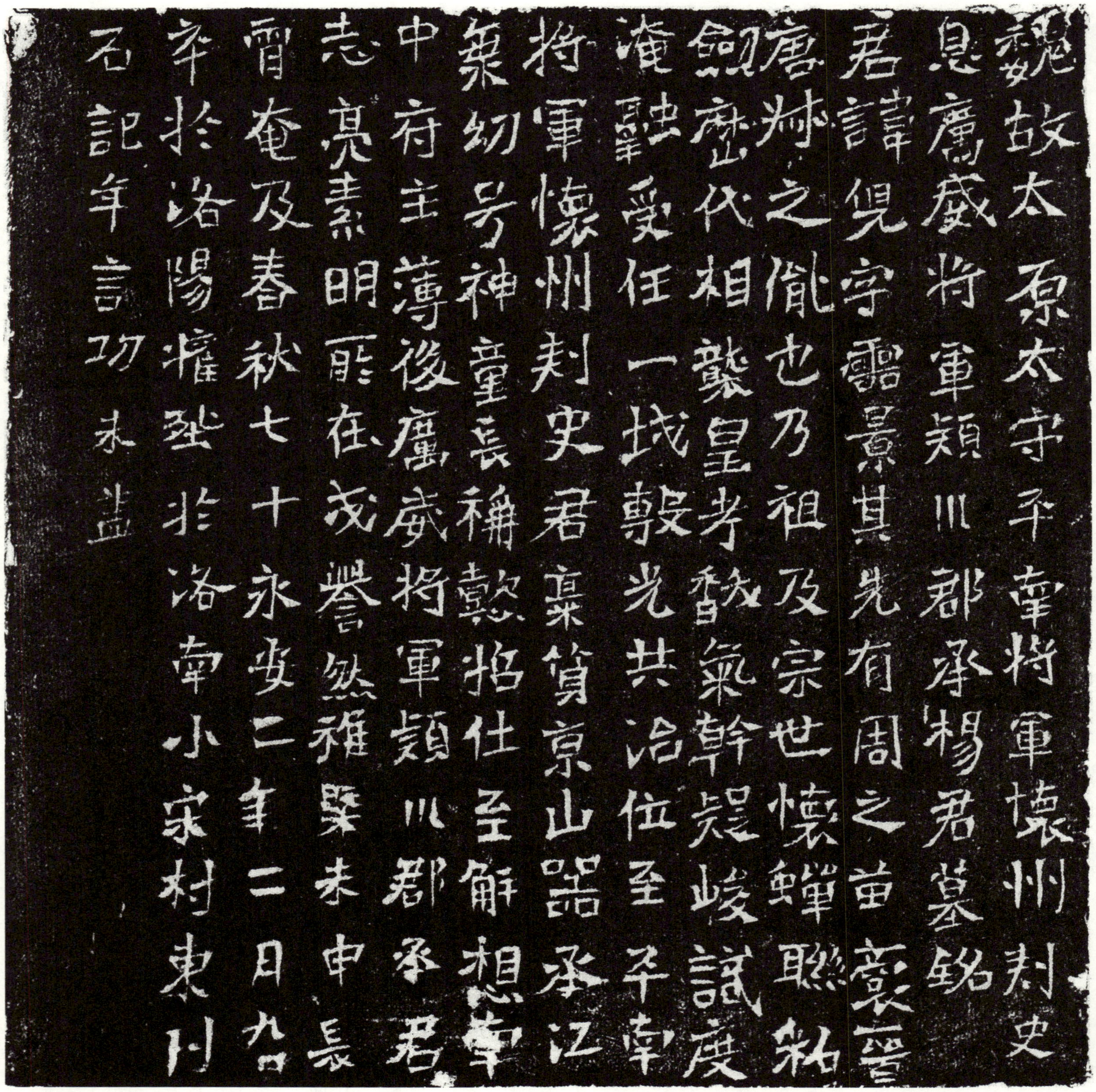

一四四 魏故太原太守平南将军懷州刺史息厲威将军潁川郡承楊君【兒】墓銘

永安二年（529）卒。

誌文14行，滿行14字，楷書。誌石高25釐米，寬25釐米，河南洛陽出土。

【释文】

君諱兒，字靈景，其先有周之苗裔，晉唐叔之胤也。乃祖及宗，世懷蟬聯□劍，歷代相襲。皇考馥，氣幹疑峻，識度淹融，受任一城，敷光共治，位至平南将军、懷州刺史。君稟質京山，器承江海，幼号神童，長稱懿哲。仕至解想南中府主簿，後厲威将军、潁川郡承。君志亮素明，所在成譽，然稚概未申，長霄奄及，春秋七十，永安二年二月九日卒於洛陽，權葬於洛南小宋村東。刊石記年，言功未盡。

一四五 魏故使持節鎮東将軍冀州刺史長平縣開國男元公【液】墓誌銘

建義元年（528）四月十四日卒，永安三年（530）二月十三日葬。

誌文36行，滿行30字，楷書。誌石高60.3釐米，寬72.6釐米，河南洛陽出土。

【释文】

君諱液，字靈和，河南洛陽人。世宗景穆皇帝之曾孫也。鴻基嵬屹，均文武以開元；丕緒紛綸，等毛南而作胄。祖康王，擢秀懸圃，先後震樞；考滄州，繼茂宗垣，弼諧朝闕。並以克壯忠烈，邁種德音，銘徽号於太常，刊殊勳於王策。君資靈演地，稟映層城，霜操內凝，金聲外發。四術六書之業，覽自弱年；三略八陳之規，通於壯歲。神龜初，司徒、江陽王以天宗宿望，洪道中台，收陟英髦，用光槐烈。以君器冠時彥，行藝兼優，乃辟君為外兵參軍。亦既受命，忠概具宣，贊教府之儀，奬金鉉之昭。謨明獻可之策，視五典其必從；允迪贊否之宜，顧慎徽而弥設。正光中，朝綱稍□，邊綱絶維，鬼漠生塵，盧山結霧。雪居鬉首之貊，越虎落而南侵；投俾戍北之氓，棄天田而作暴。車騎大将军、大都督、儀同李公誕應推轂，爰董戎麾，換纂才雄，振茲薄伐，乃以君為開府屬，加征虜将军。君既從戎律，爰方啓行，出納經謀，志掃窮孽。軍威所擬，翰海繹騷，桴鼓所當，榆關震疊。尋以李公遇患，被旨還京，君以府僚固從。斛落大都督、大行臺、廣陽王任均方邵，廟算所歸，敕捻三軍，龔言继伐，以君帥貞宿習，涉用有成，即假君平北将军別将，仍留討叛。君觀敵形勝，設固守之規；視寇氣衰，陳進取之略。經綸屢發，密筭亟陳。庶蕩虔劉，克寧有北。而廣陽趣乖城濮，內念雄規，雖握强兵，恐無救乱。君遂因疾，苦請還京。自發之後，威略弗周，妖賊糾紛，果乱東夏。當世名哲，咸服之識機者焉。及中興啓運，宰輔丕融，委束帛以求賢，騁翹車而納德。君懷能属世，抱器遇時，方将抗逸翮以搏風，指天池而高鶱，穹靈弗慭，朝露溘臻，春秋卅有四，以建義元年四月十四日，薨於洛陽孝弟之里。粤永安三年二月十三日，遷窆於長陵之東崿。股肱增愴，元首興悼，贈使持節、鎮東将军、冀州刺史、長平縣開國男，謚曰，礼也。悲徽猷之莫展，痛名器之中摧，勒銘黄壚，以旌休烈。其辭曰：

應韓開緒，毛畢分源，資乾聳茂，稟叡增繁。於鑠皇胄，郁烈宗垣，聰光日宇，系寵宸門。康王邁德，滄州繼軌，內贊宸樞，外任蕃鄙。忠烈上騰，清明下委，惠

紀維鬼漠生塵事小結雪居諸首之稻述帝洛而南侵投俾戎北之況無天君
而作暴車騎大將軍大都督儀同李公誕懸推轂爰董戎麾擬募十雄振旅導戈
乃以君為開府屬加征虜將軍君既從戎律爰方略行出納經謀志揚審謨軍威
將擬翰海繹驗將鼓所當摧闢震疊尋以李公遇患被旨還京君以府僚同從
雒洛大都督大行臺廣陽王任均方邵屬竿所歸揔總三軍龔言繼伐以君師臬
宿習涉用有成取假君平北將軍別將仍留討敗君觀敵形勝設固守之規視程
氣爽東進取之略經為屢蔑察竿丞陳廣陽受劉克寧有北而廣陽趣求城僕內
僚雄覩雖握強兵恐無救亂君遂因疾言請還京自發之後寇略弗周妖賊紛紜
來亂東夏當世名將咸賜之識機者至乃中興將運宰輔丞融柔東皋以長賢騁
翹車而納德君懷能屬世抱器遇時方將撫遠翮以摶風指天池而高翥靈帶
懸朝露奄臻春秋卌有四以建義元年四月十四日薨於洛陽孝弟之里學水安
二年二月十三日遷窆於長陵之東岡股貽增慟允深興悼贈使持節鎮東將軍
冀州刺史長平縣開國男謚曰禮也悲徽猷之莫展痛名器之中摧勒銘苕廣
以旌休烈其辭曰　應韓開緒毛畢分源道乾衍芒嶺從增繫於鎮皇冑郁烈宗
垣聯光旦宰系寵宸門帝主邁德滄州繼軌內贊宸極外任蕃鄰忠烈上騰清明
委惠政雲披仁澤風廣及君聲播載揚餘芬柔擬兵鈐去抽經綸當年擢於妙
武允文猶蘭叢澤知觸在雲名行既立業任所歸三能侍贊六軍侯治魏東斯屆
來阜載德投書從策驪使應機受討鬼方翼茲幕府威落收艱天陣屏阻谷略啟
懷英規仍興漁攜交劍乾情當圍後軍異執事棄英華因疾辭榮解任還都既屆
位運方肆經謨將觀中機閟卒權輿日月有時易名斯屆賞叢乾京贈茲榮列朝

政雲披，仁澤風靡。及君襲構，載振餘芬，氣攏兵鈐，志押經墳。當年兼操，允武允文，猶蘭處澤，如鶴在雲。名行既立，榮任所歸，三能侍贊，六軍俟治。翹車斯届，東帛載行，投書從策，奮袂應機。爰討鬼方，翼茲幕府，虎落收艱，天田屏阻。密略敬陳，英規仍舉，冀掃虔劉，克清蕃圉。後軍異執，事爽英畧，因疾辭策，解任還都。既屬休連，方肆經謨，鴻規中掩，罔卒權輿。日月有時，易名斯届，賞發乾哀，贈茲榮列。朝野含酸，親朋泣血，鐫石泉門，式昭永訣。

曾祖世宗景穆皇帝。祖使持節、都督中外諸軍事、開府儀同三司、中都大官、長安鎮都大将、清雍二州刺史、京兆康王，謚曰恭；太妃浮海吴，父遷，冠軍将军、建寧魯郡二郡太守、南宫子。父坦，元士，後除步兵校尉、城門校尉，薨贈冠軍将军、滄州刺史，謚曰宣；親浮海吴，敕贈第一女郎；父醜，北京子都将，後除昌平太守，死贈征虜将军、清州刺史。靈和，出身司徒外兵參軍，後除開府屬，除征虜将军别将，薨贈鎮東将军、冀州刺史、長平縣開國男，謚曰□；□父馮次興，太師之子，出身内小内行，後除給事中。

一四六 魏故先生寇君【霄】墓誌

永安三年（530）二月葬。
誌文19行，滿行19字，楷書。誌石高50釐米，寬50釐米，河南洛陽出土。

【释文】

先生諱霄，字景閏，上谷昌平人也。韶起周文，穆舉康叔，樊柯後漢，懋葉魏邦。徐州刺史、太尉、河南公之孫，弋陽、汝南府君之第五子。先生胎稟乾坤之姿，長有天然之行，彰貞白於學時，異恭寬於未冠，所以炳焕於英儁之群，灼麗於文彦之域。育德不先，遇世夭起，遂能卷經操而不（屯）［屯］，括胸懷而避咎。處心九三，置身元一，一日俏俏，冀養坤年。後以第二兄与相州刺史、安樂王名德相知，隨王在相，逕期不還，如州覲問，遇桀賊於路，殞於湯陰，時年廿五矣。以永安三年歲次庚戌二月丁未朔日在奎律中俠鍾，窆於洛陽城西廿五里，高祖雍州刺史墓次。朋人司馬或痛道範之速隤，哀松蘭之早折，故望泉門而泣德，托玄石以誌音。其辞曰：

□□三元，灼灼剾紀，躬讀有文，推之□理。育德似明，罰善不子，殲我良人，□聲若始。痛哉君子，昔矣良人，信能敬友，孝能安親。邦家之寶，唯代之珍，身沉月積，景德日新。倚倚哲人，攸攸志道，温若樛木，嚴如松栲。振影公庭，歸靈紫寶，抽光唯晚，隠德唯早。

一四七 維大魏建明二年歲次辛亥二月辛丑朔廿日綏中散【靜】之墓誌銘

永安三年（530）十月十五日卒，建明二年（531）二月二十日葬。

誌文25行，滿行25字，楷書。誌石高50釐米，寬49.5釐米，河南洛陽出土。

【释文】

君諱静，字定國，即西漢昌人也。爰自勾龍，垂冑綿密。精靈致感，建三五之初；啓發神基，次二儀之後。因封列姓，受氏緱焉。世祖仕燕，為七兵尚書，緑組迭興，朱纓世襲，桀儁當時，文宗往日。寫芳猷於紫閣，吐禮訓於金衢，聲等卧龍，名齊水鏡。世祖平，仕魏，為鎮遠将军、平涼太守，玉耀當途，焕柯遠茂。黼往黻来，攸攸交易。朱輪入境，長蛇卷武。寬猛既施，鵄鴞息響。訟若宗均，威同隨會。君當高祖孝文皇帝舉天經於宇宙，張乾綱於六合，乃使塵静日，南風清月，北徙鼎中京，操符入洛，更練豪家，重開名冑，方思之選，唯清是舉。旨授盪寇将军、殿中将军。公庭有濟濟之容，王宫懷雅雅之風，建文以標身，立禮以明節。十室行義，九言其信，入里必式，百云其美。又轉伏波将军、給事中。趙氏暇服，昔實聞言，今君夙寢，始睹其人。早挺珪璋之質，晚懷瑚璉之器。射御偏長，弓馬絶倫，萇河未竭，清源續注。又除鎮遠将军、步兵校尉。群寮秤信，季布未足過焉；崇朝三省，曾参豈其能近。俄俄紫闕，若白鵠之在伊川；皎皎龍庭，如素玉之班荆岫。又除冠軍将军、中散大夫，官深益重，位厚弥恭。稟性淵凝，秉志沖遠，藝出方圓，才踰規矩。愛經好學，或亦有之；敦仁善武，成哉難量。天不擇善，春秋六十，永安三年十月十五日，薨於洛陽景平里。越其年二月廿日，窆於故邑緱氏之原。鐫石刊銘，豈盡斯美。其誦曰：

萇原浩浩，遠冑攸攸。蟬聯燕魏，昞朗神州。良基代構，若彼潮流。華官累列，世襲羔裘。投丹不變，入濁弥清。孤桀霜邦，獨秀冰庭。剄矛兩即，文質俱成。春峰等色，曉月齊明。如何不吊，殲我良喆。圓景未終，幽光中滅。金山頽倒，玉林傾折。風雲無心，為之團結。草逐時新，賢從物故。卜云其吉，因茲宅厝。貞松貞質，白楊含素。荒原悽愴，墳山永暮。

魏故冠軍將軍緱静墓誌銘記。

魏故假節征虜將軍益州都督長孫君墓誌銘
君諱子梵字仲菀河南洛陽人世載冠蓋之榮家承令望之
緒淼與帶地連波鬱共經天比曜高祖柱國勳爵邁於三台
曾祖征南礼袟窮於八命祖以器亮淹凝父以風鑒曠遠執
戟九重之中揚麾万里之外君稟氣淵明資神逈拔藴彼芝
蘭琢茲金寶識宇端嚴自肴昂昂之量儀形秀麗洞得徧徧
之風固以入涇稱奇出門樹賞聲價邁於後生令美光於儕
輩屬槐府初開台階始闢選盡時英望窮國彥乃就司徒之
命起家中兵參軍及路阻靈關途艱劍閣既絕雞馬之珎將
求鍾鄧之効乃假節征虜將軍征討都督捴兵隨父往鎮益
州既而邛蜀来侵巴庸內叛鍾鼓忽以相望壃埸騷然離駭
君乃應機投袂挺劍前駈翦荊蕪於邊埸遂豺狼於塞表遂
使危城返戍僞卒来庭奇功買於王府威聲軼於境外方將
排風矯翰激水騰鱗而禍迯盜憎身嬰暴客以永安三年五
月十七日辛於駱谷之中時年廿七普泰元年三月二日祔
葬於益州使君神塋之右傷矣逝川悲哉落日銘石置風庶
存永世廼作銘曰
高峯万刃遠幹千常茗茗峻起鬱鬱垂芳於穆宣惠爲國棟
梁廼唯祖考世顯邦光繼跡騰輝承基表慶肴同用捨靡釋言
行出履謙巻入脩孝敬嘉聲自遠清風曰映樹芳鼎席挺列
周行連鑣偕駕比翼爭翔楊旌度關受律邊埸威臨四塞功
高一方天道寧寂輔仁寡莫忽先朝露奄同零蕣霧起荒郊
風生遂落餘音若在永播丘塋

一四八　魏故假節征虜將军益州都督長孫君【子梵】墓誌銘

永安三年（530）五月十七日卒，普泰元年（531）三月二日葬。

誌文23行，滿行23字，楷書。誌石高56釐米，寬55.5釐米，河南洛陽出土。

【释文】

君諱子梵，字仲菀，河南洛陽人。世載冠盖之桀，家承令望之緒，森與帶地連波，鬱共經天比曜。高祖柱國，勳爵邁於三台；曾祖征南，礼袟窮於八命。祖以器亮淹凝，父以風鑒曠遠，執戟九重之中，揚麾万里之外。君稟氣淵明，資神迥拔，藴彼芝蘭，瑑兹金寶。識宇端嚴，自有昂昂之量；儀形秀麗，洞得偏偏之風。固以入座稱奇，出門標賞，聲價邁於後生，令美光於儕輩。屬槐府初開，台階始闢，選盡時英，望窮國彦，乃就司徒之命，起家中兵參軍。及路阻靈關，途艱劒閣，既絶雞馬之珍，將求鍾鄧之効，乃假節征虜将军、征討都督、捻兵，隨父往鎮益州。既而邛蜀來侵，巴庸内叛，鍾鼓忽以相望，疆埸騷然離駭。君乃應機投袂，挺劒前駈，剪荆棘於邊埸，逐犲狼於塞表，遂使危城返戍，僞卒来庭。奇功貫於王府，威聲軼於境外。方將排風矯翰，激水騰鱗，而禍起盜憎，身嬰暴客，以永安三年五月十七日卒於駱谷之中，時年廿七。普泰元年三月二日祔葬於益州使君神塋之右。傷矣逝川，悲哉落日，銘石畾風，庶存永世。迺作銘曰：

高峰萬刃，遠幹千常。苕苕峻起，鬱鬱垂芳。於穆宣惠，爲國棟梁。迺唯祖考，世顯邦光。繼跡騰輝，承基表慶。有同用捨，靡擇言行。出履謙恭，入脩孝敬。嘉聲自遠，清風日映。標芳鼎席，挺列周行。連鑣聳駕，比翼争翔。揚旌度闔，受律邊埸。威臨四塞，功高一方。天道寂寥，輔仁冥莫。忽先朝露，奄同零蘀。霧起荒郊，風生遠落。餘音若在，永播丘壑。

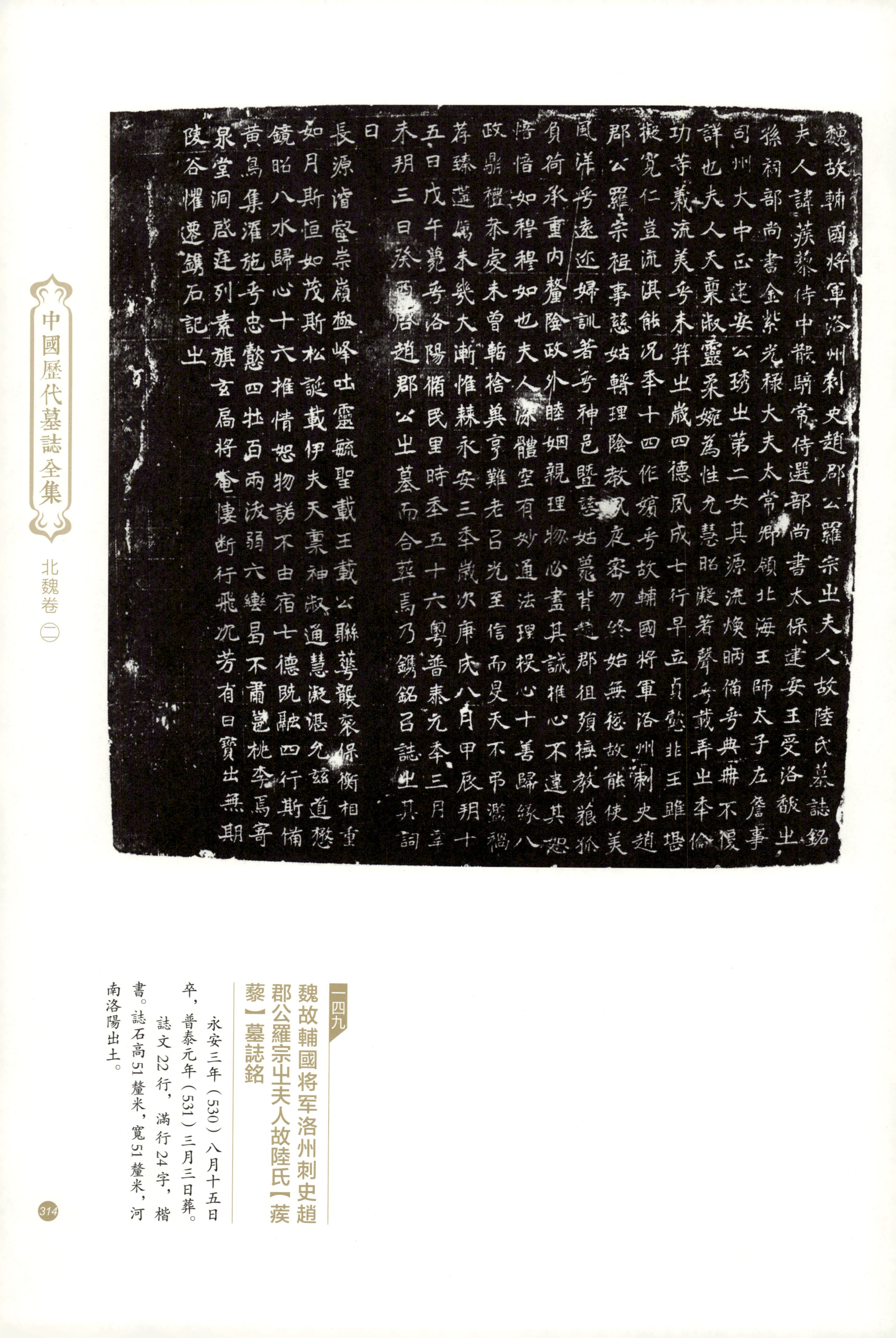

一四九 魏故輔國将军洛州刺史趙郡公羅宗出夫人故陸氏【蕵蔾】墓誌銘

永安三年（530）八月十五日卒，普泰元年（531）三月三日葬。

誌文22行，滿行24字，楷書。誌石高51釐米，寬51釐米，河南洛陽出土。

【释文】

夫人諱蒺藜，侍中、散騎常侍、選部尚書、太保、建安王受洛䤋㞢孫，祠部尚書、金紫光禄大夫、太常卿、領北海王師、太子左詹事、司州大中正、建安公琇㞢第二女。其源流焕昞，備于典冊，不復詳也。夫人天稟淑靈，柔婉為性。允慧昭凝，著聲于載弄㞢年；倫功等義，流美于未笄㞢歲。四德夙成，七行早立，貞懿非王雎堪擬，寬仁豈流淇能況。年十四，作嬪于故輔國将军、洛州刺史、趙郡公羅宗。祗事慈姑，輯理陰教，夙夜密勿，終始無愆。故能使美風洋于遠迩，婦訓著于神邑。暨慈姑薨背，趙郡徂殞，撫教藐孤，負荷承重，内釐陰政，外睦姻親。理物必盡其誠，推心不違其恕，愔愔如、穆穆如也。夫人深體空有，妙通法理，投心十善，歸緣八政。鼎禮恭虔，未曾暫捨，冀亨難老，吕光至信。而旻天不吊，濫禍荐臻，遘厲未幾，大漸惟棘。永安三年歲次庚戌八月甲辰朔十五日戊午薨于洛陽脩民里，時年五十六。粤普泰元年三月辛未朔三日癸酉啓趙郡公㞢墓而合葬焉。乃鐫銘吕誌㞢，其詞曰：

長源濬壑，崇嶺極峰，吐靈毓聖，載王載公。聯蕚襲衮，保衡相重，如月斯恒，如茂斯松。誕載伊夫，天稟神淑，通慧凝湛，允兹道懋。鏡昭八水，歸心十六，推情恕物，諾不由宿。七德既融，四行斯備，黄鳥集灌，施于忠懿。四牡百兩，沃弱六轡，曷不肅邕，桃李焉寄。泉堂洞啓，庭列素旗，玄扃将奄，悽斷行飛。沉芳有日，寶出無期，陵谷懼遷，鐫石記之。

王諱誨字孝規河南洛陽人也高祖孝文皇帝之孫廣平武穆王之子理識淹長氣韻通雅在紈綺之中灼然秀出少慷慨有大節常以功名自許含詠雕篆涉獵油素同北宮之愛士齊東菀之好賢故已德高雅俗聲暢遐迩年十二為散騎侍郎轉城門校尉後為通直常侍入奉青蒲出陪黃屋簪金帶組鳴珮垂紳闈闥仰其音彩冠冕慕其風裁九曜任隆三禮務重官方所授罕屬其人而貴親右賢揔在明德尒諧之舉理自有歸乃除太常少卿兼武衛將軍既如命將出車罰罪南服千金日費三捷無聞等翱翔之師同遷延之役遂增榮左珥杖節催軍謀無遺筭有功而反遷散騎常侍河南中正封范陽王既而沸騰在辰炎燎不息乃眷西顧聽朝不怡或遏所寄朝無異屬乃假撫軍將軍平西將軍為潼關都督俄兼尚書為行臺宗伯任重事歸賢俄乃除宗正卿及蜀虜孔熾關河未靜上將出車天淵獨運已王兵權帷略動出人右遂勑令赴軍豫謀戎政拾遺摧朽皆指麾之力綸綍望隆唯才是與雖曰多士特寘其選轉衛將軍中書監鴻沼載清王言允穆除侍中左光祿大夫加車騎將軍內參社席外同輿輦朝政大小多所獻替尋除尚書左僕射任居彼相道濟斯民盡來賓及酌而不竭方謂天德唯輔神聽棄遠無祐車裘作鎮邦國而斯理一謬長從化往春秋廿六永安三年十二月三日薨追贈使持節驃騎大將軍司徒公冀州刺史侍中王如故謚曰文景王稟性和理率由閑素尤好文典雅善事功而方甫友秀聞見傷感普泰元年三月廿七日窆於西郊北瞿山隴谷從無閒芳烈乃作銘壙隧俾傳不朽銘曰

帝軒誕聖皇魏受命御運視寶披圖握鏡啓國承家維城樹屏鴻烈載融本枝膺慶伊王嗣世實茂天爵孝德冥忠觀允鑠出典宗禮入事惟模近穆清暉遠宣威略執官青瑣肅列鉤陳一董麾節再奉喉脣贈熙端揆燮正彝倫方諧衮職永濟時屯禍淫莫驗福善徒設泰山已頹良木斯折松路一閟泉門長閉斜漢晚傾晨光早滅載銘徽風式揚休烈

一五〇

元誨墓誌

永安三年（530）十二月三日卒，普泰元年（531）三月二十七日葬。

誌文26行，滿行27字，楷書。誌石高71.5釐米，寬71.5釐米，河南洛陽出土。

【释文】

王諱誨，字孝規，河南洛陽人也。高祖孝文皇帝之孫，廣平武穆王之子。理識淹長，氣韻通雅，在紈綺之中，灼然秀出。少慷慨，有大節，常以功名自許。含詠雕篆，涉獵油素，同北宫之愛士，齊東菀之好賢。故已德高雅俗，聲暢遐迩。年十二，為散騎侍郎，轉城門校尉，後為通直常侍。入奉青蒲，出陪黄屋，簪金帶組，鳴珮垂紳。闔闥仰其音彩，冠冕慕其風裁。九曜任隆，三禮務重。官方所授，罕屬其人。而貴親右賢，捻在明德，尔諧之舉，理自有歸。乃除太常少卿，兼武衛将军。既如命將出車，罰罪南服，千金日費，三捷無聞，等翱翔之師，同遷延之役。遂增榮左珥，杖節催軍。謀無遺算，有功而反。遷散騎常侍、河南中正，封范陽王。既而沸騰在辰，炎燎不息，乃眷西顧，聽朝不怡，式遏所寄，朝無異屬。乃假撫軍将军、平西将军，為潼關都督，仍兼尚書，為行臺。宗伯任重，事歸賢戚，乃除宗正卿。及蜀虜孔熾，關河未静，上將出車，天淵獨運。吕王兵權帷略，動出人右，遂敕令赴軍，豫謀戎政。拾遺摧朽，皆指麾之力。綸綍望隆，唯才是與，雖曰多士，特寡其選。轉衛将军、中書監，鵷沼載清，王言允穆。除侍中、左光禄大夫，加車騎将军，内參衽席，外同輿輦，朝政大小，多所獻替。尋除尚書左僕射，任居彼相，道濟斯民，虚来實反，酌而不竭。方謂天德唯輔，神聽無違，垂旒曳衮，作鎮邦國，而斯理一愆，長從化往。春秋廿六，永安三年十二月三日薨。追贈使持節、驃騎大将军、司徒公、冀州刺史，侍中、王如故，謚曰文景。王稟性和理，率由閑素，尤好文典，雅善事功。而方年夭秀，聞見傷感。普泰元年三月廿七日，窆於西郊㞢兆。懼山隤谷徙，無聞芳烈，乃作銘壤隧，俾傳不朽。銘曰：

帝軒誕聖，皇魏受命。御運視寶，披啚握鏡。啓國承家，維城樹屏。鴻烈載融，本枝膺慶。伊王嗣世，實茂天爵。孝德夤亮，忠規允鑠。出典宗禮，入事帷幄。近穆清暉，遠宣威略。執官青瑣，肅列鉤陣。一董麾節，再奉喉唇。緝熙端揆，燮正彝倫。方諧衮職，永濟時屯。禍淫莫驗，福善徒設。泰山已頹，良木斯折。松路一闕，泉門長閉。斜漢晚傾，晨光早滅。載銘徽風，式揚休烈。

魏故使持節鎮北將軍都督建兗華三州諸軍事華州刺史罩平縣開國伯赫
連公墓誌銘
公諱悅字欣歡河南洛陽人也其先茂德雄圖作翦河夏懷仁輔義襟帶通都
都郡之美燎炳金經綿瓜之盛龜書具載曾祖略魏安州刺史祖柔庫部郎中
皆已持經獲舉朱紫代襲公即撫軍將軍汾夏二州刺史儁之次子也
公資二儀之慶緒體川岳之妙靈風氣溫雅神衿洞遠溫凉恭儉之量始自蒲
車孝友廉貞出志茂於竹馬蘊道懷經才驚詒韻騎上之能頗然知矣年十八
起家奉朝請在朝之敬不失握留出勤旦朔之虔未違別色之札遷寧朔將軍
員外散騎常侍領直寢俄而世途屯極運屬惟新天地之德斯歸人神之望云
改主上中興克丕帝業復拜散騎常侍在通直之貞於是濯鱗遐舉理翰高
翔嘉聲與日月同暉令譽共芝芳等蔚佩玉鏘鏘之盛跨映群后簪紱羽儀之
勝照燦同行遷領直閤將軍轉刀劍主又以河北名邦顯授須才京南盛岳任
東宜重除持節龍驤將軍建州刺史尋從冠軍將軍河內太守公徽猷日被鴻
德歲揚外布威恩內施經略紘折柳之枉糺爭來之亂流蝗遠集而去災暴奔
懟懲以就戮雖古之善政孰盖於斯屬孔安之季多難啟階除使持節北道大
都督公式遏寇虐銷萃蟊蠹入鄉祐道望境移風雖黃巾相議遠有懷德以寧
者以功封罩平縣開國伯食邑七百戶於是猛氣彌高雄聲日盛雖爵寵嫁隆
接物踰下轉拜使持節平東將軍都督西兗州諸軍事兗州刺史未及届治屬
淒華歿淚以勳著前朝功銘史閣還除河內太守仍本將軍入治未旬斑白異
路來甦之澤咸同是詠公閑素道德之宗沈深將相之度方欲搏扶搖而高引
乘騏驥而遐騁報善之慶無徵摧梁之痛云逼春秋四十有四普泰元年五月
十八日在郡而薨詔贈使持節鎮北將軍華州刺史開國如故遂灼龜問兆卜
日啟遷粵以普泰元年七月己巳朔十四日壬午葬於梓澤舊塋故樹德松門
題芳泉戶乃作銘曰
嗚昔有晉不競其風我有盛德來為翦功寶以環成德由師潤孰若夫子因心
吐韻幽無不窮理無不順所謂神功不疾而驟聖人餘事賢人共之我行其野
王言如絲不懃斯振既緝則治匪書王府之動民詩利見之始時惟多故昌用
弭諸我有王度錫惟黑社讖以湛露之既九五迭兹丹素限生誰我交辟何追
心圖楷是人事已非曰貞管磨體協陳龜騷騷寒隴徒有餘悲
夫人劉氏諱番兒洛陽人也司徒公東安王之孫新平太守東安公榮之元女

一五一 魏故使持節鎮北将军都督建兗華三州諸軍事華州刺史罩平縣開國伯赫連公【悦】墓誌銘

普泰元年（531）五月十八日卒，同年七月十四日葬。

誌文30行，滿行30字，楷書。誌石高68.5釐米，寬67釐米，河南洛陽出土。

【释文】

公諱悦，字欣歡，河南洛陽人也。其先茂德雄圖，作霸河夏，懷仁輔義，襟帶通都。郁郁之美，焕炳金經，綿瓞之盛，龜書具載。曾祖略，魏安州刺史；祖柔，庫部郎中。皆㠯持經獲舉，朱紫代襲。公即撫軍将军、汾夏二州刺史儒之次子也。公資二儀之慶緒，體川岳之妙靈，風氣温雅，神衿洞遠。温涼恭儉之量，始自蒲車；孝友廉貞之志，茂於竹馬。藴道懷經，才驚俗韻，騎上之能，頗亦知矣。年十八，起家奉朝請。在朝之敬，不失握曶之勤；旦朔之虔，未違别色之礼。遷寧朔将军、員外散騎常侍，領直寢。俄而世逢屯極，運屬惟新，天地之德斯歸，人神之望云改。主上中興，克丕帝業，復拜散騎常侍，在通直之員。於是濯鱗退舉，理翰高翔，嘉聲與日月同暉，令響共芝芳等蔚。佩玉鏗鏘之盛，跨映群后；簪貂羽儀之飾，照爛周行。遷領直閤将军，轉刀劒主。又㠯河北名邦，顯授須才；京南盛岳，任更宜重。除持節龍驤将军、建州刺史，尋徙冠軍将军、河内太守。公徽猷日被，鴻德歲揚，外布威恩，内施經略。紬折柳之枉，糾争桑之乱。流蝗遠集而去灾，暴虎慚愆以就戮。雖古之善政，孰盖於斯。屬永安之季多難，啓階除使持節、北道大都督。公式遏寇虚，銷革蝨蠹，入鄉挹道，望境移風，雖黄巾相誠，遠有慚德。㠯寧緝之功，封睪平縣開國伯，食邑七百戶。於是猛氣弥高，雄聲日盛。雖爵寵稍隆，接物踰下。轉拜使持節、平東将军、都督西兖州諸軍事、兖州刺史。未及届治，屬兹革政，復㠯勳著前朝，功銘史閣，還除河内太守，仍本将军。入治未旬，斑白異路，来甦之澤，咸同是詠。公閑素道德之宗，沉深將相之度，方欲搏扶摇而高引，乘騏驥而退聳，報善之慶無徵，摧梁之痛云逼。春秋卌有四，普泰元年五月十八日，在郡而薨。詔贈使持節、鎮北将军、華州刺史，開國如故。遂灼龜問兆，卜日啓遷。粤㠯普泰元年七月己巳朔十四日壬午，葬於梓澤舊塋。故樹德松門，題芳泉戶。乃作銘曰：

嗚昔有晉，不競其風，我有盛德，来為霸功。寶㠯環成，德由師潤，孰若夫子，因心吐韻。幽無不索，理無不順，所謂神功，不疾而駿。聖人餘事，賢人共出，我行其野，王言如絲。不整斯振，既緼則治，匪書王府，亦動民詩。利見之始，時惟多故，曷用弭諸，我有王度。錫惟黑社，譙以湛露，亦既九五，迭兹丹素。限生誰我，交臂何追，心圖猶是，人事已非。日貞管暦，體協陳龜，騷騷寒隴，徒有餘悲。

夫人劉氏，諱虎兒，洛陽人也。司徒公、東安王之孫，新平太守、東安公榮之元女。

君諱弼字思輔河南洛陽人也明元皇帝之玄孫衛大將軍開府儀
同三司樂安王範之曾孫衛大將軍開府儀同三司內都大官樂安王
良之孫張掖太守治書侍御史靜之子瑾源湛於靈海瓊峰峻於神岳
蓋已備龍圖詳之帝篆自分花從照轉寶移暉貂金鉉玉蔚炳丹青連
華疊暎可得而略矣君稟淳風於妙谷含粹栬於鼓苑鵷毛鴻羽欄於
齠齔之年韶資雅亮著於童冠之日道邁澄渾之際比方須而難量優
遊德義之間同千里而自得孝兼香巨業并墳素藻麗春華節勁秋松
神童綺歲若山金蘭霜心月照如波水鏡年廿有五解褐司空府行參
軍直後于時妙筭國英實充邦彥之舉風韻當時縉紳所推轉羽林監
直寢從容闈闥琴書自閑除驍騎將軍郢州防城別將轉南兗州刺史
使持節智武將軍新興縣開國伯遷侍中使持節征北大將軍尚書
右僕射司州牧新興王食邑一千户左命內續軍祿恩同侠纏外撫壇
場無慙材子體文經武遠緝近安將膺鐘三君之首爭駕八龍之群陟
此槐陰變茲鼎味如何青山頹嶺丹桂埋光昊天不弔殲此明哲春秋
卌永安二年七月廿一日卒于孝義里宅與普泰元年歲次辛亥八月
戊戌朔十一日戊申遷窆於蒼山之陽日往月來地厚天長陵谷可毀
竹素易亡不鎸玄石何以流芳其詞曰
承纂帝緒寶璺綿資神降指纂聖齊階議玄齔歲計象解年機同君
祠氣等文斑彪明秋月思麗春芳熟素泉飛皐韓煙翔文超公幹器邁
元方聲詩悅禮獨秀陵霜懷忠履孝遊藝依仁謹金輕冨樂道安貧樂
無餘帛坐有盈賓少憩台辟早越龍律將翼王衡方讚璵機報善無徵
輔仁有疑青風緩吹素月収暉仁亡誰則道喪何依何桐落彩山桂彫
莫魏悲奉考漢念子卿哀同鄭產痛等齊嬰如可贖兮人百其形愁雲
夜迴恩烏晨吟墳楊蕭瑟龍霧陰沉燈闇天長户晦松深鎸石幽壤永
刊徽音

一五一 元弼墓誌

永安二年（529）七月二十一日卒，普泰元年（531）八月十一日葬。

誌文25行，滿行27字，楷書。誌石高47.5釐米，寬47.5釐米，河南洛陽出土。

【释文】

君諱弼，字思輔，河南洛陽人也。明元皇帝之玄孫，衛大将军、開府儀同三司、樂安王範之曾孫，衛大将军、開府儀同三司、内都大官、樂安王良之孫，張掖太守、治書侍御史静之子。瑶源湛於靈海，瓊峰峻於神岳，盖已備龍圖，詳之帝篆。自分花徒照，轉實移暉，貂金鉉玉，蔚炳丹青，連華疊映，可得而略矣。君稟淳風於妙谷，含粹抱於叡菀。鵜毛鴻羽，標於齠齔之年；韶資雅亮，著於童冠之日。逍遥澄渾之際，比万頃而難量；優遊德義之間，同千里而自得。孝兼香臣，業并墳素，藻麗春華，節勁秋松。神章綺發，若此金蘭；霜心月照，如波水鏡。年廿有五，解褐司空府行參軍、直後。于時妙算國英，實充邦彦之舉，風韻當時，縉紳所推。轉羽林監、直寢，從容闈闥，琴書自閑，除龍驤将军、郢州防城别將，轉南兖州刺史、使持節、智武将军、新興縣開國侯。俄遷侍中、使持節、征北大将军、尚書右僕射、司州牧、新興王，食邑一千戶。左命内綏軍旅，恩同侠纊，外撫疆埸，無慚叔子。體文經武，遠緝迩安。將騰鑣三君之首，争駕八龍之群，陟此槐陰，燮兹鼎味。如何青山頽嶺，丹桂埋光，昊天不吊，殲此明哲。春秋卌，永安二年七月廿一日，卒于孝義里宅。粤普泰元年歲次辛亥八月戊戌朔十一日戊申，遷窆於蒼山之陽。日往月来，地厚天長，陵谷可毁，竹素易亡，不鐫玄石，何以流芳。其詞曰：

承葉帝緒，□實皇绵，資神降哲，纂聖膺賢。議玄齔歲，計象觿年，機同君祠，氣等文淵。志明秋月，思麗春芳，執素泉飛，舉翰煙翔。文超公幹，器邁元方，敦詩悦礼，獨秀陵霜。懷忠履孝，遊藝依仁，辞金輕富，樂道安貧。樂無餘帛，坐有盈賓，少應台辟，早越龍津。將翼王衡，方讚暝機，報善無徵，輔仁有疑。青風斂吹，素月收暉，仁亡誰則，道喪何依。河桐落彩，山桂彫英，魏悲奉孝，漢念子卿。哀同鄭産，痛等齊嬰，如可贖兮，人百其形。愁雲夜咽，思鳥晨吟，墳楊蕭瑟，壟霧陰沉。燈闇天長，戸晦松深，鐫石幽壤，永刊徽音。

一五三 魏故使持節侍中太宰丞相柱國大将军假黄鉞都督十州諸軍事雝州刺史武□□【元天穆】□□

永安三年（530）九月二十五日卒，普泰元年（531）八月十一日葬。

誌文35行，滿行36字，楷書。誌石高82.2釐米，寬82.2釐米，河南洛陽出土。

【释文】

王諱天穆，字天穆，河南洛陽人也。層構與乾元同極，鴻祚共坤載爲基，赤字天啓□□，□□□命之瑞。故吕式光於玉板，備紀於金騰者矣。太祖平文皇帝之後。高（梁）［涼］神武王□□□□□将军、松滋武侯之曾孫；太子（瞻）［詹］事、使持節、左将军、肆州刺史、襄陽景侯之孫；使持節、侍中、驃騎大将军、司空文公、都督雝州諸軍事、雝州刺史之長子。誕累葉之崇基，繼重光之盛烈，協七緯之精，苞五常之性。淵乎若仁，悠然似道，千刃莫測其高，万頃不知其廣。神質自成，孤貞特秀，八素九區之理，靡不洞其幽源；三墳五典之書，故吕極其宗致。又雄光桀出，武藝超倫，彎弧四石，矢貫七札。白猿不得隐其層林，紫貂無吕逃其潛穴。子房幃幄之謀，田單攻取之術，故吕囊括於心衿，載盈於懷抱矣。起家除員外散騎侍郎。吕王器量清懋，識裁通敏，除員外散騎常侍，嘗食典御。台府初開，爰祇顯命，領太尉掾。于時塞虜叩關，山胡叛命，封豨寔繁，長蛇薦筮。吕王忠義夙章，威略兼舉，董率之任，僉議斯歸。充西北道行臺，除征虜将军、并州刺史。及王師電擊，妖寇霜摧，威略既明，庸勳有典，除聊城縣開國伯，加安北将军，餘官如故。遂假撫軍将军，兼尚書行臺。孝昌三年，牝難失德，雄雉亂朝，肅宗暴崩，禍由酖毒。天柱爲永世恒捍，王實明德茂親，同舉義兵，剋定京邑。除太尉公，爵上黨王，食邑三千戸。仍除侍中，兼領軍将军、使持節、驃騎大将军、京畿大都督。魏雖舊邦，革命唯新，王業艱難，事同草創。王内奉絲綸，中摠周衛，謨明之道吕宣，捍城之寄踰重。逆賊葛榮，鳩率兇黨，攻逼鄴城。吕王道鏡台端，德清槐列，文吕興邦，武能定亂，爲使持節、都督東北道諸軍事、大都督，本官如故。天柱驅率熊羆，南出釜口，勒貔虎，北赴漳源。兩軍雲會，三十餘万，雷舉星奔，並驅齊進。鋒鏑暫交，醜徒鳥散，生擒葛榮并其營部，斬級十万，馬牛千億。於是殷衛剋定，河朔載清，文軌復同，車書更一。增邑通前三万戸，加録尚書事，本官如故。又吕王纂蔭乾暉，本枝皇幹，體密君親，義形家國，與天柱潛結玄啚，顯成大義，一舊威靈，再造區夏。雖疏畫山川，開錫土宇，礼命光照，器像雕蔚，猶不足吕酬静難濟時之功，報扶危定傾之績。除

矣貫七札白猨不得隱其層林紫貌無已逃其潛內子房帷幄之謀田單攻取之術故已囊括
於心矜載盈於懷抱矣起家除員外散騎侍郎已王器量清懋識裁通敏除員外散騎常侍嘗
食典御台府初開爰祏顯命領太尉掾于時塞虜叩關山胡叛命封豨寇鰲長虵荐莖已王忠
義風章威略兼舉董率之任僉議斯歸允西北道行臺除征虜將軍并州刺史及王師電擊妖
祲霜摧威略既明庸勳有典除聊城縣開國伯加安北將軍餘官如故遂假撫軍將軍兼尚書
行臺孝昌三年北難失德雄雉亂朝　肅宗暴崩禍由酖毒天柱爲亂世恒捍王實明德茂親
同舉義兵剋定京邑除太尉公晉上黨王食邑三千戶仍除侍中兼領軍將軍使持節驃騎大
將軍京畿大都督魏雖舊邦革命唯新王業艱難事同草昧王內奉絲綸中總周衛謨明之道
已宣捍城之寄踰重逆賊葛榮鳩率兇[illegible]攻逼鄴城已王道鏡台端德清槐列文已興撥武能
定亂爲使持節都督東北道諸軍事大都督本官如故天柱馳率熊羆南出釜口勒貔虎北[illegible]
漳源兩軍雲會三十餘万雷舉星奔並[illegible]齊進鋒鏑暫交醜徒鳥散生擒葛榮并其營部斬級
十万馬牛千億於是殷衛剋定河朔載清文軌復同車書吏一增邑通前三万戶加錄尚書事
本官如故又已王纂蔭乾暉本枝皇[illegible]體密君親義形家國與天柱潛結玄圖顯成大義一舊
威靈再造區夏雖疏畫山川開錫土宇禮命光昭器像彫蔚猶不足已詶靜難濟時之功報扶
危定傾之績除世襲并州刺史本官王如故流民邢杲肆毒三齊屠村掠邑攻動郡縣已王爲
行臺大都督王神武所臨有征無戰伏尸同於長平積器高於熊耳遷位太宰加翼[illegible]鼓吹增
邑通前七万戶永安三年九月二十五日運巨橫流奄離禍酷春秋四十二暴薨於明光殿季
及中興造運　聖明在馭追贈侍中丞相都督十州諸軍事柱國大將軍假黃鉞雝州刺史王
如故謚曰武昭禮也已普泰元年八月戊戌朔十一日戊申遷葬於京城西北二十里瘞結三
靈哀纏四緒泉扃晝昬松關夜楚氣盡一朝悲深万古其辭曰
兩明交逝五運代興素精既謝玄祏告徵道符王版慶結金繩若天之震如日之昇神武秉德
福善冥應義均採藥無德而稱於穆君王合和誕哲道契淹門義晒洙泗聿奉休蹤式揚清列
今問緝熙徽風昭晰扆初嘉合戴筆鏁闈高棲雲術遠暎辰暉侯時龍躍待運鵷飛立功已義
成務惟機數鍾九六國步未康北狄孔熾西戎方强旗鼓競進烽候相望秦隴幽涉趙魏丘荒

世襲、并州刺史，本官、王如故。流民邢杲，肆毒三齊，屠村掠邑，攻剽郡縣。吕王爲行臺大都督。王神武所臨，有征無戰，伏尸同於長平，積器高於熊耳。遷位太宰，加翼保鼓吹，增邑通前七万戶。永安三年九月二十五日，運巨横流，奄離禍酷，春秋卌二，暴薨於明光殿。年及中興造運，聖明在馭，追贈侍中、丞相、都督十州諸軍事、柱國大将军、假黄鉞、雍州刺史，王如故，謚曰武昭，礼也。吕普泰元年八月戊戌朔十一日戊申，遷葬於京城西北二十里。痛結三靈，哀纏四緒，泉扃晝昏，松闕夜楚，氣盡一朝，悲深万古。其辭曰：

兩明交逝，五運代興。素精既謝，玄祚告徵。道符玉版，慶結金繩。若天之覆，如日之昇。神武秉德，福善冥應。義均採藥，無德而稱。於穆君王，合和誕哲。道契淹門，義晒洙汭。聿奉休蹤，式揚清烈。令問緝熙，徽風昭晰。厥初嘉合，戴筆鎖闈。高栖雲術，遠映辰暉。俟時龍躍，待運鵬飛。立功吕義，成務惟機。數鍾九六，國步未康。北狄孔熾，西戎方强。旗鼓競進，烽候相望。秦隴幽没，趙魏丘荒。於昭我后，應期作宰。五典剋從，九工亮彩。雺沴時消，妖逋自潰。上協三靈，下清四海。蹈礼循刑，崇仁履信。有享有通，無悔無吝。雲雷遄動，霜風驟震。遠無不歸，迩無不順。道邁伊周，勳侔齊晉。吉凶同域，福禍相依。泰山其毀，良木不持。蕭蕭楊隴，杳杳泉扉。斜漢滅影，落日潛輝。縉紳曷仰，社稷焉歸。敬鐫玄石，銘頌山基。

魏故南陽張府君墓誌
君諱玄字黑女南陽白水人也
出自皇帝之苗裔昔在中葉作
牧周殷爰及漢魏司徒司空不
因舉燭便自高明無假登水故
以清潔遠祖和吏部尚書并州
刺史祖具中堅將軍新平太守
父盪寇將軍蒲坂令所謂華蓋
相暉縈光照世君稟陰陽之純
精含五行之秀氣雅性高奇識
量沖遠解褐中書侍郎除南陽
太守嚴威既被其猶草上加風
民之悅化若魚之樂水方欲羽
翼天朝抓牙帝室何圖幽靈無
簡殲此名哲春秋卌有二太和
十七年薨於蒲坂城建中鄉孝
義里妻河北陳進壽女壽為巨
祿太守便是瓌寶相暎瑰玉參
差俱以普泰元年歲次辛亥十
月丁酉朔一日丁酉葬於蒲坂
城東原之上君臨終清悟神誥
端明動言成軌泯然去世于時
兆人同悲遐方悽長泣故刊石
傳光以作誦曰
鬱矣蘭胄茂乎芳幹葉暎霄衢
根通海翰依氣貫岳榮光接漢
德與風翔澤從雨散運謝星馳
時流迅速既彫桐枝復摧良木
三河奄曜川岳窀燭痛感毛群
悲傷羽族扃堂無曉墳宇唯昏
咸韜松戶共寵泉門追風永邁
式銘幽傳

一五四 魏故南陽張府君【玄】墓誌

太和十七年（493）卒，普泰元年（531）十月一日葬。

誌文32行，滿行12字，楷書。誌石高30釐米，寬82釐米，出土地不詳。

【释文】

君諱玄，字黑女，南陽白水人也。出自（皇）［黄］帝之苗裔。昔在中葉，作牧周殷，爰及漢魏，司徒司空。不因舉燭，便自高明，無假置水，故以清潔。遠祖和，吏部尚書、并州刺史。祖具，中堅将军、新平太守。父盪寇将军、蒲阪令。所謂華盖相暉，榮光照世。君稟陰陽之純精，含五行之秀氣，雅性高奇，識量沖遠，解褐中書侍郎，除南陽太守。嚴威既被，其猶草上加風；民之悦化，若魚之樂水。方欲羽翼天朝，爪牙帝室，何啚幽靈無簡，殲此名哲。春秋卅有二，太和十七年，薨於蒲阪城建中鄉孝義里。妻河北陳進壽女。壽為巨禄太守。便是瑰寶相映，瓊玉參差。俱以普泰元年歲次辛亥十月丁酉朔一日丁酉，葬於蒲阪城東原之上。君臨終清悟，神誚端明，動言成軌，泯然去世。于時兆人同悲，遐方悽長泣，故刊石傳光，以作誦曰：

鬱矣蘭胄，茂乎芳幹；葉映霄衢，根通海翰。休氣貫岳，榮光接漢；德与風翔，澤從雨散。運謝星馳，時流迅速；既彫桐枝，復摧良木。三河奄曜，坤區喪燭，痛感毛群，悲傷羽族。扃堂無曉，墳宇唯昏；咸韜松戶，共寢泉門。追風永邁，式銘幽傳。

一五五 賈瑾墓誌

北魏普泰元年（531）十月十三日葬。誌文24行，滿行30字，楷書。誌石通高89釐米，寬57釐米，山東長山出土。

【释文】

君諱瑾，□德瑜，武威姑臧人也。祖父天符，以才地高腴，仕宋為本州□□，□□府中兵參軍、絛縣令、南陽太守。父敬伯，族美才華，州辟主簿，頻翼二政，後轉別駕，入府為司馬，出廣川、平原、濟南、魏郡、太原、高陽六郡太守。皆以才效昇轉。君稟玄中之妙氣，資海岳之沖精，生而秀異，偉貌端雅，齠年敏悟，志度開廓。儼尔有望畏之威，怡然有就恩之惠。學不師授，理無隱伏。越數刃入孔公之富室，披玄奧開李老之妙門。性仁恕，好博施，上泛愛，貴人要，性至孝，謹瞻侯。侍疾嘗藥，同痛瘍於一體；進膳奉餐，共虛飽於五內。恩恭悌順，協穆閨門，弘和肅整，稟悅邦邑。尔其九思殷勤，三端鋒鋭。清談寫注，則吻□泉涌；執管造素，則筆端火燃。於是聲發丘園，響聞京國，為皇宗英彥元恒之所友愛，就家逼引為征東府中兵參軍，進入省為散騎侍郎。端静守分，不窺權門。時或遊集，必是四方英彥。後為帝兄梁州仰為録事參軍。凡所履歷，皆非意趣，負氣鬱怏，才志不伸。而時無德操，令栖鳳戢翼。不遇徐崔，故卧龍睡伏。禍不甄善，年卅而終，主君哀慟，僚友悲惜。未婚無子，兄膠州以第二息晶為嗣。晶字士光，幼而聰令，齠年後叔，哀毀有聞，罷祖之童，古今而異。其業尚英駿，識智剴決。志學之年，稽三經之奧；弱冠之歲，精五典之原。言談清婉，若齒間含鏡；援豪投默，則素上綴珠。才為時求，就家徵奉朝請，俄轉通直散騎侍郎、直寢。方立效明世，樹德當年，因使暫歸，卒□家，時廿一。即見悲悼，與聞嗟惜。膠州痛弟息之早終，悲志業不遂，惟緣情以折中，述二亡之存意。故二柩而一壙，乃鐫石而作誌云尔：

峨峨靈岳，浩浩東溟。昭昭君子，含氣誕生。資天樹義，稟日開明。不德之德，可名之名。咨嗟五孝，優矛六經。行唯道跡，興言德音。州閭敬羡，京國祇欽。文如錯寶，□若祇金。遐賢湊訪，迩彥臻尋。朋寔蘭藪，友必芳林。伉儷未媾，胤嗣將替。伊何繼體，若子唯侄。云誰克堪，在茲令哲。烝嘗肅恭，享薦芳潔。義形沉淪，聲芳不滅。

大魏普泰元年歲次辛亥十月丁酉朔十三日己酉。

賈散騎之墓誌。

一五六 侍中尚書令太保使持節都督冀相殷三州諸軍事大將军冀州刺史司空穆公【紹】墓誌銘

普泰元年（531）九月十三日卒，同年十月二十四日葬。

誌文34行，滿行35字，楷書。誌石高77.3釐米，寬77.3釐米，河南洛陽出土。

【释文】

公諱紹，字永業，河南洛陽人。乃祖應期佐命，勳書王府，爵允元侯，位居上将。自斯已降，並國而昌，或㠯忠貞作輔，或㠯文武登相。公陶漸禎和，生而內美，克岐表乎初載，成德茂乎立年。體局閑嚴，風情簡曠，伏膺雅道，敦好經術，鑽六藝之膏腴，遊文章之苑囿。由是風流藉甚，朝野傾屬。爰初立節，崖涘莫窺，乘迅風而退舉，負清天而一息。除太子舍人，選尚瑯琊公主，拜駙馬都尉，襲爵頓丘公。除散騎常侍，在通直，尋轉正員。俄然閨闥，儀形蟬冕。朝議㠯緗素紛蕪，文篆淆雜，司藉廣內，事歸儒雅。乃授秘書監，俄還侍中，領河南邑中正。獻納帷扆，懸衡邦族，流品既清，喉唇或叙。世宗晏駕，未命匪聞，儲后沖藐，內外猜懼。公任參時佐，憂深責重，維持國命，匡濟時艱，民言不流，朝政緝穆。㠯功增封八百戶，復㠯本官加撫軍将军、光禄勳卿。未拜，仍除衛将军、中書監。公深鑒止足，有懷酌損，固辭鳳□。改授太常卿，侍中如故。司樂攸在，問禮所歸，有典必從，無文咸秩。信都民物阜盛，方夏莫先，橫大河㠯樹屏，表滄海而為界。鷄犬傳聲，若臨淄之四境；風俗異制，猶安陵之五方。部政臨蕃，僉議攸屬。乃授使持節、都督冀瀛二州諸軍事、衛将军、冀州刺史。公㠯太夫人年在秋方，情存就養，雖降朝旨，固辭不行。復即本号，為中書令。不拜，仍除殿中尚書。贊政文昌，追功二八，元氣彼序，帝載已熙。除衛大将军、左光禄大夫、加散騎常侍。孝昌在運，憂虞瑧及，國柄內移，邊鋒外擾。㠯公民望朝右，安危注意，乃授侍中、車騎大将军、儀同三司。未幾，復㠯本号開府，爲定州刺史。辭疾不行，還除前任，加位特進。公㠯叔世道清，淪胥莫拯，願言退息，斂衽歸來。冠冕慕其清塵，雅俗欽其盛則。永安紹曆，復延嘉命，國步暫清，人思自盡。不得不廢已殉物，屈道從時。乃拜司空、尚書令。上調緯象，下建民極，道孚日用，功著百司，若列宿之表天經，山岳之宣地氣。聖上龍飛，眷言舊德，求瘼之任，經拒所先。除使持節、都督四州諸軍事、驃騎大将军、開府儀同三司、青州刺史。屬東土稱亂，暫為匪民，遂輟朱驂，方申後命。公姿此謙晦，達乎出處，榮觀之來，事唯嬰拂。雖復居端作宰，當軸秉均。欄名義㠯檢俗，託吟諷㠯弘道。出入夷險，五代歷兹，既㠯明哲保身，故能令終

流品既清喉脣式敘世業晏駕未命匪閒儲后沖猿內積懼公任総時位憂深青重
持國命匡濟時艱民言不流朝政緝穆己功增封八百户以己本宮加撫軍將軍光祿勳
来拜仍除衛將軍中書監公深鑒止足有懷盈虧貞固辭爲改授太常卿侍中如故司樂
在問私所歸有典必從無文咸秩信龍民物阜盛方夏莫先横大河以樹屏表滄海而爲
維友傳聲若臨濬之四境風俗異制猶安陵之五方罷政辟蕃僉議攸屬乃授使持節龍
冀瀛二州諸軍事衛將軍冀州刺史公以太夫人年在秋方情存就養雖降朝旨固辭
行復即本号爲中書令不拜仍除殿中尚書贊政文昌追功二八元氣攸序帝載已熙除
大將軍左光祿大夫加散騎常侍孝昌在運憂虞薦及國柄內移邊鋒外擾以公民望朝
安危注意乃授侍中車騎大將軍儀同三司未幾復以本号開府爲定州刺史辭疾不行
除前任加位特進公以叔世道消淪胥莫恡頗言退息優柱歸來冠冕冥其清塵雅俗翕
盛則永安紹曆復延嘉命國步暫清人思自盡不得不𤻲已殉物屈道從時乃拜司空
書令上調緯象下建民極道孚日用功著百司若列宿之表天經山岳之宣地氣聖上
飛眷言舊德求瘼之任經把所先除使持節龍督四州諸軍事驃騎大將軍開府儀同三
青州刺史屬東土稱亂暫爲匪民遂轂朱驂方申後命公姿此謙晦違乎出處榮觀之来
唯嬰拂雖復居端作宰當軸秉均欄名義以撿俗託吟諷以弘道出入夷險五代歷茲既
明哲保身故能令終全譽倉倉正色與善徒言大命近止山頹奄及春秋五十一以大魏
泰元年九月十三日薨於洛陽脩政縄文華里宸居軫悼列辟同哀詔贈侍中尚書令
保使持節龍督冀相殷三州諸軍事大將軍冀州刺史槙臣如開國公粵十月丁酉朔廿
日庚申遷窆於京城西北廿里式刊盛烈貽之重壤其詞曰
惟我祖實作鷹揚翼茲大運經啟翔方受言弓矢奄有封壇青社殲王褒衣繡裳征西萬
高風可詠司空作宰棟梁稱盛爰此達人弱而居正奇姿外發清猷傍映帝曰伊介令問
新好爵方命元安来嬪乃司流略遂作喉脣是稱良佐斯謂具臣自茲媚主匪躬正色貞
廷主持青心奉職宣帝命允敦皇熙司列歸美總宣仰式表夏書典上备股卑三正寄

全譽。倉倉正色，與善徒言，大命近止，山頽奄及。春秋五十一，㠯大魏普泰元年九月十三日，薨於洛陽修政鄉文華里。宸居軫悼，列辟同哀。詔贈侍中、尚書令、太保、使持節、䎱督冀相殷三州諸軍事、大将军、冀州刺史、頓丘郡開國公。粤十月丁酉朔廿四日庚申，遷窆於京城西北廿里。式刊盛烈，貽之重壤。其詞曰：

時惟我祖，實作鷹揚，翼茲大運，經啓朔方。受言弓矢，奄有封疆，青社瓛玉，衮衣繡裳。征西邁德，高風可詠，司空作宰，棟梁稱盛。爰此達人，弱而居正，奇姿外發，清猷傍映。帝曰伊尔，令問日新，好爵方命，元女来嬪。乃司流略，遂作喉唇，是稱良佐，斯請具臣。自茲媚主，匪躬正色，直道匡時，清心奉職。克宣帝命，允敷皇極，同列歸美，聯官仰式。東夏膏腴，北蕃殷阜，三延嘉命，推而弗有。復贊樞機，終荷託負，横流已及，徒然授手。相時而動，斂衽徘徊，不俟終日，謝病歸来。從屯及泰，自揆登台，實為領袖，乃作鹽梅。聖主御天，欽咨舊德，方寄元輔，治煩去或。逝彼寸陰，不留短刻，忽捐館舍，長違𢒰國。皇心載傷，追遠有光，車旗備物，鐃吹啓行。日落山道，風晦巖場，金石方固，德音不忘。

魏故寧遠將軍呂君之有墓誌銘
君諱仁字七仁東平壽張清𨻻吉里人也蓋神農之苗裔太公既以尊
賢樹績大風蔚於東海呂沭亦以音徽踵烈高轂亹其南夏衣冠之盛
至秦漢而為撫蟬冕之隆逮暨魏以為甚等七葉而僭[illegible]宗以継
暉蕤蕤以之遐暢聽拔於是自遠曾祖父牛涼侍中驃騎將軍沙州刺
史西海侯莫清秀逸幾悟如神在世許其高大月旦稱以千里故能剋
錦青蕃栖蟬紆闕擅當官之譽時不世之名祖父安少以栖遲納賞高
尚自居槃桓川澤潛晦之[illegible]鳴鶴[illegible]委逸想孫陰王帛屢徵不以屑
懷𨻻部稱以遐路州里言遠遊雖子淵不群君山獨往方之此於當何
足喻然君志絕籠闈逸烟霞器為時求十勘世舉涼寧府君亦一時之
英自以[illegible]隆既隆民物修歸章君屈辱用稗共治以為郡功曹君秉節
不移勲撩[illegible]固非其情也遂不應命父達輔國將軍博陵太守器識淵
華十韻情[illegible]妙能物情善於從政[illegible]稔未幾風化大行接壤懷仁隣𨻻
顛附雖浮帝清涇沫是云異山[illegible]紆野方之何奇信可謂愷悌君子民
之父母君稟氣天地承靈川岳踵奕世之風繼累葉之執負情𡸣退追
想沖雲黃中顯於岐日通[illegible]彰於非歲誌慎安泰之節每[illegible]没於
帝心清貞肅穆之撩[illegible]遲於
聖首方當藉茲寵會用階尺軫水中泳潯風九万而川泳一去逝影
不追以永安二年五月乙丑朔八壬申春秋卅二薨卒於洛陽永華之
里舍粵以正月丙寅朔十九日甲申還殯於河陽城北嶺山之下小子
蓴懼世代之遐貿恐𡸣谷之易處詢頗矣以鐫誌瘞泳芳於永[illegible]乃作
銘誌其詞曰
惟天降祉惟地納靈篤生若人命世為英史恭結譽渏慎泳聲栖遲百
氏優遊六經方慱九万鞶水上征如何不淑早世淪傾哀雲曉陰悲風
夜驚一歸萬里長祕泉庭圓長方又路迴川平蕭蕭鬱樹蔚蔚松清敬
斅徽猷式照玄名
普泰二年歲次壬子正月丙寅朔十九日甲申誌

一五七 魏故寧遠将军呂君【仁】之有墓誌銘

永安二年（529）五月八日卒，普泰二年（532）正月十九日葬。

誌文27行，滿行27字，楷書。誌石高50釐米，寬50釐米，河南洛陽出土。

【释文】

君諱仁，字屯仁，東平壽張清鄉吉里人也，盖神農之苗裔。太公既以鷹揚樹績，大風蔚於東海；吕叔亦㠯徽音踵烈，高聲邁於南夏。衣冠之盛，歷秦漢而為極；蟬冕之隆，逕晉魏以為甚。等七葉而傳輝，齊五宗以繼曜，葳蕤以之遐暢，聽波於是自遠。曾祖父牛涼，侍中、驃騎将军、沙州刺史、西海侯，英情秀逸，機悟如神，在世許其高大，月旦科㠯千里，故能製錦青蕃，栖蟬絳闕，擅當官之譽，跨不世之名。祖父安，少㠯栖遲納賞，高尚自居，槃桓川澤，潛晦為心。□鳴鷹亟委，逸想弥隆，玉帛屢徵，不㠯屑懷，鄉部稱㠯退蹈，州里言遠逝。雖子淵不群，君山獨往，方之此於，嘗何足喻。然君志絶籠闈，逸煙霞，器為時求，才勘世舉。涼寧府君亦一時之英，自㠯才望既隆，民物攸歸，幸君屈辱，用裨共治，召為郡功曹。君秉節不移，執操弥固，非其情也，遂不應命。父達，輔國将军、博陵太守。器識淵華，才韻清□，妙解物情，善於治政，撫莅未幾，風化大行，接壤懷仁，鄰鄉願附。雖浮虎清江，未足云異，止蝗緑野，方之何奇。信所謂愷悌君子，民之父母。君稟氣天地，承靈川岳，踵弈世之風，继累葉之軌，貞情峻邈，逸想沖雲，黃中顯於岐日，通理彰於丱歲。淑慎虔恭之節，海蔚沃於帝心；清貞肅穆之操，亦留漣於聖旨。方當藉兹寵會，用階尺木，擊水中流，憑風九万，而川流一往，逝影不追。以永安二年五月乙丑朔八壬申，春秋卅二，遘疾卒於洛陽承華之里舍。粤㠯正月丙寅朔十九日甲申，遷殯於河陽城北嶺山之下。小子葉懼世代之遷貿，恐峻谷之易處，詢碩彦㠯鐫誌，庶流芳於泉戶，乃作銘誌，其詞曰：

惟天降祉，惟地納靈；篤生若人，命世為英。虔恭結譽，淑慎流聲；栖遲百氏，優遊六經。方摶九万，擊水上征；如何不淑，早世淪傾。哀雲曉墜，悲風夜驚；一歸蒿里，長秘泉庭。圓長方久，路迴川平；蕭蕭壟樹，蔚蔚松清。敬敷徽猷，式照玄銘。

普泰二年歲次壬子正月丙寅朔十九日甲申誌。

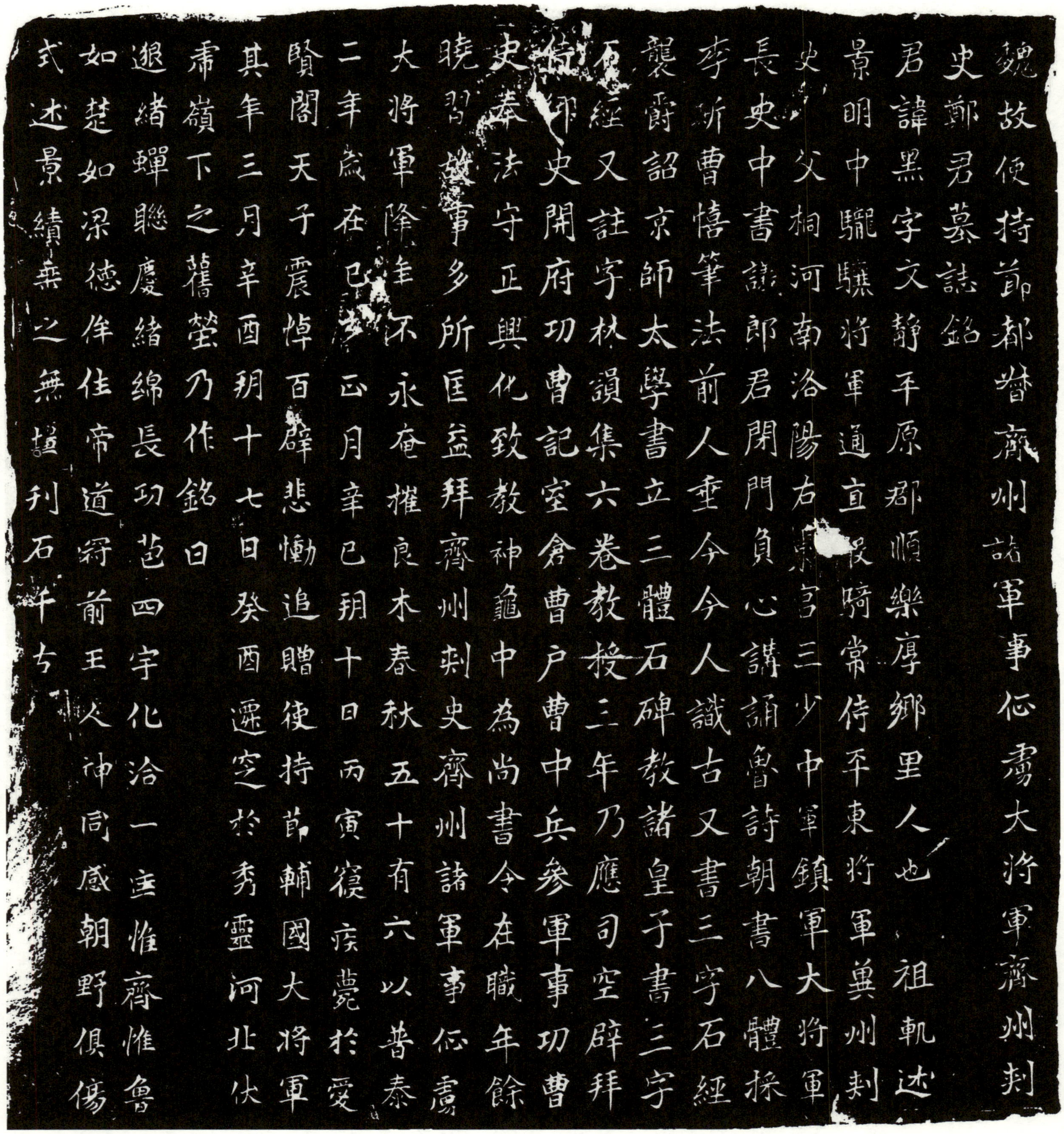
魏故使持節都督齊州諸軍事征虜大將軍齊州刺
史鄭君墓誌銘
君諱黑字文靜平原郡順樂廓鄉里人也祖軌述
景明中驡驃將軍通直散騎常侍平東將軍冀州刺
史□父桐河南洛陽右東宮三少中軍鎮軍大將軍
長史中書議郎君閑門負心講誦魯詩朝書八體採
李斯曹憘筆法前人垂今今人識古又書三字石經
襲爵詔京師太學書立三體石碑教諸皇子書三字
石經又註字林韻集六卷教授三年乃應司空辟拜
侍御史開府功曹記室倉曹户曹中兵參軍事功曹
史奉法守正興化致教神龜中為尚書令在職年餘
曉習政事多所匡益拜齊州刺史齊州諸軍事征虜
大將軍降年不永奄摧良木春秋五十有六以普泰
二年歲在巳□正月辛巳朔十日丙寅寢疾薨於愛
賢閣天子震悼百辟悲慟追贈使持節輔國大將軍
其年三月辛酉朔十七日癸酉遷窆於秀靈河北伏
肅嶺下之舊塋乃作銘曰
邈緒蟬聯慶緒綿長功苞四字化洽一塗惟齊惟魯
如楚如梁德侔往帝道將前王人神同感朝野俱傷
式述景績棄之無□刊石千古

一五八 魏故使持節都督齊州諸軍事征虜大将军齊州刺史鄭君【黑】墓誌銘

北魏普泰二年（532）正月十日卒，同年三月十七日葬。

誌文20行，滿行20字，楷書。誌石高56釐米，寬53釐米，河北出土。

【释文】

君諱黑，字文静，平原郡順樂厚鄉里人也。祖軌述，景明中龍驤将军、通直散騎常侍、平東将军、冀州刺史。父桐，河南洛陽右東宫三少中軍、鎮軍大将军長史、中書議郎。君閉門負心，講誦魯詩，朝書八體，採李圻曹憘筆法，前人垂今，今人識古，又書三字石經。襲爵，詔京師太學，書立三體石碑，教諸皇子書三字石經。又註字於韻，集六卷。教授三年，乃應司空辟，拜侍御史、開府功曹、記室、倉曹、户曹、中兵參軍事、功曹史。奉法守正，興化致教。神龜中為尚書令，在職年餘，曉習故事，多所匡益。拜齊州刺史、齊州諸軍事、征虜大将军。降年不永，奄摧良木，春秋五十有六，以普泰二年歲在已亥正月辛巳朔十日丙寅寢疾，薨於愛賢閣。天子震悼，百辟悲慟。追贈使持節、輔國大将军。其年三月辛酉朔十七日癸酉，還窆於秀靈河北伏虎嶺下之舊塋。乃作銘曰：

邈緒蟬聯，慶緒绵長；功苞四宇，化洽一匡。惟齊惟魯，如楚如梁；德侔往帝，道冠前王。人神同感，朝野俱傷；式述景績，垂之無壃。刊石千古。

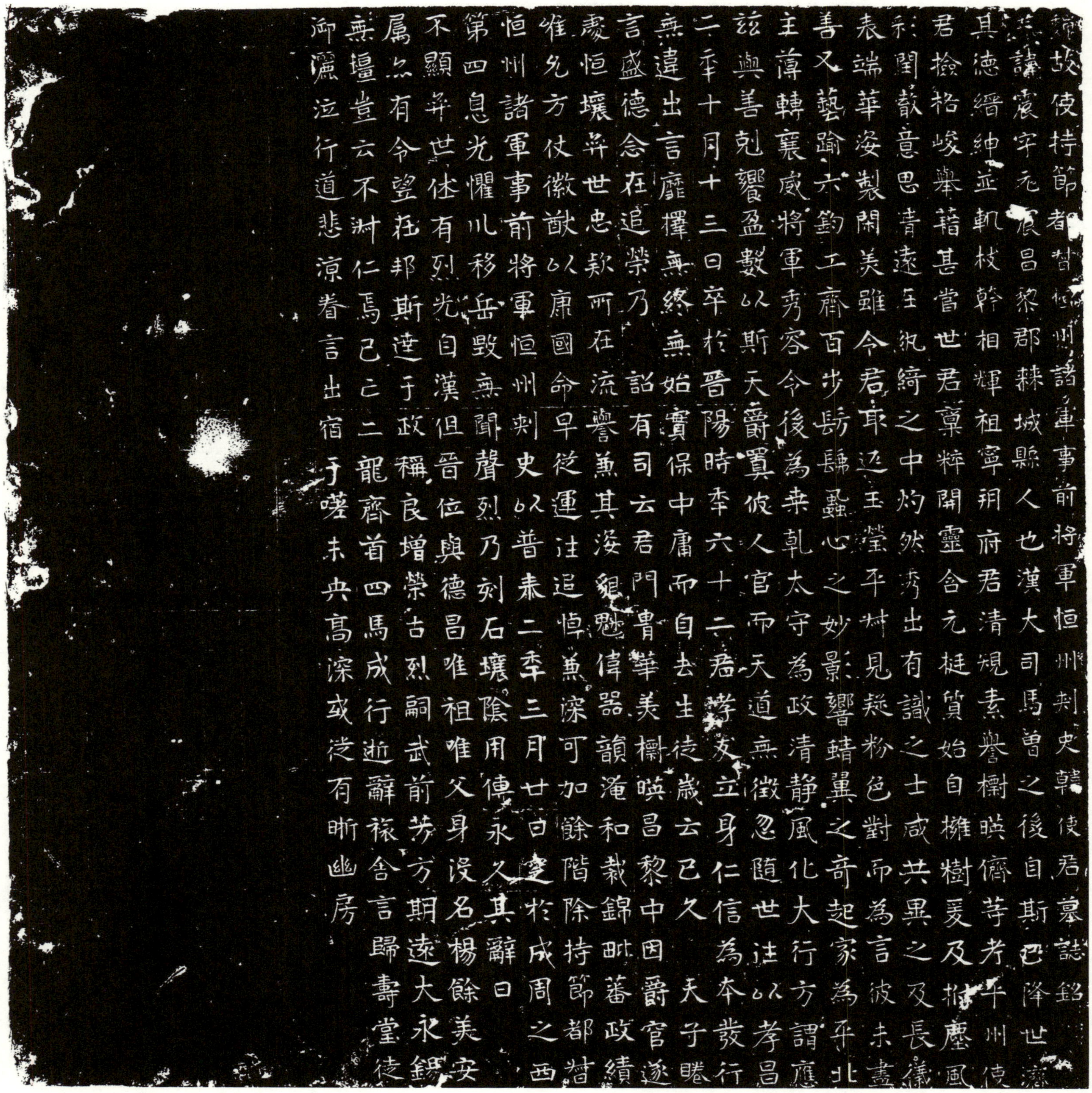

一五九 魏故使持節都督恒州諸軍事前将军恒州刺史韓使君【震】墓誌銘誌陽

孝昌二年（526）十月十三日卒，普泰二年（531）三月二十日葬。

誌文20行，滿行27字，楷書。誌石高53釐米，寬53.8釐米，河南洛陽出土。

【释文】

君諱震，字元震，昌黎郡棘城縣人也。漢大司馬曾之後。自斯已降，世濟其德，縉紳並軌，枝幹相輝。祖寧朔府君，清規素譽，欄映儕等；考平州使君，檢格峻舉，藉甚當世。君稟粹開靈，含元挺質，始自擁樹，爰及拊塵，風彩潤徹，意思清遠。在紈綺之中，灼然秀出，有識之士，咸共異之。及長，儀表端華，姿製閑美。雖令君取匹，玉瑩平叔，見疑粉色，對而為言，彼未盡善。又藝踰六鈞，工齊百步，髣髴虱心之妙，影響蜻翼之奇。起家為平北主簿，轉襄威将军、秀容令，後為桑乾太守。為政清静，風化大行。方謂應兹與善，剋饗盈數，以斯天爵，置彼人官。而天道無徵，忽隨世往。以孝昌二年十月十三日，卒於晉陽。時年六十二。君孝友立身，仁信為本。發行無違，出言靡擇，無終無始，實保中庸。而自去生徒，歲云已久。天子睠言盛德，念在追榮，乃詔有司云：君門胄華美，欄映昌黎，中因爵宦，遂處恒壤。弈世忠款，所在流譽。兼其姿貌魁偉，器韻淹和，裁錦毗蕃，政績唯允。方仗徽猷，以康國命，早從運往，追悼兼深。可加餘階，除持節、都督恒州諸軍事、前将军、恒州刺史。以普泰二年三月廿日，窆於成周之西。第四息光，懼川移岳毁，無聞聲烈，乃刻石壤陰，用傳永久。其辭曰：

不顯弈世，休有烈光。自漢徂晉，位與德昌。唯祖唯父，身没名揚。餘美安屬，亦有令望。在邦斯達，于政稱良。增榮古烈，嗣武前芳。方期遠大，永錫無疆。豈云不淑，仁焉已亡。二龍齊首，四馬成行。逝辭旅舍，言歸壽堂。徒御灑泣，行道悲涼。眷言出宿，于嗟未央。高深或徙，有晰幽房。

普泰二年歲次壬子三月乙丑朔廿日甲申韓使君墓銘
曾祖業字世隆太尉屬匡之子蓋字令基眞內小上黨太
守曾祖親遼西孟氏常山太守孟馳女祖達字大度上黨
府君業之子綏遠將軍鼎寧司馬祖親東燕慕容氏玄氏
令慕容千女父曜字伯驎綏遠達之子綏遠將軍本州治
中寧遠將軍桒乾太守後除驃騎將軍平州刺史母東燕
侯文氏內行給事侯文成女君妻南陽娥氏羽眞南平公
魚曹尚書使持節秦雍二州刺史仇池郡[illegible]我清之女
長息紹顯娶南安趙氏父本州別駕趙儁女次息子楗字
顯安起平南府中兵參軍征東將軍金紫光祿大夫高邑
縣開國伯娶弘農楊氏父鎮遠將軍并州城局參軍高平
男楊殖女次息暉字貴顯起大丞相府行參軍中堅將軍
奉車都尉娶天水乞伏氏父為桒乾善無二郡太守乞伏
歸女次息光字遵顯本州主簿通直散騎常侍中書侍郎
征虜將軍領中書舍人鉅鹿縣開國伯娶河南長孫氏父
威烈將軍奉朝請早亡墓在君墓西五十步次息遵雅字
為朔州大史平壽子長孫累女次息歆字遵和本郡功曹
阿醜中軍將軍金紫光祿大夫定陽縣開國伯次息阿谷
字遵巖靈壽縣開國子次息[illegible]兕字遵道廣宗縣開國子
並未婚

一六〇 魏故使持節都督恒州諸軍事前将军恒州刺史韓使君【震】墓誌銘誌陰

孝昌二年（526）十月十三日卒，普泰二年（531）三月二十日葬。

誌文20行，滿行22字，楷書。誌石高53釐米，寬53.8釐米，河南洛陽出土。

【释文】

普泰二年歲次壬子三月乙丑朔廿日甲申韓使君墓銘。曾祖業，字世隆，太尉屬匡之子，長子令、棋真內小、上黨太守；曾祖親，遼西孟氏，常山太守孟融女。祖達，字大度，上黨府君業之子，綏遠将军、虎牢司馬；祖親東燕慕容氏，玄氏令慕容干女。父躍，字伯驎，綏遠達之子，綏遠将军、本州治中、寧遠将军、桑乾太守，後除龍驤将军、平州刺史；母東燕侯文氏，内行給事侯文成女。君妻南陽娥氏，羽真、南平公、魚曹尚書、使持節、秦雍二州刺吏、仇池都督娥清之女。長息紹顯，娶南安趙氏，父本州别駕趙儁女。次息子揵，字顯安，起平南府中兵參軍、征東将军、金紫光禄大夫、高邑縣開國伯，娶弘農楊氏，父鎮遠将军、并州城局參軍、高平男楊殖女。次息暉，字貴顯，起大丞相府行參軍、中堅将军、奉車都尉，娶天水乞伏氏，父為桑乾善無二郡太守乞伏歸女。次息光，字遵顯，本州主簿、通直散騎常侍、中書侍郎、征虜将军、領中書舍人、鉅鏕縣開國伯，娶河南長孫氏，父為朔州長史、平壽子長孫果女。次息欽，字遵和，本郡功曹、威烈将军、奉朝請，早喪，墓在君墓西五十步。次息遵雅，字阿醜，中軍将军、金紫光禄大夫、定陽縣開國伯。次息阿谷，字遵巖，靈壽縣開國子。次息車兒，字遵道，廣宗縣開國子。並未婚。

一六一

魏故侍中太保特進使持節都督雍華岐三州諸軍事大將軍雍州刺史安豐王謚曰文宣元王【元延明】墓誌銘

太昌元年（532）七月二十八日葬。

誌文49行，滿行40字，楷書。誌石高85.4釐米，寬107.4釐米，河南洛陽出土。

【释文】

公諱延明，字延明。高宗文成皇帝之孫，顯祖獻文皇帝季弟，安豐王之長子，高祖孝文皇帝從父昆弟。河南洛陽熙寧里。啓厥初於天地，擬峻趾於崑鍾，群神歸其福祉，衆靈降以精魄，故其多才大位，獨表諸姬，斯乃緼藏延閣，於兹略而不載矣。公稟此中和，誕兹上德，吐納純粹，陶練英華。音中律吕，乃威鳳之恒事；動興雲霧，亦神龍之自然。兼以虎鼻表奇，河目呈異，舟航所屬，始復斯在。及齒半九齡，陟岵無見，同孝孫之吐哺，均榮祖之畫象。服闋，初襲爵土。雖先王制礼，不敢而過。奉詔冊以流漣，猶櫰桷之在目。爰及弱冠，荼蓼再丁，先食而哭，非杖不起。固使素蛇縈絰，匪獨白菟馴庭。自有大志，少耽文雅，肆情馳騁，鋭思貫穿，强於記録，抑亦天啓，必誦全碑，終識半面。故河間所不窺，陳農所未採，莫不祛疑辯或，極奥窮微。雕蟲小藝，譬諸綺縠，頗曾留意，入室昇堂，實使季長謝其詩書，伯喈歸其文籍，聲播九重，於焉歷試。乃兼西中郎將，職是要害，茂實剋宣。起家太中大夫，從容談論，譽彰朝列，奉六條，寔司舉奏，昔在漢季，出自九卿，魏晉因循，其選尤重。公縉紳所歸，遂應僉曰。除使持節、都督豫州諸軍事、征虜将军、豫州刺史。風宣入境，德被下車，豪强屏息，奸酷自引。仍加散騎常侍，所以旌是堅鋼，表兹温捍者也。宋之彭城，大都之舊，地交吴楚，乃樹懿親，除使持節、都督徐州諸軍事、左将军、徐州刺吏。騑驂沃弱，施旆緋纚，亦既憩止，化成期月。黑水西河，實名天府，巖嶮縈帶，風俗混并，舊号難治，今劇斯任，乃除使持節、都督雍州諸軍事、右将军、雍州刺史。公久勞外莅，遂不之部，留拜廷尉卿，将军如故。秋官任重，天下之平，折以片言，民心乃慰。仍除前将军、給事黄門侍郎，又除秘書監、平南将军、中書令，並仍黄門。或外典番書，或内掌絲綍，朝趨王陛，夕拜瑣門，經綸帝則，翼宣王度。詔誥衣草而行，議論寄名而已。俄除侍中、安南将军，又除鎮南将军，仍侍中。同輿操劍，允屬民英，非直强項見奇，固以長乳斯對。又除衛将军，仍侍中，領國子祭酒。周之師氏，代作儒官，專門異户，歷世滋競。公鑽堅仰高，鉤深致遠，以德詔爵，時無二言。自河海不歸，桑濮間起，鏗鏘或存，雅頌誰析。公博見多聞，朝所取訪，金石之樂，受詔增損，乃詳今考古，鑄鐘磨磬，已蔑吾陵之韻，信鄙昆庭之響。屬受事征罰，遂中寢成功。又以本官兼尚書右僕射。雖復暫臨端右，便以聲動邦國。又監校御書。時明皇則天，留心古學，以臺閣文字，訛偽尚繁，民間遺逸，第録未謹。公以向歆之博物，固讎校之所歸，殺青自理，簡漆斯正。而神鉦告警，釁起邊垂，竊寶叛邑，爰自徐部，禦侮招攜，非公誰託。除衛大将军、東道僕射大行臺，□官如故。偽人乘間，驅其烏合，爰命假子，盗我府城。始寤畫地之廬，仍誓决目之報，銜璧告雠，志存假手。蕭綜来奔，盖匹馬歸命。群師越趄，鴟張碁跱。據金湯之嶮，跨勝害之地，全州蕩蕩，咸為寇場。公智力紛紜，一麾席卷，以兹文德，成此武

藝辭諸綺穀頻曾留意入室昇堂實使季長謝其詩書伯喈歸其文藉[illegible]措於畫於篇廳試乃兼西中郎
持職是要害茂實勉宣起家太中大夫從容談論譽章朝列奉六條[illegible]司舉秀茵在漢季生自九卿鎮[illegible]
因循其選允重公縉紳所歸遂應僉曰除使持節都督豫州諸軍事征虜將軍豫州刺史風宣入境德被
下車豪強屏息奸黠自引仍加散騎常侍所以旌是堅鋼表茲溫捍者也宋[illegible]之[illegible]域[illegible]之舊地[illegible]
乃樹懿親除使持節都督徐州諸軍事左將軍徐州刺史驍[illegible]弱[illegible]諸[illegible]既[illegible]止但成暮日黑水
西河實名天府巖嶮縈帶風俗混并舊號難治令處斯任乃除使持節都督[illegible]諸軍事右將軍雍州刺
史公久勞外從遂不之部留拜廷尉卿將軍如故秋官任重天下之平折以片言民之乃[illegible]仍除前將軍
給事黃門侍郎又除秘書監平南將軍中書令並仍黃門或小典圖書或內掌絲綸朝廷王階夕拜瑣門
經綸帝則翼宣王度詔誥衣草而行議論寄名而已俄除侍中安南將軍又除鎮南將軍仍侍中同興[illegible]
欽允屬民英非直強項見奇固以長乳斯對又除衛將軍仍侍中領國子祭酒自之師氏代作儒官專[illegible]
冀戶歷世滋競公鑽堅仰高鉤深致遠以德詔爵時無二言自河海不歸棄[illegible]鋒鏑或存雖頌雜[illegible]
公博見多聞朝所取訪金石之樂受詔增損乃詳令考古鏄鍾磨磬已[illegible]陵之[illegible]信鄰[illegible]之[illegible]屬[illegible]
事征爵遂中夔成功又以本官兼尚書右僕射雖復暫臨端右便以謦動邦國又監校御書時[illegible]明皇[illegible]
大留心古學以臺閣[illegible]字訛偽尚繁民間遺逸第錄未謹公以向歆之博物[illegible]之所歸[illegible]青自理蘭
徐斯正而神鉦告警釁起邊垂竊寶叛邑爰自徐部[illegible]海[illegible]非公誰託除衛大將軍東道[illegible]大行臺
[illegible]官如故偽人乘間驅兵爲合爰命假子盜我府城始[illegible]晝地之處仍擒[illegible]目之[illegible]衛壁[illegible]志存假手
一[illegible]綜來奔蓋匹馬歸命[illegible]師趙超鴟張碁跱據金湯之嶮跨勝害之地全州[illegible]威[illegible]埸公[illegible]力紛紜
一塵帝眷以茲文德成此武功增封二千六百戶仍以本大行臺本官行徐州事[illegible]除使持節都督三徐
諸軍事本將軍徐州刺史侍中大行臺僕射如故復除使持節都[illegible]諸軍事本將軍雍州刺史俄聞
漫除徐州刺史仍侍中本將軍尋加驃騎大將軍儀同三司給後部鼓吹公視下如傷愛結民[illegible]仰之若
雲雨慕之若樹蘭是以馳傳四臨位踐八命聲明流瀾文物照章東上[illegible]君[illegible]南陸[illegible]人之懼仍
除侍中驃騎八將軍開府儀同三司領國子祭酒兼尚書令位隣寺事任首六[illegible]儀表都野隆替是屬除
大司馬屯疊距運過自昵蕃車駕北巡事起倉卒秘事難聞遂乖奔赴以斯[illegible]被[illegible]維[illegible]誤[illegible]因
歷群議皇輿南反誅賞方行政出權強深猜俊傑公位尊德盛冠帶傾心民[illegible]其上[illegible]惟甚言思大難
出自近關既覩退恭之形實深宗祏之慮方借力善隣討茲君側[illegible]江南[illegible]非[illegible]賢[illegible]未歸怨[illegible]

功。增封二千六百戶，仍以本大行臺、本官行徐州事，仍除使持節、都督三徐諸軍事、本将军、徐州刺史，侍中、大行臺、僕射如故。復除使持節、都督□□諸軍事、本将军、雍州刺史。俄間復除徐州刺史，仍侍中、本将军。尋加驃騎大将军、儀同三司，給後部鼓吹。公視下如傷，愛結氓庶。仰之若雲雨，慕之若椒蘭，是以馳傳四臨，位踐八命，聲明流瀾，文物照彰。東土著神君之聲，南隣有靈人之懼。仍除侍中、驃騎大将军、開府儀同三司、領國子祭酒、兼尚書令。位隣三事，任首六官，儀表都野，隆替是屬。除大司馬。屯邅距運，禍自眤蕃，車駕北巡，事起倉卒，秘事難聞，遂乖奔赴，以斯民望，仍被摯維，諮謨所在，用壓群議。皇與南反，誅賞方行，政出權强，深猜後桀。公位尊德盛，冠帶傾心，民悪其上，忌毒惟甚。言思大雅，出自近開，既睹涅莽之形，實深宗祏之慮。方借力善隣，討兹君側，而江南卑濕，地非養賢，隨賈未歸，忽焉反葬。以梁中大通二年三月十日，薨於建康。春秋卌七。公神衿峻獨，道鑒虛凝，少時高祖垂嘆，以為終能致遠。遂翻為國師，鬱成朝棟。既業冠一時，道高百辟，授經侍講，琢磨聖躬。明堂辟雍，皆所定制，朝儀國典，質而後行。加以崖岸重深，風流曠遠，如彼龍門，迢然罕入。惟与故任城王澄、中山王熙、東平王略，竹林為志，藝尚相懽。故太傅崔光、太常劉芳，雖春秋異時，亦雅相推揖，其詩賦銘誄，咸頌書奏，凡三百餘篇。著《五經宗略》《詩礼别義》，注《帝皇世紀》及《列仙傳》，合一百卷，大行於世。殆五百之朝運，儻一賢之斯在。方将翼此會昌，致諸制作，比堯舜而不愧，顧湯武而有餘。憂能傷人，溘從霜露，悲纏雅俗，痛結民黎。今上天臨，深追盛美，贈使持節、侍中、太保，特進、都督雍華岐三州諸軍事、大将军、雍州刺史、王如故。歲聿其暮，幽泉方啓，敬勒徽猷，永貽蘭菊。其詞曰：

形象列位，附儷分輝，握鈐神往，駕羽民歸。日皇秉曆，赫赫巍巍，本枝百世，祥慶攸依。漢則間平，魏惟彪植，君王邈矣，曾嶠峻極。舊是龍鱗，鼓兹鵬翼，蒸雲不已，摶風未息。言初紫綬，越始瑜珮，援筆立成，應聲而對。馴此孝德，樹斯清裁，質邁珪璋，文遺錦繢。縉笏来仕，彈冠入朝，遠遊藹藹，朱組飄飄。聲由德被，爵以能高，抑揚風景，跌宕雲霄。冠冕列位，儀形群后，四支六翮，獻可替否。國之光輝，朝之淵藪，連踵九佐，比肩七友。乱離瘼矣，邦家殆哉，我馮上喆哲，振墜匡頹。天人匪懨，圮剥時来，死歸生寄，梁木斯摧。瞻彼川流，滔滔靡舍，遽從短日，奄歸長夜。八旒終卷，四牡誰駕，城郭或存，人民適謝。稟秋時戒，具物蒼蒼，薤歌悽咽，柳飾低昂。藏悲秋櫝，烏思松楊，一捐朱邸，永閉玄房。

太昌元年七月癸巳朔廿八日庚申，葬於洛城西廿里奇坑南源，歲次壬子。

一六二 魏故使持節侍中太尉公尚書令驃騎大将军都督雍華岐三州諸軍事雍州刺史東海王【元頊】墓誌銘

永安三年（530）七月二十七日卒，太昌元年（532）八月二十三日葬。

誌文 32 行，滿行 28 字，楷書。誌石高 61.3 釐米，寬 71.4 釐米，河南洛陽出土。

【释文】

王諱頊，字幼明，河南洛陽人也。天臨聖系，日躋神基，煥星電而炳靈，鬱虹月而效祉，固已逐鹿西朝，得雄東晉。祖獻文皇帝，垂衣馭宇。考太傅、北海平王，負圖作相。王麟趾間生，鳳鳴秀出，珪璋琬琰，麗於情性，蘭芷松筠，茂於衿抱。無魏陳之所追，非晉齊之能及。雖復樂善腰腹，方同畫餅。初以王子来朝，留愛主上，即拜散騎侍郎，在通直。晨遊赤墀，暮藹青瑣，冕旒延屬，表色動容。加朱衣直閤。明帝春秋方富，敦悦墳典，命爲侍學。王執經禁内，起予金華，轉正員郎。裴楷阮咸，茲焉蔑尔。移中書郎，潤色絲綸，麗則涣汗，飄飄視草，翩翩苦風。遷武衛将军，昭毅五營，振舉六郡，列棘望標，作行任重。徙光禄卿，執戟清途，樞要美選。轉給事黄門侍郎，仍卿鄴都。前臨殷衛，却背燕趙，人物紛綸，風俗雜沓，還平北将军、相州刺史。王帶默綬於一方，駕朱驂於萬里，脂膏不潤，貪泉必酌。入爲中軍将军、大宗正卿。雖彤伯居周，劉德處漢，援類相擬，故有慚色。先王親賢命世，勳猷載光；高祖薄伐江陵，明德留守。至是如後，分封樂平縣開國公，邑九百户，仍本将军。復授黄門郎。及永安初，遷侍中、車騎将军、左光禄大夫。斯位天下英俊，海内髦傑，於我而方蘇，則劉毅未之匹也。尋以諸姬並建，争長熟先，因封改加汝陽郡王，食邑千室。又更封東海郡王，轉中書監、本将军，復侍中、尚書右僕射。昔張華振聲於京洛，王導羽儀於揚都，山濤以清猷而後結，周顗以素德而来踐，及至光朝燭野，比此爲輕。嗚呼！輔仁理難，遭命儵昜，時年廿九，永安三年七月廿七日，薨於位。内外士女，遠迩賢愚，莫不泣若捐珠，悲如墮淚。惟王忠孝君親，礼義家國，固能秀發瓜瓞，英標葛藟。少有顔子之稱，幼得曾生之号。由乃經業貴於金贏，文采重於玉屑。加以風貌環奇，清暉映世，亭亭如建木之形，赫赫猶燭龍之影，質麗夜光，實異明月。既卜遠期近，藴地歸天。有詔追贈使持節、侍中、太尉公、尚書令、驃騎大将军、都督雍華岐三州諸軍事、雍州刺史，王如故。以太昌元年歲次壬子八月壬戌朔廿三日甲申，窆於山陵。舟壑徂遷，丘陵迴徙，白楸若見，青編未毁。乃作銘曰：

配天瑶緒，就日瓊枝，帝唯出震，王乃生知。慶踵當世，靈既自斯，誕膺辰昴，載協重義。有符降祉，曰惟公子，風飄綺年，雲披紈齒。學海方大，爲山非止，激水上征，摩天遐起。青瑣藹藹，紫泥峨峨，執戟伊茂，共輿載和。蕃岳鎮地，磐石帶河，國華寔允，時秀匪他。自昔来朝，朱組丹轂，于今山野，雜樹異木。天道芒芒，人生慼慼，一化何許，百身不贖。

妃胡氏合葬於斯。

一六三 魏故北海王【元顥】墓誌銘

永安三年（530）七月二十一日卒，太昌元年（532）八月二十三日葬。

誌文33行，滿行32字，楷書。誌石高62.5釐米，寬68釐米，河南洛陽出土。

【释文】

公諱顯，字子明，河南洛陽人也。昔高辛之冑，言才有八；姬昌之胤，稱賢者五。若夫奄宇宙而爲家，分河山以建國，固當天和咸萃，靈貺畢歸矣。公獨稟上才，牢籠万物，鬱爲命世，神祇斯啓。壯情孤峙，邈與瓊崑等峻；英心特立，眇共瑶碣齊高。肇自弱年，天機秀發，念存九合，志在三匡。蓋當見異何生，受託公祖者矣。若其始嗣爵土，初理衣簪，無待羊角之搏，便有鵬翼之勢。或司政棘樹，或敷奏瑣門，或官如北斗，或牧是東岳。位以名高，任隨才遠，清猷被國，遺愛在民。百僚延首，猶衆飛之赴雁塞；千品注目，若群泳之仰龍門。瞻其崖崿，不測官富之美；濯其波瀾，盡得相忘之意。歲在執徐，榆關大擾，王師每喪，玁狁横行。仍以徒役苦虐吏之浸，流戍積懷歸之思，緣邊万里，影響群飛。天子乃睠不怡，早期晏罷，言廉李而悵然，顧鄖宛之無擊。公有濟世之才，深救弊之志，啓行薄罰，肆兹神武，英風暫馳，戎夷震懾，義聲所及，種落知歸。言還魏闕，仍捻端揆，將相所在，安危攸屬。於時運距交喪，金革方始，茫茫燕趙之地，化爲射獵之場。連烽千里，控絃万騎，逐春草以西移，俟秋風而南首。加以猛將精兵，驟見摧挫。君子懷沉淪之懼，小人有吞噬之憂。公慮兼家國，舊身授手，府朝並建，作鎮鄴城。屬明皇暴崩，中外惟駭，尔爾朱榮因藉際會，窺兵河洛，始稱廢立，仍懷覬覦。群公卿士，磬於鋒鏑，衣冠礼樂，殆將俱盡，行李異同，莫辯逆順。公未知鴻雁之慶，獨軫麥秀之悲，而北抗强豎，南隣大敵，事在不測，言思後啚，遂遠適吴越，觀變而動。孝莊統曆，遥授師傅，磐石之寄，於焉在斯。既而政出權胡，驕恣惟甚，爰自晉陽，遠制朝命，征伐非復在國，牧守皆出其門，天下之望，忽焉將改。公仰鼎命之至重，瞻此座之可惜，捻衆百越，来赴三川。而金縢未刊，流言競起，兵次牢洛，與輦北巡。既宗廟無主，而雄啚當就，不得不暫假尊号，奉祭臨師。覬當除君側以謝時，復明辟而歸老。此志未從，奄隨物化。以永安三年七月廿一日，薨於潁川臨潁縣，時年卌六。惟公道業淵通，德範標峻，孝友篤誠，率由斯踐。弱承丕緒，少縻好爵，清輝素論，領袖人群。貴則王公，親亞梁楚，愛才賤寶，輕生重義。外接士林，極謙恭之德；傍納細民，盡寬仁之美。万官挹之而不□，四海注之而不盈。滔滔乎，苞委水而爲深；灼灼乎，並麗天以俱照。雖氣蓋寰中，聲□域表，而永隨川逝，空與山傳。皇上緬追休烈，載申盛礼，詔贈殊榮，一無所假。以太昌元年歲次壬子八月壬戌朔廿三日甲申，窆於舊塋。天地無窮，陵谷驟徙，敢勒餘芳，垂之金石。其詞曰：

三才降祥，百靈納祉，乃資人傑，實繼英跱。叡皇之孫，喆王之子，曾嶠迥立，崇峰崛起。誕兹神表，茂是天爵，激水而飛，蒸雲斯躍。文德時序，武功伊爍，致君堯舜，拯民溝壑。至道不言，窮妙無象，其神莫測，在跡徒仰。天綱暫弛，鼎命疑歸，眷言寶器，託跡觀機。見危發憤，投袂揚威，風雲方扇，霜露同晞。長天運節，短日催年，言歸黄壤，永秘玄泉。墓櫬榱木，塋聚寒煙，生民共此，無聖無賢。

魏故通直散騎侍郎左将軍瀛
州刺史司州河南郡洛陽縣澄
風鄉顯德里領秦州隴西郡狄
道縣都鄉和風里李彰年廿二
字子煥
維大魏太昌元年歲次壬子九
月壬辰朔廿九日庚申殯於石
人亭大道北覆舟山之陽
祖沖司空文穆公
父延寔使持節侍中大師太尉
公

一六四 李彰墓誌

太昌元年（532）九月二十九日葬。

誌文11行，滿行12字，楷書。誌石高34釐米，寬33.6釐米，河南洛陽出土。

【释文】

魏故通直散騎侍郎、左将军、瀛州刺史、司州河南郡洛陽縣澄風鄉顯德里，領秦州隴西郡狄道縣都鄉和風里李彰，年廿二，字子焕。維大魏太昌元年歲次壬子九月壬辰朔廿九日庚申，殯於石人亭大道北，覆舟山之陽。祖沖，司空、文穆公。父延寔，使持節、侍中、太師、太尉公。

一六五 魏故平州刺史鉅鏕郡開國公于君妻和夫人【醜仁】之墓誌銘

太昌元年（532）九月二十一日卒，同年十月二十四日葬。

誌文20行，滿行22字，楷書。誌石高50釐米，寬50釐米，河南洛陽出土。

【释文】

夫人諱醜仁，字醜仁，河南洛陽人也。祖天水侯，以英標雅量，緝熙王業；父他莫汗真，□中，北部吏部二曹尚書、安北将军、幽州刺史、天水侯，風□閑正，鬱爲梁棟。夫人稟純和於四緒，資妙質於山岳，令□著自綺年，婉順彰於笄歲。兼志在女工，躬存儉約，温良□惠，慎而寡言。師氏之訓，昭晰閨庭，媛德之隆，儀形邦國。□身光四善，譽流五行，言告言歸，来嬪明哲。夫人恭理婦業，畢力中饋，動合規矩，言成均的。後生仰以爲模，鄉邑被□清猷。方陟此遐年，永隆家道，而穹旻寡施，貞徽遽掩。春秋六十有四，以太昌元年歲次壬子九月廿一日寢疾，薨於穀陽里。粤以其年十月辛酉朔廿四日甲申，葬於西陵之舊塋。夫人有德有行，乃孝乃慈，邁金蘭於往古，挺芳神□盛世。塼堂已搆，蕙芷長埋，銘兹懿德，寄之不朽。其辞曰：

粤惟淑美，資此孝仁。未奉□性，其道弥新。克隆智母，誰無令人。志同鬌髮，情慕從鄰。其德如玉，其智如津。所存唯義，所好唯貧。優遊翠帳，容與羅塵。雖仇有國，織衽猶親。家慶方展，徂光奄淪。百齡一謝，万古同泯。埏門落旐，羨道廻輴。壟霜易白，松風不春。冥冥長夜，何當復晨。

維大魏太昌元年十月廿四日。

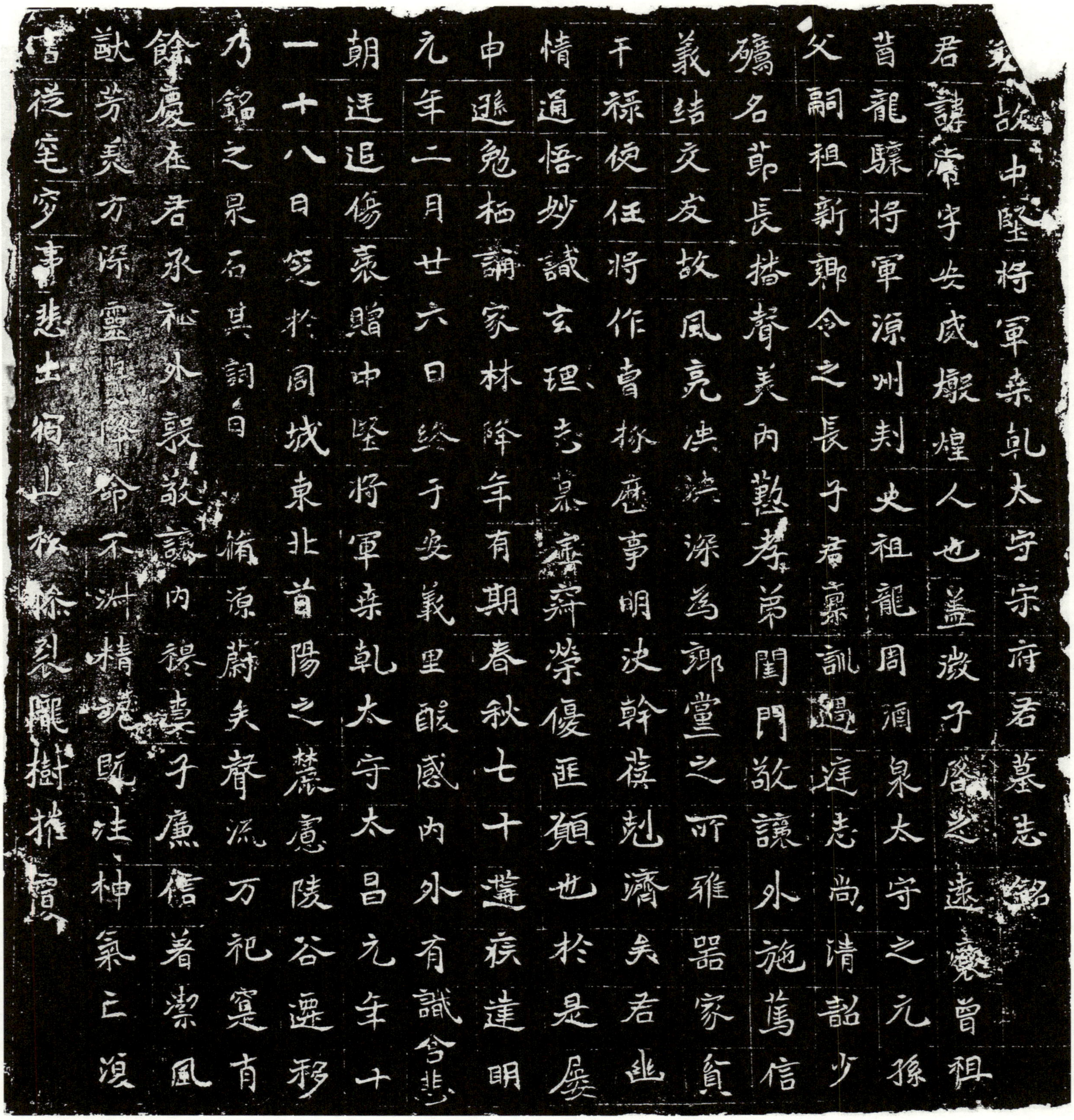

一六六 魏故中堅将军桑乾太守宋府君【虎】墓志銘

建明元年（530）二月二十六日卒，太昌元年（532）十一月十八日葬。

誌文16行，滿行19字，楷書。誌石高49釐米，寬48釐米，河南洛陽出土。

【释文】

君諱虎，字安威，燉煌人也。盖微子啓之遠裔。曾祖茜，龍驤将军、涼州刺史。祖龍周，酒泉太守之元孫。父嗣祖，新鄉令之長子。君稟訓過庭，志尚清韶，少礪名節，長播聲美，内勤孝弟，閨門敬讓，外施篤信，義結交友。故風亮泱泱，深為鄉黨之所雅器。家貧干禄，便任将作曹掾。歷事明決，幹莅克濟矣。君幽情通悟，妙識玄理，志慕虛寂，榮優匪願也。於是屢申遜勉，栖誦家林。降年有期，春秋七十遘疾，建明元年二月廿六日，終于安義里。酸感内外，有識含悲，朝廷追傷，褒贈中堅将军、桑乾太守。太昌元年十一[月]十八日，窆於周城東北首陽之麓。慮陵谷遷移，乃銘之泉石。其詞曰：

脩源蔚矣，聲流万祀；寔有餘慶，在君承祉。外敦敬讓，内穆妻子；廉信著潔，風猷芳美。方深靈貴，降命不淑；精魂既往，神氣亡復。書從窀穸，事悲出宿；山松慘裂，隴樹摧覆。

魏故安州刺史長孫使君墓誌銘
使君諱季字僧但河南洛陽人也祖柱國楨幹　皇家允尚書緝熙
帝宇或勳爵伊部式功並纂張宣史洪書淹畫景行於斯可得而略
也使君幼年明惠長擅風儀襟万頃以開襟碩千里而捉步優柔典
誥肅穆閨庭可以義親難以愛狎故能行成規矩動結修談雖後羊
嗣祖之貞高李元禮之聲價莫之尚也歷官直閣將軍武衛將軍贈
征虜將軍安州刺史　夫人昌黎慕容氏大燕文明皇帝之後領軍
部陵王暮曾孫黃龍鎮將定之女也爰陶世緒體茲以使功容播求
閨闈婦儀盛於來嫁德傳斯行寔為女則言資貞淑又協好仇故能
化動一門芳傳兩植以故妻其何遠邁劉媼而擅輝慶泉弟五人是
傾乾陰實資善義芳陽慈誘偏于溫清孔教聞於朝夕遂得同衛
仁義並列周行外總六姻齊絲紼方顏盡歡膝下永保期頤烏鳥
之志未從風樹之悲奄及詔贈昌黎郡君祔比公主越太昌元年
十一月十八日將歸祔于先君之神兆處等酷慈顏之永閟瞻徽感
之莫申謹追錄遺徽少敘哀苦長窮餘恨旻天何追乃作銘曰
情源迥近世誕英良柱國楨幹尚書鸞揚惟公踵武幼擅珪璋與高
千里名冠非常爰騰翰藻休來集灌夫人于歸九十斯爛顧史播任
披畫戒姬端續未晨未暨巨旻神途寔慶天道誰聞於惟聖善遂委
長墳松扃暫掩泉途永分孰云表懿榮贈主君轀車曉赴安民安歸
悵途空慕來轍虛擬長歸　龐逮顧復誰依謹刊芳嚴恭
長子壽鴻臚卿益州刺史贈使持節衛將軍冀州刺史
次子盛散騎常侍贈使持節征東將軍雍州刺史
次子慶驃騎將軍領給事黃門侍郎章乾公
次子綱平北將軍殷州長史
次子熾冠軍將軍中散大夫　嫡孫東[illegible]陽太守

一六七
魏故安州刺史長孫使君【季】墓誌銘

太昌元年（532）十一月十八日葬。

誌文25行，滿行26字，楷書。誌石高71釐米，寬70釐米，河南洛陽出土。

【释文】

使君諱季，字僔但，河南洛陽人也。祖柱國，楨幹皇家，父尚書，緝熙帝宇。或勳齊伊邵，或功並蕭張。直史洪書，備㽞景行，於斯可得而略也。使君幼年明惠，長擅風儀，擬万頃以開襟，碩千里而投步。優承典誥，肅穆閨庭，可以義親，難以愛押，故能行成規矩，動結物談。雖復羊嗣祖之貞高，李元禮之聲價，莫之尚也。歷官直閣将军、武衛将军，贈征虜将军、安州刺史。夫人昌黎慕容氏，大燕文明皇帝之後，領軍、邵陵王暮曾孫，黄龍鎮将定之女也。爰陶世緒，體兹坤惠，功容擅于閨闈，婦儀盛於来嬪。待傳斯行，寔為女則，言資貞淑，又協好仇，故能化動一門，芳傳兩□。比敬姜其何遠，邁劉姬而擅輝。慶昆弟五人，早傾乾蔭，實資善義，等鸤鳩慈誘，備于温凊，礼教聞於朝夕，遂得同漸仁義，並列周行，外捻六條，内齊絲綍。方願盡歡膝下，永保期頤，鴝烏之志未從，風樹之悲奄及。詔贈昌黎郡君，袟比公主。越太昌元年十一月十八日，将歸祔于先君之神兆。慶等酷慈颜之永閟，號微感之莫申，謹追録遺徽，少敷哀苦，長窮餘恨，昊天何追。乃作銘曰：

清源迥逝，世誕英良。柱國楨幹，尚書鷹揚。惟公踵武，幼擅珪璜。譽高千里，名冠非常。爰騰籍甚，□来集灌。夫人于歸，九十斯爛。顧史横任，披㽞戒妲。端纚未晨，求賢已旻。神途寮慶，天道誰聞。於惟聖善，遽委長墳。松扃蹔掩，椒途永分。孰云表懿，榮贈主君。輼車曉逝，母氏安歸。仕途空慕，来轍虚擬。長號靡逯，顧復誰依。謹於芳□，□□巖基。

長子壽，鴻臚卿，益州刺史，贈使持節、衛将军、冀州刺史。次子盛，散騎常侍，贈使持節、征東将军、雄州刺史。次子慶，驃騎将军、領給事黄門侍郎、桑乾公。次子纓，平北将军、殷州長史。次子熾，冠軍将军、中散大夫。嫡孫柬，宜陽太守。

一六八 魏故使持節侍中太保大司馬録尚書事司州牧城陽王【元徽】墓誌銘

永安三年（530）十二月五日卒，太昌元年（532）十一月十九日。

誌文31行，滿行32字，楷書。誌石高55.5釐米，寬56.8釐米，河南洛陽出土。

【释文】

王諱徽，字顯順，河南洛陽人也。耀星電以啓基，駭風雷而成業。楨符相屬，靈命不窮。祖康王，蘊德擒華，蹠四岳而特立。父懷王，資嵒叶運，膺三傑以挺生。固用昺發名山，照燭麟閣，於余可得而略也。王台耀降祥，世德鍾美，機鑒爽悟，神理精徹，體仁依義，基孝履忠。貞颷与松筠等茂，逸韻共風煙俱上。迅雷過耳，不擾其情，駭獸逕目，詎移其慮。及研商隱賾，遊息丘山，玄旨幽而更揚，徽言絶而復闡。膺五百之遐運，擊三千而上征。天爵以脩，地芥伊拾，不行而至，無翼載飛。入處股肱，式衡元首，出應分竹，流潤帝畿。擁旆華陽，迴驂冀北，擾獸依轂，翔鳥滕軒。天府任隆，内相為切，輟茲分命，来司樞揆，斟酌元氣，抑揚衡石。陳群之裁定九品，杜預之損益万計，毛玠之華實必甄，山濤之官人稱允。捴而為言，綽有餘裕，爰自功高，迄於專席。既把江海，又管喉唇，内外捴已，朝野屬望，悉心正色，知無不為。葵織斯除，衮盖靡設，鹽梅雅俗，舟楫生民。及天鏡且移，人謀忽改，白囊曰警，赤羽交馳，乃作牧帝京，兼開幕府，運籌衽席，制勝廟堂。万里承風，九區斯謐，五品侯教，允應主人。九伐方申，仍陟司武。訓範支葉，保乂一人。地兼四履，位窮八命，居盈弥損，在泰俞沖。不以吐茹移心，不以晦明易志。万頃泳之而莫測，百姓日用而不知。方當終散馬之休運，倍射牛之秘札，而天未悔禍，時屬道消，一繩匪維，我言不用。銅駝興步出之歎，平陽結莫及之哀。孰謂推墻，遽同析脂。春秋卌一，永安三年歲次庚戌十二月五日，薨於洛陽之南原。今否運有極，罪人斯除，一息不追，人百靡贖。有詔：王體業貞峻，風概英遠，清猷被國，遺愛在民。可贈使持節、侍中、太師、大司馬、司州牧。謚曰文獻，礼也。粤以太昌元年歲次壬子十一月辛卯朔十九日己酉，窆於洛陽之穀山。迴遊亟謝，岸谷互遷，敢刊泉途，式銘遺烈。其詞曰：

栽峰四見，分華三接，招摇謝蕊，廣都著葉。道有襲耕，德無殞獵，金玉既振，青紫相躡。都良産馥，槐江發潤，遠識淵渟，沖襟岳峻。聞義遽徙，當仁必殉，蔚昺為文，鏗鏘成韻。誰縻好爵，爰在學優，分符帝闉，負傳仍遊。華陽結訟，冀北興謳，司會居本，比穆淩攸。上圓在務，下方用序，九伐言臨，七營伊舉。納揆奚屬，隣台安与，清虚獨邁，温恭無侣。如珪如璧，匪羆匪熊，槐庭易觀，鉉路增崇。豈唯調氣，爰兼順風，仁威遠扇，至德潛通。悲憂距運，多僻在辰，聰耀為虐，冠履飄淪。壓焉斯及，弥瘁奄臻，剖心奚痛，殲我良人。夕波東騖，朝晷西奔，忽貿朝市，遽易涼暄。叶茲三兆，方從九原，嘉葆徘徊。龍暉無色，松風自哀，芳猷終謝，玄石空裁。

太妃河南乙氏，廣川公之孫女。妃隴西李氏，司空文穆公之孫女。弟伯，顯和，征東将军、徐州刺史、襄城王。弟虔，顯敬，通直散騎常侍、安東将军、鋹青光禄大夫、廣都縣開國伯。妹適滎陽鄭氏。世子須陀延，年十歲。息女長華，年十二。

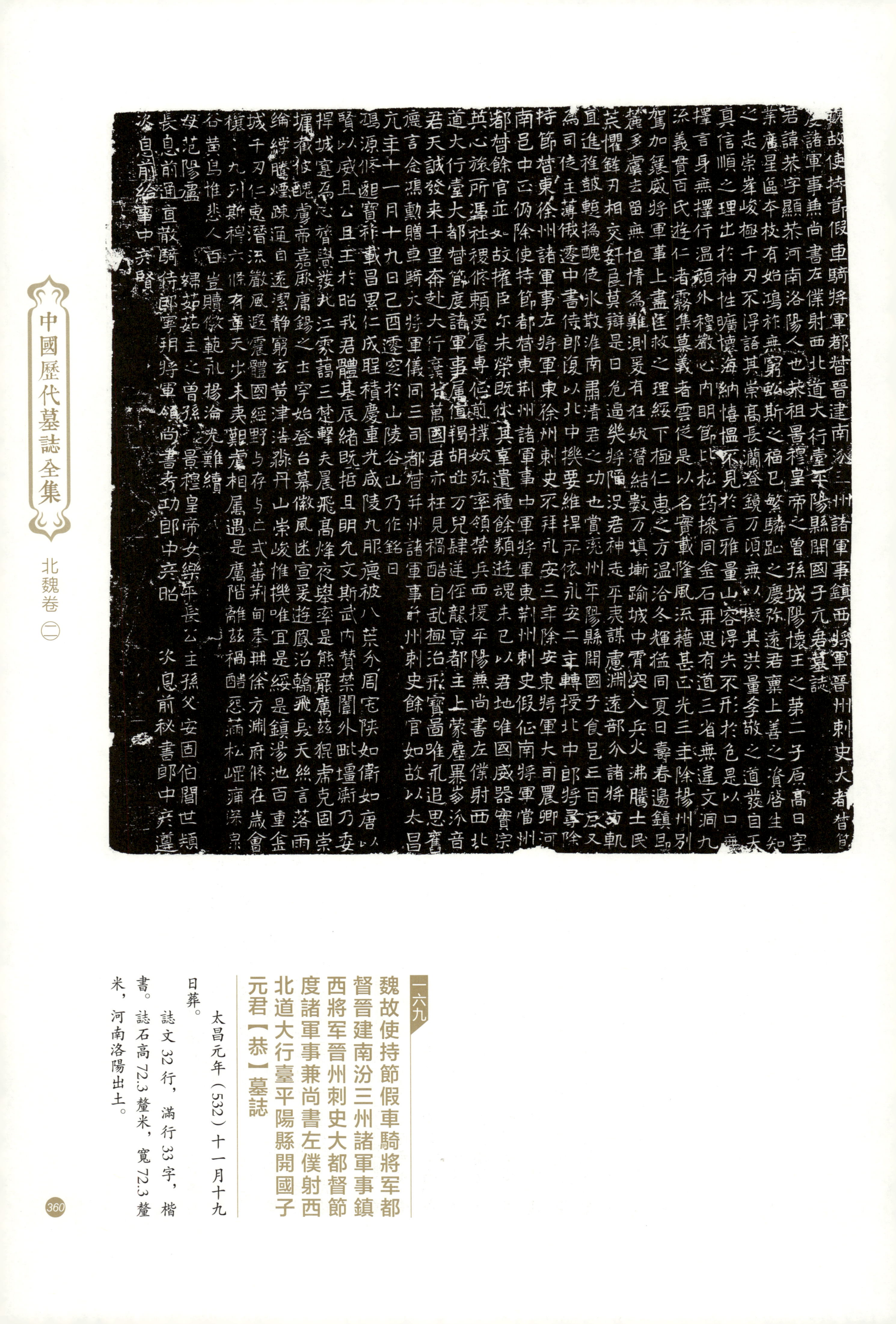

一六九 魏故使持節假車騎將军都督晋建南汾三州諸軍事鎮西將军晋州刺史大都督節度諸軍事兼尚書左僕射西北道大行臺平陽縣開國子元君【恭】墓誌

太昌元年（532）十一月十九日葬。

誌文32行，滿行33字，楷書。誌石高72.3釐米，寬72.3釐米，河南洛陽出土。

【释文】

君諱恭，字顯恭，河南洛陽人也。恭祖景穆皇帝之曾孫，城陽懷王之第二子。原高日宇，業廣星區，本枝有始，鴻祚無窮，蚣斯之福已繁，麟趾之慶弥遠。君稟上善之資，啓生知之志，崇峰峻極，千刃不得語其崇高；長瀾澄鏡，万頃無以擬其洪量。孝敬之道，發自天真，信順之理，出於神性。曠懷海納，愔愠不見於言；雅量山容，得失不形於色。是以口無擇言，身無擇行，温顔外穆，嚴心内明。節比松筠，操同金石，再思有道，三省無違。文洞九流，義貫百民，遊仁者霧集，慕義者雲從。是以名實載隆，風流藉甚。正光三年，除揚州别駕，加襄威將军。事上盡匡救之理，綏下極仁惠之方，温洽冬輝，猛同夏日。壽春邊鎮，即麓多虞，去留無恒，情偽難測。爰有狂妖，潛結數万，填塹踰城，中宵突入。兵火沸騰，士民荒懼，鋒刃相交，奸良莫辯，是日危逼，幾將陷没。君神志平夷，謀慮淵遠，部分諸將，方軌直進。旌鼓蹔撝，醜徒冰散。淮南肅清，君之功也。賞衮州平陽縣開國子，食邑三百戶。又為司徒主簿，俄遷中書侍郎，復以北中機要，維捍所依。永安二年，轉授北中郎將，尋除持節、督東徐州諸軍事、左將军、東徐州刺史，不拜。永安三年，除安東將军、大司農卿、河南邑中正，仍除使持節、都督東荆州諸軍事、中軍將军、東荆州刺史、假征南將军、當州都督，餘官並如故。權臣尔朱榮既伏其辜，遺種餘類，游魂未已。以君地唯國威，器實宗英，心膂所憑，社稷攸賴。受蜃專征，煎撲妖殄。率領禁兵，西援平陽，兼尚書左僕射、西北道大行臺、大都督、節度諸軍事。屬值羯胡吐万兒肆逆，徑襲京都，主上蒙塵，暴崩汾（音）［晋］。君天誠發來，千里奔赴。大行棄背萬國，君亦枉見禍酷。自乱極治形，寶啚唯永，追思舊德，言念鴻勳，贈車騎大將军、儀同三司、都督并州諸軍事、并州刺史，餘官如故。以太昌元年十一月十九日己酉，遷窆於山陵谷山。乃作銘曰：

鴻源攸邈，寶祚載昌。累仁成聖，積慶重光。咸陵九服，德被八荒。分周宅陝，如衛如唐。以賢以威，且公且王。於昭我君，體基辰緒。既哲且明，允文斯武。内贊禁闈，外毗疆禦。乃委捍城，寔為心膂。釁發九江，雰藹三楚。擊矢晨飛，高烽夜舉。率是熊羆，厲茲貔虎。克固崇墉，截彼醜虜。帝嘉厥庸，錫之土宇。始登台幕，徽風繼宣。爰遊鳳沼，翰飛戾天。絲言落雨，綸綍騰煙。踈通自遠，潔静窮玄。黄津浩淼，丹山崇峻。惟機唯宜，是綏是鎮。湯池百重，金城千仞。仁惠潛流，嚴風遐震。體國經野，与存与亡。式蕃荆甸，奉册徐方。淵府攸在，歲會穰穰。九列斯穆，六條有章。天步未夷，艱虞相屬。遇是厲階，離茲禍酷。怨滿松崿，痛深泉谷。黄鳥惟悲，人百豈贖。徽範永揚，淪光難續。

母范陽盧。婦茹茹主之曾孫，景穆皇帝女樂平長公主孫，父安固伯閭世穎。長息，前通直散騎侍郎、寧朔將军、領尚書考功郎中彦昭。次息，前秘書郎中彦遵。次息，前給事中彦賢。

魏故車騎大將軍儀同三司林慮哀王誌銘
王諱文字思質河南洛陽人也
獻文皇帝之曾孫 文穆皇帝之孫侍中太師大
司馬太尉公假黃鉞陳留 王之第三子體乾
坤之粹精合二儀之妙氣生而奇骨無雙孩而日
新月就五歲誦論孝聲韻清辯以爲有祖之風焉
孝莊皇帝特加寵愛永安二年封林慮郡王食邑
一千戶方當琱琢其章終成國寶靈不祚仁始春
賫彩九歲薨於第贈車騎大將軍左光祿大夫儀
同三司謚曰哀王太昌元年十一月十九日遷窆
於西陵乃作銘曰
黃軒之裔本枝百世由邈但嵩聖鏡日躋茂葉扶
踈欝陵雲際既明且哲又聰与慧金姿玉質令問
孔昭愛結
皇心幼啓土茅方悕合抱右儀于朝風霜早至未
春已彫天道消息神理盈虛苗而不秀信有矣夫
宅穸方遠精爽焉如敢鏤遺影以勒黃壚

一七〇 魏故車騎大将军儀同三司林慮哀王【元文】誌銘

太昌元年（532）十一月十九日葬。

誌文17行，滿行19字，楷書。誌石高53釐米，寬52.5釐米，河南洛陽出土。

【释文】

王諱文，字思質，河南洛陽人也。獻文皇帝之曾孫，文穆皇帝之孫，侍中、太師、大司馬、太尉公、假黄鉞、陳留王之第三子。體乾坤之粹精，含二儀之妙氣，生而奇骨無雙，孩而日新月就。五歲誦《論》《孝》，聲韻清辯，以為有祖之風焉。孝莊皇帝特加寵愛，永安二年，封林慮郡王，食邑一千戶。方當塠琢其章，終成國寶，靈不祚仁，始春霣彩，九歲，薨於第。贈車騎大將军、左光禄大夫、儀同三司，謚曰哀王。太昌元年十一月十九日，遷窆於西陵。乃作銘曰：

黄軒之裔，本枝百世，自邃徂嵩，聖鏡日躋。茂葉扶踈，鬱陵雲際，既明且哲，又聰与慧。金姿玉質，令問孔昭，愛結皇心，幼啓土茅。方悕合抱，右戚于朝，風霜早至，未春已彫。天道消息，神理盈虚，苗而不秀，信有矣夫。窀穸方遠，精爽焉如，敢鏤遺影，以勒黄廬。

一七一 元襲墓誌

永安二年（529）六月二十一日卒，太昌元年（532）十一月十九日葬。

誌文 26 行，滿行 28 字，楷書。誌石高 50 釐米，寬 50 釐米，河南洛陽出土。

【释文】

君諱襲，字子緒，河南洛陽人也。恭宗景穆皇帝之曾孫，京兆康王之孫，洛州刺史、武公之子。系連宸極，派流天漢。康王弘道以濟俗，武公調風以協時，並勒名彝鼎，紀績畐篇。君稟和氣象，鍾美川岳，廉貞孝友，因心自得。清風峻節，秉襟獨遠，不假色於朱藍，寧資深於羽栝。兼錯綜古今，貫穿百氏，究群言之祕要，洞六藝之精微。纂思綺合，摛文錦爛，信足方駕應徐，連横潘左。又工名理，善占謝。機轉若流，酬應如響，雖郭象之辨類懸河，彦國之言如璧玉，在君見之。弱冠，除著作佐郎，轉司徒主簿。緝釐東觀，毗讚槐庭，藉甚有聞，聲實無爽。除輔國将军、直閣将军、司州治中。京華混并，諠訟紛雜，君神明警悟，鑒裁清慜，绖領一振，毛目斯理。尋除後将军、河東太守。于時此郡西接羌虜，北連胡寇，絳蜀乘間，遂相扇誘。屠村破柵，驟其小利，凶勢既張，頑守郡邑。朝廷以釁發皇畿，憂深旰食，以君文武兼資，故有此授。既應皇命，仍馳傳赴職，廣設方略，開示誠信，喻以安危，曉以利害。賊懼威懷德，便相率降散，曾未少旬，部内安輯。乃厲精治端，留心政緒。察言得理，觀色知情，寃詐曲盡，奸伏備彰。匪唯澤洽一邦，固亦潤兼京邑。以茂績剋宣，勳庸有著，遂割裂山河，開建茅社。復轉平東将军、潁川太守，未□之任。君珪璋内映，風飈外發，聲邁雲中，才超月下。加以□獵道德，組織仁義，行同規矩，言若准繩。方羽儀宗國，領袖縉紳，而与善芒昧，非命奄及。春秋卌四，以永安二年六月廿一日終於第。冕旒矜悼，寵錫有加，詔贈使持節、散騎常侍、都督青州諸軍事、中軍大将军、青州刺史，謚曰文公。太昌元年十一月十九日，倍葬長陵。天地長久，陵谷或遷，庶陳遺烈，勒銘窮泉。其辞曰：

周曰維城，漢稱磐石。本枝爰敷，華萼允迪。莘莘侯國，峨峨懿蕃。篤生琬琰，誕出璵璠。高峰獨秀，逸翮孤騫。裁辰則仕，綺年從政。延閣有聲，台階無競。出内禁牧，實賴我康。共治畿甸，化止灾蝗。世乱道消，貞風難立。高芳徒振，□輝永戢。畐南未至，歸北已及。出門耿耿，去國悠悠。親賓泣隴，徒御悲丘。初松将密，細草方稠。一朝寂漠，萬古迴遊。

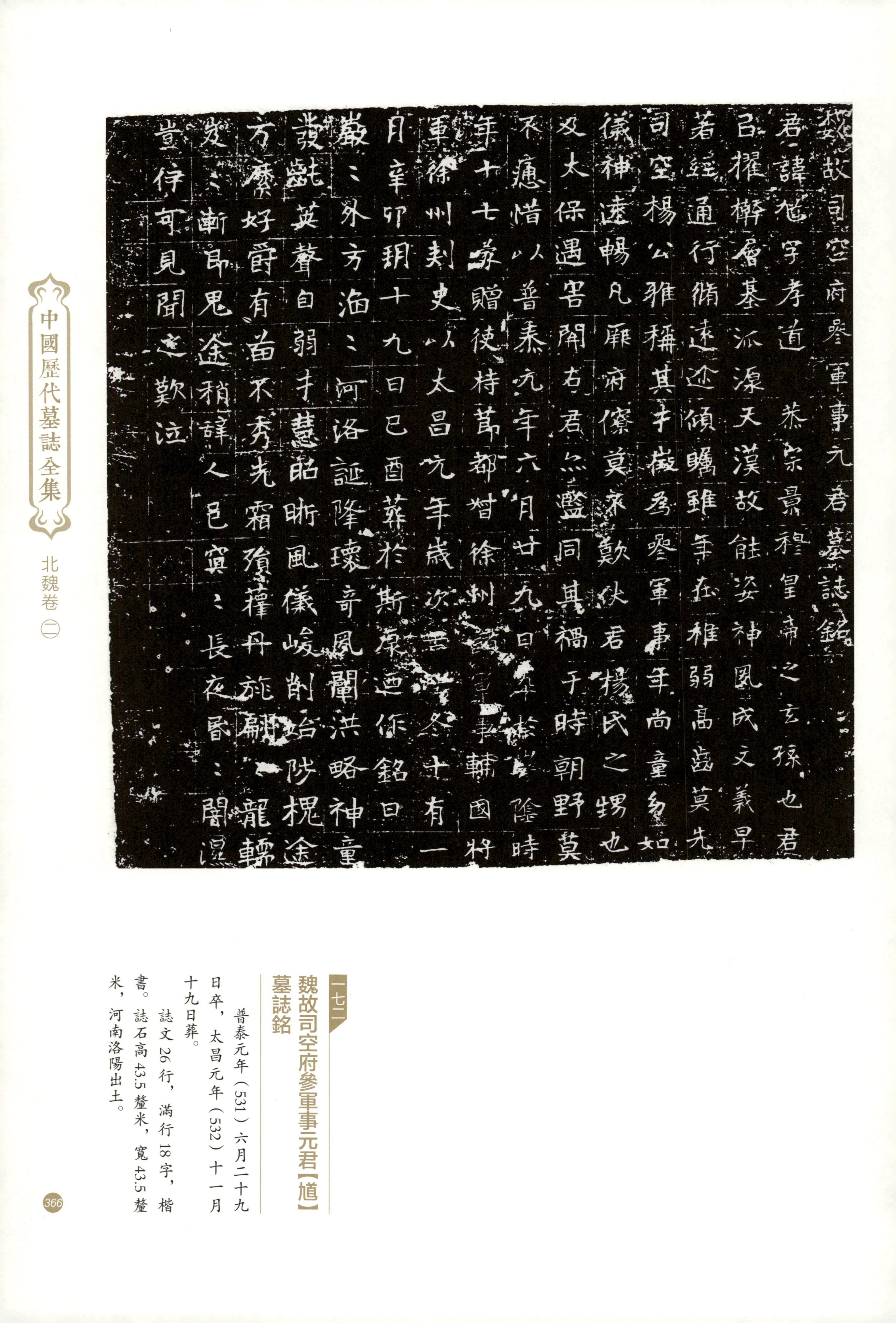

一七二 魏故司空府參軍事元君【馗】墓誌銘

普泰元年（531）六月二十九日卒，太昌元年（532）十一月十九日葬。

誌文26行，滿行18字，楷書。誌石高43.5釐米，寬43.5釐米，河南洛陽出土。

【释文】

君諱馗，字孝道，恭宗景穆皇帝之玄孫也。君㠯擢榦層基，派源天漢，故能姿神夙成，文義早著，經通行脩，遠迩傾矚。雖年在稚弱，高齒莫先。司空楊公雅稱其才，徵為參軍事。年尚童幼，如儀神遠暢，凡厥府僚，莫不歎伏。君楊氏之甥也。及太保遇害關右，君亦濫同其禍，于時朝野莫不痛惜，以普泰元年六月廿九日卒於華陰。時年十七。蒙贈使持節、都督徐州諸軍事、輔國将军、徐州刺史。以太昌元年歲次壬子冬十有一月辛卯朔十九日己酉，葬於斯原。迺作銘曰：

巖巖外方，滔滔河洛，誕降瓌奇，夙闡洪略。神童發齔，英聲自弱，才慧昭晰，風儀峻削。始陟槐途，方縻好爵，有苗不秀，先霜殞擇。丹旐翩翩，龍轜岌岌，漸即鬼途，稍辞人邑。冥冥長夜，昏昏闇濕，豈伊可見，聞之歎泣。

一七三 魏故驃驤将军太中大夫偹武侯張太和之墓誌

太昌元年（532）六月九日卒，同年十一月十九日葬。

誌文20行，滿行22字，楷書。誌石高44釐米，寬44釐米，河南洛陽孟津出土。

【释文】

君諱太和，字元穎，南陽人也。始乃軒轅黄帝少子，誕生神祚，理榮張皇，因名氏焉。世纂淳風，歷有善慶。故金貂玉飾，礱自攸代。秦州使君之孫，北地府君之子。君稟德五才，資靈二像，神鑒明悟，幼等成人。曁年弱冠，便風概峻立，倜儻不群。鄙軀於悛毛，高節義於磨踵。每求諸己，用俟知人。屬陽无在時，百六多難，忠義競奮，奸權□起，廢置去來，莫適定主。無罪見逃，募以列爵，非事濫刑，禍必覆族。而君獨敦大義，莫不翔集，辟之奔鴿，夢以加也。於是，譽傾遐迩，名播海内。造謁公卿，則群賓駭席；單馬孤遊，則影跡如市。雖魯朱之獨擅一時，郭解之標名身後。方之於君異世齊衡，年在强士，被辟車騎開府行參軍，俄還為龍驤将军、太中大夫，賞爵脩武侯。報善應微，景命不融，春秋五十有六，太昌元年歲次壬子六月九日，卒於洛京。其年十一月辛卯朔十九日己酉葬於北芒朱墳南。賓故朋僚，執義友生，痛芳蘭之奄馥，悲熏桂之摧根；託不朽於玄石，聊歌頌以慰魂。庶千齡與百代，雖身滅而名存。其辭曰：

爰有哲士，挺植蕭森。如彼梨木，獨秀高林。如彼洪淵，湛潭其深。既隱潛龍，亦宿奔禽。信唯天質，義出衷衿。顯報未崇，形命邑沉。銜施抱惠，載悲載吟。鐫銘不朽，式昭德音。

故脩武侯張君墓誌銘。

魏故輔國將軍東梁州刺史楊君墓誌銘
君諱孝邕字道喈弘農華陰潼鄉習仙里人也十三
世祖震漢太尉高祖真清河太守曾祖懿洛州刺史
弘農簡公祖椿大丞相太師司徒公驃騎司空公是
之元子君涵精赤野籍暎紫山白眉之聲以遠黃童
之響自高釋褐員外郎朝請君台衡累葉樹舉一
時遷員外常侍清蟬雖美未允才望且遂其雅容以
光儀範但運屬道消凶竭肆暴忠良必盡覆樸豈餘
春秋廿有四以普泰二年三月一日遇害於洛陽行
路傷貞骨之隕墜親友痛彼蒼之無知以太昌革運
追贈使持節東梁州諸軍事輔國將軍東梁州刺史
而卜遠期近歸天蓝地以太昌元年十一月十九日
祔塋于驃騎司空公之神塋略鐫梗概以貽終古其
詞曰
王佐奔世公輔載德光迪丞相居宗玄嘿顯允季公
徽猷雲搴挺生夫子爰自天真丹霄拂翼青溟振鱗
氣含豹武藻暎鵷文資孝以德崇義曰仁曰用康政
方藉紀辰郡善徒虛是輔空說削成毀備銜光中滅
夜臺莫曉松門永閉天長地久金箱匪替聊憑刊篆
以傳述烈

一七四 魏故輔國将军東梁州刺史楊君【孝邕】墓誌銘

普泰二年（532）三月一日卒，太昌元年（532）十一月十九日葬。

誌文20行，滿行20字，楷書。誌石高53釐米，寬52.5釐米，河南洛陽出土。

【释文】

君諱孝邕，字道喈，弘農華陰潼鄉習仙里人也。十三世祖震，漢太尉。高祖真，清河太守。曾祖懿，洛州刺史、弘農簡公。祖椿，大丞相、太師、司徒公，驃騎、司空公是之元子。君涵精赤野，籍映紫山，白眉之聲以遠，黄童之響自高。釋褐員外郎，朝廷□君，台衡累葉，標舉一時。遷員外常侍，清蟬雖美，未允才望，且遂其雍容，以光儀範。但運屬道消，凶羯肆暴，忠良必盡，覆櫟豈餘。春秋卅有四，以普泰二年三月一日遇害於洛陽。行路傷員胥之隕墜，親友痛彼蒼之無知。以太昌革運，追贈使持節、東梁州諸軍事、輔國将军、東梁州刺史。而卜遠期近，歸天蘊地，以太昌元年十一月十九日，祔葬于驃騎、司空公之神塋。略鐫梗概，以貽終古。其詞曰：

王佐弈世，公輔載德。光迪丞相，居宗玄嘿。顯允季公，徽猷雲塞。挺生夫子，爰自天真。丹霄拂翼，青溟振鱗。氣含豹武，藻映蜦文。資孝以德，崇義曰仁。日用康政，方籍紀辰。報善徒虛，是輔空說。削成毀構，銜光中滅。夜臺莫曉，松門永閉。天長地久，金箱匪替。聊憑刊琢，以傳休烈。

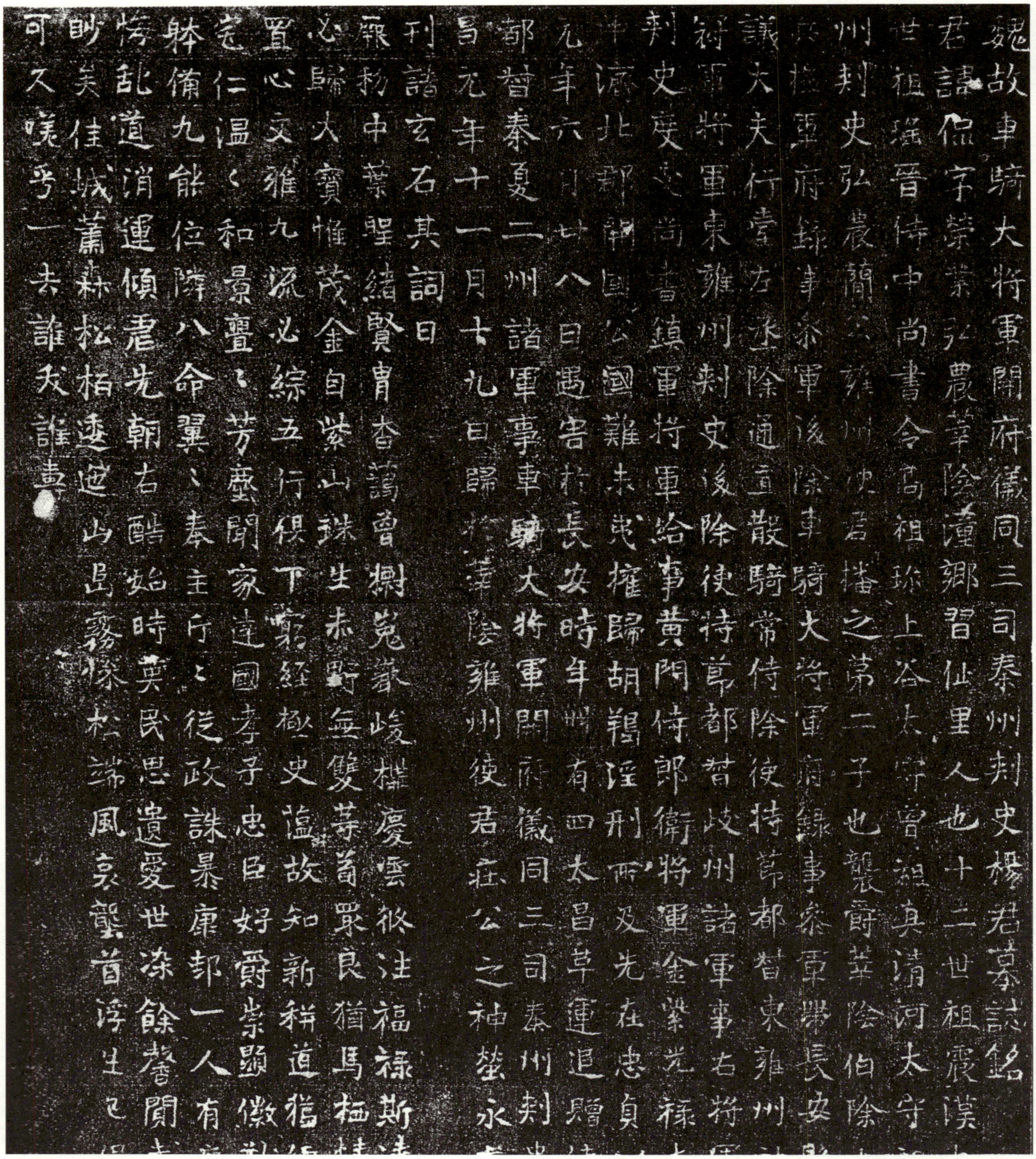

一七五 魏故車騎大將军開府儀同三司秦州刺史楊君【侃】墓誌銘

普泰元年（531）六月廿八日卒，太昌元年（532）十一月十九日葬。

誌文21行，滿行26字，楷書。誌石高50釐米，寬50釐米，陝西華陰出土。

【释文】

君諱侃，字榮業，弘農華陰潼鄉習仙里人也。十二世祖震，漢□□。□世祖瑶，晉侍中、尚書令。高祖珍，上谷太守。曾祖真，清河太守。□□，□州刺史，弘農簡公。雍州使君播之第二子也。襲爵華陰伯，除□□□兵、撫軍府録事參軍，後除車騎大將軍府録事參軍，帶長安□□、□議大夫、行臺左丞。除通直散騎常侍，除使持節、都督東雍州□□□、冠軍將軍、東雍州刺史。後除使持節、都督岐州諸軍事、右將□、□□刺史、度支尚書、鎮軍將軍、給事黄門侍郎、衛將軍、金紫光禄□□、□中、濟北郡開國公。國難未夷，權歸胡羯，淫刑所及，先在忠貞。□□□元年六月廿八日，遇害於長安，時年卌有四。太昌革運，追贈□□□、都督秦夏二州諸軍事、車騎大將軍、開府儀同三司、秦州刺□。□□昌元年十一月十九日，歸於華陰雍州使君莊公之神塋。永□□□，刊諸玄石。其詞曰：

厥初中葉，聖緒賢胄；杳藹曾標，嵬巖峻構。慶雲攸往，福禄斯□；□□必歸，大寶惟茂。金自紫山，珠生赤野；無雙等荀，最良猶馬。栖□□□，置心文雅；九流必綜，五行俱下。窮經極史，藴故知新；耕道稲□，□□宅仁。温温和景，亹亹芳塵；聞家達國，孝子忠臣。好爵崇顯，徽□□□；體備九能，位鄰八命。翼翼奉主，斤斤從政；誅暴康邦，一人有□。□□悔乱，道消運傾；虐先朝右，酷始時英。民思遺愛，世染餘馨；閴□□□，眇矣佳城。蕭森松柏，逶迤山阜；霧慘松端，風哀壟首。浮生已促，□□可久；嗟乎一去，誰夭誰壽。

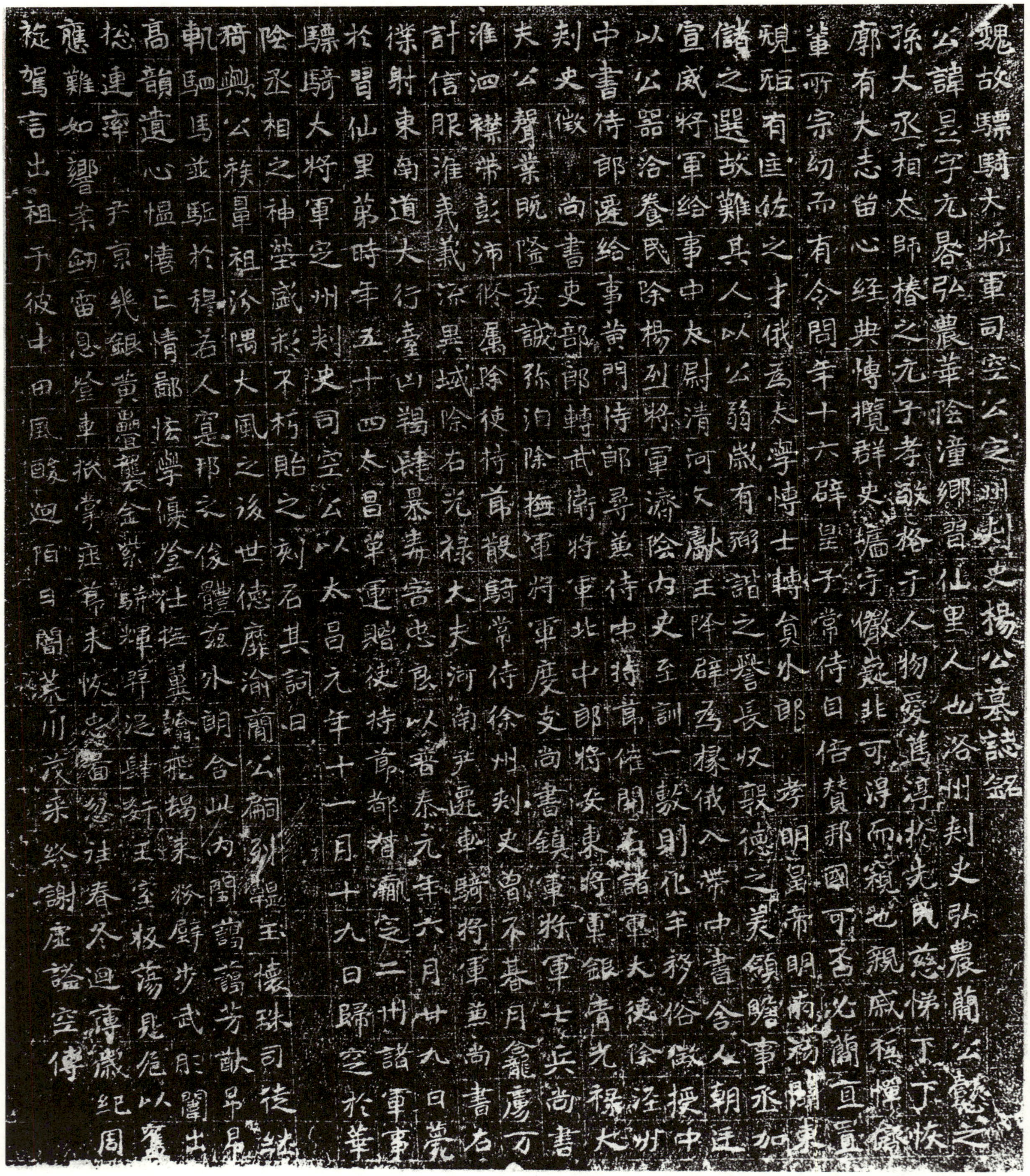

一七六 魏故驃騎大將軍司空公定州刺史楊公【昱】墓誌銘

普泰元年（531）六月二十九日卒，太昌元年（532）十一月十九日葬。

誌文24行，滿行27字，楷書。誌石高55釐米，寬55釐米，陝西華陰出土。

【释文】

公諱昱，字元晷，弘農華陰潼鄉習仙里人也。洛州刺史、弘農簡公懿之孫，大丞相、太師椿之元子。孝敬格于人物，愛篤淳於先民。慈悌下下，恢廓有大志。留心經典，博覽群史，牆宇儼嶷，非可得而窺也。親戚祇憚，儕輩所宗。幼而有令問，年十六，辟皇子常侍。自倍贊邦國，可否必簡，直置規矩，有匡佐之才。俄為太學博士，轉員外郎。孝明皇帝明兩初闢東儲之選，故難其人。以公弱歲有弼諧之譽，長收敦德之美，領詹事丞，加宣威將军、给事中。太尉清河文獻王降辟為掾，俄入帶中書舍人。朝廷以公器洽養民，除揚烈將军、濟陰内史，至訓一敷，則化牟移俗。徵授中（中）書侍郎，還给事黄門侍郎，尋兼侍中，持節催關右諸軍大使，除涇州刺史，徵尚書吏部郎，轉武衛將军、北中郎將、安東將军、銀青光禄大夫。公聲業既隆，委誠弥洎，除撫軍將军、度支尚書、鎮軍將军、七兵尚書。淮泗襟带，彭沛攸屬。除使持節、散騎常侍、徐州刺史，曾不期月，龕虜万計，信服淮夷，義流異域。除右光禄大夫、河南尹，還車騎將军，兼尚書右僕射，東南道大行臺。凶羯肆暴，毒害忠良，以普泰元年六有廿九日，薨於習仙里第，時年五十四。太昌革運，贈使持節、都督瀛定二州諸軍事、驃騎大將军、定州刺史、司空公。以太昌元年十一月十九日，歸窆於華陰丞相之神塋。盛彩不朽，貽之刻石。其詞曰：

猗歟公族，畢祖汾隅；大風之後，世德靡渝。簡公嗣列，韞玉懷珠；司徒継軌，駟馬並驅。於穆若人，寔邦之俊；體茲外朗，含此内潤。藹藹芳猷，昂昂高韻；遺心愠憘，亡情鄙悋。學優登仕，撫翼翰飛；揭采粉壁，步武彤闈。出捴連率，□尹京畿；銀黄疊襲，金紫駢輝。羿浞肆奸，王室板蕩；見危以奮，應難如響。案劎雷息，登車抵掌；莊節未恢，忠嵒忽往。春冬迴薄，歲紀周旋；駕言出祖，于彼中田。風酸迴陌，日闇荒川；茂采終謝，虚謚空傳。

魏故太尉公録尚書事相州刺史楊公墓誌銘
公諱順字延和弘農華陰潼鄉習仙里人也十一世祖震漢太尉六
世祖瑶晉侍中尚書令高祖結石中山相曾祖珎上谷太守祖真清
河太守洛州刺史弘農簡公懿之苐四子解褐員外散騎侍郎直寢
除員外散騎常侍鎮遠將軍直閤將軍輔國將軍驍騎將軍除平西
將軍銀青光禄大夫武衛將軍北中郎將太僕卿以勳封三門縣開
國伯本州大中正使持節都督冀州諸軍事撫軍將軍冀州刺史天
柱府長史征東將軍右光禄大夫驃騎將軍左光禄大夫羯胡亂政
毒忌忠貞以普泰元年七月四日遇害於洛陽依仁里時年六十有
六太昌革運追贈使持節太尉公録尚書事假相二州諸軍事相州
刺史以太昌元年十一月十九日歸窆於華陰之舊塋永言感德以
刊玄石其詞曰
河華降靈四葉聯聲盛德必祀若人挺生是惟家寶寔曰民英基仁
宅信履義含貞潯木高逝搏風上征脫巾青瑣珥筆彤庭金蟬烱烱
高步盈盈乃任心腹實司禁掖威備獫寢誠邁許褚北門襟帶理兼
還棄帝曰訓諮匪賢莫与深謀遠被事功遐舉綦惟万里爰屬時良
曾未朞月民用知方左蔚豐麾右峻戎章世途多詖運屬無妄道消
泰極落蕙摧芳壠門幽窮檟楚荒涼哀哀孝思翠柏徒傷悠悠万古
安此巖埸

一七七　魏故太尉公録尚書事相州刺史楊公【順】墓誌銘

普泰元年（531）七月四日卒，太昌元年（532）十一月十九日葬。

誌文19行，滿行26字，楷書。誌石高52釐米，寬51釐米，陝西華陰出土。

【释文】

公諱順，字延和，弘農華陰潼鄉習仙里人也。十一世祖震，漢太尉。六世祖瑶，晉侍中、尚書令。高祖结，石中山相。曾祖珍，上谷太守。祖真，清河太守、洛州刺史。弘農簡公懿之第四子。解褐員外散騎侍郎、直寢，除員外散騎常侍、鎮遠将军、直閣将军、輔國将军、驍騎将军。除平西将军、銀青光禄大夫、武衛将军、北中郎將、太僕卿，以勳封三門縣開國伯、本州大中正、使持節、都督冀州諸軍事、撫軍将军、冀州刺史、天柱府長史、征東将军、右光禄大夫、驃騎将军、左光禄大夫。羯胡乱政，毒忌忠貞，以普泰元年七月四日遇害於洛陽依仁里，時年六十有六。太昌革運，追贈使持節、太尉公、録尚書事、殷相二州諸軍事、相州刺史。以太昌元年十一月十九日，歸窆於華陰之舊塋。永言盛德，以刊玄石。其詞曰：

河華降靈，四葉聯聲；盛德必祀，若人挺生。是惟家寶，寔曰民英；基仁宅信，履義含貞。憑木高逝，搏風上征；脱巾青瑣，珥筆彤庭。金蟬炯炯，高步盈盈；乃作心腹，實司禁旅。威慴獷寇，誠邁許褚；北門襟帶，理兼遏禦。帝曰訓諮，匪賢莫与；深謀遠被，事功遐舉。塞帷万里，爰屬時良；曾未期月，民用知方。左府豐犧，右峻戎章；時逢多詖，運屬無妄。道消泰極，落蕙摧芳；壟門幽寂，櫕楚荒涼。哀哀孝思，翠柏徒傷；攸攸万古，安此巖場。

一七八 魏故車騎大將軍儀同三司幽州刺史楊君【遁】墓誌銘

普泰元年（531）七月四日卒，太昌元年（532）十一月十九日葬。

誌文26行，滿行26字，楷書。誌石高57釐米，寬50釐米，陝西華陰出土。

【释文】

君諱逌，字山才，弘農華陰潼鄉習仙里人也。十二世祖震，漢太尉。七世祖瑶，晉侍中、尚書令。高祖珍，上谷太守。曾祖真，清河太守。祖懿，洛州刺史、弘農簡公。大將军、太傅、司空公津之長子也。氏胄焕於千古，冠冕鬱於百世，為天下之鼎族，作海内之民宗。上稟岳靈，下應家慶，無待學於洙泗，不假遊於汝潁。日就成寶，月旦歸高，苞卷道德，栖息礼讓，言為准的，動中規矩。内行茂於閨門，外譽彰於邦國。旌命之礼，俄而坐来。釋褐鎮西主薄，雖跬步初發，就列方將，已見廊廟之才，便有公卿之望。轉尚書郎，高步建禮，伏奏明光，起草致勤，獨宿見善，自此相望，遠兼前美。永安中稔，天子蒙塵，君志如金石，效力□嶮，因忠見重，論功陟位。除尚書左丞、平南將军、銀青光禄大夫。掌万機之捴會，居六品之清美，振綱理目，秉正肅僚。除征東將军、金紫光禄大夫，應德而臻，時無二論。君風局清曠，識度淹遠，天資孝友，躬履仁義，心藏是非，口絶瘡痏。塞貪競之情，杜聲色之好。加以謙恭自己，進退可觀，藹藹芳猷，迢迢峻範。固以獨表一世，秀出當時。國難未夷，權歸胡羯，淫刑所及，先在忠貞。普泰元年七月四日，遇害於洛陽依仁里，時年卌有二。太昌革運，追贈使持節、都督幽州諸軍事、車騎大將军、儀同三司、幽州刺史。以太昌元年十一月十九日，歸窆於太傅之神塋。永言盛美，刊諸玄石。其詞曰：

華山西鎮，河水南流；精靈所集，世業惟休。門羅將相，家列公侯；藍田有玉，伊人聿脩。觀詩以言，問礼而立；庶將得二，殆鄰知十。學優来仕，玄衣載襲；方諸地芥，俯而斯拾。星宿之位，樞轄之官；於衆為重，自我非難。令問不已，陵飆鬱起；拖紫懷金，負天惟始。初及曾泉，忽沉蒙汜；一隨舟壑，永謝朝市。生民有命，夭壽同歸；茫茫寒阜，慘慘秋輝。白楊遠落，青蓬坐飛；悲乎不及，相視霑衣。

魏故尚書右僕射青州刺史楊君墓誌銘
君諱仲宣字仲宣弘農華陰潼鄉習仙里人也祖懿洛
州刺史弘農簡公太尉公錄尚書順之第二子君繼美
忠純嗣徽前德馳騁九丘七羅百氏故以鳴鶴響天好
爵有縻仁義既聲弓車斯降解褐奉朝請轉員外郎太
尉記室除太尉掾尋去台翼入司帝言除中書舍人
通直郎既而朱管俟才紫泥佇彥除征虜將軍中書侍
郎遷持節平西將軍正平太守散騎常侍安西將軍銀
青光祿大夫轉征東將軍金紫光祿大夫恒農伯而魏
勝道消忠良見忌顧言衆讒貝錦斯成春秋卌有八以
普泰元年七月四日遇害於洛陽依仁里太昌革運贈
使持節青光二州諸軍事車騎大將軍青州刺史尚書
右僕射以太昌元年十一月十九日歸窆於華陰太尉
公之神塋永言盛美刊諸玄石其詞曰
惟河之精惟華之靈降神合德世載有聲鴻興夫子含
章以貞如金之鏡由冰之清文兼義德器實道儒研精
六籍遊訪百書闔門以孝會友以孚實高楚王明並魏
珠言參王士惟朝之賢出匡民織公耀中蟬譏勝譏超
濫禍以延城崩齊地霰霜降蕊日云往矣松墳難昂羽
掩懷悲龍軒不息楊柏脩脩寒泉清測敢傳芳美玄堂
是勒

一七九

魏故尚書右僕射青州刺史楊君【仲宣】墓誌銘

普泰元年（531）七月四日卒，太昌元年（532）十一月十九日葬。

誌文21行，滿行21字，楷書。誌石高45釐米，寬45釐米，陝西華陰出土。

【释文】

君諱仲宣，字仲宣，弘農華陰潼鄉習仙里人也。祖懿，洛州刺史、弘農簡公。太尉公、録尚書順之第二子。君継美忠純，嗣徽前德，馳騁九丘，弋羅百氏，故以鳴鶴響天，好爵有靡，仁義既聲，弓車斯降。解褐奉朝請，轉員外郎、太尉記室，除太尉掾。尋去台翼，入司帝言，除中書舍人、通直郎。既而朱管俟才，紫泥佇彦，除征虜将军、中書侍郎。遷持節、平西将军，正平太守、散騎常侍、安西将军、銀青光禄大夫，轉征東将军、金紫光禄大夫、恒農伯。而讒勝道消，忠良見忌，巧言聚謗，貝錦斯成，春秋卌有八，以普泰元年七月四日，遇害於洛陽依仁里。太昌革運，贈使持節、青光二州諸軍事、車騎大将军、青州刺史、尚書右僕射。以太昌元年十一月十九日，歸窆于華陰太尉公之神塋。永言盛美，刊諸玄石。其詞曰：

惟河之精，惟華之靈；降神合德，世載有聲。漪歟夫子，含章以貞；如金之鏡，由冰之清。文兼義德，器實通儒；研精六籍，遊訪百書。閨門以孝，會友□孚；價高楚玉，明兼魏珠。言參王士，惟朝之賢；出匡民職，入耀中蟬。讒勝謗起，濫禍以延；城崩齊地，嚴霜降燕。日雲往矣，松墳難即；羽挽悽悲，龍軒不息。楊柏脩脩，寒泉清測；敢傳芳美，玄堂是勒。

一八〇 魏故使持節撫軍将军瀛州刺史王簡公【温】墓誌銘

普泰二年（532）二月二十六日卒，太昌元年（532）十一月二十五日葬。

誌文 28 行，滿行 28 字，楷書。誌石高 60 釐米，寬 58.5 釐米，河南洛陽出土。

【释文】

公諱温，字平仁，燕國樂浪樂都人。啓源肇自姫文，命氏辰於子晉。漢司徒霸、晉司空沉之後也。祖評，魏征虜将军、平州刺史，識寓詳粹，礜光遐迩。父萇，龍驤将军、樂浪太守，雅亮淹敏，聲播鄉邑。昔逢永嘉之末，高祖准，晉太中大夫，吕祖司空、幽州牧浚，遇石氏之禍。建興元年，自薊避難樂浪，因而居焉。至魏興安二年，祖評携家歸國，冠冕皇朝，随居都邑。公踐奄骼之洪基，蹈笙歌之芳烈，□訓惠於齠齓，天資篤於號慕，秉翰則神思電發，對席則雅韻煙生。玉質冰心，等秋月之孤昭；孝情忠節，竝春松之獨秀。景明年，釋褐平原公國郎中令。于時國主、尚書令高肇，居衡石之任，待公親密。而公馬不食粟，暑不張盖，珠璣可致，而室宇璧立。尋簡鄉望，補燕國樂浪中正。品裁人物，昇降有叙，邦邑縉紳，比之水鏡。轉濟州刺史高殖輔國府司馬。殖吕廉察治民，公吕清和化俗，故号刺史曰『聖』，司馬曰『賢』。樹績播礜，公有翼輔之能。吕母憂去職。哀瘠過礼，幾将毁滅。服闋，除翼林監、直閣将军。延昌四年，轉長水校尉。時偽梁賊帥趙祖悦，竊據硤石，尚書僕射崔亮充元帥討之。亮知公文武兼濟，機幹兩有，啓公爲假節、假征虜将军，别道統軍，領步騎五千，專據蜦城。外捍湛僧十万之衆，内援河北六州之粮，終始剋濟，公之力也。除鎮遠将军、後軍将军，祇奉王政，勤憂夙夜。普泰二年，轉安東将军、銀青光禄大夫。虚簡在心，琴書自得。方享彼遐年，膺兹景福，報善無徵，殲此明喆。春秋六十有六，普泰二年二月廿六日遘疾，卒於昭明里宅。朝野傷心，親知斷骨。有詔嗟悼，贈使持節、撫軍将军、瀛州刺史。粤其歲太昌元年十一月辛卯朔廿五日乙卯，窆於岐坑之西原。陵谷有革，韶鄉無期，叙芳塵而寫德，託幽石吕傳徽。其詞曰：

肇源聖系，構緒仙蹤。司徒輔漢，翼晉司空。如金如璧，且王且公。繼武台鼎，弈世雕龍。川岳降靈，誕兹英喆。孝友内明，忠貞外烈。玉思蘭華，冰心水徹。禮樂怡性，清貧自潔。嵩洛播礜，河濟稱賢。潛根北晉，寓地東燕。冠冕相襲，龜組□然。九德孔著，六藝丕宣。江月中晦，山峰半摧。苔生客室，蟲網琴臺。影流易没，人往難来。親朋涙切，行路酸哀。蒼茫隴色，瑟汩松聲。夜長燈盡，溝凍泉□。□天隔照，託地同影。崇墳表德，刊石傳馨。

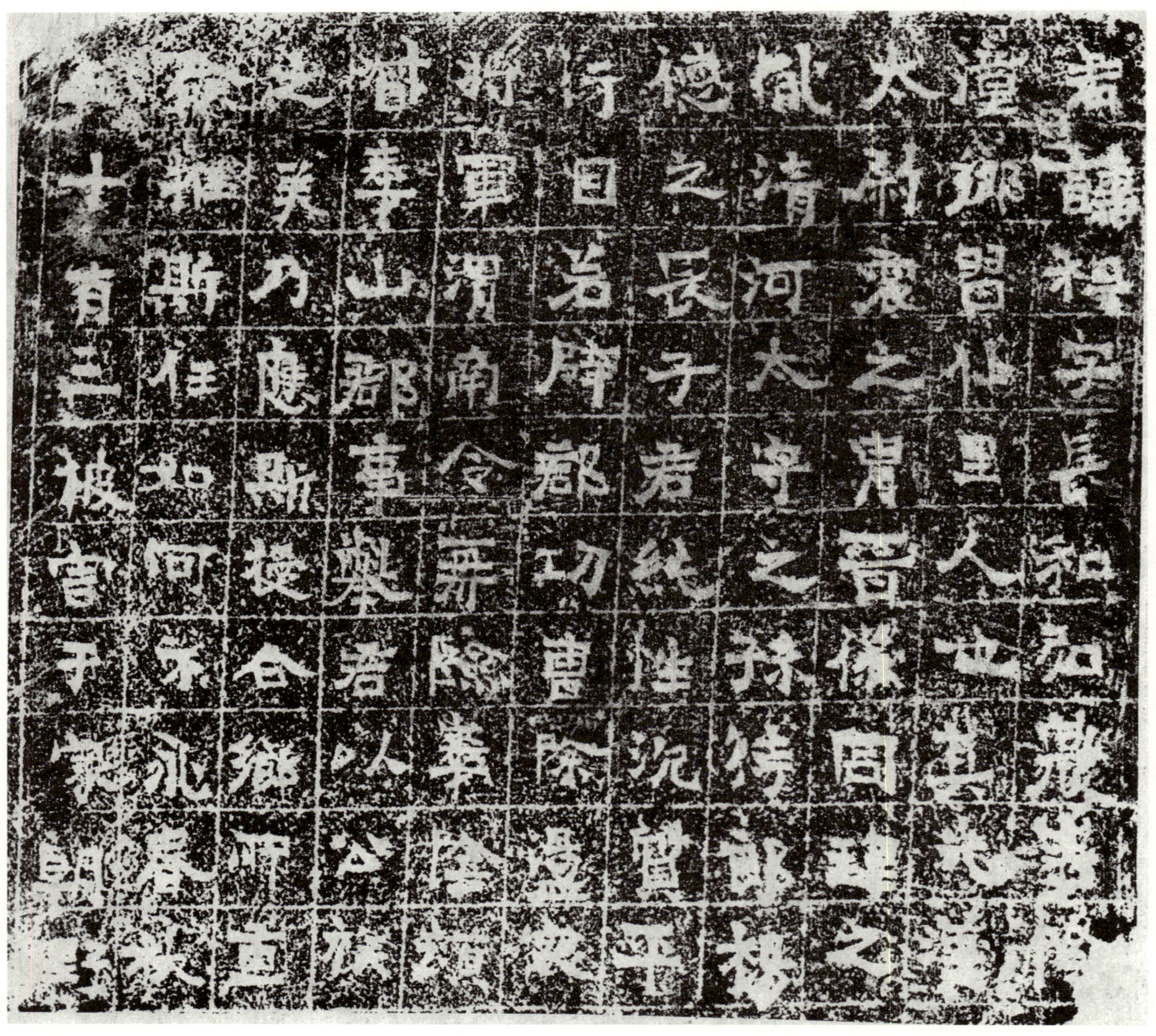

一八一 楊穆墓誌

太昌元年（532）十一月葬。

誌文11行，滿行10字，楷書。誌石高33釐米，寬30釐米，陝西華陰出土。

【释文】

君諱穆，字長和，弘農華陰潼鄉習仙里人也。其先漢太尉震之胄，晉儀同瑶之胤，清和太守之孫，侍郎楊德之長子。君純性沉質，平行自若。辟郡功曹，除盪寇将军、渭南令。再臨華陰，領督華山郡事。舉君以公族之美，乃應斯授。合鄉所重，僉推斯任。如何不永，春秋五十有三，被害于家。朝野。

魏故趙郡太守李君墓誌銘
君諱林字桃奴趙郡柏仁縣永寧鄉吉昌
里人也其先老子之苗裔李左車之後祖
侍御父州都並知名於世君稟氣中和資
靈上善識具高明風神儁達身無擇行口
靡棄言邦黨稱以為仁友朋推其有義弱
冠舉郡召為功曹太和廿年　高祖孝文
皇帝開祐四方博引材彥以君為荊州龍
驤府外兵叅軍出自中菌君辭不之任歸
養家庭正始年中太師彭城王以盛德
懿親作牧全趙雅相欽悅召君督護肋
平縣君為化清愁甚有名稱雖魯恭之異
不能過也但君樂林閑處無願進仕乃辭
去所官養志丘園優哉遊哉聊以卒歲矣
以建義元年十二月八日卒於前子縣宅
時年八十二追贈趙郡太守禮以太

一八二 魏故趙郡太守李君【林】墓誌銘

建義元年（528）十二月八日卒，太昌元年（532）十二月十四日葬。

誌文26行，滿行16字，楷書。誌石高42釐米，寬42釐米，河北高邑縣出土。

【释文】

君諱林，字桃奴，趙郡柏仁縣永寧鄉吉昌里人也。其先老子之苗裔，李左車之後。祖侍御，父州都，並知名於世。君稟氣中和，資靈上善，識具高明，風神儁達，身無擇行，口靡棄言，邦黨稱以為仁，友朋推其有義。弱冠，本郡召為功曹。太和廿年，高祖孝文皇帝開拓四方，博引才彦，以君為荆州龍驤府外兵參軍，出自中旨，君辞不之任，歸養家庭。正始年中，太師彭城王以盛德懿親，作牧全趙，雅相欽悦，召君督護房子縣。君為化清整，甚有名稱，雖魯恭三異，不能過也。但君樂性閑虚，無願進仕，乃辞却所官，養志丘園，優哉遊哉，聊以卒歲矣。以建義元年十二月八日，終於房子縣宅，時年八十二。追贈趙郡太守。粤以太。昌元年十二月庚申朔十四日癸酉，葬之於舊塋。乃作銘曰：

開符乃聖，發胄惟賢；源同委水，峰峻極天。重光漢晉，弈業秦燕；自兹已後，無忝于前。盛美安鍾，兹人應舉；玉潤藍田，珠華随渚。肅肅風猷，汪汪器寓；既明且哲，經文緯武。謙順自天，温恭得性；在物斯采，於時無競。孝盡事親，忠輸從政；惟家之寶，寔邦之令。昔聞往典，施隱報陽；高門有待，如何望喪。將晨盍盡，大夜何央；式銘休烈，永播無疆。

一八三 魏故使持節都督雍州諸軍事衛将军儀同三司雍州刺史楊公【暐】墓誌

建義元年四月十三日（528）卒，太昌元年（532）遷葬。

誌文27行，滿行27字，楷書。誌石高47釐米，寬47釐米，陝西華陰出土。

【释文】

君諱暐，字延季，弘農華陰人也，漢太尉震之後。四世五公之盛，降魚泣鳥之祥，故㠯布於傳記，至茲可得而略。祖河内，操尚沉靖，少播清塵。父洛州，弘毅開朗，早標素論。公世藉連聲，夙挺英駿，栝羽成於丱歲，風焱茂自弱年。年廿有六，太和中解褐奉朝請。于時九流初判，五教攸始，槐府精選，妙盡英奇。乃辟司徒西閤祭酒，轉司空外兵參軍。延昌中，相國胡公㠯后父之貴，論道中台，機訪珪璋，㠯備僚采。於是㠯君為從事中郎。公徘徊王事，縱容讌語，命議盈前，風流滿席。雖子玄之處宰朝，未獨稱貴；太倫之居相府，豈足云美。尋㠯紫闈禁重，青瑣高華，朱襟玉劒，非賢莫可。除直閣将军、散騎侍郎，加中堅将军。孝昌元年，轉嘗食典御。綺肴桂酒，羽傳皇羅，珠目貝齒，咸所嘗睨。二年，除冠軍将军、通直散騎常侍。華貂珥首，文虎垂腰，徙倚山牆，照耀粉壁。後除安南将军、武衛将军、南北二華州大中正。閣道陰沉，鉤陳隆萃，内㠯六軍，外澄九品。既簡帝心，復允民望。而運屬屯危，時當否泰，火焚玉石，蘭艾俱燼。建義元年四月十三日，薨於河陰。嗚呼哀哉！公風儀翔峙，辭吐清潤，文圖篆麗，學成斧藻。閨門專睦，邑里以為美談；出忠入孝，朝野稱其盛則。故謂永隆家慶，方茂國珍，致茲繡裳，倍彼瑶闈。而天道芒昧，与善靡親，有志未申，遇斯不幸，春秋五十有五。有詔追贈使持節、都督雍州諸軍事、衛将军、儀同三司、雍州刺史。若夫青編易朽，玄石難消，永言泉術，式銘巖椒。其詞曰：

慶緒攸長，鴻祚載昌；徽聲代舉，懋德重光。龜虎昭映，朱紱斯煌；槐蔭穆穆，鼎實祥祥。乃及夫子，克紹嘉運；似雲之高，如山之峻。汪汪万頃，亭亭千仞；體合金貞，志同玉潤。遊藝依仁，居忠履信；尋文闕理，受學淹中。九流載敘，六義斯融；式揚幽軌，闡耀玄風。樂道不倦，辭吐無窮；肇昇青瑣，遂陟紫庭。翻飛王陛，或躍璇衡；職參心膂，任是維城。禍瑶莫驗，倚伏難明；如何不吊，奄忽潛靈。嗚呼哀哉！深憂罔極，遠日在期；鉉望伊集，台光以輝。人神怨酷，朝野傷悲；泉宮晨闇，燈影宵微。寶琴徒設，桂酒不持；式鐫遺烈，永晰山基。

太昌元年遷葬於華陰之舊塋。

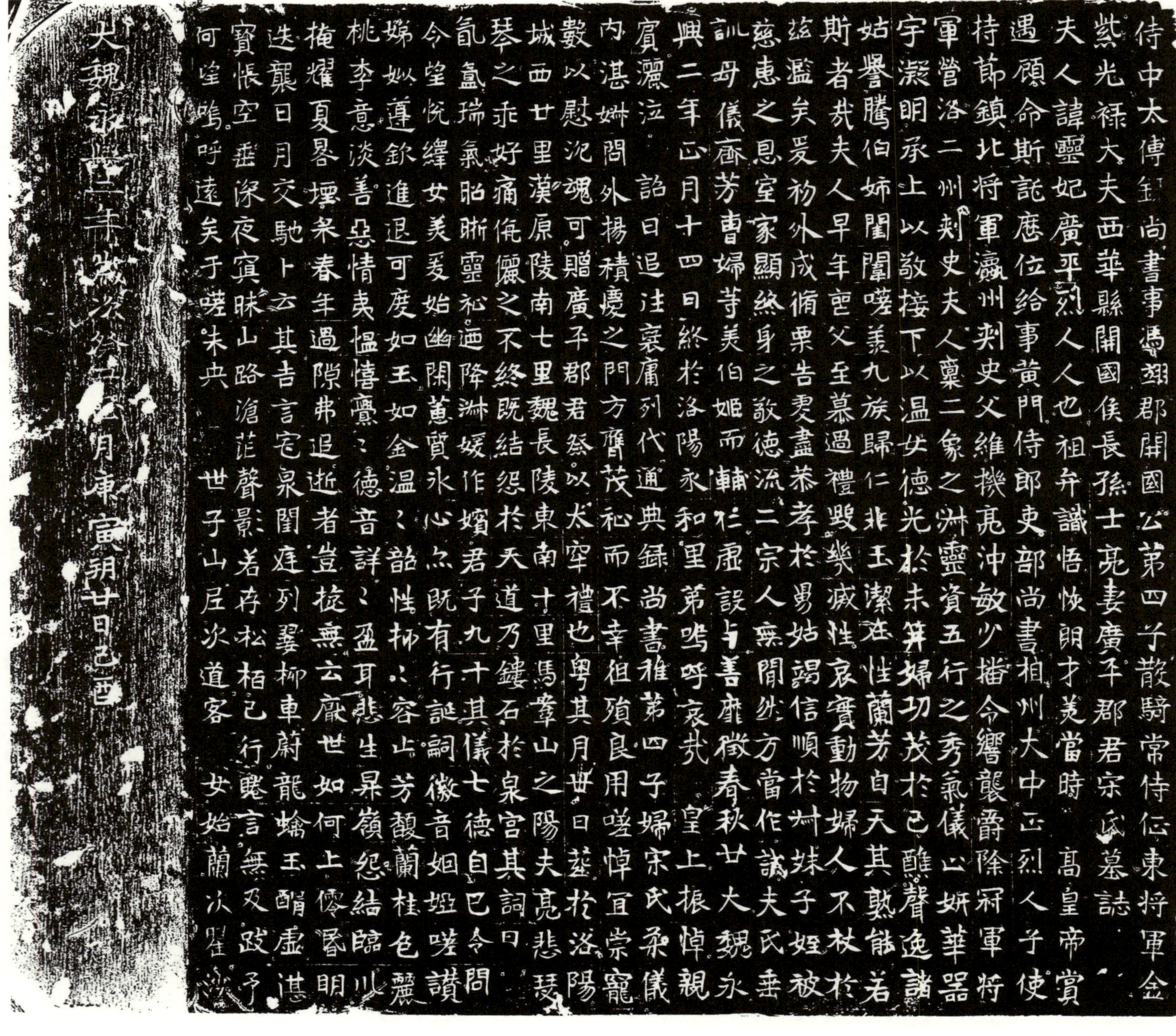

一八四
侍中太傅録尚書事馮翊郡開國公第四子散騎常侍征東将军金紫光禄大夫西華縣開國侯長孫士亮妻廣平郡君宋氏【靈妃】墓誌

永興二年（533）正月十四日，同年月三十日葬。

誌文26行，滿行26字，楷書。誌石高49.2釐米，寬48.5釐米，河南洛陽出土。

【释文】

夫人諱靈妃，廣平烈人（人）也。祖弁，識悟恢朗，才美當時，高皇帝賞遇，顧命斯託，歷位給事黄門侍郎、吏部尚書、相州大中正、烈人子、使持節、鎮北将军、瀛州刺史。父維，機亮沖敏，少播令響，襲爵，除冠軍将军、營洛二州刺史。夫人稟二象之淑靈，資五行之秀氣，儀止妍華，器宇凝明。承上以敬，接下以温，女德光於未笄，婦功茂於已醮。聲逸諸姑，譽騰伯姊，閨闈嗟羡，九族歸仁。非玉潔在性，蘭芳自天，其孰能若斯者哉！夫人早年喪父，至慕過禮，毀幾滅性，哀實動物。婦人不杖，於兹濫矣。爰初外成，脩栗告虔，盡恭孝於舅姑，竭信順於叔妹。子姪被慈惠之恩，室家顯終身之敬。德流二宗，人無閒然。方當作誡夫氏，垂訓母儀，齊芳曹婦，等美伯姬，而輔仁虚設，与善靡徵。春秋廿，大魏永興二年正月十四日，終於洛陽永和里第。嗚呼哀哉！皇上震悼，親賓灑泣。詔曰：追往褒庸，列代通典。録尚書稚第四子婦宋氏，柔儀内湛，嫻問外揚，積慶之門，方膺茂祉，而不幸徂殞，良用嗟悼。宜崇寵數，以慰沉魂，可贈廣平郡君。祭以太牢，禮也。粤其月卅日葬於洛陽城西廿里，漢原陵南七里，魏長陵東南十里馬鞍山之陽。夫亮悲瑟琴之乖好，痛伉儷之不終，既結怨於天道，乃鏤石於泉宫。其詞曰：

氤氲瑞氣，昭所靈祉，迺降淑媛，作嬪君子。九十其儀，七德自己，令問令望，悦繹女美。爰始幽閑，蕙質冰心，亦既有行，誕嗣徽音。姻娅嗟讚，娣姒遵欽，進退可度，如玉如金。温温韶性，抑抑容止，芳馥蘭桂，色麗桃李。意淡善悪，情夷愠憘，亹亹德音，詳詳盈耳。悲生昇嶺，怨結臨川，掩耀夏晷，堙采春年。過隙弗追，逝者豈旋，無云厭世，如何上仙。昏明迭襲，日月交馳，卜云其吉，言宅泉闈。庭列翣柳，車蔚龍螭，玉酳虚湛，寶帳空垂。深夜冥昧，山路滄茫，聲影若存，松柏已行。睠言無及，跂予何望，嗚呼遠矣，于嗟未央。

世子山尼、次道客。女始蘭、次瞿沙。大魏永興二年歲次癸丑正月庚寅朔廿日己酉。

魏故廣平郡尹長孫氏宋墓誌。

魏故使持節侍中司徒公魯郡王墓銘
公諱肅字敬忠洛陽人也感神基於地符泳浚源於天漢世
有山岳之祥家傳梁棟之業祖南安王德範貫時被於鉉素
考扶風王道勳出世列在歌謠公納慶上靈峩然獨秀樹勝
賞於人外置清猷於俗表固以号万頃於國都稱千里於宗
室天爵既隆人寶自至起家兖州平東府録事參軍仍轉徐
州安東府録事參軍屬彭城外叛公拔難還闕特除給事中
尋補直寢遷直閤故天柱大將軍尒朱榮建義旗於晉陽公
預參遠略及扶危翼聖特加班賞除散騎常侍封魯郡王邑
千室於時并肆之地分置廣州以公高明在躬群望所屬乃
除持節後將軍廣州刺史仍除衛將軍肆州刺史常侍王並
如故在皇幽執宗祏無主建明稱制輯馭兆民公以茂親懿
德位在不次除侍中太師録尚書事都督青齊光膠南青五
州諸軍事東南道大行臺青州刺史禪讓之後仍除太師王
如故公體韻英奇風標傑立爰初入朝及於致遠功隨任重
德与位高貴極人臣譽滿邦國道隆命促忽与運遷幽[illegible][illegible]
辰復中祀轂詔贈侍中驃騎大將軍司徒公都督并恒二州
諸軍事并州刺史王如故以永熙二年二月己未朔廿六日
甲申窆於西陵敢勒餘芳永傳陵谷乃作銘曰　葳蕤龍虎
菴藹龜書感茲魏德握鏡宸居深根布護茂葉扶疎爰有人
喆早集英譽孝以聞家忠而仕國激水番南搏風自北朝[illegible]
素範民歌遺德天子式瞻群僚取則將為舟檝濟世匡時
斯鑪炭變化于茲玄泉有[illegible]白日無期嗟乎大夜[illegible]

一八五 魏故使持節侍中司徒公魯郡王【元肅】墓銘

永熙二年（533）二月二十六日葬。

誌文20行，滿行23字，楷書。誌石高53.4釐米，寬53.4釐米，河南洛陽出土。

【释文】

公諱肅，字敬忠，洛陽人也，啓神基於地府，派浚源於天漢，世有山岳之祥，家傳梁棟之業。祖南安王，德範貫時，被於鉛素。考扶風王，道勳出世，列在歌謡。公納慶上靈，峨然獨秀，樹勝賞於人外，置清猷於俗表，固以号万頃於國都，稱千里於宗室。天爵既隆，人寶自至。起家兖州平東府録事參軍，仍轉徐州安東府録事參軍。屬彭城外叛，公拔難還闕，特除給事中，尋補直寢，遷直閤。故天柱大将军尔朱榮建義旗於晉陽，公預參遠略，及扶危翼聖，特加班賞，除散騎常侍，封魯郡王，邑千室。於時并肆之地，分置廣州。以公高明在躬，群望所屬，乃除持節、後将军、廣州刺史，仍除衛将军、肆州刺史，常侍、王竝如故。莊皇幽執，宗祏無主，建明稱制，暫馭兆民。公以茂親懿德，位在不次，除侍中、太師、録尚書事、都督青齊光膠南青五州諸軍事、東南道大行臺、青州刺史。禪讓之後，仍除太師，王如故。公體韻英奇，風標傑立，爰初入朝，及於致遠。功隨任重，德与位高，貴極人臣，譽滿邦國。道隆命促，忽与運遷，幽埏戒辰，復申礼數。詔贈侍中、驃騎大将军、司徒公、都督并恒二州諸軍事、并州刺史，王如故。以永熙二年二月己未朔廿六日甲申，窆於西陵。敢勒餘芳，永傳陵谷。乃作銘曰：

葳蕤龍序，庵鬱龜書，啓兹魏德，握鏡宸居。深根布護，茂葉扶踈，爰有人喆，早集英譽。孝以聞家，忠而仕國，激水啚南，摶風自北。朝□素範，民歌遺德，天子式瞻，群僚取則。將為舟檝，濟世匡時，□斯鑪炭，變化于兹。玄泉有卜，白日無期，嗟乎大夜，樽□□□。

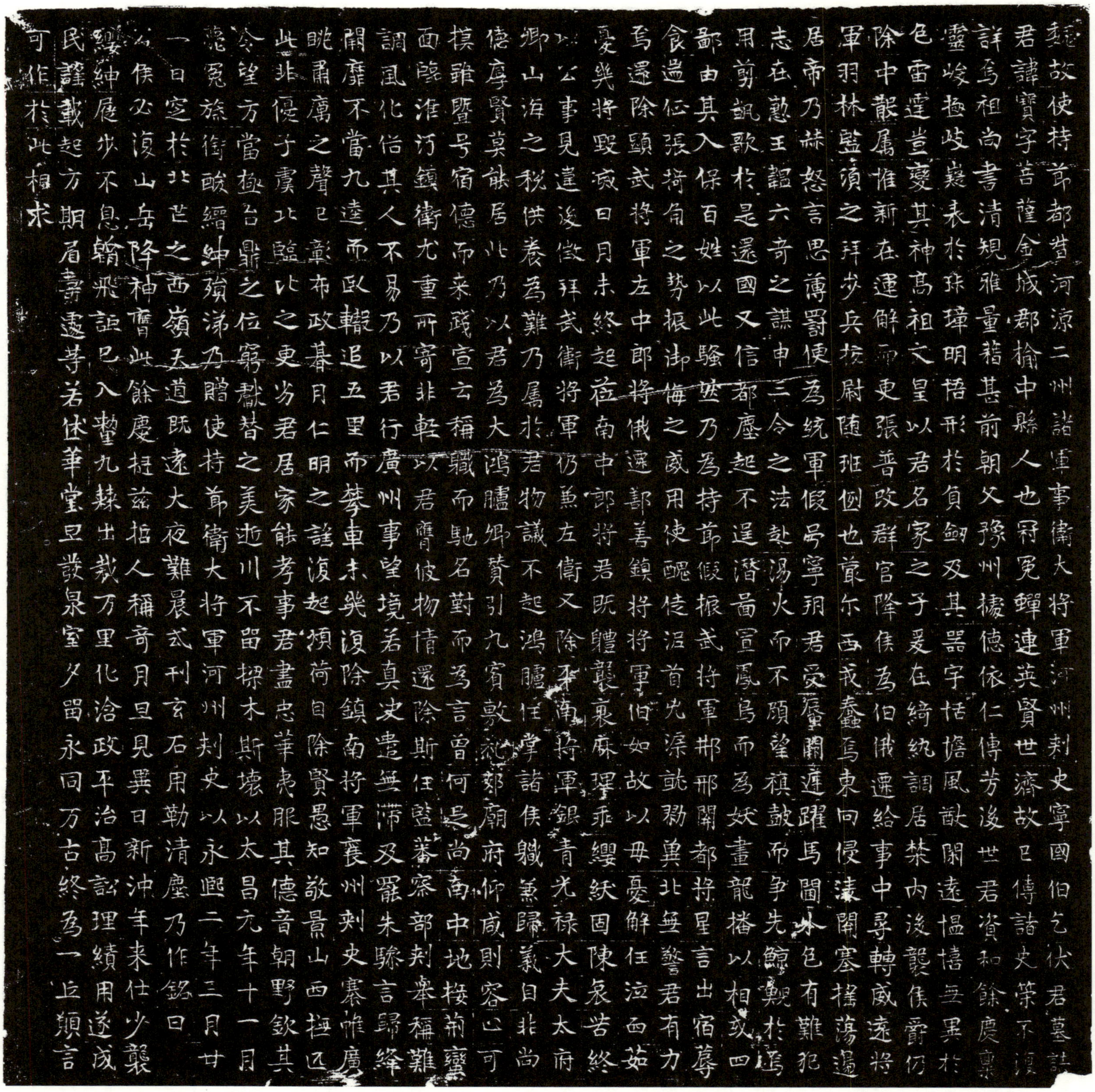

一八六 魏故使持節都督河涼二州諸軍事衛大将军河州刺史寧國伯乞伏君【寶】墓誌

太昌元年（532）十一月卒，永熙二年（533）三月二十一日葬。

誌文30行，滿行30字，楷書。誌石高63釐米，寬63釐米，河南洛陽出土。

【释文】

君諱寶，字菩薩，金城郡榆中縣人也。冠冕蟬連，英賢世濟，故已傳諸史策，不復詳焉。祖尚書，清規雅量，藉甚前朝。父豫州，據德依仁，傳芳後世。君資和餘慶，稟靈峻極，岐嶷表於弄璋，明悟形於負劔。及其器宇恬澹，風猷閑遠，愠憘無異於色，雷霆豈變其神。高祖文皇，以君名家之子，爰在綺紈，謂居禁內。後襲侯爵，仍除中散。屬惟新在運，解而更張，普改群官，降侯為伯。俄遷給事中，尋轉威遠将军、羽林監。頃之，拜步兵校尉，隨班例也。蕞尔西戎，蠢焉東向，侵凌關塞，摇蕩邊居。帝乃赫怒，言思薄罰。便為統軍，假号寧朔。君受蜃闕庭，躍馬閫外，色有難犯，志在勤王。報六奇之謀，申三令之法，赴湯火而不顧，望旗鼓而争先。鯨鯢於焉用剪，凱歌於是還國。又信都塵起，不遑潛啚，置鳳鳥而為妖，畫龍播以相或。四鄙由其入保，百姓以此騷然。乃為持節、假振武将军、井邢關都将。星言出宿，蓐食遄征，張犄角之勢，振禦侮之威。用使醜徒泥首，兇渠就勠，冀北無警，君有力焉。還除顯武将军、左中郎将，俄遷鄯善鎮将，将军、伯如故。以母憂解任，泣面茹憂，幾将毀滅。日月未終，起莅南中郎将。君既體襲衰麻，理乖纓紱，固陳哀苦，終以公事見達。後徵拜武衛将军，仍兼左衛，又除平南将军、銀青光禄大夫、太府卿。山海之税，供養為難，乃屬於君，物議不起。鴻臚任掌諸侯，職兼歸義，自非尚德厚賢，莫能居此，乃以君為大鴻臚卿。賛引九賓，敷礼郊廟，俯仰咸則，容止可模。雖暨号宿德而来践，宣云稱職而馳名，對而為言，曾何足尚。南中地接荊蠻，面臨淮泗，鎮衛尤重，所寄非輕。以君膺彼物情，還除斯任。監蕃察部，剌舉稱難，調風化俗，其人不易。乃以君行廣州事，望境若真，决遣無滞。及罷朱驂，言歸絳闕，靡不當九逵而卧轍，追五里而攀車。未幾，復除鎮南将军、襄州刺史。褰帷廣眺，肅厲之聲已彰；布政期月，仁明之謡復起。煩苛自除，賢愚知敬。景山西撫，匹此非優；子虞北臨，比之更劣。君居家能孝，事君盡忠，華夷服其德音，朝野欽其令望。方當極台鼎之位，窮獻替之美，逝川不留，梁木斯壞。以太昌元年十一月薨。冕旒銜酸，縉紳殞涕。乃贈使持節、衛大将军、河州刺史。以永熙二年三月廿一日，窆於北芒之西嶺。天道既遠，大夜難晨，式刊玄石，用勒清塵。乃作銘曰：

公侯必復，山岳降神，膺此餘慶，挺兹哲人。稱奇月旦，見異日新，沖年来仕，少襲纓紳。屣步不息，翰飛詎已，入釐九棘，出裁万里。化洽政平，治高訟理，績用遂成，民謡載起。方期眉壽，遽等若休，華堂旦發，泉室夕留。永同万古，終為一丘，願言可作，於此相求。

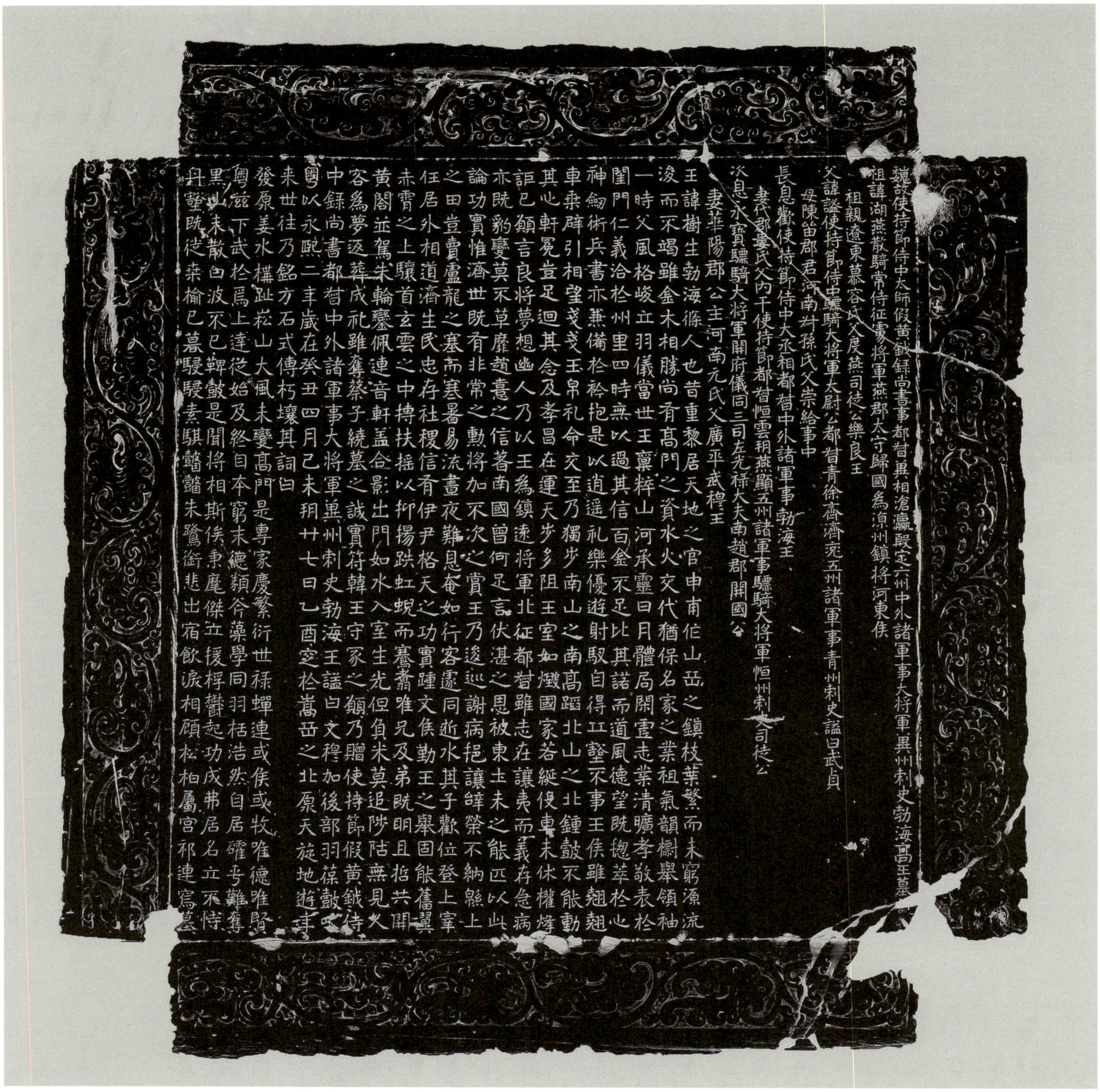

一八七 魏故使持節侍中太師假黄鉞録尚書事都督冀相滄瀛殷定六州中外諸軍事大將军冀州刺史勃海高王【樹生】墓誌銘

永熙二年（533）四月二十七日葬。

誌文31行，滿行32字，楷書。誌石高81釐米，寬78釐米，河南洛陽出土。

【释文】

祖諱湖，燕散騎常侍、征虜将军、燕郡太守，歸國爲凉州鎮將、河東侯。祖親遼東慕容氏，父度，燕司徒公、樂良王。父諱謐，使持節、侍中、驃騎大将军、太尉公、都督青徐齊濟兖五州諸軍事、青州刺史，謚曰武貞。母陳留郡君、河南叔孫氏，父崇，給事中。長息歡，使持節、侍中、大丞相、都督中外諸軍事、勃海王。妻代郡婁氏，父内干，使持節、都督恒雲朔燕顯五州諸軍事、驃騎大将军、恒州刺史、司徒公。次息永寶，驃騎大将军、開府儀同三司、左光禄大夫、南趙郡開國公。妻華陽郡公主，河南元氏，父廣平武穆王。王諱樹生，勃海條人也。昔重黎居天地之官，申甫作山岳之鎮。枝葉繁而未窮，源流浚而不竭。雖金木相勝，尚有高門之資；水火交代，猶保名家之業。祖氣韻懔舉，領袖一時；父風格峻立，羽儀當世。王稟粹山河，承靈日月，體局閑虚，志業清曠。孝敬表於閨門，仁義洽於州里。四時無以過其信，百金不足比其諾。而道風德望，既捴萃於心神；劒術兵書，亦兼備於衿抱。是以逍遥礼樂，優遊射馭，自得丘壑，不事王侯。雖翹翹車乘，辟引相望，戔戔玉帛，礼命交至。乃獨步南山之南，高蹈北山之北。鐘鼓不能動其心，軒冕豈足迴其念。及孝昌在運，天步多阻，王室如燬，國家若綖。役車未休，權烽詎已，顧言良將，夢想幽人。乃以王爲鎮遠将军、北征都督。雖志在讓夷，而義存急病，亦既豹變，莫不草靡。趙熹之信著南國，曾何足言；伏湛之恩被東土，未之能匹。以此論功，實惟濟世。既有非常之勳，將加不次之賞。王乃逡巡謝病，抱讓辞榮。不納縣上之田，豈賣盧龍之塞。而寒暑易流，晝夜難息，奄如行客，遽同逝水。其子歡，位登上宰，任居外相，道濟生民，忠存社稷。信有伊尹格天之功，實踵文侯勤王之舉。固能奮翼赤霄之上，驤首玄雲之中。摶扶摇以抑揚，跌虹蜺而騫翥。唯兄及弟，既明且哲，共開黄閤，並駕朱輪，鑾佩連音，軒盖合影。出門如水，入室生光。但負米莫追，陟岵無見，久客爲夢，返葬成礼。雖奪蔡子繞墓之誠，實符韓王守冢之願。乃贈使持節、假黄鉞、侍中、録尚書、都督中外諸軍事、大将军、冀州刺史、勃海王，謚曰文穆，加後部羽葆鼓吹。粤以永熙二年歲在癸丑四月已未朔廿七日乙酉窆於嵩岳之北原。天旋地遊，年来世往，乃銘方石，式傳朽壤。其詞曰：

發原姜水，構趾崧山，大風未變，高門是專。家慶繁衍，世禄蟬連，或侯或牧，唯德唯賢。粤茲下武，於焉上達，從始及終，自本窮末。德類斧藻，學同羽栝，浩然自居，確乎難奪。黑山未散，白波不已，鞞鼓是聞，將相斯俟。秉麾傑立，援桴欝起，功成弗居，名立不恃。丹壑既徙，桑榆已暮，駸駸素騏，瞽瞽朱鷺。銜悲出宿，飲淚相顧，松柏屬宫，祁連寫墓。

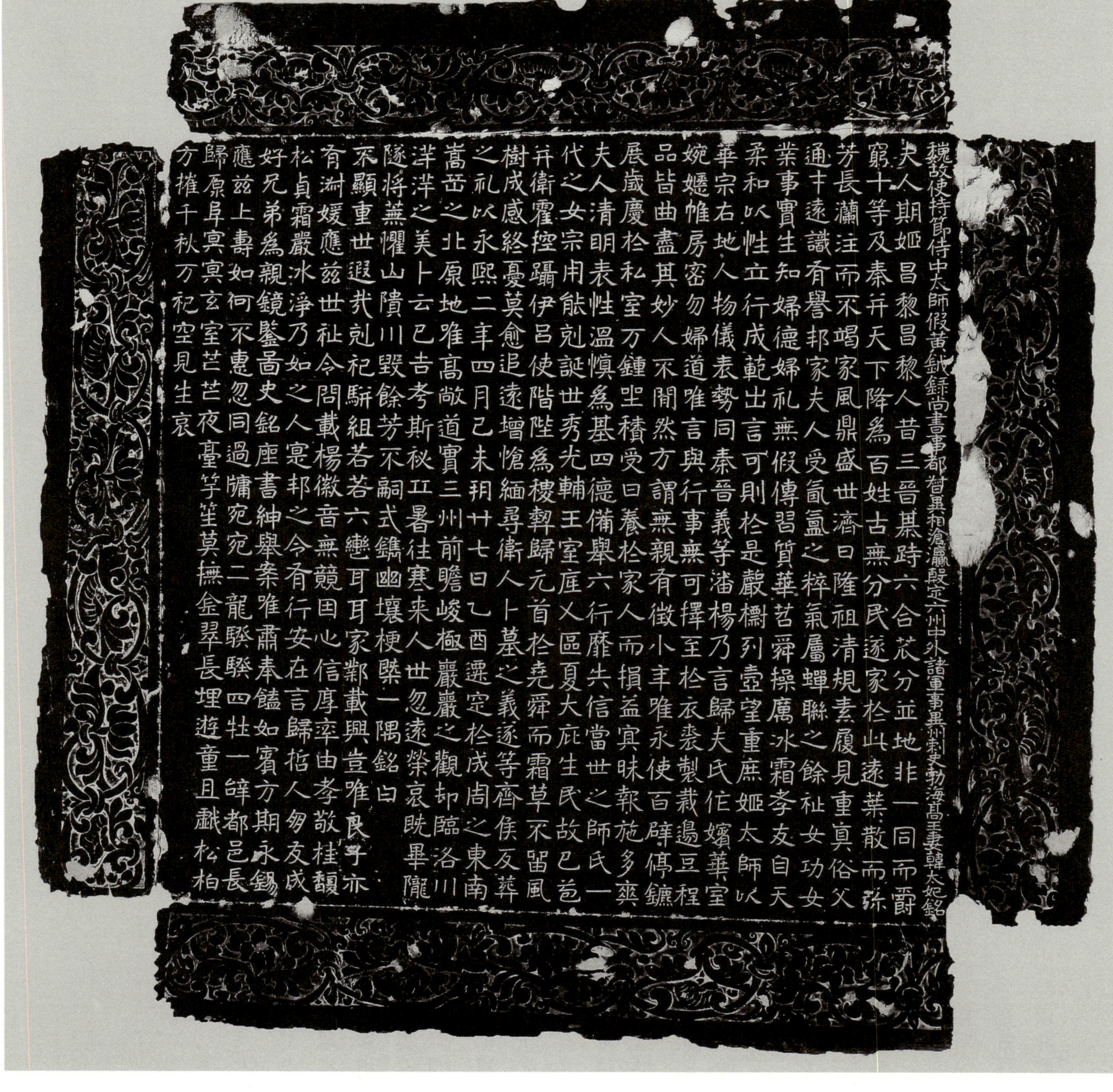

一八八 魏故使持節侍中太師假黄鉞録尚書事都督冀相滄瀛殷定六州中外諸軍事冀州刺史勃海高王【樹生】妻韓太妃【期姬】銘

永熙二年（533）四月二十七日葬。

誌文 26 行，滿行 25 字，楷書。誌石高 76 釐米，寬 74 釐米，河南洛陽出土。

【释文】

夫人期姬，昌黎昌黎人。昔三晉棋跱，六合瓜分。並地非一同而爵窮十等。及秦并天下，降爲百姓，古無分民，遂家於此。遠葉散而弥芳，長瀾注而不竭。家風鼎盛，世濟日隆。祖清規素履，見重真俗；父通才遠識，有譽邦家。夫人受氤氳之粹氣，屬蟬聯之餘祉。女功女業，事實生知；婦德婦礼，無假傳習。質華苕舜，操厲冰霜；孝友自天，柔和以性。立行成範，出言可則。於是聲檦列壺，望重庶姬。太師以華宗右地，人物儀表，勢同秦晉，義等潘楊。乃言歸夫氏，作嬪華室，婉嫕帷房。密勿婦道，唯言與行，事無可擇。至於衣裘製裁，籩豆程品，皆曲盡其妙，人不間然。方謂無親有徵，小年唯永。使百辟停鑣，展歲慶於私室，万鍾坐積，受日養於家人。而損益冥昧，報施多爽。夫人清明表性，温慎爲基。四德備舉，六行靡失。信當世之師氏，一代之女宗，用能剋誕世秀，光輔王室。産乂區夏，大庇生民。故已苞并衛霍，控躡伊呂。使階陛爲稷契，歸元首於堯舜，而霜草不留，風樹成感，終憂莫愈，追遠增愴。緬尋衛人卜墓之義，遂等齊侯反葬之礼。以永熙二年四月己未朔廿七日乙酉，遷窆於成周之東南嵩岳之北原。地唯高敞，道實三州。前瞻峻極巘巘之觀，却臨洛川芊芊之美。卜云已吉，考斯祕丘，暑往寒来，人世忽遠。榮哀既畢，隴隧將蕪。懼山隤川毀，餘芳不嗣，式鐫幽壤，梗概一隅。銘曰：

不顯重世，遐哉剋祀。駢組若若，六轡耳耳。家鄴載興，豈唯良子。亦有淑媛，應兹世祉。令問載揚，徽音無競。因心信厚，率由孝敬。桂馥松貞，霜嚴冰浄。乃如之人，寔邦之令。有行安在，言歸哲人。朋友成好，兄弟爲親。鏡鑒啚史，銘座書紳。舉案唯肅，奉饎如賔。方期永錫，應兹上壽。如何不惠，忽同過牖。宛宛二龍，騤騤四牡；一辞都邑，長歸原阜。冥冥玄室，芒芒夜臺。竿笙莫撫，金翠長埋。遊童且戲，松柏方摧。千秋万祀，空見生哀。

一八九 魏故假節督南青州諸軍事征虜将军南青州刺史鄭使君夫人李氏【暉儀】墓誌銘

永熙二年（533）三月十二日卒，同年五月二十二日葬。

誌文 29 行，滿行 33 字，楷書。誌石高 73 釐米，寬 75 釐米，河南滎陽出土。

【释文】

夫人諱暉儀，隴西狄道人，帝高陽氏顓頊之裔也。庭堅言惠以命氏，伯陽隱道以无名。自漢丞相蔡，逮乎涼武照王暠，或緝熙帝載，或撥亂一匡，年踰數百，世歷三代，風流竝軌，儒雅繼及。祖寶，儀同、燉煌宣公，履順含柔，禮窮八命。父承，雍州刺史、姑臧穆侯，懷靈挺秀，見貴一時。三昆龍光，竝據台鼎；旁枝繼别，各服衮衣。雖欒范之羽儀霸晉，季孟之冠盖王魯，無以尚也。夫人少秉幽閑之操，幼潔琬琰之姿，身苞六行，體兼四德。若其端一誠莊之節，仁以明道之叡，莫不稟自性靈，取之懷抱。組紃之暇，專習經書，訪弟諮兄，不捨晝夜，故以貽譏博士，見号諸生。年十有三，初執箕帚，配德哲人，主茲中饋，已乃儀形素里，模範閨房。夫人娣姒之中，於袟為小，上奉舅姑，旁事同室，廉讓敬恭，謙柔忠愛。憘愠不形於色，得失無概於心。仁恕寬和，泯然無際。又識用淵長，聰明微密。普泰奄有万國，冠帶百神，長女上太妃，小宗之嫡，實唯君母。主上屢使家人傳辭，欲崇以極号。夫人以權疑在朝，慮生猜禍，苦加誨約，不令順命。太妃亦深鑒倚伏，固而弗許，所以蹈此危機，終保元吉者，抑亦夫人之由。及大息伯猷，自散騎常侍而為國子祭酒，時論以外戚相擬，咸謂此授為輕。夫人聞之，唯恐更有遷換，誡厲慇勤，千緒万緤，每昏定晨省之際，未嘗不以之為言。是以諸子樽節，莫冀通顯，或降階出守，或仍世不移，或盤桓利居，匪期招命。斯固夫人之志，物議所不知，其杜漸防萌，皆此類也。魏太昌元年冬十一月四日，送亡嫂故司徒孝貞公夫人崔氏祔塟先塋，時隆寒哀慟，因感舊疾，自斯大漸，弥歷歲時。而天地不仁，福謙無象，至永熙二年歲次癸丑春三月己丑朔十二日庚子夜人定，薨於洛陽之脩文里舍，春秋七十一。以其年夏五月戊子朔九日丙申啓塗，十五日壬寅祖引，越廿二日己酉袝窆於滎陽之敖山之陽。哀嗣伯猷等，擗摽永慕，窮叫靡追，貪及餘喘，略撰遺行。然書不盡言，無能万一。友人中書侍郎鉅鏕魏收，雖年在雁行，而義均同志，後来之美，領袖辭人。託其爲銘，式傳不朽。其辭曰：

虞謀似馬，孔嘆如龍。攸哉世業，欝矣民宗。丞相亹亹，德在歌鍾。武昭赫赫，道被笙鏞。皇祖烈考，乃公惟牧。同株别幹，台居衮服。連鏕揚氏，竝駈袁族。崖彼曾峯，秀茲橋木。陰祇納祉，徽猷萃止。觀啚問傳，言詩訪史。外映瓊瑶，傍霑蘭芷。有行誰配，高名貴仕。清輝素譽，俄焉在斯。六列咸序，四教無虧。再宣嬪德，重貽女儀。二耻齊契，三從同規。邦家忻慼，安危實有。抱虚斯應，持堅而守。去益存謙，居薄推厚。於休靡逸，遘屯无咎。詵詵履訓，扇此風流。擬龍苞爽，類虎兼彪。倉倉竝翥，宛宛俱遊。方申家慶，遽即泉幽。徒聞上壽，如何下世。東龜旨謀，西轜邁轍。墳埏暫啓，山門行閉。頹陵可期，雕金永晰。

一九〇

張寧墓誌

永熙二年（533）五月二十七日卒，同年八月二十八日葬。

誌文25行，滿行25字，楷書。誌石高45.4釐米，寬44釐米，河南洛陽出土。

【释文】

君諱寧，字太安，南陽人也。帝嚳之元胄，張
衡之後焉。安東将军、兖州刺史子之孫，鎮軍将军、
朔州刺史渾之子。開國承家，冠冕弈世。公稟二儀之
和性，資三光之順氣，抽柯雲圃，拔幹霄園。貌是垂
髮之童，行等班鬢之老。年始有七，諮祖請學。祖
審其奇志，置館延師。歲将二九，五教自敷；年未
四八，三才獨朗。學染天情，器非近習。英膚夙至，非
藉脂在之綵；儁骨早通，無階書學之能。風飄千刃，衿
帶万頃。自以桂林一枝，崑山片玉，學歲不群，冠年
獨立。容豫鄉國，逍散閭閨，卷書辞親，彈冠問世。時
禁仕華要，賢良罕授，以公才貫天人，風度詳雅，永
平元年，拜殿中内監，任以幃禁。淵柔其裏，岳峻其表。高
風雅雅，若清天之臨白日；洪辞侃侃，如西江之瀉東
海。勤王剋允，尋陟考積，普泰元年，加廣武将军，内
監如故。性潔金蘭，情居水鏡，道惟公行，化無私立。朝
章席説，則行懦春波；格言訟理，則聲雄電猛。志在
屠龍，非在小割，聲藝方融，蘭摧奄及。春秋六十有
五，永熙二年歲次癸丑五月戊子朔廿七日甲寅，薨於
上京脩睦之里。眷言皇心，爰發天情，追贈持節、督
南岐州諸軍事、前将军、南岐州刺史。粤八月廿八日，窆
於孝明皇帝陵西南二里，馬村西北亦二里。痛賢悲德，淚
自朝市，雖齊哀晏平之殞，趙戚樂毅之亡，無以過也。長
子貴顯、第二子仲顯等，哀崩山之永晦，痛終天之長
慕，憑翰泉冥，寓言於鐫石者也。其詞曰：

湯湯委水，峨峨削成，厥伊君子，唯哲唯英。澄
江寫志，轉日裁明，化中玉字，素上金聲。鳳骨既舒，龍
文復表，上天不吊，殲仁喪道。滄淵雕璣，鍾巖墜寶，律
谷罷暄，龍車輟曉。

魏故岐州刺史張君銘。

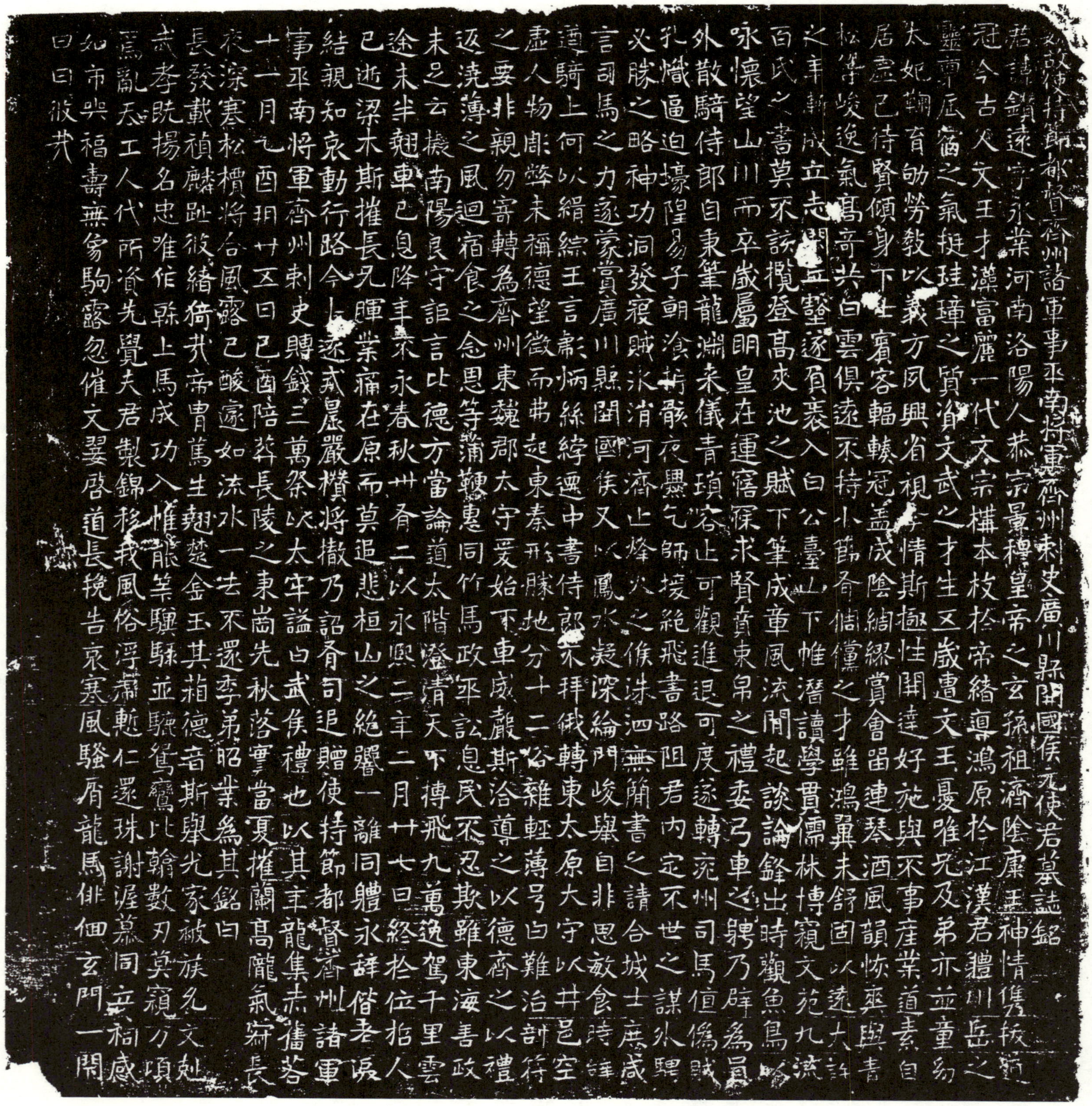

一九一 魏故使持節都督齊州諸軍事平南将军齊州刺史廣川縣開國侯元使君【鑽遠】墓誌銘

永熙二年（533）二月二十七日卒，同年十一月二十五日葬。

誌文 30 行，滿行 31 字，楷書。誌石高 61.5 釐米，寬 62 釐米，河南洛陽出土。

【释文】

君諱鑚遠，字永業，河南洛陽人。恭宗景穆皇帝之玄孫。祖濟陰康王，神情儁拔，道冠今古。父文王，才藻富麗，一代文宗。構本枝於帝緒，導鴻原於江漢。君體川岳之靈，稟辰宿之氣，挺珪璋之質，資文武之才。生五歲，遭文王憂，唯兄及弟，亦並童幼，太妃鞠育劬勞，教以義方。夙興省視，孝情斯極。性開達，好施與，不事産業，道素自居，虛己待賢，傾身下士，賓客輻輳，冠蓋成陰，绸繆賞會，留連琴酒。風韻恢爽，與青松等峻；逸氣高奇，共白雲俱遠。不持小節，有倜儻之才，雖鴻翼未舒，固以遠大許之。年漸成立，志閑丘壑，遂負帙入白公臺山，下帷潜讀，學貫儒林，博窺文苑。九流百氏之書，莫不該攬；登高夾池之賦，下筆成章。風流閒起，談論鋒出，時觀魚鳥以咏懷，望山川而卒歲。屬明皇在運，寤寐求賢，賁束帛之禮，委弓車之聘，乃辟爲員外散騎侍郎。自秉筆龍淵，来儀青瑣，容止可觀，進退可度，遂轉兖州司馬。值僞賊孔熾，逼迫壕隍，易子朝餐，析骸夜爨，乞師援絶，飛書路阻。君内定不世之謀，外騁必勝之略，神功洞發，寇賊冰消。河濟止烽火之侯，洙泗無簡書之請。合城士庶，咸言司馬之力，遂蒙賞廣川縣開國侯。又以鳳水凝深，綸門峻舉，自非忌敏食時，辞遒騎上，何以緝綜王言，彪炳絲綍。遷中書侍郎，不拜。俄轉東太原太守，以井邑空虛，人物彫弊，未稱德望，徵而弗起。東秦形勝，地分十二，俗雜輕薄，号曰難治，剖符之要，非親勿寄。轉為齊州東魏郡太守。爰始下車，威嚴斯洽，導之以德，齊之以禮，返澆薄之風，迴宿食之念。恩等蒲鞭，惠同竹馬，政平訟息，民不忍欺。雖東海善政，未足云擬；南陽良守，詎言比德。方當論道太階，澄清天下，搏飛九萬，逸駕千里，雲途未半，翹車已息。降年不永，春秋卅有二，以永熙二年二月廿七日終於位。哲人已逝，梁木斯摧。長兄暉業痛在原而莫追，悲桓山之絶響，一離同體，永辞偕老。涙結親知，哀動行路。今卜遠戒晨，嚴攢將撤，乃詔有司，追贈使持節、都督齊州諸軍事、平南将军、齊州刺史。賻錢三萬，祭以太牢，謚曰武侯，禮也。以其年龍集赤奮若十一月乙酉朔廿五日己酉，陪葬長陵之東崗。先秋落實，當夏摧蘭，高隴氣寂，長夜深寒。松檟將合，風露已酸，遽如流水，一去不還。季弟昭業爲其銘曰：

長發載禎，麟趾攸緒，猗哉帝胄，篤生翹楚。金玉其箱，德音斯舉，光家被族，允文剋武。孝既揚名，忠唯作幹，上馬成功，入帷能算。驥騄並驤，鴛鷺比翰，數刃莫窺，万頃爲亂。天工人代，所資先覺，夫君製錦，移我風俗。浮虎慚仁，還珠謝渥，慕同立祠，感如市哭。福壽無象，駒露忽摧，文翣啓道，長挽告哀。寒風騷屑，龍馬徘徊，玄門一閉，白日攸哉。

魏故使持節都督涇岐秦三州諸軍事衛大將軍秦州刺史尚書左
僕射元公墓誌銘
君諱爽字景喆河南洛陽人也姬水導源縉雲結慶盛業鴻基儀天
比極祖明德茂親冠冕當世父居中作相領袖一時君稟氣瀸田資
靈漢水兼市為珍連城起價然其理識開悟體量通濟立身唯孝因
心則友固以道德潤己忠信被物有是九能兼之百行起家為員外
散騎侍郎遷秘書郎中尚書起部郎加輕車將軍而握蘭綴道含香
綺閣致譽起草見奇仗奏又轉寧朔將軍郎中仍太又除給事黃門
侍郎加平東將軍及其晨趨文石夕拜青瑣運是智能德茲世[illegible]當
塗歸美所在揚名屬大盜侵國乘釁陵駕政由寧氏仍見維縶以昔
奉中除散騎常侍征東將軍金紫光祿大夫領左右直長又遷衛將
軍領領左右餘如故雖纓紱日加位業弥峻處是榮貴若浮雲獨
運虛衿與物無競卷懷得所是用難及暨太昌在歷世屬興王眷言
右戚眷望攸在方當攀玄雲以上騰摩赤霄而高鶩長駈之力未窮
短晨之露奄及以永熙二年二月二十五日終於京師朝廷嗟悼追
加禮秩乃贈使持節都督涇岐秦三州諸軍事秦州刺史左僕射粤
以其年十一月二十五日窆於洛城西十五里瀍水北乃作銘曰
帝出於震高明九重維城構趾磐石為峰龜組爰及袞蓋相從武文
武武為光為龍若人挺生寔邦之傳道風所及德音弥振豈但孝友
實唯忠信若蘭之芳如玉之潤濯纓華沚歸飛阿閣列宿是[illegible]膺
斯託乃駕大車載馳沃若春秋非我花實遽落嚴風動樹悲[illegible]被草
駸駸素騏翩翩丹旐永辭上國長歸神道白日不見黃泉詎曉
公春秋三十三
妻頓丘李氏儀同三司彭城文烈公平之女
息德隆年十三娶大將軍齊王蕭寶夤之女
二女未出

一九一 魏故使持節都督涇岐秦三州諸軍事衛大將军秦州刺史尚書左僕射元公【爽】墓誌銘

永熙二年（533）二月二十五日卒，同年十一月二十五日葬。

誌文26行，滿行26字，楷書。誌石高81.8釐米，寬81.8釐米，河南洛陽出土。

【释文】

君諱爽，字景喆，河南洛陽人也。姫水導源，縉雲結慶，盛業鴻基，儀天比極。祖明德茂親，冠冕當世。父居中作相，領袖一時。君稟氣藍田，資靈漢水，兼市爲珍，連城起價。然其理識開悟，體量通率，立身唯孝，因心則友。固㠯道德潤己，忠信被物，有是九能，兼之百行。起家爲員外散騎侍郎，遷秘書郎中、尚書起部郎，加輕車將军。而握蘭複道，含香綺閣，致譽起草，見奇伏奏。又轉寧朔將军，郎中仍本。又除給事黄門侍郎，加平東將军。及其晨趨文石，夕拜青瑣，運是智能，應玆世用，當途歸美，所在揚名。屬大盗侵國，乘轝墜駕，政由寧氏，仍見維縶。㠯普泰中，除散騎常侍、征東大將军、金紫光禄大夫、領左右直長，又遷衛將军，領領左右，餘如故。雖纓紱日加，位業弥峻，處是榮貴，澹若浮雲。獨運虚舟，與物無競，卷懷得所，是用難及。暨太昌在曆，世屬興王，眷言右戚，群望攸在。方當擁玄雲㠯上騰，摩赤霄而高騖，長驅之力未窮，短晨之露奄及。㠯永熙二年二月二十五日終於京師。朝廷嗟悼，追加礼秩，乃贈使持節、都督涇岐秦三州諸軍事、秦州刺史、左僕射。粤㠯其年十一月二十五日，窆於洛城西十五里槃水北。乃作銘曰：

帝出於震，高門九重，維城構趾，磐石爲峰。龜組爰及，冠蓋相從，或文或武，爲光爲龍。若人挺生，寔邦之儁，道風所及，德音弥振。豈但孝友，實唯忠信，若蘭之芳，如玉之潤。濯纓華沚，歸飛阿閣，列宿是膺，喉唇斯託。乃駕大車，載馳沃若，春秋非我，花實遽落。嚴風動樹，凝霜被草，駸駸素騏，翩翩丹旐。永辭上國，長歸神道，白日不見，黄泉詎曉。

公春秋三十三，妻頓丘李氏，儀同三司、彭城文烈公平之女。息德隆，年十三，娶大將军齊王蕭寶夤之女。二女未出。

一九三 魏故使持節都督滄州諸軍事滄州刺史石使君【育】戴夫人墓誌銘

永熙二年（533）三月七日卒，同年十一月二十五日葬。誌文23行，滿行23字，楷書。誌石高48.5釐米，寬48.5釐米，河南洛陽出土。

【释文】

君諱育，字伯生，樂陵厭次人也。禀精少昊，開基有夏，世襲風概，雅高相傳。曾祖瓚，㠯秀才仕燕，釋褐鷹揚将军、中書博士、太子少師，稍遷鎮東将军、平州刺史、關内侯。祖邃，遼東護軍，從燕歸闕，領戶三千，賜爵昌邑子，建威将军、遼東新城二郡太守。父襄，襲爵，除威遠将军、豫州司馬，例減爲男。君資靈獨立，器兼文武，性重然諾，語必千金。加㠯門訓慈良，世純忠孝，弱冠仕代，爲殿中将军。出除京兆縣令。丁窮去官，三年泣血，雖高柴、曾閔弗之加也。君遂絶宦途，志在追慕，合門掃軌，不關時事。至延昌中，㠯三荆初啓，蠻左始附，戎遠能迩，寔難其人。朝廷㠯君蔭重當時，衣冠舊齒，拜君虎威将军、彭山戍主。綏静夷民，招慰荒俗，恩感僞疆，威振傖楚，民謡歌領，於今猶結。方享山河，爲國作鎮，徂陰不息，逝水日遥。春秋七十三，永熙二年三月七日，薨於河陰延沽里第。上天降詔，追贈使持節、都督滄州諸軍事、龍驤将军、滄州刺史。即㠯其年十一月乙酉朔廿五日己酉，㠯夫人戴氏合葬洛城西北邙山南崗。乃作銘曰：

鬱矣洪源，攸哉遠注，如彼天津，玄流長霧。開山始兆，通河弥著，金玉連聲，珪璋疊譽。早聞夙智，晚著老成，奉親㠯孝，事君惟貞。漢稱數馬，衛識龜靈，川嶽無固，良木有傾。白日匪長，玄夜何久，空置丹經，徒陳琴酒。丘隴易泯，金石難朽，謹題德音，永燭幽阜。

魏故使持節平西将軍秦洛二州刺史王使君郭夫人墓誌銘
君諱悦字文歡略陽隴城人也蓋黄帝之所出后稷之枝裔矣曾
祖符氏東宮中庶子秘書監太子詹事儀曹尚書使持節平遠将
軍益州刺史父鄉侯清暉令譽聲播於秦朝祖恭連時散騎常侍
金部尚書使持節平西将軍河州刺史父沮渠時東宮侍講以太
延三年歸 闕爲第一客並以風標峻整名高一時君承卋之
英華挺珪璋之秀質岐嶷夆於弱季瑚璉成於早歲名高鄉塾器
重閭閻及其孝敬忠篤之誠信義仁恕之美卓犖雄儁之風垂文
經武之業固以綴美前脩儀形邦族者矣弱冠拜黄袂轉强弩将
軍尋與御史中尉東海王世榮光州刺史勃海高世表冀州刺[illegible]
清河崔文若等並爲侍御續遷都水使者寧遠将軍奉車都尉[illegible]
軍将軍本郡略陽太守專城之寄所任非輕自非望重當時莫[illegible]
斯舉君以才第兼華剖符舊邑後遷中散大夫加征虜将軍侍御
師方當騁力康衢亭兹榮寵福善無徵春秋六十一以正光五季
八月五日卒於京師 詔贈持節平西将軍洛州刺史即以其年
窆於洛城西北然龜筮謀卜兆入定陵嚴敬理殊事當遷改至永
熙二年夫人甍逝言歸同穴更營墳隴上天降愍有願存亡追尋
往冊聲實未隆復贈本州秦州刺史餘官如故謚曰簡公合丕於
芒山南嶺定陵西岦乃作銘曰
蟬聯遠矣氤氳餘烈如彼江河長源靡絶金玉連輝咸恒相結桂
馥筠貞凌霜負雪見善則遷聞諫必受孝以事親信以期友不玷
不虧能敬能久内恬愔愠外夷藏否虬鱗方泳鴻翼将騫凌風矯
翰綴彼翔鴳西光難合東流易奔悲泉尚遠徂軀已淝悠悠霜柿
肅肅寒帷道淪幽室路隔玄扉短辰遽曉長夜莫晞徒塵珠玉空
想聲徽

一九四 魏故使持節平西将军秦洛二州刺史王使君【悦】郭夫人墓誌銘

正光五年（524）八月五日卒，永熙二年（533）合葬。

誌文25行，满行25字，楷書。誌石高64釐米，寛66釐米，河南洛陽出土。

【释文】

君諱悦，字文歡，略陽隴城人也。蓋黄帝之所出，後稷之枝裔矣。曾祖符氏，東宫中庶子、秘書監、太子詹事、儀曹尚書、使持節、平遠将军、益州刺史、文鄉侯，清暉令譽，聲播於秦朝。祖赫連時散騎常侍、金部尚書、使持節、平西将军、河州刺史。父沮渠時東宫侍講，㠯太延二年歸闕，爲第一客。並㠯風標峻整，名高一時。君承弈世之英華，挺珪璋之秀質，岐嶷肇於弱年，瑚璉成於早歲，名高鄉塾，器重閭閻。及其孝敬忠篤之誠，信義仁恕之美，卓犖雄儁之風，秉文經武之業，固㠯綴美前脩，儀形邦族者矣。弱冠拜黄秩，轉强弩将军，尋與御史中尉東海王世榮、光州刺史勃海高世表，冀州別駕清海崔文若等，並爲侍御。續遷都水使者、寧遠将军、奉車都尉、冠軍将军、本郡略陽太守。專城之寄，所任非輕，自非望重當時，莫膺斯舉。君㠯才第兼華，剖符舊邑，後遷中散大夫，加征虜将军、侍御師。方當騁力康衢，亨兹榮寵，福善無徵，春秋六十一，以正光五年八月五日，卒於京師。詔贈持節、平西将军、洛州刺史。即㠯其年窆於洛城西北。然龜筮謬卜，兆入定陵，嚴敬理殊，事當遷改。至永熙二年夫人薨逝，言歸同穴，更營墳隴。上天降愍，有顧存亡，追尋往册，聲實未隆，復贈本州秦州刺史，餘官如故，謚曰簡公。合葬於芒山南嶺定陵西崖。乃作銘曰：

蟬聯遠奚，氤氲餘烈，如彼江河，長源靡絶。金玉連輝，咸恒相結，桂馥筠貞，凌霜負雪。見善則遷，聞諫必受，孝㠯事親，信以期友。不玷不虧，能敬能久，内恬愔慍，外夷藏否。虬鱗方泳，鴻翼將騫，凌風矯翰，綴彼翔鵷。西光難合，東流易奔，悲泉尚遠，徂鑣已翻。攸攸霜旆，肅肅寒帷，道淪幽室，路隔玄扉。短辰遽曉，長夜莫晞，徒塵珠玉，空思聲徽。

魏故昭玄沙門大統僧令法師墓誌銘
法師緣姓杜京兆人也幼而聰惠志尚清虛爰在兒童脫
俗歸道學既多聞善亦兼濟散褒滯翰怡然自得若其沙
獨群品富同河漢討論微賾治剖秋毫良以三空靡遺九
典咸遵居室遐應鳴擧自遠高祖光宅土中寵章大備存
心釋氏注意法輪由此聞風殷想發於寤寐嘉命荐臨荷
錫來游至若振麈或軌洞窮幽旨故以造膝嗟善借問定
儀武明之世禮遇彌隆乃以法師爲當高閑居寺主欽其
底樹嘯想煙霞一丘一壑得之懷抱實有高蹈之志非無
遂往之情雖跡出塵中而尚羈世網尋被徵爲沙門都維
那屢自陳遜終不見許既弗獲以禮便同之畏法莊帝聿
興仍轉爲統自居斯任彌歷數朝事無輕壅衆咸歸德今
上龍飛國乞杖退頻煩切至久而方允於是隱輪養志保
素任真形影雖留心神已化俄遘萬疾奄然辭世行年八
十有一臨終自得安然若歸天子追悼勅主書任九晷詣
寺宣慰二月三日丙辰窆於芒山之陽弟子智徽道遜覺
境等痛慈顏之長往懼大義之將乖興言永慕乃作銘曰
夫生無德志遠冥孤扶塵表獨得環中道與物合行共
時馳百代飛譽千載垂風道遠緒邇聲飛未闕見重高帝
尺書屢發雅論移天清談動日其人雖往斯音未歇
大魏永熙三年歲次甲寅二月甲寅朔三日丙辰

大魏故昭
玄沙門大
統令法師
之墓誌銘

一九五 魏故昭玄沙門大統僧令【杜】法師墓誌銘

永熙三年（534）二月三日葬。誌文21行，滿行22字，楷書。誌石高52.5釐米，寬52釐米，河南洛陽出土。

【释文】

法師緣姓杜，京兆人也。幼而慜惠，志尚清虚，爰在兒童，脱俗歸道。學既多聞，善亦兼濟，散帙濡翰，怡然自得。若其涉獵群品，富同河漢。討論徽賾，殆剖秋豪，良以三空靡遺，九典咸達，居室遐應，鳴臯自遠。高祖光宅土中，憲章大備，存心釋氏，注意法輪。由此聞風欽想，發於寤寐，嘉命蘋止，荷錫來遊。至若振塵式乾，洞窮幽旨，故以造膝嗟善，徘徊忘倦。武明之世，礼遇弥隆，乃以法師爲嵩高閑居寺主。飲泉庇樹，嘯想煙霞，一丘一壑，得之懷抱。實有高蹈之志，非無遂往之情。雖跡出塵中，而尚羈世綱，尋被徵爲沙門都維那。屢自陳遜，終不見許。既弗獲以礼，便同之畏法。莊帝聿興，仍轉爲統。自居斯任，弥歷數朝，事無褺壅，衆咸歸德。今上龍飛，固乞收退，频煩切至，久而方允。於是隠輪養志，保素任真，形影雖留，心神已化。俄遘篤疾，奄然辞世，行年八十有一。臨終自得，安然若歸。天子追悼，敕主書任元景，詣寺宣慰。二月三日丙辰窆於芒山之陽。弟子智微、道遜、覺意等痛慈顔之長往，懼大義之將乖，興言永慕，乃作銘曰：

天生英德，志逸旻穹，孤拔塵表，獨得環中。道与物合，行共時融，百代飛譽，千載垂風。道逸緇庭，聲飛朱闕，見重高帝，尺書屢發。雅論移天，清談動月，其人雖往。斯音未歇。

大魏永熙三年歲次甲寅二月甲寅朔三日丙辰。

大魏故昭玄沙門大統今法師之墓誌銘。

魏故使持節都督雍州諸軍事車騎將軍雍州刺史
江陵縣開國男長孫使君墓誌銘
君諱子澤字元恩河南洛陽人也柱國大將軍太尉
公北平宣王嵩之曾孫使持節散騎常侍征西大將
軍都督秦雍荊梁益五州諸軍事仇池鎮都大將外
都坐大官蜀郡莊王陵之孫左將軍光州刺史康之
子年二十四辟太尉行參軍進記室轉尚書郎邢杲
之役為行臺郎以軍功封江陵縣開國男邑二百戶
稍遷平西將軍太中大夫征東將軍金紫光祿大夫
永熙二年十月十七日春秋四十有五卒於官贈使
持節都督雍州諸軍事車騎將軍雍州刺史開國如
故越永熙三年三月甲寅朔二十七日丁卯祔葬於
北芒之舊塋乃作銘曰
玉孕方岸珠生圓沚[illegible]彼淵渟衛溫峻峙將相時初
經綸運始命世誕興天下[illegible]起顯允令望積慶所歸
出言無玷在行必思祀盟藹藹台宇巍巍上庠載靡
粉壁重輝時屬遊塵言從戎旅餌彼餘香籌茲莫府
稱代酬庸遂荒落宇報道莫期壽仁誰與哀榮有恒
先遠云吉文物修增聲明長衛宿草從風佳城照日
徽猷空存春秋永畢

一九六 魏故使持節都督雍州諸軍事車騎將軍雍州刺史江陵縣開國男長孫使君【子澤】墓誌銘

永熙二年（533）十月十七日卒，永熙三年（534）三月二十七日葬。

誌文20行，滿行20字，楷書。誌石高54釐米，寬54釐米，河南洛陽出土。

【释文】

君諱子澤，字元恩，河南洛陽人也。柱國、大将军、太尉公、北平宣王嵩之曾孫；使持節、散騎常侍、征西大将军、都督秦雍荆梁益五州諸軍事、仇池鎮都大將、外都坐大官、蜀郡莊王陵之孫；左将军、光州刺史康之子。年二十四，辟太尉行參軍，進記室，轉尚書郎。邢杲之役，為行臺郎，以軍功封江陵縣開國男，邑二百戶。稍遷平西将军、太中大夫、征東将军、金紫光禄大夫。永熙二年十月十七日，春秋卌有五，卒於官。贈使持節、都督雍州諸軍事、車騎将军、雍州刺史，開國如故。越永熙三年三月甲寅朔二十七日己卯，祔葬於北芒之舊塋。乃作銘曰：

玉孕方峰，珠生圓沚，席彩淵渟，衡温峻□。將相時初，經綸運始，命世誕興，天工鬱起。顯允令望，積慶所歸，出言無玷，在行必思。礼閣藹藹，台宇巍巍，上席載靡，粉壁重輝。時屬遊塵，言從戎旅，餌彼餘香，籌玆莫府。稱伐酬庸，遂荒啓宇，報道莫期，壽仁誰与。哀榮有恒，先遠云吉，文物攸階，聲明長術。宿草從風，佳城照日，徽猷空存，春秋永畢。

魏故使持節都督齊州刺史高君墓誌銘
君諱珪字益壽勃海脩縣人也其先盖帝炎氏之苗裔當春
秋時九世祖公祖自周適齊車紫幰之貴教授數百人稱當
世名儒六世祖密太康中車騎大將軍儀同三司涼州諸軍
事鎮都大將軍出征匈奴除劉衛受詔於京師授侍中司空
公高祖慈少有才能太和中舉孝廉京師詔見帝悅還秦州
太守曾祖嵓習詩禮及歷算究極師法稱為通儒祖復為陵
安縣令有愛人酒禮者記案考之愛結民心父璋有先祖所
傳祕記善風角星算六日七分能望氣占候吉凶隱居海畔
公生五日遭天下大乱棄之荊棘數日兵解乱離之後母往
視猶尚氣息遂收養之及長好經學博通羣書以太常卿散
授以普泰元年應賢良方正調補相城縣令至任上應天心
下疇人望為國肅法守正上覓忠孝下愛子民又還齊州太
守入補散騎常侍出行齊州事仍除持節督齊州諸軍事又
加撫軍將軍齊州刺史至官應天順民好賢愛士□民和睦
故能致天下和平奄摧良木多温濕疾甍於軍所春秋四十
有六永熙三年歲次丙午五月乙酉朔十二日□□詔追贈
使持節兼事□大將軍以十月丁卯九日乙巳窆於脩縣東
南長城嶺之下乃作銘曰
周公之胤或邢或□延蕃延牧鵷鴻接響始□□□令儀令
色依仁履義發憤忘食□肅而成如蘭之臭□□惟忠因心
□無雙出羣有聲特達令譽愔愔清徽藹藹入華金紫出
□□□□□□□□盖飄風瞑冥與室黯黯泉宮敬刊金石

一九七 魏故使持節都督齊州刺史高君【珪】墓誌銘

永熙三年（534）五月十二日卒，同年十月九日葬。

誌文23行，滿行23字，楷書。誌石高53釐米，寬51釐米，河北景縣出土。

【释文】

君諱珪，字益壽，勃海脩縣人也。其先蓋帝炎之苗裔。當春秋時，九世祖功公祖自周適齊，車紫蓋之貴，教授數百，人稱當世名儒。六世祖密，太康中車騎大将军、儀同三司、涼州諸軍事、鎮都大将军，出征匈奴，除劉衡，詔於京師，授侍中、司空公。高祖慈，少有才能，太和中，舉孝廉，京師詔見，帝悦，遷秦州太守。曾祖嵒，習詩禮及歷算，究極師法，稱為通儒。祖復，為陵安縣令，有受人酒禮者，記案考之，愛結民心。父璋，有先祖所傳祕記，善風角星算，六日七分，能望氣占候吉凶，隱居海畔。公生五日，遭天下大乱，棄之荆棘數日。兵解乱離之後，母往視，猶尚氣息，遂收養之。及長，好經學，博通群書。以太常卿教授，以普泰元年應賢良方正，調補相城縣令。至任，上應天心，下疇人望，為國肅法守正，上負忠孝，下愛子民。又還齊州太守，入補散騎常侍，出行齊州事。仍除持節、督齊州諸軍事，又加撫軍将军、齊州刺史。至官應天順民，好賢愛士，惜民和睦，故能致天下和平。奄摧良木，多温濕疾，薨於軍所，春秋卌有六。永熙三年歲次丙午五月乙酉朔十二日，有詔追贈使持節，兼事衛大将军。以十月丁卯九日乙巳，窆於脩縣東南長城嶺之下。乃作銘曰：

周公之胤，或邢或蔣。迺蕃迺牧，鵷鴻接響。始□□童，令儀令色。依仁履義，發憤忘食。不肅而成，如蘭之鼎。惟孝惟忠，因心□□。無雙出群，有聲特達。令譽愔愔，清徽藹藹。入華金綍，出□□□□。□蓋翻風，冥冥此室。黯黯泉宫，敬刊金石。

一九八
李盛墓誌

永熙三年（534）四月廿九日卒，同年十月二十二日葬。誌文 10 行，行字數不等，楷書。誌石高 50 釐米，寬 48 釐米，河北行唐出土。

【释文】

君諱盛，字□孫，常山行唐人也。蔚洪根於聖始，抽茂葉於神枌。十一世祖弁，平東将军、御史大夫、潁川太守、幽并二州刺史、司徒公。高祖早，為州主簿。曾祖生，皇始二年，身為郡功曹。親祖同，天賜三年，為檢道都將。父季忠，皇興四年，為獵夫軍主。君藻心鏡水，託想清霄，意等白雲，昂藏自得。但帝澤普天，恩沾耆宿，馳馹飛書，授君除常山太守。宜享遐壽，登彼鴻例，而天不誨禍，奄淪器□。以永熙三年四月廿九日，卒於家。家鄉飲淚，朋僚痛惜。故作銘幽埏，以刊泉石。石羊碑文各四枚。葬在舍東北五百步。　夫人習氏。

大魏永熙三年歲次甲寅十月庚戌朔廿二日辛未造。

一九九　魏故平北将军殷州刺史元君【瑗】之墓誌銘

卒葬年不詳。

誌文3行，行字數不等，楷書。誌石高49釐米，寬49釐米，河南洛陽出土。

【释文】

君諱瑗，字仲瑜，河南洛陽人也。景穆皇帝之曾孫，京兆康王之孫，洛州刺史之子。

二〇〇 夫人梁氏墓誌

卒葬年不詳。

誌文僅存〇行，行字數不等，楷書。河南洛陽出土。

【释文】

……使君前妻也，河南……第二女。幼播清……祥，風神麗舉，……由至性，年……案之容，一……

二〇一 大魏殷州刺史崔公【楷】墓誌

卒葬年不詳。

誌文13行，滿行5字，楷書。殘誌石高35.5釐米，寬48.5釐米，河南洛陽出土。

【释文】

公諱楷，字模之，河南濟源人也。……氣臨□華，居□是有……和避富者，雖系富……州□中□，葛榮之難在圍城……請不得，或勸以華□之官……□人之□者，夏人之夏等獨往，將……固心。葛榮逼城，或勸以榮小避之，……還□子及□女夜出，既而□之，遂追還……至，將士皆曰，崔公不惜百口，吾輩何受……奮臂争戰。崔公死之，□衆見公尸於……中室之，不能……。

誌主索引（本索引依漢語拼音音序排列）

Y

Z